股票大作手回忆录

远航实战精解

REMINISCENCES OF A STOCK OPERATOR

[美] 埃德温·勒菲弗 – 著

喻远航 – 编译

文化发展出版社
Cultural Development Press

图书在版编目（CIP）数据

远航实战精解：股票大作手回忆录 / 喻远航编译；（美）埃德温·勒菲弗著．— 北京：文化发展出版社，2021.6
ISBN 978-7-5142-3458-9

Ⅰ．①远… Ⅱ．①喻… ②埃… Ⅲ．①股票市场－市场分析 Ⅳ．① F830.91

中国版本图书馆 CIP 数据核字 (2021) 第 102956 号

远航实战精解：股票大作手回忆录
[美] 埃德温·勒菲弗 著
喻远航 编译

责任编辑：岳智勇
装帧设计：今亮後聲 HOPESOUND 2580590616@qq.com · 王秋萍
出版发行：文化发展出版社（北京市翠微路 2 号　邮编：100036）
网　　址：www.wenhuafazhan.com
经　　销：各地新华书店
印　　刷：三河市兴达印务有限公司

开　　本：787mm × 1092mm　16 开
字　　数：528 千字
印　　张：32.5
版　　次：2022 年 1 月第 1 版
印　　次：2022 年 1 月第 1 次印刷
定　　价：158.00 元
I S B N：978-7-5142-3458-9

缘起

深度解读大师经典，找到适合自己且符合当前国内市场的实战交易技巧，从防守做起，从少亏不亏逐步走向稳定盈利。

既可作为初学者的交易入门书籍，也可作为市场老手补足自身交易系统短板的有力工具。

背景介绍

书籍《股票大作手回忆录》的地位：

杰西·利弗莫尔，美国股票史上的传奇人物。他四起四落，每次都聚敛了巨额财富又千金散尽，他的操作经验至今仍为美国的许多交易大师所称誉。他提出的交易法则（入场时机把握、资金管理和情绪控制）历经 90 多年，在当今股市上仍然非常有效。

原作者：埃德温·勒菲弗，美国著名记者、作家和政治家。在 1922 年他以拉瑞·莱文斯顿之名描写美国投资天才杰西利弗莫尔的大起大落股市生涯，连载于《星期六晚间邮报》。这部小说发表后，声名大噪，成为知名的财经作家。

《股票大作手回忆录》是众多投资者进入市场所接触的第一本书籍。目前市面上翻译的版本众多，大多数翻译水平很好，能使读者把此作品当作一个传奇故事来读。**但大多数读者除了跟着其中的内容体会当时的利弗莫尔的传奇故事之外，还有更多的诉求。并非止步于纸上谈兵，而是希望能落到实处，**弄懂经典书籍中的哪些理念和技巧在当今市场中能很好地应用于交易实战。

利弗莫尔对于我们而言是绝对的大师，天生拥有挣大钱的格局。在本书中探究大师成长历程，他经历了多次赔钱事件的考验，投入了超乎我们想象的时间与精力去研究市场与人性，才能熟悉股市的脉动，从而取得辉煌的成就。一个顶尖操盘手回忆自己的成长历程时，是永远有讲不完的股市生存术与操作心得，他把操作技巧讲得如此清楚易懂，让人实在没有理由不重温几次。**这本书吸引本人拿来解读与分析的原因，并非是故事精彩或者这些有深度的经典名句，而是这些内容就如同自己多年在投资市场的成长经历。**虽然所处时代不同，但大师的所感所想，拿到当今市场中，确有非常多的共鸣。大师所述的这些内容随着我们的操盘程度的不同，体会到的技巧也会不同，不管你看它多少遍，总还有新的收获。在股市投机，没有裁判，没有标准的操作规则。你的对手所用的赚钱手段更没有卑劣和高尚之分，大家的重点放在来市场是扮演什么角色，羊群、狼、狮子还是鳄鱼？如按捕食先后区分到底是蝉、螳螂、黄雀还是猎人？

内容概要

《远航实战精解——股票大作手回忆录》

利弗莫尔的大作手回忆录是以利弗莫尔从少年时代进入交易市场到其传奇人生谢幕，涵盖其完整的交易人生。书中以时间轴为主线，其交易理念和能力不断在失败中历练、总结、精进，交易案例贯穿始终。读者能深切感受到传奇交易大师整个交易人生的跌宕起伏。一类读者读完之后，有无限的憧憬，觉得自己有朝一日也能在市场上取得举世瞩目的成就，从而简单地模仿书中大师的重仓交易手法，最终酿成爆仓的惨剧；而另一类读者会感到迷惘，不知从哪方面入手去做交易？因为我们从书中了解到的是利弗莫尔所处时代的历史交易，而投资者真正能接触到的是当今市场。**要如何把书中蕴含的具有实战意义的交易理念，提炼出来融入我们的实战交易中，是远航实战精解版所要传达的内容。**而国内众多翻译版本的书并非是有经验的专业交易员所写，且并没有结合到当今市场对投资者给予更深入的引导，缺乏实用性。因此，**本书的两个主要出发点：一是提醒投资者不要照搬书中的操盘手法运用于当今市场，二是使读者能深度了解市**

场的本质和运行规律，将书中的优秀操盘理念更好地与当今市场实战相结合。

基本面和重大事件对市场的影响也是不可估量的，为何趋势会扭转，我们通过利弗莫尔的故事，反观当今市场的运行逻辑，实战中讲解应对之道。**如何在当今市场中生存并获利，都可以在本书中找到相应的解决方式。**

本书的特色

对英文原版再次翻译，忠于原著，但翻译语句用最直白的话，清晰流畅，使普通投资者能看懂。在二次创作的过程中，并没有逐字逐句地对照原著，而是在忠实于原著核心内容的基础上，以符合中国人的表达方式，而且是从一个真正实战操盘手的思维角度去理解利弗莫尔的操盘理念和操盘技巧。结合国内股票期货市场，赋予更重要的实战价值。

真正专业交易员写的书，结合实战：本人在股票、期货、期权等交易领域已经走过了近二十年的交易生涯。积累了丰富的实战经验，涉猎了很多大师的经典书籍，各种交易理论都是一套完整的交易体系，但并不是所有都能用在当今市场的实战交易当中。**本人将自己成功的实战交易经验融入书中进行解读，使广大读者不仅能读到利弗莫尔的交易人生，而且能快速地深度了解市场本质，找到自身交易系统中的不足之处。**

结合实战角度，我们能从利弗莫尔的成长中，获得哪方面操盘的感悟？他的一些行为方式，对于我们实际操盘有哪些指导作用？本人在文中通过把他从少年时代初出茅庐，到后期叱咤整个美股市场，再到后期人生尽头的心灵深处的体会加以深刻剖析。**尤其是将其中非常关键也最有价值的操作理念和操作技巧提炼出来，转化成我们当今市场中能用得上，而且也容易用上的规则和技巧，具有更强的实战价值。**

每章节细分系列小标题，并配有本人对市场的精细解读，以及相关配套知识，市场实战感悟，结合国内实战操作技巧等。**兼顾趣味性的同时，更具有实用性，使读者能轻而易举地抓住重点，快速摄取其中的精华知识。**而精读的读者，可以逐字逐句品味利弗莫尔的传奇故事，还能与作者产生共鸣。共同探讨投机市场本质，修正自身操盘系统，以达到更好的应用效果。

本人希望能站在巨人的肩膀上，通过不断注入实战技巧与经验，结合国内股票、期货、期权等投资市场的实战，给此经典书籍重新注入新的生命力。

读者群体

符合中国读者语境习惯，用最通俗易懂的语言来表述。深入浅出，就算是没有任何基础或刚接触投资市场的普通读者，也能够轻松读懂，读透。**因此，非常适合广大普通中小投资者，初、中级交易员流畅品读。**

利弗莫尔从失败中学习，而我们却只想套用成功的模式，只想向成功者学习。成功的案例是可以借鉴的，但不能简单地套用。失败的案例也是我们的一面镜子，我们可以通过这些经典的故事，看到他交易辛苦的一面，还包括我们自身不断探索所得到的喜悦，以及交易者对自己操盘能力有了真实的了解。广大投资者并不一定有那么多时间来试错，也不一定有那么多资金资源支持去试错。尤其是大师的理念，如何和我们国内市场相结合，毕竟大多数投资者最容易接触到的也将是国内的股票和期货市场。因此，创作一本适合国内投资者，传承大师经典操盘理念和技术的书，本人愿意为此奉献时间和精力，结合自身成功或失败的实战经历，**让大家在更快速读懂此书的同时，能大幅减少在市场中试错的时间和成本，更快地向成功的目标迈进。**

目录

第三章 —— 转战纽约两起两落

第四章 —— 家乡疗伤，再战对赌行和地下经纪商攒下本金

第一章

对赌行走出个交易神童

1.1 少年报价记录员

14 岁那年【译者注：为读者方便了解作者年龄背景而加，原版并无此句】，初中一毕业，我就出来谋生了，在一家证券经纪公司，做了一名报价板记录员。打小我就对数字敏感，上学期间，我曾用一年的时间学完了三年的数学课，我尤其擅长心算。作为价格记录员，我的工作就是每天把不停跳动的股票价格数字写在营业厅的展板上。那时，会有一个人（通常会是某个客户）坐在行情报价机旁不断地高声读出最新的股票价格。尽管这些股票的价格跳动得很快，但我却从来都感觉不出来，我总能快速地记下这些数字，并把它书写在报价板上，从来也没出过什么差错。

营业厅里有不少员工，不久我们便成了朋友。但我没有什么时间和他们聊天，因为从上午十点到下午三点，我都忙碌于工作。不过我不太在意这些，至少在交易的时间内我是这样想的。

我善于对自己的工作进行梳理和思考，即使工作很忙也不能阻碍我随时随地在思考。在我看来，报价展板上的数据，并不代表什么股票价格，它们仅仅是数字而已。当然，这些数据是在不停地变化着的。正是因为它们的变化，才让我兴趣倍增，我想这种变化的背后肯定存在某种意义。这些数据为什么会变化，当时我并不知道，也不太关心。交易时间内，从周一到周五每天有五个小时，周六有两个小时，它们都在马不停蹄地变化着。当时我思考的核心点在于，这些变化着的数据，它们要去往哪里，我想追寻它们将要走的路径和方向。

远航精解 很多刚入市的投资者都梦想成为像利弗莫尔一样的伟大作手，他们会思考一个问题，要立志成为一名优秀交易员是否需要天赋？我们所说的“天赋”就是天分，是一个人在成长之前就已经具备的成长特性。指其在某些事物或领域具备天生擅长的能力或者拥有极大的热情，或两者兼而有之，促使其可以在同样经验甚至没有经验的情况下以高于其他人的速度成长起来，而且有它的独一性、特殊性。利弗莫尔少年时代刚接触投机领域所展现出来的能力和成长潜力是他日后成就一代伟大作手的重要基石。他在交易中展现出来的天赋包括出众的数字记忆力、高度的专注力、善于学习、良好的创造力等。而不是一味地遵循市场的一般规律，重复旧的思想观念，跟随大众一起，站在羊群的队伍里，任人宰割。

天赋的另一层面，兴趣和热情是最好的老师。有了兴趣，会为此倾注心力，把一件事融入自己的骨子里，主动去涉猎与之相关的任何信息，这种成长效能是普通被动学习的数倍，或是从失败中取得的经验也更丰富，因此，所取得的成绩也更显著。**但交易中光靠天赋肯定不足以使利弗莫尔成为伟大的作手，还要靠后期持续的努力，不断地从失败中历练和精进，朝正确的方向走，最终才能走向成功。**

1.2 渐悟“行情地图”

基于此，我对价格的变化越发产生了浓厚的兴趣。那时我已经注意到，在上涨或下跌的过程中，股票的价格通常会表现出一种特定的习性，这样的例子，反复地出现和循环着。而这些过往的先例，便成了我预测未来走向的依据。尽管那时我才 14 岁，但是在观察了无数的案例之后，我便开始用过往的案例去验证我对价格走向判断的正确性，从中提取出范例，进一步指导我对未来的判断。因此，没过多久，我已经具备预测价格变动方向的能力了。正如我一贯所说的，指导我对行情判断的唯一依据就是这些股票过往的表现。我的大脑里装有一份“行情地图”，根据这份“行情地图”，我便能预测出股价将以什么样的形态和变化而展开，从而就能把握住价格变化的趋势和方向。我想你已经明白我所表达的意思了。

举例说，你可以找出，在什么地方买进比卖出更有利于自己。当股市正在进行一场大战时，行情报价纸带上的记录便是你判断的真实依据。利用它进行投机，十之有七你能赢。

在早年的工作经历中，我很早就学会了另一课，那便是华尔街上永远没有新鲜事。投机是人的天性所为，这就像山川一样古老。无论今天股市发生的事有多么稀奇古怪，过去都曾发生过，而且将来还会无数次地重现。我想我的能力不过就是记住股市行情过往的变化，形成自己的“行情地图”。我真正想尽办法要做到的，是它们会何时发生、以何种方式再次发生。正是这样的刻意记忆，使得我在股市上的经验愈加丰富起来。

远航精解 我们现代交易数据依据电脑记录和运算，生成不同周期的K线图包括：分时图、小时线、日线、周线，甚至月线等。但由于当时电脑技术的限制，交易数据还不能实时合成图表并展示给交易者。然而，少年利弗莫尔能通过观察纸带行情，读出短线力量博弈，依据盘感对后市进行判断和短线操作，凭借自身出色的记忆力和数学天赋能把“行情地图”记在自己的脑海里。这就是他过人的优势之一，为他之后能在对赌行取得成功做了很好的铺垫。

如果把交易比喻成战争，就是判断双方交战时谁的战力更强，或最终哪一方控制了战场上的局势，而投资者则是要想办法站在主控局势的那一方。行情报价纸带包含了实时的买卖交易单数据，其中价格的变化是供需力量博弈的结果，盘中会有主动买单、主动卖单、被动买单和被动卖单。可根据这些买入或卖出单数量的大小，以及是否高于现价追买或低于现价追卖来判断买方或卖方谁主动性更强。根据纸带行情对后市进行预判，并在第一时间切入，将是一个很好的短线介入方式。

利弗莫尔通过纸带能够感觉到这些买单和卖单的力量，谁大谁小，并且达到临界值即将要转势时，他往往能捕捉到其中的机会。当时少年利弗莫尔刚接触交易不久，并没有系统的交易知识，但他凭借他的盘感，能预测后期的短期波动，这对于他短线操作获利有很好的帮助，也取得了很好的成绩。在他同时期的交易者当中，他无疑是佼佼者。

利弗莫尔的经典语录：“华尔街永远没有新鲜事，无论今天股市发生的事有多么离奇，过去都曾发生过，而且将来还会无数次地重现。”这也是他回忆录的核心观点，正是他的经典语录和他传奇的一生，使此书成为华尔街永恒的经典之作。

1.3 着迷于记录和预测

我越来越沉迷于这种游戏，而且越来越急切地想预测所有热门股票的涨跌。为了更好地记录我所观察到的每一个案例，我给自己准备了一个小册子。那时有很多人也都在做记录，但是他们所记录的大多是虚拟的交易而已。他们如此练习交易技巧，即使盈利数万也不会让他们腰缠万贯，当然亏损数万也不会让他们真的一贫如洗。我所记录的，都是我的预测，第一是为了判定下一步的走势之用，第二也是我最感兴趣的，就是证实自己的观察和预判是否准确，也就是说，验证我对未来预测的精准度。

假如说我正在研究一只活跃股。在某一段时间里，每一次波动后，就会突破下跌 8 点到 10 点的行情，这是它过去基本的表现。之后如果遇到同样的波动，这只股票还可能出现像过去一样的表现，也会有突破下跌，产生 8 点到 10 点的行情。这样一来，我就会记下这只股票的名称，记下它当时的价格，然后根据它当日的表现，预测它未来两天可能出现的走势，我就会在报价单上去验证我的判断正确与否以及准确度。

这就是我对报价纸带上的数据信息兴趣盎然的原因所在。刚开始的时候，我的波动概念就是建立在观察股价的涨跌上。当然，报价纸带只显示数据的结果，它不会告诉你股价波动的真实原因，也从来不会做任何解释。在 14 岁时，我还不懂得探究其波动的原因。现在 40 岁了，我依然不去过问。一只股票价格涨跌的原因，可能在两天、三天或者几个星期甚至几个月后才会被知晓，但这并没有什么关系。报价纸带上的数据信息，关乎着你现在的操作，你必须现在做出决断，而不是明天。至于要找出背后的原因，那是以后的事儿。但是现在你必须立即行动，不然所有的机会都会烟消云散。这种情形，我在市场上经常反复地看到过。或许你还记得，霍洛管道公司（HOLLOW Tube）前几天下跌了 3 个点。而当天股票市场是整体剧烈向上的，这是已经发生的事实。到了下星期一，你会看到相关媒体的报道，原来董事会通过了分红方案，这就是原因。他们知道股价下一步会有如何的举动，即使他们不会卖出，但也绝不会再买进。他们内部人没有人买进，这就是股价向下突破的原因。

就这样，连续六个月我在小册子里持续地记录着行情数据。每天下班后，我不会立刻回家，而是继续我的记录工作，记录下我要研究的股票的价格变动，并预判其接下来的趋向。我一直在努力地寻找着重复的或者相似的价格形态。其实这就是已经在开始学习分析报价纸带上的数据变化，只不过当时我还没有意识到自己已经这样做了，也没有意识到自己已经开始学习分析研判预测价格的未来变化了。

远航精解 少年利弗莫尔对行情做记录类似于现在专业交易员进行当日行情复盘、写操盘记录、对后市的预判以及匹配与之相对应的操盘计划。其中利弗莫尔对单只股票品种的特性进行归纳和总结，并提炼出其中有价值的规律。虽然在他看来像是在玩一场数字游戏，但这是一种专业的研究态度。**从过往行情的数据记录，归纳总结，到推演预判股票后市可能的走势，并执行既定的操作策略，是从业余赌徒转变为专业操盘手的必经之路。**另外，初学者可以通过模拟交易的方式进一步了解市场的规则、操作步骤，以及验证自身策略等，可加快与实战之间的联结，降低初期入市的试错成本。

股价的上涨和下跌是由其内在供需机制所决定的。当供不应求时，市场上缺货，人们愿意出更高价买入，促使股价上涨；但当供大于求时，市场上货太多，而在当前价位却找不到足够的买家，那就只能降价卖，促使成交，造成股价的下跌。这就是价格运动的原动力所在。当然，这只是股价运动的表现形式，而真正造成这种供需不平衡的原因是什么呢？其中包含多方面因素。大的经济环境、上市公司的盈利状况、公司大股东的增持减持、人们对股价的预期是乐观还是悲观等，这些都是股价走势背后的推手。市场对短期极端事件的情绪反应，也是造成股价大幅波动的重要原因之一。

当今市场很多真正有价值的信息是不会提前让公众知道的，公众能了解到的信息往往是滞后或存在偏差的。上市公司有潜在利好消息往往在股价上已然提前反应，所以我们经常会看到某个上市公司利好出来后，盘面上反而高开低走，利好兑现时往往是中小投资者最后的逃命机会。**因此，作为专业投资者需关注基本面信息，但不应过度依赖，还需结合盘面上多空双方力量的博弈情况，综合应对。**

1.4 人生第一笔交易

一天中午我正在吃饭，一位年长的同事过来找我，他小声问我有没有带钱。

“你问这个干吗？”我说。

“是这样，”他悄悄地说，“我获得一个很棒的内线消息，是关于柏林顿铁路（Burlington）的。要是能找到人和我一起干，我想我不会放过这个赚钱机会的，一定要好好玩一玩。”

“玩一玩，你说是什么意思？”我问他。

我认为只有那些有钱的主儿才能够玩这种游戏，因为这种游戏的门槛动辄就要数百美元甚至几千美元。我只觉得那些拥有私人马车，还雇了穿戴光鲜的马车夫的人，才有资格玩这种把戏。

“你有多少钱？反正我就是想玩一玩！”他说。

“你需要多少钱？”我问他。

“哦，有 5 美元就可以交易下注了。”

“你要怎么做？”我问他。

“我要拿这些钱到对赌行里充当保证金，买进柏林顿铁路，能买多少就买多少。这只股票一定会大涨，很快就能翻倍，就跟白捡钱一样。”他说。

“你等一下。”说着，我拿出了自己的小册子。

其实，当时比起能让自己的钱翻倍这件事情，让我更感兴趣的倒是他说的柏林顿铁路就要上涨的这个消息，果真如此的话，我的小册子里边的记录，应该会显示出这样的结果来。我仔细地看了一下，果然不错，据我以往的记录，柏林顿铁路现在的表现，就像它过去上涨前经常表现的那样。之前我并没有买过任何股票，也从来没有下过任何赌注，但现在我想的是，这可能是一次很好的机会，可以很好地在实际中测试一下我的研究结果以及预测的精准程度。另外，如果小册子里边的秘籍不能在实际中得到应用，那么我的这套东西也就没什么价值了。于是我把我身上所有的钱都给了他，他带着我们共同凑出来的钱，去了附近的一家对赌行，悉数买进了柏林顿铁路的股票。两天以后，我们获利卖出了股票，赚了3.12 美元。

远航精解 “对赌行”一词在本书中属于意译，英文原版书中“bucket shop”可直译为“空桶店”。“空桶店”这个名词起源于十九世纪初的英国，当时一些贫穷的年轻人因为买不起酒，便拿着一个空桶到酒吧去收集酒桶里别人喝剩的啤酒，然后再聚起来喝酒、抽烟、赌博和嬉闹，后来这个名词被用于谷物和股票的对赌交易。

在本书中，空桶店便是对赌行，指的是开设门店进行对赌交易的投机商号，属于非法经纪商。对于在合法经纪商那里开不起账户的投机者，在对赌行里便可以用小额的资金，加上借来的保证金用以下注，赌股票和商品价格的短期波动。值得一提的是，在对赌行里下注的行为并没有产生实际的股票或商品交易，且这些交易并不属于真正的投资，它只是对赌行和投机客运用其价格的变动来下赌注和结算。对赌行在美国纽约的产生始于1877年左右，后来因为报价服务的扩大使得它在整个中西部的小城镇迅速蔓延，在当时的小型农业社会里，它的发展取得了成功。

利弗莫尔在朋友的怂恿下，凭借他平时的记录和积累，完成了他人生当中的第一笔交易，赚了3.12美元，开启了他传奇的交易人生。

1.5 几个月赚进1000美元

那一次交易尝到甜头之后，我便按照自己小册子里研究的秘籍到对赌行投机。我通常是在午饭的时间进行买卖操作，每次都是这样。选取股票时，我并不是根据自己的偏爱来做买卖，也从不依据股票背后发生的故事来决策，而是根据自己的系统做买卖。在对赌行操作，只需要交易者对报价板的股价波动下注即可。我用这套方法，在对赌行里确实操作得非常成功。

这样没过多久，我在证券经纪公司挣的工资，远没有我在对赌行里赚的多，于是我辞掉了工作。那时我的家人非常反对我辞掉工作，但当他们看到我在对赌行赚了大钱之后就不再阻拦我辞职了。那时，我还是个孩子，股价记录员的工资很低，而我在对赌行里操作的成绩却非常骄人。

人生的第一个1000美元，我15岁时就赚到了，这是我用几个月的时间在对赌行里所赚到的。

当我把这些钱放到母亲的面前时——这还不包括平时带回家的那些钱，老人家面色有些惊恐，她让我立刻把钱存到银行去，以免受诱惑学坏胡乱地给花掉了。她有些惊愕又略带骄傲地说，她从来没有听说过有哪个孩子能在15岁的时候白手起家，就赚到这么多的钱。她甚至怀疑这些钱是否是真的。母亲有些忧心忡忡，主要是她觉得这些钱来得不踏实。

母亲为这些钱感到担心，这很容易理解，但我却顺然承之。我所有的乐趣就在于——继续证明，能够运用自己的头脑得出正确的判断，并且在实际操作中验证自己的正确性。一次交易100股是不是胆子也太大了！我倒觉得没有什么差别。如果交易10股能证明我的判断是正确的，依此交易100股，结果会证明那是10倍的正确，仅仅说明需要多一些的保证金而已，这就是钱多的意义。更多的钱能证明我的判断更正确，也需要更多的勇气？不是这样的！假如仅仅有10美元并且全部用于交易，在我看来，这要比有200万美元但仅仅拿100万美元去交易的行为要勇敢得多！

远航精解 少年利弗莫尔所处的时代，对于普通美国人而言，1000美元已属巨款，对照福特汽车的售价就可大致看出其在当时的价值。福特T型车1908年面世时，每辆售价是850美元，那是只有富人才能买得起的。到1916年，每辆价格降至350美元，到了1925年只卖到240美元一辆。而利弗莫尔的第一个1000美元是他早在1892年15岁时就从股票的对赌交易中挣到的。考虑到物价上涨因素，当时的1000美元至少能买两三辆福特汽车！

如果单纯计算当时的1000美元相当于今天多少钱，其实没有多大的参考价值，也不能显示其当时的实际价值和社会价值。就像我国1980年代的“万元户”，即使把当时的“万元”换算成今天的百万，而今天这样的“百万元户”虽不能说遍地都是，也可以说实在是不稀罕，而1980年代初一个县也难得找出几个“万元户”。

由于少年利弗莫尔白手起家，年少刚起步时资金量较小，因此，每次都是重仓交易。他所采用的重仓交易方法完全建立在他对市场精准的研判能力之上，并不适合普通投资者。**对于普通交易者而言，应该把风险控制放在第一位，起步时相对轻仓、大周期操作，且降低交易频率，才能在市场上活下来，逐步走向盈利。**

1.6 对赌行里的“独行侠”

总的说来，在我刚满 15 岁的时候，就已经赚了相当多的钱，过着很优越的小日子。起初，我只是在一些比较小的对赌行里操作交易，在这样的小地方，如果有人一次交易 20 股的话，就会被认为可能是约翰・W. 盖茨（John W. Gates），或者是J.P.摩根（J.P.Morgan）微服私访而来。

在过去的那个年代，对赌行很少坑害客户，他们也不需要这样做。因为他们总是有其他的方法能够赚到客户的钱，即使客户赌对了，也免不了要被扒一层皮。这种行当的利润非常高，即使他们的经营中规中矩，也能让客户的保证金在股价的波动中化为乌有而流进对赌行的腰包。对赌行仅向客户收取 1 个点的 3/4 的保证金【译者注：比如，下注 100 美元的股票波动，仅需 7.5 美元的保证金】，只要股价向不利客户的方向移动 3/4 点，所有的保证金就会被对赌行吞吃。如果有人赖账，那就会被永远逐出，再也无法进行股票的对赌交易。

我总是一个人独自操作着自己的交易系统，我始终对自己的交易守口如瓶，从来也没人能与我跟风操作。一开始我就依靠自己的头脑赚钱，不是吗？股价合乎我的预测方向时，并没有人来帮我推动。股价朝不利我的方向发展时，也没人替我来阻挡。所以我没有必要把我的交易告诉任何人。当然，我也有许多的朋友，但自始至终我都是一个人单独在行动。这就是我在股票的对赌中，一直做着“独行侠”的原因。

实际上没过多久，我就遭到了对赌行的敌视，谁让我总是赢他们钱呢？当我再拿出保证金放到柜台上时，他们只是看了看而不接我的单，然后告诉我不想再跟我做生意了。从那个时候起，他们就开始叫我“投机小子”了。我不得不经常地更换交易场所，几乎是打一枪换一个地方，不停地更换，从一家换到另一家，以致后来我不得不使用假名字。那时候我必须得小心翼翼，从 10 股或者 20 股的小单做起。有时候，为了避免他们起疑心，我会先故意输给他们一部分钱，然后再出大招，连本带利地捞回来。当然，很快他们就会发现，跟我做生意他们总是损失太大了。我就会被告知，另寻他处，不要再挡他们的财路。

有一次，在一个比较大的对赌行里做了几个月的交易之后，他们拒绝再和我做生意，要赶我离开。我气不过，临走想再捞他们一笔。这家对赌行在全城开了许多分店，很多旅馆的大厅都有他们的分店。我找了他们之中一个比较大的分店，先问了经理一些无关紧要的问题，然后就开始交易。但我刚用自己特有的交易方法才做了一只，这个经理就收到了总公司的电话，问他是什么人在操作。经理把他们问的问题告诉我以后，我回答他，我的名字叫爱德华·罗宾森，从剑桥来。他在电话里高兴地向他的老板报告了这个消息。但是，他的老板并不放心，想知道我的外貌与长相。我知道了对方的用意，就跟经理说："告诉他，我是一个大胡子，头发很黑，而且长得矮矮胖胖。"但是他并没有按照我所说的回答对方，而是据实告诉了对方我的容貌。之后他就一直在那里满脸通红地接着电话。挂上电话后，他立刻就过来，叫我滚蛋。

我装作不明就里，客气地问道："他们跟你说了什么？"

"他们说，你这个蠢货，我难道没有警告过你，不要再接拉瑞·莱文斯顿（Larry Livingston）的生意吗？你放水给他，卷走了我们 700 美元。"电话那头的人还说了些什么，他就不愿意再告诉我了。

吃了这家分店之后，我又去了另一家，可惜他们全都认识我。再没有任何人愿意接我的单子。甚至连我进去看看股市报价都不允许，否则就会遭人羞辱。后来我企图说服他们让我做长线，在不同的分店做不同的交易，还是被他们断然拒绝了。

远航精解 利弗莫尔在交易中养成了独立思考的习惯，自己做判断、做决策并执行交易。**独立思考对于专业交易者来说至关重要，不能靠听小道消息，人云亦云来操作。每个人的资源、能力不尽相同，对市场的判断和看盘角度也不一样，只有独立思考与判断，才能避免其他因素过多地干扰，从而准确且坚定地执行既定策略。**

对赌交易其实就是吸投机客血的游戏，贪婪、恐惧，听消息操作，无交易计划的随性交易等，都是投机客的致命弱点。对赌行可以说是站在更大的盈利面上，而对于有天赋的专业型选手来说，能总结其内在的波动规律，对价格运行的敏感性使他能在行情启动的第一时间买入，到盈利目标位后及时获利了结，这种方式能有效地在对赌行里赚到钱。所以，利弗莫尔成为当时少数能抓住这一秘籍的人之一，赚走了对赌行的利益，自然受到这些人的排挤。这也是当时利弗莫尔受到限制，很难将资本金做大的原因。

虽然他遭到了对赌行的敌视和排挤，但这也从侧面印证了他的天赋与能力。但他毕竟还只是在小对赌行取得成功，还没到真正的大舞台验证其能力。这是他交易人生的起步阶段，后面还会经过很多磨难和成长，才能取得真正的成功。因为在交易过程中，最重要的就是拥有解决困难的能力，只有在困境中依然保持积极的心态，寻找失败的原因，寻求自我完善与突破，才能真正使人蜕变和成长。

1.7 转战大都会

现在，我只有一个地方，一个对赌行可以去了，就是那个规模最大的、最富有的经纪公司——大都会证券经纪公司（Cosmopolitan Stock Brokerage Company）。

大都会是个大哥大级别的公司，它拥有非常庞大的业务量，所有英格兰地区的制造业小镇都有它的分公司。还不错，他们当下还接受我的单子，几个月来，我就在这里买卖股票，有赔有赚。但到了最后，还是发生了和其他对赌行一样的事情，他们不想再接我的单子了。但与那些小公司不同的是，他们并不直接拒绝我。这倒不是因为他们有很高的职业素养，而是他们清醒地知道，如果因为一个人恰巧在他们这儿赚了一些钱，就拒绝这个人的生意单子，这样的消息一经传出，会让他们的颜面扫尽，也会极大地影响他们的生意。不过，接下来他们的所作所为和断然拒绝我的单子并无二致。最多的时候他们要求我付 3 个点的保证金，并且一开始就收取 0.5 个点的溢价费用，后来将 0.5 个点升级到了 1 个点，最后变成了 1.5 个点。对我来说，那可是极大的困扰。举一个简单的例子吧，假如你打算买进美国钢铁公司（U.S.Steel），当时的股价是 90 美元，通常你的委托单会写为 90 1/8 美元，买 10 股美国钢铁。也就是说，如果保证金是 1 个点，当价格跌破 89 1/4 美元时，你就会因震荡而赔光出局了。在对赌行里，客户不会被强制要求追加保证金，你也没有必要告诉经纪人不惜一切地卖出手中的股票。

但是大都会的做法就显得非常恶劣，他们会在客户买卖时强制加码。也就是说，当你 90 美元买进股票时，此时的委托单上写的是“91 1/8 美元买进美国钢铁”，而不是“90 1/8 美元买进美国钢铁”。这是为什么呢？因为当你买进这只股票之后，即使股价上涨了 1 1/4 点，你卖出股票平仓时仍然是亏损的。此外，他们还要求我一开始就押进 3 个点的保证金，这就等于锁死了我三分之二的交易能力。不仅如此，由于当时在所有的对赌行里，大都会是唯一一个接受我单子的公司，我实在是别无选择，不然我就找不到可以交易的场所了。

那时，我的运气时好时坏，不过总的来讲还是赚钱的。大都会对我使出的那些阴招，足以击垮任何交易者。但是，他们对此居然还不满足，还想一门心思地将我彻底整垮。还好我没上当，凭直觉躲过了致命的一劫。

之前我已经说过，我的希望之地就只剩下大都会这个地方了。在英格兰地区，他们是最大的对赌行，并且他们对客户的交易数量通常不会设限。在他们所有的高频交易客户里，我想我的交易量应该是最大的。他们的办公场所非常豪华气派。同时，他们的报价看板，也是我所见过最大的，也有着最完整的品种报价。看板的长度贯通着整个营业大厅，在这个报价板上，你能看到你想看到的任何交易品种的报价。也就是说，纽约、波士顿、芝加哥和利物浦所有证券交易所所交易的品种——包括股票、棉花、小麦、粮食和金属的全部报价都会在这里一一呈现。

在新英格兰地区最好的对赌行或经纪公司，非大都会莫属，它有成千上万的客户。但我想在这些客户中，唯一让他们忌惮的肯定就是我了。他们用尽了各种招数，无论是采用高额的手续费，还是强加我 3 个点的保证金，都无法阻止我大量交易。在他们允许的范围内，只要他们接单，我就不停地买进、卖出，有时候我的头寸交易额一次就达 5000 股。

远航精解 利弗莫尔在小对赌行声名鹊起且被限制交易后转战至更大的战场。人生阅历得到提升，交易经验继续积累。但在大对赌行里同样受到阻碍，甚至被迫接受更苛刻的条件。他在大都会对赌行依然大显身手，因为只要那里羊足够多，才能把狼养肥了。在当时，大多数投资者都是盲目的或跟风的。没有任何分析就直接拍脑门买入和卖出。这是催生对赌行生意兴隆的基石。利弗莫尔属于极少数优秀交易员群体中的一员。有头脑，会分析，盘感好，有自己独立的交易系统，这样能保证其胜率及策略的有效性。

从对赌行角度来说，制定有利的游戏规则是保证其获利的来源。但从投资者角度来说，游戏规则影响交易成本，交易成本又会影响到操作策略的制定，操作时机的选择，以及获利能力的高低等。赢家知道游戏规则影响投资结果，于是把重点放在研究规则，善用规则去操作。而散户却忽视这些重点，眼中只有行情波动，而心态也随着账户资金的增减而大幅波动。此处拿期权做例证：主力机构研究规则之后，在行情不好且波动率小的时候选择做期权卖方，赚取时间价值；而散户看到的却是以小博大的发财梦，所以选择做买方，而且频繁交易。最后结果是主力机构大资金通过赚取期权的时间价值从而稳健地获利，而散户却时常在波动率小的情况下频繁操作，损失期权的时间价值甚至做反方向，稳稳地赔钱。其实，**研究规则的好处就是使自己站在更有利的一方，胜率更大，风险更小，才能往赢家的道路上迈进一大步。**

交易员在资源有限的情况下会面临很大压力，要赚钱，或者证明自己的能力，将被迫接受很多苛刻的条件，甚至是押上全部身家，因此承受巨大的心理压力。市场极端情况下的一个巨幅波动就会把你扫地出局。因此，这种模式在实际交易中并不提倡。**对于主观交易者，适当压力是可以接受甚至是有益的；**但在极端压力状态下会导致精神过度紧张，无法持续保持清醒的最佳交易状态，甚至陷入犹豫和恐惧中无法自拔，最终走向毁灭。

1.8 逃过了“对赌行打劫”

你知道对赌行是如何同客户进行交易的吗？首先，你要把资金也就是保证金交给柜台的工作人员。告诉他，你想买进或者卖出的股票品种。他会看一看报价板和行情纸带上的数据，把这个价格记下来——当然这必须是最新的成交价格。同时他会在报价单上标明交易时间。这样一来，这张交易单看起来就和正规公司的成交报告一模一样。读起来大概是如下格式：某年某月某日某时某分，你在某某价格买进会卖出了多少股某某品种的股票。同时上面写明了，他们从你这里收取了多少金额。这就完成了第一步的下单。一旦你想平仓出局，便可以再去找柜台工作人员——按照对赌行规定，一般要找帮你开仓的那位，也可以是其他人。告诉他，你打算就要平仓。他会查看报价板或者报价纸带上最近的成交价格，写在你的交易单上。如果碰巧你要平仓的这只股票正好不活跃或者成交量稀少的话，他就会等待报价纸带下一个报价出现后，在你的交易单上，将价格和时间记录下来，核签以后交还到你手上。之后你可以依此交易单据到出纳那里领取你的获利款项。但是如果你倒霉，碰上市场的走势和你的判断正好相反，而且其活动的价格也超出了你的保证金所能承受的限额，那么你的这张交易单也就变成了一张废纸，因为你的交易已经被自动了结了。

一些小的对赌行，他们条件比较差，客人少到 5 股的小单子他们也会接收。委托交易单是一张彩色的纸条，买进和卖出的单子分别使用不同的颜色。有时这些小规模的对赌行，因为体量太小而会产生巨大亏损。比如，一旦遇到多头市场，狂热的客户都在做多，而且如果刚好他们都做对了方向，那么对赌行可能就要面临巨大的账面亏损。对赌行靠赚取佣金或保证金生存，当你买卖股票时，如果以 20 美元的价格做多买进一只股票，委托交易单上写的可不是 20 美元，而是 20 1/4 美元，你只有 3/4 点的向下空间来对赌股价上涨，也就是说，你的保证金只够支撑 3/4 点的下跌空间。

远航精解 对赌行让投资人以少许的资金就能够参与投机游戏。乍看之下对投资人非常有利，但实际上，市场的波动是其自身属性，而投资人却因为所能承受波动的空间太小，往往导致轻易被爆仓，钱就流入了对赌行的口袋。利弗莫尔看透了其内在规则，这就促使他认识到只有在主升或主跌时才进场操作，这也为他后期交易系统的完善，在关键点开仓打下了基础。

接下来，我们还要回到大都会试图整垮我这一话题。让我来回顾一下当天发生的情形——那天我卖空了 3500 股的糖业公司，手上握着 7 张粉红色的委托交易单，每一张都是 500 股。大都会所有的委托单都是大开张的，额外追加的保证金可以记在上面的空白处。当然了，他们从来不会要求你追加保证金，因为你的保证金越少对他们越有利。他们靠的就是利用市场震荡以便自动吞吃你的保证金来赚钱。在那些小的对赌行里，一旦你想追加保证金，他们就会另外给一张新的委托单。也就是说，他们可以按照新的买进委托再收取一次手续费，况且你新追加的保证金只能为你增加向下 3/4 点的波动余地。如果你要卖出平仓的话，他们还要把新增的保证金算作新的交易再收一次手续费。

哦，我清楚地记得，那天我交给大都会的保证金超过了 1 万美元。

人生的第一个 1 万美元，是我在 20 岁时赚到的。你一定还记得我之前提到我母亲，你会认为随身携带 1 万美元的现金，除了老洛克菲勒以外，再无他人。母亲告诫我，为人要知足，她让我去做一份正当的职业，费了不少口舌，我才说服了母亲，让她知道我并不是在赌博，而是靠自己的聪明才智来赚钱。虽然 1 万美元在母亲眼里是一笔巨款，但在我的眼里，它们是可以让我赚到更多钱的保证金。

【译者注：利弗莫尔挣得的第一个 1 万美元，发生在 1897 年，当时他年仅 20 岁。而福特 T 型车在 19 年之后的 1916 年售价也就 350 美元，足见当时美国的“万元户”该是怎样富足了吧。关键是利弗莫尔的这 1 万元不是一般意义上的资产价值，而是现金！现金！】

卖空糖业公司 3500 股的时候，我约定的价格是 105 1/4 美元。几乎同时，还有另外一个人也卖空了糖业公司 2500 股，他就是交易大厅里的亨利·威廉姆斯（Henry Williams）。我通常会坐在报价机旁边，给行情记录员读那些随时变动的价格数据。正如我预期的那样，糖业公司这只股票的表现一切都如我所愿。它先是快速地向下跌破了几个点，在略作整理之后又开始了新一波的下跌，那天整个市场都表现得相当疲软。然而，糖业公司股价的表现突然之间让我不安起来，它一直徘徊不前，我感觉自己应该马上离场。这时，它的股价已经跌到了当天的最低价，也就是 103 美元。这并没有让我更加地坚定信心，反而让我觉得愈加地不安起来。我揣摩着会是某个地方出了差错，但确实又不知道错在哪里，如果真的要有什么突发事件发生，我却不知道它从何而来，那也就不知道从何下手去防范事件的发生与恶化。在这种情况之下，对我来说，最好的选择就是立刻离场观望。

远航精解 **作为专业交易员，风控，就是当市场发生的状况与预期不符，或者遇到其他突发状况产生时，最好的方法就是先离场观望。**站在一个更客观的角度去观察市场，因为即使错过机会本金不会有任何的损失，但坚持在场内一旦遇到真正的风险，则自身将承受一大笔本金的损失。

学习预测行情技巧时，大部分学习者只想获得可以推算得精准的方法，或可以拿来当作买进或卖出的指标，却没有关注到当预测错误时该如何出场的问题。如果预测错误，就要启动风险控制程序。依据客观条件可分为价格止损与时间止损机制。此则经典谈到的是时间止损，价格来到最低却没有引发强大的买盘。股价那么便宜，大家应该都看到了，那为何没有积极的买盘出现，却让价格长时间停留在低点？那么我们就要思考，股价很便宜是自己的错觉还是市场的共识？你若过早进入，则可能抄在半山腰上。

正如你所知道的，我从不盲目行事，我不喜欢盲目，也从来没有那样做过。其实在我年少的时候就懂得，如果想去做一件事情就必须先弄明白其中做事的道理。但是这一次我就给自己找不出合适的理由来。虽然找不到理由，但越发地惴惴不安起来，七上八下地，都快受不了了。于是我环顾四周，看到了一个小伙子，他叫戴夫·威曼。我请他过来，对他说："戴夫，请过来帮一下忙，你坐在这儿接替一下我的工作。请您在喊出糖业公司下一个价格之前稍微等一下，好吗？"

戴夫答应了我的请求。于是，我就站了起来，让他坐在了报价机旁边的座位上，由他接替我，为行情记录员读报价。我一边走向负责处理平仓交易单的柜台，一边从口袋里拿出了七张糖业公司的交易单。说真的，我并不知道我为什么要离场撤退，所以只是斜倚着柜台站在那里，并不想让柜台上的工作人员看到我手里的交易单。稍后我发现只要一听到电报机咔嗒咔嗒作响，就能看到那位叫汤姆·本恩的职员迅速地转过头去聆听。这时我预感到，很快就会有什么阴谋要出笼了，我立即决定不能再继续等下去了。就在此时，报价机旁的戴夫开始喊："糖业——"没等他把新的报价读出来，我闪电般地将手中的交易单放到柜台上，高声地喊道："平仓糖业公司。"这样，大都会不得不以最后一个报价轧平我的七张糖业空单。结果戴夫喊出来的报价是 103 美元。

据我的估测，此时糖业公司的股价已经跌破了 103 美元。旁边电报机的声音很不正常，让我感觉到身边布满了陷阱。现在电报机发疯一样地咔咔作响，我注意到那位柜台的工作人员汤姆·本恩并没有处理我的单子，他仍然在聆听电报机的声音，好像在等什么指令一样，这时我忍耐不住了，对他高声大喊："嗨！汤姆，你在干什么？请赶快把 103 美元的价格记到我的单子上！立刻！马上！"

我叫喊的声音很大，营业大厅里所有的人都听到了，他们纷纷向这边张望，大家都在打听着是不是出了什么事？要知道大都汇从来还没有赖过账。但如果对赌行发生了信用问题，一旦传开，就会像银行挤兑一样可怕，只要有一位客户起了疑心，其他人就会跟着怀疑而发生挤兑。所以尽管汤姆心有不甘，但还是硬着头皮走了过来，在我的 7 张交易单上签下了“103 美元平仓”，然后他没好脸地把单子甩给了我。

你看，从汤姆的柜台那里走到出纳员的窗口不到七八英尺。就在我还没有拿到钱之前，报价机旁的戴夫 · 威曼就像被挤住尾巴似的高声大叫：“天啊！糖业公司 108 美元！”对大都会而言，这一切都太迟了，我哈哈大笑，对着汤姆说：“就在瞬间之前还不是这个价格，对吧？兄弟！”

当然，刚才的一幕是早有预谋的人为操纵。我和亨利 · 威廉姆斯卖空了糖业公司 6000 股，我们俩的保证金已经是一个不小的数目了，还有其他的客户也在做空糖业公司，这样加起来的空单可能已经到了 8000 股到 10000 股了，估计大都会已经收了 2 万美元的保证金。这笔款项已经足够让他们联合纽约证交所的经纪人合伙共同操纵股价了，瞬间的大幅震荡足以把我们赶尽杀绝！在过去的那些年头，当对赌行发现有太多的人在做多某只股票时，他们往往不会束手就擒，而是去找一些场内的经纪人，共同打压这只股票，将市场里所有做多这只股票的顾客全部震荡出局，而这样的伎俩很早以前就已经成为对赌行惯用的手法了。一般来讲，这种惯用的伎俩可以做到四两拨千斤，用很低的成本，获取成千上万美元的收益。

当天，大都会就是把这种损招用在了我和威廉姆斯以及其他糖业做空者的身上了。他们联合纽约的经纪人把糖业的股价瞬间拉到 108 美元，当然，这个价格很快会回去的。不幸的是，亨利和其他很多做空糖业的人都被震荡出局了。过去，媒体称对赌行的这种伎俩为“对赌行打劫”，指的就是对赌行将某一只股票在瞬间莫名其妙地拉高（或打低），随即又迅速归位的操纵行为。

远航精解 主力利用资金优势，震仓打压散户，尤其是高杠杆的散户，股价短时间内迅速跌破所有人的平仓线，之后再拉回，价格走了个来回，又回到原地，但钱却已经从散户的口袋到了主力手里，这就是股价操纵。要在杀人不见血的投机市场上打仗，除了具有高敏感性之外，还要熟悉主力的惯用手法，在躲避诱骗的同时，又要能及时出击。如果没有对机会的高度敏感和对危险的敏锐嗅觉，那么就应当远离这个市场。因为，一旦入场，盈亏比将是负数，在投机市场中任人宰割。

其实我们在此看到利弗莫尔的成功交易并不仅仅是表面的感性交易，而是一种理性思维在交易。系统性的交易其实不仅仅是交易本身，这里提到利弗莫尔做空时，他注意到哪些信息是对其操作有利的：对赌行与纽约营业处之间的报价关系；对赌行是如何在这两个市场从中动手脚的；另外，他还掌握到对赌行中有多少人在放空该股数量；计算对赌行赚到的保证金足够让纽约的营业员把价格推到哪一极限；甚至连对赌行里做投机人的心理状态也是一清二楚。这些无形的思考对价关系的判断，两个市场的联动关系虽然在交易记录都不曾被记录下来，但这些信息却是主导其操作的主观判断依据。这也是能提高他胜率的原因所在。

1.9 大都会遭炒家狂卷 7 万美元

可笑的是，在大都会试图坑骗我不到 10 天的时间，从纽约来了一位大炒家就卷走了他们 7 万多美元。这个人是纽约证券交易所的会员，当时他在市场上有呼风唤雨的影响力。1896 年，他因做空布莱恩恐慌（The Bryan Panic）而一战成名。因为证券交易所制定的规则常常羁绊他计划的实施，所以他经常和证券交易所对着干。有一天，他突发奇想一条妙计，就想整治一下那些对赌行，从他们骗来的不义之财中分一杯羹出来，过后还不给证券交易所和警察机构留下什么口实。

他派出去 35 个弟兄冒充客户分别去大都会的总公司和他们比较大的分公司，在约定好的某天某个时刻，尽可能多地买进某一只股票，多多益善！随后，他发出指令，这些人就会在某一个获利的价位悄悄平仓出场。他在幕后，则将那只股票所谓利好的小道消息，尽可能地在老朋友和同事之间散布出去，然后他就回到证券交易所的交易大厅，联合场内的经纪人抬高股价。这些场内的经纪人大都认为，他是一个很有职业操守的人，所以都乐于相助。要操作的股票是他精心挑选出来的，将这种股票价格推高 3 个至 4 个点，是手拿把攥的。当股价达到预定目标时，那些冒充客户的代理人，就会按预定计划在对赌行里获利了结。

有位知晓内情的人告诉我，这位纽约来的幕后炒家这一笔就赚了 7 万美元，这还不包括对那帮冒充客户的人马的酬劳支出。他把这套把戏玩遍了全国各地，纽约、波士顿、费城、芝加哥、辛辛提那、圣路易各地规模较大的对赌行他都玩了个遍，狠狠地教训了那帮靠吞吃保证金发家的肥佬。西联电信（Western Union）是他比较喜欢操作的股票之一，因为这样的股票在活跃程度上半死不活的，在这样的股票上，打压或者推高几个点，都是很容易办到的事情。他命令他的人马在事先约好的某个价位买进，只要有两个点的利润他们就会立刻甩掉，然后同时反手做空，又能再获利 3 个点或者更多。对了，就在前几天我看报纸的时候，刚巧看到了这个人故世的消息，去世之前他默默无闻，而且潦倒不堪。如果他早些年去世，比如在 1896 年去世的话，他的死讯会占据纽约各大报的头版。而如今，只在第五版仅仅写了那么两行字而已。

远航精解　投机市场的血腥程度不亚于战场，股市中的欺诈与坑杀现象随处可见。只要人性不变，情况永远都会是一个样。在市场中会不会上当跟教育程度与聪明无关，答案在于贪婪与无知。

此外，强中自有强中手，树大招风。任何行业的野蛮发展到一定规模就会招致不确定性的风险。在这里，对赌行的规则和手段其实都是明牌，对于交易老手来说都看得很清楚，会利用其漏洞用力撕咬一口。所谓螳螂捕蝉，又何曾不是黄雀在后呢？市场没有永远的赢家，这位英明一世的高手，最后又回归起点，甚至走向毁灭；那些过往的业绩、盈利、名声，也跟着烟消云散。**所以投机交易这条路，是一条艰难、崎岖、专业化非常强的路，对人性的要求非常高。进入需谨慎，戒骄戒躁，谨言慎行。**

第二章

首战纽约亏光，借钱重返对赌行翻本

2.1 携 2500 美元移师纽约

如你所知，为了阻止我交易，之前大都会不仅强行收取我 3 个点的保证金，而且还加收 1.5 个点的溢价佣金，也就是手续费。眼看这套没能奏效，并没能阻止我持续交易获利。接下来，特别是那次“对赌行打劫”没能坑住我之后，他们就采取更下作的手段，直接暗示我，再也不想和我做生意。被逼无奈，这期间我做了一个决定——去纽约发展。

我想我可以去纽约证券交易所某家会员公司去继续做我的交易。为了尽可能地接近行情源头，波士顿的任何一家分公司，我都不愿意再去了，因为这里的报价必须通过电报才能传递过来。21 岁那年，我带着全部的积蓄 2500 美元来到了纽约。

也许你会感到奇怪，怎么全部积蓄才 2500 美元？因为之前我就告诉过你，20 岁时我就已经赚到了 10000 美元。那次在大都会卖空糖业股票时，我交的保证金就已经超过了 10000 美元了，怎么现在才落下 2500 美元？下面让我解释给你听。

远航精解 手续费高，是短线操盘者的大忌，尤其是高频交易。即便有很大的胜算，但到最后因为手续费的耗损，收益率也会下降。更何况还有很多极端情况或亏损的交易，再叠加高昂的手续费，会致使本金急速消耗。因此，在这种层层阻力的环境下，迫使利弗莫尔只能决定离开此地，开辟另一战场，移师纽约。

2.2 亏掉75%换回的“交易真经”

投机市场上谁都不能保证总是赢钱，我也一样。尽管我有几近完美的交易计划，而且赢多输少。如果我能够始终坚持按照计划进行交易，那么我的交易结果，盈利的时候应该十之有七。事实上，在每一次交易之前，如果我能确信自己的判断准确无误，我总能赚到钱。也就是说，只有当目前市场的走势符合过往的范例并且与我的预期完全吻合时，我进场交易就能赚钱。而拖累我亏损的，其实是不够定力，常常不能坚持自己原则去执行的交易。

万事皆有机缘，“天时”是做任何事情成功的第一要素。但当时我并不懂得这一点的重要性，而正是这一点，曾让华尔街的无数精英们折戟沉沙。

有句鸡汤的话怎么说的来着？——但行好事，不问前程。傻瓜，十足的傻瓜！他们在任何时候、任何地方都在不停地做事，要命的是做的都是错事，且永远都在做犯错的傻事。这种傻瓜跑到股市里面，其表现就是，每天都在交易个不停，就像患了多动症似的，手永远都停不下来，每天都在不停地买进卖出。然而，从来没有人能够找到十足的理由来证明每天都非要交易不可；从来也没有具备足够智慧的人，来保证自己的每一次操作都正确无误。

我的亲身经历完全可以证实这一点——每当我运用过往的范例和经验去研究报价纸带的数据时，我总是能赚到钱。但是如果我一时脑热犯傻，那样等待我的结果往往是亏损。在这一点上，我也不能例外，不是吗？为什么不能等最佳时机到来后才去交易呢？那是因为，我们太容易受周围环境的影响而失去对市场的理性判断了。

当你一进入交易大厅就会看到那巨大的报价板，传递股价的电报在嘀嘀嗒嗒地响个不停。眼见着大家都在忙碌地交易，看着他们的委托单获利变现抑或变成废纸一张。此情此景，我们很容易被这种忙碌的假象蒙蔽，从而做出错误的判断。在对赌行交易，保证金只占交易额的很小一部分，你无法与他们进行长线操作。这样一来，你很快就会被震荡出局。事实上，人们大多都不会时刻对行情大势保持关注，而只是闷头自顾自地买卖，这就是华尔街很多人亏损直至破产的原因。这其中也包括那些专业的操盘手，即便他们已经很优秀却也不能幸免于难。因为在他们看来，如果不能像上班族那样，每天都能操作获利，把相当于工资盈利带回家，这一天好像就白混了。

提醒一下，当时我还只是个孩子，涉世未深，只是在15年之后才学会了一个重要的道理和规则——多看少动。按照这样的规则，就能做到甘愿花两个星期的时间耐心地等待和观察，直到自己看好的一只股票上涨了30个点，等安全的买点得以确认之后，才肯下手交易，而不是刚看到一点苗头就贸然跟进。

远航精解 利弗莫尔描述得很贴切。**市场各股票的价格随着参与者的买卖而上下波动。在大部分情况下是无序的。**很多情况下体现了市场各参与者的情绪，当趋向一致时，会促使股票的价格产生快速且大幅运动。**作为普通投资者只有在观察到即将发生运动的这个关键点上进入，才能更好的获利。**就像是鳄鱼，平时待在水里观察，不随意消耗体力。只有当猎物进入狙击区域时，才猛然出击，直接咬住猎物将其捕获，之后又归于平静，静待下一次捕猎机会。这种高效率低损耗，即高盈亏比的交易，才是专业投机市场交易的精髓所在。

利弗莫尔在操作中10次有7次是正确的，胜率很高。这意味着他一直保持在对的**操作逻辑**中。另外，提到的是**进场时机**和**遵守纪律**的问题。**一笔成功的交易必须靠对的操作逻辑，找到对的进场时机以及操作者遵守纪律才能正确完成。**对的操作逻辑，加上对的进场时机是靠对外在环境的正确判断，而遵守纪律则是靠自己内在的控制能力。

此处延伸一下，对的操作逻辑是什么？**顺势操作就是对的操作逻辑，趋势一旦形成就不容易改变。**如果第一笔单子已经错了，就不能再下第二笔单子，这些都是顺势操作的法则，一个对的操作逻辑往往是由更多更细致的对的逻辑结合在一起而形成的，投资者大多知道要顺势操作，但这样简单的道理却很难正确执行，问题就出在这里面包含许多道理及原则，必须全部把这些模块弄清楚才能真正地进场操作。

另外，如何才能称得上是遵守纪律呢？对于投资者来说，交易过程是主动还是被动会产生不同的影响。如果是**主动的态度，就会去研究行情，辨识各种机会，精准执行风险管理和仓位管理，这时运气成分就不是关键因素。**因为你知道什么情况下应该下单把握住机会，或危险信号出现时该出场规避风险，以及无序行情时耐心待在场外等待，这些都是投资者该遵守纪律的地方。但是如果交易在毫无根据或者没有策略下就盲目进行，那该守住哪些纪律就只能凭感觉了。心智的力量可以掌握交易过程，还可用来保护你的投资资产，但当你没有想法或者策略时，就容易让市场牵着鼻子走，尤其会跟着账户资金的增减被牵着鼻子走，心智被控制住了就无法理性思考，自然胜算也就没有了。

2.3 打江山易守江山难

我曾经赔个精光，当我想着要东山再起时，我告诫自己，这一次一定要学会有耐心，不能再轻率，不能再鲁莽，必须一出手就能把钱赚到手才可以。那是1915 年的事了，说来话长，以后我会找个适当的时候再详细地告诉你。

话说回来，现在让我们回到我在对赌行里的操作。在对赌行的那几年，我赚了不少钱，但到最后大部分又被对赌行给撬走了，而且这都是我眼巴巴地看着发生在眼皮子底下的事情！况且这并不是我一生中唯一的一次。一个股票作手，在一生中必须要面对许多敌人，而这其中最大的敌人就是他自己。

远航精解 所谓打江山易守江山难。在交易场上大起大落的人屡见不鲜。**大多数人认为学会如何赚取财富手段很重要，但更重要的是要学会如何留住财富。**盈亏同源，有时冒很大风险重仓博来的财富，如果不知在风险来临时，停止交易，那么，所得来的财富将顷刻间化为泡影。反而给交易者留下的是遗憾和自责等负面情绪，以及更多的这种一夜暴富的期待。所以，要成为专业投资者或专业交易员，必须学会时刻观察市场风向变化，适时调整自己的策略，适合时才进，不适合则懂得放弃，有舍才有得。紧跟市场脚步，才能保证自己在不被市场洗劫一空的同时，赚到自己应得的那部分利润。

波动性是市场的内在属性，也是其存在的意义。毕竟，没有波动的市场就像一潭死水，没有任何人愿意参与，也无法低买高卖获利。股市从更大的周期来讲，受大的经济环境、参与资金流动性等因素所影响，而在小的周期里面，则受市场上短期热点、各方参与者的情绪所影响，这就造成了股市的内在波动。而市场波动时有其涨跌的内在节奏，这就造就了全部的波动与周期。股市也有其季节与时令，有播种的季节也有收获的季节，当寒冷的冬天来临的时候就需要耐得住寂寞，不去无谓消耗任何能量，等待真正机会的来临。

我们**在实际操作中首先必须认清楚什么是自己可以控制的，什么是自己不能控制的。**比如市场的时令、周期变化是我们无法控制的；但我们进入的时机、多空跟随的方向、匹配的仓位是我们能掌控的。若对不能控制的总是埋怨与责怪，这是永远的输家。因此，我们虽然不能控制股市的荣枯周期与脉动，但我们可以顺势而为，找准时机和节奏入场，这就是投机能赚钱的基本原理。

从操盘心态来讲，我们在动手之前先想想市场上的总体环境到底是处在哪个季节。在我们下单操作的一刹那，我们要问问自己操作的原因，究竟是因市场本身而起，还是因自己的情绪而起。市场中很多投资者，频繁操作，皆因自己想战胜这个市场，想通过自己的努力去扭转败局，但其实成败在你入场之前就已经决定。举个例子说明，当整个市场处于熊市的时候，突然来了一个漂亮的反弹，这个时候一些投资者的情绪就很容易被这种快速上涨勾起来，匆忙入场，造成的结果就是被套在半山腰上。

2.4 老规则玩新游戏

总之，我随身携带着2500美元来到了纽约，那是我当时仅存的所有积蓄了。现在这里连一家可以信赖的对赌行也找不到，很多此地的对赌行已经被警察和证券交易所联手给成功端掉了。此外，我只是想找一个可以信任的地方进行操作。在此，我可以不受任何限制，只是当时我的本金略显不足，但是我认为这种状况不会持续太久。现在，对我来说最重要的事情就是能找个地方可以开始进行公平的交易。于是，我来到了纽约交易所的一家会员公司（New York Exchange House），这家公司在我的家乡设有分店。我认识了他们其中的几位职员，但他们在很久以前已经关门歇业了。在这里我没待多久，因为我极不喜欢他们其中的一位合伙人。

后来我就转到了富尔顿公司（A.R.Foullton& Co.）。刚来此不久，他们就都开始称呼我“交易神童”了，我想一定是有人把我早先的经历告诉了他们。我长相略显稚嫩，看起来比实际年龄小了不少。这在某些方面对我来说并不是好事，但这样也会使我能很好地保护自己，因为有太多的人，看我年轻就想占我便宜。对赌行里的那些家伙，看我像个孩子，就认为我是个不谙世事的小傻瓜，就凭这一点，我就能常常在交易上把他们打得落花流水。

但是在之后短短不到六个月的时间内，我就赔光了所有。我是个高频交易者，同时享有“常胜将军”的称号。我想仅手续费这一项，我就付出了相当的数额。虽然起初我的账户资金在不断增加，但最后还是赔光了。我很谨慎地操作，但仍然阻止不了连续亏损。亏损的原因其实就是——我此前在对赌行里的操作交易，实在是太过成功了！

话又说回来，这种做法在实际的操作怎么也是不太顺利的，因为即使你所在的这个对赌行财力还不错，但是他们也很难承受这种经常性的损失，谁也不愿意任由损失持续性地发生，没人喜欢在他们的地盘上总有人一天到晚地掏空他们的钱袋子。

总之，我在对赌行里那种顺手的操作系统，在富尔顿营业厅却毫无胜算。在这里已经不是在进行那种纯粹的对赌，而是在真正地买卖股票。当你眼看着报价纸带上的股价标明 105 美元时，我判断它要下跌 3 个点。但事实上，营业厅里的实际股价已经跳到了 103 美元或者 104 美元了。假设此时我下一张 1000 股的卖单，等到将单子传给富尔顿公司场内的工作人员执行平仓时，股价可能已经走得更低了。在我拿到成交回执单之前，已很难知道这 1000 股卖出的真实价格到底是多少了。如果我在对赌行里，做同样的交易一准能赚 3000 美元。但是，在证券交易所的会员公司那里你很难赚到一分钱。也许我的例子有点过于夸张，但事实就是这样的。也就是说，在富尔顿的营业厅里按照我当时的交易系统，报价纸带上出现的价格已经是过了时的价格了，要命的是，这一点我当时并没有注意到。

除此之外，还有一点。当我的委托交易单过大时，为了迅速成交，我就不得不将自己卖出的价格再多压低一点，而在对赌行操作的时候，我完全不需要考虑交易量对价格的影响。我之所以在纽约证券交易所会员公司那里不断地亏损，不是因为在合法公司操作就一定会亏损，而是因为那里有着完全不同的游戏规则，但我在操作的时候并没有搞清楚这一点。

远航精解 此处利弗莫尔遇到的交易障碍在专业交易领域称之为滑点，**属于隐形成本。**通常受两方面因素影响。**第一方面是时间因素。**由于从决策到执行之间存在较长时间的延迟，并不是所想即所得。在当时是手动抄写价格，喊单交易，不像今日比较普遍都是电脑实时显示行情，交易者在电脑或手机终端就能便捷地实现买入和卖出。从看到到决策再到执行，价格已经相差很远，这就是由时间延迟所产生的滑点。

这种时间延迟会对交易产生很大影响。在当今高速运转的交易市场，股票交易是以毫秒计算的。在遇到突发性系统性风险时，这类延时可能是致命的。即便在信息高度发达的今天，主力机构为了快零点零几毫秒，不惜花巨资在城市与城市之间架设光纤，直连交易所机房。目的就是尽可能在机会或风险来临时能第一时间反应，抢在别的机构之前下单，以获取更优的交易价格，博取更高的收益。

第二方面就是流动性缺失导致的滑点。对于巨量交易而言，买入的单子远大于市场当前价位上的卖单，就会迫使买入者需要以比当前更高的几个价位去追买，才能完成足量的成交。而卖出时由于市场承接单很少，就造成要低于当前几个价位才能消化其卖单。都会造成愿望成交价和实际成交均价的偏离。交易量与市场承接单差距越大，则偏离度越大，产生滑点就越高。这将给股票交易带来更高的成本。尤其是对于高频交易而言，短时间内集聚的高额附加成本是无法承受的。这也正是导致当时利弗莫尔亏损的直接原因。

2.5 22岁时赔个精光

有人说在看盘的技巧上我很高明，但在这种游戏规则下，即使你的看盘功力多么炉火纯青也照样于事无补。换个角度，如果我是交易所场内交易员，就可以亲历自己的交易，这样一来，状况就会有很大改观。因为在这种特殊的人群中，我会根据自己目前的处境及时修正交易系统，形势将会有重大转变。因为从中可以发现这里的交易与对赌行的交易之间存在的巨大差异。但是一旦我的交易量变得有些庞大，我的交易系统同样会失灵，因为大量的交易本身会使价格自动产生下滑。

简单来说，对于股票投机的游戏规则，我当时并没有深刻地弄懂，只是知道其中的一部分，当然那是最重要的一部分，这让我一直很受用。你看，像我这样掌握如此重要技巧的人都要输给他们，交易所的那些芸芸众生哪还有一丝胜算的机会？怎么能赚到钱呢？他们只有做冤大头上当受骗的份了！

不久，我就意识到了自己的操作系统有重大问题，但就是不知道问题出在了哪里。经过了几次不错的操作之后，突然间遭受接二连三的打击。你要知道，那时我才 22 岁，并非因为我不愿正视自己的失败而顽固不化，而是在那样的年纪里，很难懂得那么多。

虽然说富尔顿公司的人对我都不错，但我还是不能随心所欲地想做多少就做多少，因为那时候还受到保证金的限制。尽管受限，但老富尔顿先生和公司的其他人员对我都非常好，还允许我透支保证金，以至于在频繁交易六个月后，我不但输光了带来的和在那里赚来的钱，最后还倒欠了他们几百美元。

远航精解 在还没有搞清楚赌场规矩之前，就贸然进入市场进行交易，这是交易者的大忌。是把自己置于极大的风险当中。不了解规则去玩游戏，尤其是真金白银，在那样残酷血腥的战场，很容易成为别人的活靶子。而利弗莫尔遇到的情况是信息延时。这对短线尤其是高频交易者来说，这种漏洞是致命的。而且不能通过改变自身的交易系统来适应。这是交易环境因素造成的，所以当时最对的交易方式就是降低交易频率，由短线改为中长线，这样会平滑掉这些不利因素。但这些交易技巧，对于 20 刚出头，且风头正劲的青年利弗莫尔来说，还为时过早。所以，只有经历了再次失败，并且是完全爆仓还倒欠债务，才能使其痛定思痛，倒逼他找到失败的原因以及相应的解决方式。

2.6 在圣路易两天赚 2800 美元

来纽约之前，我还只是个没出过远门的孩子，到现在弄得不名一文。我知道我的技术并没有错，错的是我的操作方式，我想我已经说得够清楚了。我从来没有抱怨过股票市场，也不会对报价纸带产生异议，也不会责怪市场不能让我得到想要的东西。

我急于重新杀进市场，1 分钟也不愿意等了，于是我决定去找老富尔顿。

我对他说："富尔顿先生，我想跟你借 500 美元。"

他问我："你借钱要干什么？"

我说："我急着用钱。"

他又问了一次："你要做什么用？"

我说："当然是用作保证金了。"

他皱了皱眉头说："500 美元？要知道，每笔交易需要 10% 的保证金，也就是说，交易 100 股就要 1000 美元的保证金。你看这样好不好，我给你一笔信用额度好了，这样要比借给你 500 美元还划算，你说呢？"

"我不想要这里的信用额度。"我说："我已经欠你一笔钱了，我只是想借你 500 美元去外面赚一些钱回来。"

"你打算怎么做？"老富尔顿问道。

我告诉他："我要去对赌行。"

他说："在这里交易不行吗？"

"不！"我说，"在这里我不确定能赚到钱，但我可以确定的是在对赌行我一定能把钱赚回来，我太熟悉那里的玩法了。但在这儿我隐约感到好像我在什么地方做错了，所以请您现在借给我 500 美元。"

他很爽快地借给了我 500 美元，我这个对赌行里的交易神童拿着这 500 美元离开了这个让我输得精光的伤心之地。老家我回不了了，因为那里的对赌行没有人愿意再和我做生意了。纽约也不用说了，因为那时纽约根本没有做这种生意的场所。

那时，有人告诉我，在1890年代，曾经在百老街（Broad Street）和新街（New Street）到处都有对赌行，但现在在我最需要它们的时候居然连一个也找不到了。所以考虑再三，我决定去圣路易。听说那里有两家对赌行，生意做得比较大，那里的十几个城镇都有他们的分店，他们的利润一定很不错。我还听说事实上在整个东部地区没有什么别的对赌行能跟他们竞争。那里的对赌行都公开营业，高手们肆无忌惮地在那里进行着交易。有人说，其中一家对赌行的老板是圣路易商会的副会长。但在我看来圣路易不可能有那样的事情。

总之，我带着借来的500美元去了圣路易，我打算在那里大赚一笔之后，就以此为保证金再回纽约证券交易所的会员公司——富尔顿公司。

到达圣路易之后，我先到旅馆洗漱了一下，然后就出去找那两家公司。这两家对赌行，一家叫杜兰公司，另一家是泰勒公司。表面上看他们是合法的经纪商，而实际上他们做的是对赌行的生意。我确信我能赢他们，但是为了确保安全，我用最保守的办法操作，小心翼翼。那时唯一让我担心的，就是怕有人能认出我来，把我赶走。因为那时几乎全国所有的对赌行都曾听说过“交易神童”的故事。他们犹如赌场一般，能搜罗到来自四面八方各种各样的小道消息甚至谣传。

比起泰勒公司，我离杜兰公司更近一些，所以我先去了杜兰公司，希望在他们把我赶出来之前，能多做几笔生意。我走进去打量了一下，里面的空间非常大，至少能容纳好几百人，他们同时都在盯着那个报价板。这让我很开心，因为人越多的地方，我越不会引起别人的注意。我也站在报价板前看着报价，仔细观察着行情的变化，直到我找到了想要操作的股票，准备要做第一单了。

环顾四周，我看到了窗户旁边的接单员，这是处理客户保证金领取成交单的地方。接单员正在上下打量着我，我走上前去问道：“这儿可以交易棉花和小麦吗？”

“当然可以，小兄弟。”他说。

“我也可以做股票吗？”

他说：“只要能掏出钱，谁都可以。”

我装出一副爱吹牛的样子：“哦！这没问题，我有的是钱。”

“是吗，是真的吗？”

我故作生气地问道：“100美元能买多少股？”

“可以买100股，如果你有钱的话。”

“别说100股，200股也没问题！”

“还真看不出来！”

我变得傲气起来：“请你帮我买200股。”

“200股？你要买什么股票？”他变得认真起来，这可是有生意要上门了。

我回过头看看报价版，装出一副认真猜想的样子，然后告诉他：“那就200

股奥马哈吧。”

“好嘞！”他说。然后他接下了我的钱，点好数，给我签了成交单。

“您怎么称呼？”他问道。

“霍雷斯·肯特。”我回答他。

接过他交给我的交易单，我就在那堆客户当中坐了下来，等待着股价的上涨。我快进快出，动作迅捷，一天下来，我做了好几单生意。第二天，我又如法炮制。这样在两天的时间内，我就赚了足足 2800 美元。那时我满心地指望着他们能让我玩到这星期的周末。依当时的赚钱速度，我想很快就能赚到一笔不小的数目，然后我会再到另一家对赌行继续交易。如果在那里，我的运气同样好的话，我就能带着赚来的一大笔资金回纽约实现我的东山再起之梦了。

第三天早晨，当我走到下单的窗口，装作一个生瓜蛋子的模样，要买 500 股 B.R.T 公司的股票时，那个下单员对我说：“嗨，肯特先生，我们老板要见你。”

我知道在这家对赌行我的戏要结束了，但我还是问道：“你们老板为什么要见我？”

“我不知道。”

“他现在在哪里？”

“在他自己的办公室里。”他指着一扇门，“请你往那边走。”

顺着他指的方向，我走了进去，杜兰先生已经在他的办公室里等着我了。他转过身来对我说：“请坐，莱文斯顿先生。”

他指了指旁边的一张椅子。此时我感觉到我的最后一线希望破灭了——他喊出来我的名字，这下连装都没有必要了。我真想不清楚他是怎么发现我的真实身份的。我想，或许这个家伙指派人查看了我的旅馆登记簿。

“找我有事吗先生？”我问他。

“年轻人，你听着，我们并不想和你有什么瓜葛，一丝都不想，你明白吗？”

“我不知道你是什么意思，先生。”我说。

这个大块头噌地一下从椅子里站了起来：“莱文斯顿先生，请你过来看一下。”他走到门口，打开门，指着营业大厅的那些客户，“你看到了吗？”他问我。

“你指的是什么？先生。”

“莱文斯顿先生，你看看这些人，这里有 300 多人，就是这 300 多个傻瓜在养活着我的公司和我的家人，你懂吗？然而这个时候你跑过来了，用了不到两天时间，就卷走了我花两个礼拜才能从这 300 个家伙身上赚来的钱！小伙子，生意不能这么做，至少在我这里是行不通的。我们不能再继续下去了，你已经赚了我们不少钱。但是，从今往后，你再也别想从这里赚到一分钱！”

“您这是怎么了，我……”

“你不必再说什么了，就这样吧。前天你刚一进来，看到你的样子我就不喜欢，说实话，一点儿都不喜欢。我一眼便看出你是个老千。当时我就问了那个笨蛋，”他指着那个给我下单的职员，“我问他你是做什么的。他告诉我之后，我就对他说：‘我不喜欢那个家伙，我怀疑他是个出千的老手。’那个笨蛋说：‘不会吧，老板，他怎么会是老千，他的名字叫霍雷斯·肯特，只是一个能拿出 200 美元又爱显摆的愣头青，不会有啥问题的。’我相信了那个蠢货，结果害得我亏掉了 2800 美元，我不嫉恨你，小老弟，但是我的金柜对你已经锁上了。”

“听我说——”我想为自己辩解一下。

他打断我：“听我说，莱文斯顿，你之前的事我都听说过。这帮冤大头的赌注是我赚钱的财路，你在这里赢的钱，我会很大度地让你带走。现在我既然已经知道了你的底细，如果还让你继续在这里掏空我的口袋，那我不就成了十足的冤蛋！你快走吧，年轻人。”

就这样，我离开了杜兰公司，带着从他们那里赚来的 2800 美元。

远航精解 在一个自己熟悉的领域做交易，熟悉的环境，熟悉的规则，关键是有很多盈利的经验，这才是交易员要寻找和回归的交易模式，因为这样更有可能带来实质的盈利。基于此，在入场前，你的盈利概率就已经很高了。所以**我们从事投机交易，要找看得懂的品种，熟悉品种的特性，适合自己时间资源、资金资源以及自身性格特点的交易。**选择长线或者短线。并且自己的交易系统在实战中已经证实能稳定盈利，这是我们决定入场前需要仔细考虑的。

年轻的利弗莫尔策略是非常正确的，来到他擅长的领域积累本金。但木秀于林，风必摧之。短时间内盈利过多，被认出来也是必然，这就是小作坊对赌行的规则，最终还是要促使他迈向更大的交易世界。此刻是**对他的磨难，也是他成长经历中不可或缺的一部分。**

2.7 在泰勒公司吃闭门羹

杜兰公司的同一条街上，有我之前和你提到过的另一家对赌行——泰勒公司。泰勒是个非常有实力的人，开了好几家对赌行，接下来我决定去他的对赌行碰碰运气。我有些纠结地思考着下一步的方案：究竟是从小量入手，慢慢加到 1000 股，还是一开始就大举建仓？因为我推测，在这里交易可能不超过一天就会被他们发现。我觉得当他们一发现亏损就会变得高度警觉起来，如此一来，我就再没有机会了。但是我当时确实想买 1000 股的B.R.T，而且当时非常确信能够赚 4 个到 5 个点，但是如果他们起了疑心，或者碰巧很多客户都在做多这只股票，那么，我可能连进场的机会都没了。这样一想，我觉得还是从小量交易做起比较好。

虽然从规模上看，泰勒公司没有杜兰公司那么大，但是泰勒公司的设备比较好，而且能够看得出来，泰勒公司的客户质量比较高，都是些比较富有的人。我觉得这对我再合适不过了，于是我决定先买 1000 股B.R.T。我走到下单的柜台对营业员说："这里有什么限制吗？我想买一些B.R.T。"

"没什么限制。"营业员说："只要你有钱，想买多少就买多少。"我从口袋里掏出一大卷钞票，对营业员说："买 1500 股B.R.T。"营业员收了钱，就开始为我写委托交易单了。

这时，一个红头发的人快速走过来推开了那个营业员，他靠在窗户边对我说："莱文斯顿先生，请回杜兰公司那边去吧，我们这边不会和你做生意！"

"我刚买了一些B.R.T。"我说："等我拿了成交单再和你说。"

"你用不着再拿什么单子了。"他说。这时他的身后站了不少内部员工都在盯着我看，"我们不和你做生意，不要再来这里买股票了，懂吗？"

我看再僵持下去也于事无补，于是我就回旅馆结清了房钱，搭乘第一班火车回纽约了。真不走运！我本想再多赚一点钱回纽约，但那个泰勒太霸道，竟然一笔单子也不让我做！

回到纽约，我把 500 美元还了富尔顿先生，然后用圣路易赚来的钱重新开始交易。我的操作结果时好时坏，比盈亏持平稍好了一点，也就是说，我操作的结果是小有所赚。终究要学的投机技巧还有很多。不过现在，我得出这样一个结论，就是关于股票投机这种游戏的技巧，实际上远远比我来富尔顿交易所之前所学的东西要多很多。

现在，关于在合法的经纪商那里一直赔钱，却找不到原因与应对的方法的心理状态，就如同那些着迷于字谜游戏的人一样，越是解不开，就越是郁闷，除非全部彻底拼解，否则不会死心。当时我非常热切地急于找出内在的问题，不然就断绝赚钱的门路了。因为我以为此生已再无机会回到对赌行进行交易了，但这一次我错了。

远航精解 利弗莫尔此时遇到的状况是，之前盈利的场所，目前都拒绝他进入，市场环境发生了变化，此前的名声对于他来说就是负累，因此，他需要转战其他地方寻找出路。**市场是运动的，其运行风格会不断地发生变化。**有时是从缓涨到急跌，有时却从缓跌到急涨，再有时就是枯燥无序行情。投资者会发现一些此前盈利的策略在某一个时期有效，但在另一时期失效。因此，在市场上不要妄想拿到什么圣杯，一招鲜吃遍天的想法。这种是懒人的做法。不断地深度研究，体会市场的风云变幻，并尽快做出调整，以适应其变化。体会市场的涨跌节奏，把握好大趋势，做到心中有数。

字谜游戏由英格兰利物浦报社的记者阿瑟·怀恩发明。这种游戏最早出现于1913年12月的报纸，那时《纽约世界新闻报》每个星期天便刊登这种填字游戏。1920年年初，在全美形成一股热潮，纽约的各大报开始定期推出自己的填字游戏。但后来《纽约时报》对这种游戏大加贬低，批判这种活动毫无意义，纯粹是浪费时间，它根本称不上是一种游戏，顶多是一种新奇的用来填补空虚和无聊的休闲活动而已，与开发智力和训练思维能力毫不沾边。

2.8 柳暗花明又一村

从圣路易回到纽约大约两个月，富尔顿先生的办公室来了一位老相识。听人说，从前他们共同拥有过好几家赛马场，但今天看起来，他们远不如过去那样风光。我和老麦德威特先生经人介绍相识时，他正和一帮人讲故事：西部赛马场有一帮骗子，刚在圣路易诈骗得手。他说这帮骗子的头目是个赌场的老板，名字叫作泰勒。

“哪个泰勒？”我问。

他说：“就是那个大块头的泰勒。”

“我认识那家伙。”我说。

“他不是个好东西。”麦德威特说。

“是的，那家伙坏透了！”我说，“我和他还有一笔未了的小账没算呢！”

“怎么回事？”

“教训这帮坏家伙最好的方式，就是从他们的钱袋子入手。现在他在圣路易，我还不能把他怎么着，但总有一天我会修理修理他。”我把自己的怨气告诉了老麦德威特。

麦德威特说：“泰勒原本想在纽约开一家店的，但是没有成功。后来就在哈勃良开了一家。他们资金雄厚，交易上没有任何限制。在那里，交易量大到直布罗陀的巨石，小到跳蚤，他们都一律接受。”

“那是什么店？”我以为他开的是赌场呢。

老麦说：“对赌行啊。”

“你确定他的对赌行已经开张了吗？”

“是的。好几位朋友都告诉过我。”

“这只是道听途说，你能不能查出他是否真的已经开张，还要问清楚他们的交易量是否真的没有限制。”

老麦真的去调查了，他回来说，泰勒生意做得很大，而且对所有上门进行交易的人从来都不拒绝。那天是周五，整整一个星期了，市场一直在上行。请记住，这是20年前的事情，可以肯定的是，到了星期六银行的报表必定显示准备金余额会大幅下降。这样一来，会使得那些大型的经纪商，正好以此为理由操作市场，将一些财力薄弱的投机客震荡出局，从而吞吃他们的保证金。一般说来，会是这样的：在交易的最后半小时，股市会剧烈地震动，特别是那些热门股。当然啦，这些活跃的股票正是泰勒的大户操作的股票。所以他们很乐见有人做空这些股票，如此一来，就可以两头赚那些冤大头的钱，没有比这更能让他们快乐的事了！而且其操作过程也非常容易，因为这些冤大头只交了1个点的保证金。

就在那个星期六的早上，我赶到了哈勃艮，来到了他们公司的交易大厅。大厅装修得很好，而且空间非常大，墙上挂着很漂亮的报价板，里面有一群交易人员，还有一个穿制服的保安，当时大约有 25 位顾客。

我进去找到了他们的经理，他问我有没有什么要求，并表示乐意为我效劳。

我只是告诉他，我能在赛马场上赚更多的钱，而且那里毫无限制地可以下注。在赛马场，几分钟之内就能赚上数千美元，而在这里却只能赚一点点小钱而已，而且可能还要等上几天才见利。

听我这么一说，他就开始劝我，说股票市场是多么安全，而且他们的客户在这里都赚了不少的钱——你一定会认为，这里是一个正规的经纪商，真的在交易所为客户买卖股票——他接着说，只要交易量做得够大，就一定能赚个盆满钵满。为了能阻止我前往其他赌场，在那些赛马场把我的钱赚走之前先敲我一笔，他就尽力游说我在此交易，而且他还告诉我动作一定要快，因为今天是星期六，12 点就收市了，等在这里赚了钱，下午还可去别的地方玩耍。他说，要是我运气好，选对了股票，还能拿在这里赚的钱去跑马场玩玩。

我装出一副不信任他的样子，因此他就不停地在我耳边唠叨。当时钟走到了 11:15 时，我说:“那好吧。”接着给他几种股票的做空委托单。我拿出 2000 美元，他很高兴地收下了，并且对我说，他认为我一定能赚到大钱，并且希望我能常常光顾这里。

一切都如我所料，许多交易员开始抛售股票，一些大户开始猛砸股价，触发了止损单的不断成交，于是股价开始跳水。最后五分钟，由于交易商们又要买入平仓，在这之前，我平仓了所做空的股票。

这一单总共赚了 5100 美元，我就到柜台去兑现。

“很高兴这里给我带来的运气。”我对经理说，然后交给了他我的交易单。

“非常抱歉！”他对我说，“你的钱不能全部得以兑现，我们没料到会这样，等到下星期一早上，我一定把钱准备好给您，保证没有问题。”

“好吧。”我说，“不过请先把你们现有的现金付给我。”

“请你行个方便，让我先把那些散户的钱付掉。”他说，“我把你的保证金先付给你，然后能剩多少，等我结清了其他的小单子再给你。”

所以我等着他付给其他赢家的钱。我知道我能拿到这些钱，应该不会有问题的。泰勒这个营业厅生意做得这么好，一定不会赖账的。而且假设他赖账了，我除了拿走现有所剩余的以外，又能将他们怎么样呢？我拿回来自己的 2000 美元，以及另外的 800 美元。这 800 美元，就是他付完那些小户赢家的钱之后剩下来的。我告诉他，星期一早晨我会回来取钱。经理向我保证，他会把钱准备好，等我来拿。

星期一还没到 12 点，我又来到了哈勃良。当时我看到有一个人正在跟那个经理谈话。那个人我见过，就是两个月前泰勒赶我走时，在他圣路易的办公室这个人就出现过。我立刻就晓得了，这个经理肯定给他的总部发过电报，总部派人来调查此事了。因为那些从事诈骗勾当的人，从来是不会相信任何人的。

“我是来取剩下的那些钱的。”我对经理说。

圣路易来的那个家伙就问道：“你说的就是这个人吗？”

“是的。”经理说。然后从口袋里掏出一打黄色钞票。

“等一下。”圣路易来的那个家伙叫住了经理，回头跟我说，“莱文斯顿，我们不做你的生意，我们不是告诉过你了吗？”

“先把钱付给我。”我跟经理说。接着他把钱给了我。那是 2 张千元的、4 张 500 美元的和 3 张百元的钞票。

“你刚才说什么来着？”我对着那位圣路易来的家伙说。

“我们不希望和你做生意，我们告诉过你！”

“是的，确实是这样，所以我才来到这里！”

“好啦，请你离我们远点，不要再回来了！”他大声咆哮着，身穿灰色制服的保安也走了过来。圣路易来的家伙挥舞着拳头对着经理高喊：“你这个笨蛋，你早应该调查清楚，结果还是让这个家伙把你给骗了，他就是莱文斯顿，你早就接到过通知的！”

“这里并不是圣路易！”我对那家伙说，“你听好了，你不能像你老板那样任意妄为，如同当初对待贝尔法斯特的那个男孩儿那样。”他越发地愤怒起来：“你出去，你不能在这里交易！”

“我可以离开这里。如果我不可以在这儿交易，别人也别想来。”我警告他说，“这里由不得你张狂胡来。不然的话，你会自食其果！”

听我这么一说，那个圣路易的家伙立刻软了下来。

“拜托你！老弟，”他装可怜地说，“请你帮帮忙吧，你是知道的，这种事情如果再发生我们是无法容忍的，若是老板知道了是谁干的，那还不暴跳如雷！你就发发善心吧，莱文斯顿老兄。”

“我可以少操作一点。”我保证道。

“看在上帝的份上，请你发发慈悲吧，给我们一点儿好兆头行吗？我们才刚刚开业！”

“下次再来，我可不愿意看到你这般傲慢无礼。”说完，我转身就走了。只听身后那个圣路易的家伙不停地大骂经理。

我已经从他们手上赚了些钱。而且也报了他们在圣路易对我公然毁约的小仇。所以我想，我没必要把事情闹大，或者把他们弄得关门大吉。

回到富尔顿营业处，我把经过告诉了麦德威特。并且我告诉他，如果他愿意去泰勒的营业处，开始只那么 20 股 30 股地交易，让他们慢慢习惯，然后看到大的赚钱机会时，就打电话通知他下单。

麦德威特带着我给他的 1000 美元去了哈勃艮。依照我们的计划，他成了那里的常客。不久之后，我便看出市场即将出现大幅跳水。于是我便悄悄地打电话通知老麦，尽他们能够允许的最大限额卖空股票。那天的一单，扣除了老麦的佣金和费用后，我赚了 2800 美元。而且我敢断定，老迈私下肯定跟单做了一些老鼠仓。

此事发生不到一个月，泰勒就关掉了哈勃艮营业厅，而警察也介入此事进行调查。总的说来，我在那里仅仅交易过两次，也没什么损失。当时正赶上市场进入一大波狂热的多头，股票回档的幅度都很小。对赌行竟然连仅交 1 个点保证金的客户也没办法洗掉。所有的客户都在做多，不但赚了钱，而且还不断地加码扩大盈利。在此情形之下，全国的对赌行像潮水一样纷纷倒闭。

远航精解 没有规矩不成方圆。对赌行立了规则就必须要遵守。否则，信用崩塌，其违约成本远不只兑付利弗莫尔的这些钱。市场运行需要外在的规则，作为投资者在市场上交易，也要遵循内在规则，要有自身的交易系统，并严格执行。不要心存侥幸，任何试图触犯法律，违背道德，破坏市场规则的机构或个人，或早或晚，都将受到市场的惩罚。

在交易市场上，任何的角色，只要是入场进行交易，都会有潜在的风险，只不过有的风险不会轻易触发。散户由于资金受限，承受风险能力在市场大幅波动中处于劣势，而机构则要应对大的系统性风险。此处，对赌行在震荡趋势时，通过多空上下波动，洗劫散户的钱。但遇到趋势行情时，对赌行的风险就显露出来，大家在同一方向都做对了，此时对赌行就可能会出现巨亏，暂时无法兑付的状况。

2.9 纽约对赌行更鸡贼

现在对赌行改变了游戏规则，在传统的对赌行投机比在大型的证券经纪商更有优势。比如，当保证金不足而接近停损点的时候，你的交易会被自动平仓。对客户来说，这也是最佳的停损方式了。这样一来，你的损失永远不会超过你所付出的保证金，也不会出现交易单无法执行的风险。

对待客户，纽约的对赌行，从来都不像西部的对赌行那样慷慨大方。他们往往设定盈利空间，常常对那些波动特别大的股票设限在2个点以内。糖业和田纳西煤铁公司就属于这类被限的股票，即使这些股票在十分钟之内上涨了10个点，但是你的交易单也只能赚2个点。在他们看来，不能允许顾客有过多的盈利空间，否则很多客户就会得到十赌九胜的获利机会。所以曾经有好多次，所有的对赌行包括那些最大的对赌行，都拒绝接受那些盈利空间超大的单子。

就比如，1900年总统大选日的前一天。麦金利（Meknley）已然稳操胜券，那时，没有任何一家对赌行允许客户交易股票。麦金利的胜算已高达3∶1，如果是星期一买进股票，就可以赚3个至6个点。也可以赌布莱恩获胜，买进股票也能赚钱。然而，那一天所有的对赌行都拒绝接单。

如果不是他们拒绝接受我的单子，我可能一直都满足于在对赌行的交易。这样一来，我就再也没有机会了解到其实股票投机还有更多的技巧。

远航精解 离开对赌行到合法的经纪商做交易，使得利弗莫尔学习和掌握了更多的股票投机技巧。**投机市场的规则，风向一直都在变化，唯一不变的就是人性。**无论你在此扮演什么角色，如果能够做到见好就收，激流勇退，你就是最后的赢家。一味地想做大，赚了钱还想赚更多的钱，那么好日子就到头了。对赌行也是这样，平时利用这些规则漏洞和人性贪婪的弱点赚这些冤大头的钱，但一旦遇到大的单边行情，那么，开赌场的也要面临巨亏，这就是风水轮流转。

作为普通个人投资者，在投机领域，重要的是博，而不是赌。用较小且可承受的风险去博更高盈亏比的收益。要做到平时有小亏、小赚，偶尔有大赚，但没有大亏。而且盈利后在市场环境不利于自己时，懂得止盈和退出，保护好自己的利润，才能成为最后的赢家。

另外，需提醒投资者的是：当今投机市场除了正规的股票、期货、外汇、期权等领域之外，还出现了很多非法的虚拟平台，和利弗莫尔时期的对赌行类似，甚至更有甚者，他们通过做庄，高杠杆配资，有的接入实时行情，有的平台甚至只是虚拟行情，直接坑杀散户的本金。**大家要擦亮眼睛，不要盲目进入，以防被骗而遭受巨大损失。**

另外，股票投资，尤其期货是高杠杆，都属于高风险投资。虽然有可能带来超额收益，但真正能取得成功的寥寥无几。**专业投资者首先关注的是风险，而高杠杆意味放大风险敞口**，犹如刀口舔血，或是把刀架在脖子上行走。一不小心，市场一个小的震荡，就意味着你要面临爆仓或死亡的风险。**所以要在投机市场上长期存活下来，并且取得长期的稳定收益，是靠有效的资金管理**，而不是靠all-in式的赌一把，这种方式只能让贪婪的投资者加速失血死亡。

第三章

转战纽约
两起两落

3.1 投机技术来源实战

通常，一个人要从错误中吸取经验教训所有花去的时间，往往比想象的要长得多。人们常说，凡事都有两面性。然而在股票市场上，只有一面，它既不是做多的一面，也不是做空的一面，而是且仅是正确的一面。我将这些原则牢牢地植于我的脑海之中，所花费的时间远超过我在股票投机的生意中为掌握大量的技术层面的东西所用的时间。

股票投机的技术和理念只能在实际的交易中，运用真金白银换来。有人用模拟交易的方式来证明自己在股市操作中多么正确，我想这顶多是一种自娱自乐的游戏罢了。有时靠这种游戏，他们能虚拟赚入百万美元。用这种虚拟的方式投资交易，当然会很容易成为一名“行家”。

这让我想起了一个古老的故事。有个人将在第二天和别人进行决斗。

他的助手问他：“你的枪法准吗？”

“还可以，我可以在 20 步开外的地方将一个高脚酒杯的脚跟儿给打断。”他看起来好像还略带谦虚。

“那好，”那位助手不以为然，继续问道，“如果此时有一把上了膛的手枪，正对着你的心脏，请问你还能把高脚杯的脚跟儿给打碎吗？”

对我来说，我一定要用真金白银来证明我自己的判断。

远航精解 最能直接证明自己对行情的判断是否正确就是账户里的净值变化。资金增长了，说明你是顺势而为，操作正确。资金减少了，表明你做错了，需要启动止损机制，减少损失。而当发现账户长时间一直窄幅变化，表示盘面正在进入横盘整理或枯燥行情，提示你可以考虑离场观望，这是时间止损机制。看不

清楚方向时，管住自己的手，不要贸然行动。一旦进入，做错的概率更大，就算侥幸做对，也很可能因为内心的不坚定，在行情行进的过程中被震荡出局。此时进入盈亏比很低，好比在迷雾的海上航行，是将自己的本金置于极大的风险当中。

模拟交易和实战的区别，从技术层面上来讲，用模拟交易比较容易赚钱，原因是见价成交，不用考虑量的问题。没有卖不掉或买不到的流动性问题。受人性弱点的因素影响较小。而在实际交易中，贪婪、恐惧和过度期望等人性因素对交易者的影响程度远超我们的认知，也正是大多数人赔钱的原因。

投机市场的残酷程度不亚于战场，且是没有硝烟的战场，杀人不见血。**如果只是模拟交易，那就和拿着玩具枪打游戏没什么区别。模拟交易只能帮助初学者懂得基本规则和基本操作而已。**只有真正上到枪林弹雨的战场上，才能体会战场的气氛。犹如利弗莫尔所描述的，只有拿着真金白银去交易，盈利了体会财富快速增长带来的兴奋和期待，失败了给自己留下一道不可磨灭的惨痛记忆和疤痕。尤其是重仓时能体会到高压状态下，自己心态是否失衡，交易是否还能正确地被执行。

因此，初入市场的投资者有必要先进行模拟交易，了解市场的基本规则，软件的使用，尝试做一些简单的策略，去加以验证等。**准备充分后，再进一步用小仓位尝试进行实战交易，达到稳定盈利的交易状态和心理状态之后，再逐步加大自己的资金量。**

3.2 失败未必是一件坏事

以前多次发生过的操作失败教会了我一点——每一次的进攻之前，都要给自己找到充分的退却之路。如果确定目前不宜进攻，那就坚守不动。我的意思是说，在犯错误的时候，一定要对自己亏损有所限制。对亏损设限是必须要做的事。但也不能因此而优柔寡断，丧失机会。这一生，我犯过很多错误，但赔钱也让我积累了很多经验，总结了非常有价值的原则——也就是多看少动。有所为，有所不为。这些原则十分宝贵。之前曾几次赔得精光。但那些不完全是损失（有些是必交的学费），否则的话，到今天我也不能在此立足了。我总觉得机会还会有的，而且我要做到，不能犯同样的错误，我相信自己。

远航精解 **交易中失败是常有的事，未必是一件坏事，懂得找到问题的根源，及时修正，才能使自己从常败到少败，最后立于不败之地。**刚开始进入市场时，由于交易系统的不完善，交易心态的不稳定，技术的不成熟，对市场了解程度不够等因素，经常遭遇失败很正常。建议起步时降低仓位操作，能有效降低向市场交学费。更容易把注意力从账户的盈亏中抽离出来。学会从失败中总结教训，并尽力改正，少犯同样的错误。正如利弗莫尔所说：失败从来不是最终的结果。

懂得舍与得是人生的智慧，同样也是交易的哲学。懂得放弃一些普通的机会，去等待寻找最佳的机会，也就是更高的盈亏比时才入场。而不是看到任何机会都想抓住，慌忙入场后，连续被扫止损。不仅折损本金，而且交易自信也同时受到很大打击。交易者真正能走向盈利，是把自己的错误交易习惯改正过来，逐步降低在市场犯错误的次数以及每次犯错的成本。一段时间后就会发现自己已逐步开始走向盈利了。

优秀的操盘手脑海里都有及时止损的观念，因为他们知道自己有能力将亏损再赚回来。散户为何不敢轻易执行止损？因为他们不清楚自己为什么而赚，为什么而赔。他们只想着万一出场了，后面转折出现，赚钱的机会就错过了，他们是凭希望在交易，而不是靠自己真正的能力赚钱。主动权完全交给了市场，沦为每天祈求市场给碗饭吃，但往往市场却给你相反的答案。

3.3 要远离小道消息

如果想靠这一行谋生，那就必须给自己充分的信任，相信自己的判断。所以我从来不相信所谓的小道消息。假设我相信了某个叫作史密斯的小道消息，并且以此为根据买卖股票，那么我之后的交易过程就会受制于消息的指令来操作这些股票，必然是从头到尾依靠他的消息。假如到了卖出的时机，而史密斯刚好去远方度假，那又该怎么办呢。我要说的是——不能根据别人的指示来操作股票！按照别人的指示能够赚到大钱的事，我还没听说过。我的经验告诉我，我自己的判断总好过那些小道消息。我是说，那些消息总没有超过我自己的判断让我赚得更多。我足足花了五年的时间，才让自己在这个行当里变得聪明起来，才能保证在自己判断正确的时候，抓住机会而赚到大钱。

或许你会觉得在我过往的投机生涯中，会有很多有趣的事情可谈，但事实并非如此。很久以来，每当谈到学习股票投机的经历，好像并不那么有趣。我曾经几次赔得精光，回忆那种事情，总不会让人愉悦。但是我赔钱的方式也是每个华尔街的人都曾经历过的。投机这种事情，做起来很难，也非常辛苦。你必须时刻全身心地投入自己的工作，否则就会因一败涂地而陷入无事可做的窘境。

远航精解 **培养自己独立判断的能力，去总结归纳市场规律，观察个股动向，用逻辑思维去判断主力真正意图。**形成自己对市场的预判，没有太多跟风者，你的单子是更安全的。另外，**依靠自己的判断，并执行操作计划**，在执行过程中以及持仓过程中，心态都更为坚定，做后续决策思路也更清晰，而不是被动地依赖于其他主体，一直去打听小道消息。

杜绝打听各类小道消息、内幕消息等。真正有价值的消息是不会被普通投资者所知道的。但凡有消息，是市场某些人士故意制造并散播出来的，都有其潜在目的。作为投资者，不仅不能依靠小道消息或内幕消息操作，有时还需要善于利用小道消息，看小道消息出来后标的物的实际走势，如果本该大涨的却没涨，那么就应该提高警惕，甚至可以考虑做反向单而获利。

要靠交易投资为生，**就得训练自己的独立思考判断的能力**，任何简单容易的方法都无法经受时间的考验。在市场的某个局部也许会获利，但市场风格是不断在变化的，因此，一定要随着市场变化而采取相应的策略。

有两个思维需要改变：惰性思维和对风险不够重视。惰性思维是人性的体现，存在于大多数投资者的脑海里：首先，认为做投资不需要花时间精力去研究，只需听小道消息或大咖的指导就能获得大幅盈利；其次，我只需要买入，一直拿着，早晚会盈利，股市的运行是起起伏伏的，且不说进的时机和成本如何，就算进入即盈利了，一直拿着无异于坐过山车，早晚回到原点。因此，投资这门职业，比其他任何一个行业都需要勤奋和刻苦，承担更多压力，才有可能向成功靠近。

对风险的重视很多人只有一些概念，知道其存在，但不知其重要性，该将其放在什么位置！很多人入市就是为了能从中赚钱，脑海里满是对盈利的憧憬。初入市场的投资者看到的是一片祥和的景象。但真实的市场是极其残酷和血腥的，到处都遍布着无名的尸骨。殊不知，在残酷的投资市场上，一不小心，就会被主力狙杀。如果脑海里不能把风险至于首位，时刻提醒自己增强识别风险的能力，则很难在市场上存活。

3.4 知识落后就会挨宰

早先在富尔顿公司的挫败，就已经让我明白了，我要做的工作其实很简单——那就是要学会从另一个角度来看股票投机。可惜我当时并不知晓。

精通这个行当所需要的知识，远比我在对赌行里要学的东西多得多。当时我错误地以为自己已经懂得如何从事这个行当了。其实我当时的水平，也就仅仅能打败对赌行而已。所幸的是在对赌行交易时，我已经培养出了对报价带股票数据的研判能力，以及强度记忆的能力。这两种能力都是极其宝贵的，它们让我在对赌行交易时轻而易举获胜。我在对赌行的交易所获得的成功完全依仗它们，并非靠聪明和投机知识。至于头脑里没有知识和学问，对我当时的操作不是那么重要。因为这方面我的大脑从来没接受过什么训练，专业的知识相当匮乏，只是从实践中学会了实战。但当我因知识匮乏受到市场教训的时候，大棒砸顶毫不留情。

远航精解 **聪明与愚笨的人同样犯错**，是因为人们习惯用过去的经验判断未来投资市场，聪明与愚笨的人赔钱的方式都是一样的，只是故事不一样而已，投资每次都得下深功夫，连大师也不能例外，昨日的巴菲特已经胜利，今日的巴菲特可能胜利，而明日的巴菲特则可能失败。

每天都有成千上万的投资者在从事交易，但只有极少数的人愿意为投机奉献时间，绝大多数人在靠运气投资，并经常为此付出昂贵的代价。

投机是一项事业，不是简单地买大买小。利弗莫尔起初只是在对赌行依靠自己的盘感赚取一些短线收益。但他对自己有清醒的认识。投机远不只这些，还包括很多风控、资金管理、情绪管理等专业内容，因此，利弗莫尔从实战中得出的经验，在对赌行局部能成功。但在更大的战场上，需要更广阔的视野，更为完善的交易能力。

要成为一名优秀的专业交易员必须把投机视为一项事业，利弗莫尔提到花了5年的时间把事业从亏损拉升到损益两平再提高到稳定盈利，这样的时间并不算长。但很多人刚涉入这个行业就急着想赚钱，一夜暴富，打一开始就认为是一个轻松容易的赚钱方法。其实现实很残酷，认知错了行为就会有偏差，投机并不是靠一时冲动，拍下脑门就做决定，而是为了**能正确地做出预测和判断，前期要对市场做大量深入的研究，并且投资者必须时时坚守自己定下的纪律。**

3.5 没搞懂“规则”赔个精光

至今我还清晰地记得第一天到达纽约的情景。之前我已经说过，因为我在对赌行已经无法交易，就不得不找一家可信的经纪商。第一个工作的场所里有个我认识的小弟，他在哈丁兄弟公司工作，这是一家纽约证券交易所的会员公司。我是上午到达纽约的，当天下午一点之前，我就在哈丁兄弟公司开了户，并准备进行交易。

初到纽约我采用了和过去在对赌行里同样的方式进行交易，这是很自然的事。也是在股价的小幅波动中，押注股价的涨跌，从而赚取差价。那时没有人会告诉我，证券经纪商与对赌行有什么根本的不同，也没有人指导我，在一开始的时候走向正确的方向。话说回来，其实即使有人能够纠正我，指出我的方法在这儿行不通，我还是会在亲自尝试之后再来确定。因为只有赔钱这个事实才是证明我错误的唯一方式；同样地，只有能赚到钱，才能证明我的交易方式是正确的。这就是投机。

那时，市场表现十分活跃，市场的气氛能大大提振交易者，这让我感觉到很兴奋。眼前有块非常眼熟的报价板，这里所有人所谈论的东西，都是我在15岁之前就已经掌握的。有个小老弟正在做的工作，就和我当初在那家证券营业所谋得的第一份工作一样。这里的顾客也是那样的一帮老家伙，他们看着报价板，有的在报价机旁高声地喊着股票的价格，或者交谈着有关市场的话题，所有的这一切都是那么熟悉，和我之前遇到的场景没有什么两样。身边的气氛让我感受到和在柏林顿人生第一次交易赚到 3.12 美元时的氛围并无二致——报价板、报价机、顾客、交易，这一切完全相同。对了，当时我刚 22 岁，眼前这熟悉的一切，让我自认为已经把这个行当了解得相当透彻了，你说是不是这样？

在报价单上我看到了一只可以交易的股票，它的走势正好符合我的预判，于是我 84 美元买进 100 股，还没到半小时的工夫我 85 美元交割出场了。接着，我又看到另一只不错的股票，也同样做了交易。短短的时间我赚了 3/4 点。开张很顺利，这是一个好的开端，你说不是吗？

接下来问题来了。第一天在大型证券交易所会员公司的交易，仅两小时我就买进卖出了 1100 股。操作一天下来，我赔掉了 1100 美元。也就是说，在此第一次大单交易，就吞掉了我一半的本钱，这还不包括其中所赚到的。一天的交易，让我亏掉了 1100 美元。

交易亏损不是让我最担心的，闹心的是我看不出来自己哪里错了，要命的是我当时还固执地认为自己的操作是正确的。如果是在从前的大都会操作交易，按照现在的交易方式，就能保证做对的次数会足够多，也一定能够赚到钱。这 1100 美元的亏损清楚地告诉我，报价机没能正常工作。只要它能正常运行，也就没有什么可担心的了。当时我才 22 岁，年幼无知。这个致命的缺陷，以当时自己的眼光看来并不以为然。

这之后几天我就开始想，报价机可能为交易场内的实际执行预留了偏差空间，我不能再以这样的方式继续操作了。可惜我并没有追根溯源、一探究竟，还是一如之前那样地任性操作，结果时好时坏，直至亏掉了所有的本钱。接下来，故事就回到了从前的场景。我不得不找到富尔顿先生，请求他借给我 500 美元。之后在圣路易的对赌行赚到了钱，我又回到了纽约——对赌行是我的福地，在那儿我总能赚到钱。

远航精解 正所谓差之毫厘，谬以千里。对赌行交易和纽约交易所交易看起来没什么两样，实则相去甚远。虽然都是交易，但对赌行的游戏规则是只买涨或跌，见价成交，签字认可就行。而纽约交易所到达交易大厅本身就存在延时，而交易者自己下达交易指令，还得通过传递员，造成较长时间的延时。所以，每当利弗莫尔看到的价格，在真正被执行时，却产生了很大误差。而他做的又是短线，所以他的指令到达交易所成交时，往往买在更高的价格上，而当他决定卖出时，价格已经下了一个台阶，他却以更低的价格卖出。一来二去，造成本该盈利的单子反而亏损，这就是所谓的滑点。也是他初入交易所之前没有遇到过的困难。

在对赌行操作时，利弗莫尔培养出来的行情纸带研读能力，以及训练自己的记忆力，是极其宝贵的资产。但到股票交易时，必须依靠头脑与研判，对趋势行情的把握能力。此时利弗莫尔最大的错误就是在不同的地方运用同一种策略。而没有对游戏规则进行深度调研，没有小仓位去试仓，而是直接拿着他的本金依据以前在对赌行的套路去操作。进入一个新的环境，必须进行前期的试仓。当发现问题时，不能忽略，一带而过。尤其是在交易中出现持续亏损时，必须尽快停止交易，详细复盘，找出失败的真正原因，而不是一味地固执，在错误的道路上越走越远。利弗莫尔此次失败，在亏掉所有的本金之后，痛定思痛，只能借钱去挽救。依旧回到对赌行这类胜算较大的投机作为支撑，使他有机会从头再来。

投资市场除了价格的滞后外，其实还存在很多滞后现象是投资者必须注意的，如资讯的滞后，经济数据的滞后，技术指标的滞后等。例如，当股票利好公布后，股价冲高后放量滞涨，随后反而下跌，这表明股价在公众获知利好之前，已经有所反映，大幅上涨。真正利好兑现时，正是主力开始出货之时。**投资者只有了解这些，知道其中的因果关系，才能规避一些潜在的风险。**

3.6 市场进入大牛时代

1901 年，美国经济进入高成长阶段。大繁荣的市场让我赚了不少钱。对我这样一个孩子来说，这已经是一笔巨款了。你一定还记得，当时美国进入了前所未有的繁荣，我们进入的不仅仅是一个美好的新时代，产业整合和公司并购盛况空前，而且公众也在掀起一波高过一波的股票投资狂潮。我曾听说过去股市多头火热时，华尔街的日交易量突破 25 万股，这相当于 2500 万美元在做股票的换手交易。但时间到了1901年，那时日成交量竟然突破了300万股，所有的人都在赚钱。

当时，纽约来了一帮专门炒作钢铁的人。这是一群百万富翁，他们对金钱挥霍无度，相比那些常常喝得酩酊大醉的水手，他们也好不到哪里去。买卖股票是唯一能够满足他们的游戏。但是我也见识了华尔街有史以来最大的炒家——以张口就“豪赌百万”著称的约翰·盖茨，还有他的朋友。比如约翰·杜雷克（John A.Drake）、罗约·斯密斯（Loyal Smith）等人。雷德-利兹-穆尔（Reid-Leeds-Moore）等一帮人卖掉了他们所持有的美国钢铁公司部分股票，用这些股票兑现所得资金，在公开市场吃进了洛克岛集团（Rock Island System）超过半数的股权，成为该集团的实际控股人。此外，还有斯瓦布（Schwab）、弗里克（Frick）、飞利浦（Philps）以及“匹斯堡帮”，在此就不必说那些在这场股票换手交易中，赔了钱又被淡忘的许许多多的人，他们之中的任何一个任何时候都有资格被奉为大投机者。那时谁都可以任意买卖所有的股票，吉恩（Keene）就曾是美国钢铁公司股票的操纵者。那时随便一个股票经纪人，就可以在几分钟之内卖出10万股。那个时代多么美好！很多人都成了赢家。另外，卖出股票时还无须纳税。是的，一切都很美好，根本就看不出有什么潜在的危机即将发生。

远航精解 **市场气氛是指参与者的热衷程度**，利弗莫尔描述当时市场强烈的多头气氛，可见市场气氛在利弗莫尔时代已经被列为操作的参考重点。买卖股票应该从市场气氛去思考该买还是该卖的行为。所谓炒股，只有被炒热的市场才更具有活力，公众参与程度才高。在此氛围当中，被热炒的股票涨势则更犀利。

巴菲特讲得好，**在别人贪婪时我们要学会恐惧，在别人恐惧时我们要学会贪婪**，股市大多头行情时，别人要贪婪到何种程度，我们才需要因恐惧而卖掉手中的持股呢？难题在于往往因错估别人贪婪程度而提早卖出或不敢进场买股票；或觉得涨得太离谱了，应该可以放空了等错误的行为，事后回头再看才发现是自己恐惧太早，股票卖得太早或太早做空以至于别人大赚，自己不仅没有赚到反而亏损。

如何才能在大牛市中获得更大的利润？这就需要我们具有更宽阔的视野，拥有更大的格局去看待这个市场，要读懂市场的大趋势。比如在震荡市时我们快进快出，短线操作者能够获利颇丰；但是在极强的单边市中，则需要做大周期，而且要耐心持股才能拿到更丰厚的利润。中途下车，想要再上车将要付出更高的成本，甚至还要克服自己的遗憾和悔恨这道心理障碍，才能够再进入。

此外，**大环境对股市的影响如何？**学投资是否需要懂经济，利弗莫尔在此提到大环境是如何影响股市的，不懂总体经济就无法判断出这些因素对股市所带来的影响，以下3点可以说明当时大环境状况：首先，当时工业整合和资本整合相结合超前，掀起股票投资热，这是基本面向好；其次，股市上涨促使公司的股价增值超过1亿美元，这个具有标杆效应，比如A股的贵重茅台，股价突破1200元，市值超万亿；最后，卖出股票的收入不必缴税，给市场带来强大的活力和流动性。例如，在A股市场印花税往往是国家对股市的一个重要调节工具。每次调降印花税，成交量则会激增，无疑为市场注入一针强心剂。

总体来讲，利弗莫尔是由上而下的选股方式，首先对经济大环境进行分析；其次看股市大盘的走势强弱之后从中挑选一些朝阳产业对其进行分析；最后在产业里面选择强势的龙头个股去操作，这就是利弗莫尔的选股逻辑。

3.7 做多北太平洋一笔大赚5万美元

没过多久，股市即将暴跌的传言不绝于耳。那些鸡贼的老手们，经验丰富，他们说所有的人都疯了，除了他们之外。事实上，除了他们之外的每一个人，大家都赚钱了。我当然知道，市场的这种疯狂的涨势，总有一天会走到尽头。这种买进任何一只股票都能赚钱的疯狂日子，总有一天会突然终结。于是，我有了一个转而做空的念头。然而每次做空都会赔钱。如果不是我手疾眼快，那会赔得更惨。那时，我已非常担心市场即将出现大跌的信号，因此我操作起来格外小心——虽然买的时候赚了钱，但做空的时候又把赚的钱赔了回去——因此，那段大繁荣的时期，我赚的并没有你想象的那么多——尽管那个时候我还很年轻，但以我的交易量之大来看，你定以为我赚了大钱。

远航精解 牛市中猜顶，是利弗莫尔年轻时常犯的错误之一。大多数散户也是这样，涨了一段就认为见顶了。其实股市运行有其内在节奏。大多数散户在牛市途中下车，是因为不想失去眼前到手的利润。甚至有的踏空了前期的涨势，想着抓最顶部做空。如同他们在底部着急抄底一样，底还有底。在多头趋势没有完全扭转之前，做空非常容易止损。大趋势的转变都需要一个过程。提前做空非常容易折损本金，一个上挑就可能把价格往上推一小段，正好打掉空头的止损，让他赔钱出局。所以我们必须等待这个筑顶过程结束，真正供应来时，下跌开始没有遇到任何阻力，此时供应占据绝对的主控，此时入场，虽然不一定是最高点，但对于中小投资者的资金来说，需要承担的风险小很多，因为你与主力的站位是一致的，此时是更安全的入场点。

市场永远是对的，当利弗莫尔做空赔钱时，就需要立刻转变观念，市场还处在多头趋势。因此，他迅速止损，放弃做空，这时他能够跳到局外，以更客观的角度去观察当时的市场。

那时，有一只股票——北太平洋（North Pacific）铁路，我并没有做空。在这只股票上，我对报价带的研判能力发挥了威力。尽管当时大部分股票的涨势都几近尽头，做多力量已显不足，但我的研判结果告诉我，北太平洋铁路（Little Nipper）普通股的走势还会有更高的发展目标。我得知像坤恩－罗布－哈利曼（Kuhn－Loeb–Harriman）这些人，都在对北太平洋铁路的普通股和特别股进行持续收购。鉴于此，我买进了1000股北太平洋铁路的普通股，坚持持有，并没有在意其他朋友的好意相劝。很快，它涨到了110美元，此时我的利润已经达到了30个点。于是我获利平仓离场。此一役，使得我的账户余额猛增到近5万美元，那是我当时赚到的最大一笔金额。别忘了，在这同一个地方，两个月之前我亏掉了所有的钱。这笔盈利，对我这个年轻的小伙子来说，已算是成绩斐然了！

远航精解 当前期做空已经验证利弗莫尔是错误的，他不仅转变观念，还立刻顺势而为，执行了做多操作，说明他不仅是一个善于根据市场节奏调整自己的人，而且具有很强的执行力。大多数公众看到已经上涨的股票，是不敢去买或者过不了心理这道坎。

在投资市场中，逆势操作，无异于逆水行舟。不仅要耗费非常大的力气才能取得微弱的成果，而且还要承受更大的潜在风险。在慢牛市场中，局部涨势的末端可以做一些空单，但必须仓位轻，而且快进快出，才有可能取得一些利润。而在牛市氛围中顺势做多，只需在回调节奏的末端进入，尽管进入的价格不是当时的最低价，但由于趋势是向上，价格很快就会来到你的成本线之上。在有盈利的情况下，持股心态就会好很多。因此，顺流而下，盈利不仅更快且更轻松。

利弗莫尔选股的关键是抓住热门板块的龙头个股。在股市中热门板块无疑具有热度，公众参与度非常高，资金流动性好。而投资者对股市走势的研究聚焦于此。从热门板块中的龙头股来说，往往这类股票资质显现时，已经上涨一段，突破前期重要阻力位，甚至创出新高。这类股是市场上最具赚钱效应的股票。这么做可以缩小范围操作，较容易掌握。并且可以集中精力，尽最大努力来操作。此时，不要受贪婪驱使，急着想要抓住最低点买，在最高点卖出。抓住主升浪这一段的利润就很可观了。热门板块的龙头股走势同时也体现了整体市场走势的一个重要关键点，但大多数散户却将此忽略，此类股转弱和崩盘通常意味着大盘将要调整了。

3.8 到手的鸭子飞了

你一定还记得，当初哈里曼集团的人通知摩根和希尔（Hill），他们即将加入柏灵顿—大北方—太平洋集团公司。摩根的人先是通知吉恩买进 5 万股北太平洋铁路的股票，以确保对该公司的控股权。听说吉恩让银行经理罗伯特·培根买进 15 万股，他也照办了。与此同时，吉恩还指派他的经纪人艾迪·诺顿（Eddie Norton）买进 10 万股北太平洋铁路的股票，进驻其中。之后吉恩也买了 5 万股。于是，一场轧空行情的股权争夺战就此开始。1901 年 5 月 8 日股市收盘以后，全世界都知道了。一场世纪火并将要在两个金融巨头之间上演。铁路大王哈里曼对决金融王子摩根，一方汹涌澎湃、无坚不摧；一方稳如泰山，无人撼动。

5 月 9 日上午，我手里握着 5 万美元的现金，并没有半张股票。前面我已经说过，之前我就看空股市，现在做空的时机终于来了。我知道接下来股市会有什么事情发生——先是一波猛烈的跳水，然后廉价的股票随地可捡，随后股市会快速地回升。捡到便宜股票的人们就可以大赚特赚，即使你不是福尔摩斯，也能做出正确的判断。市场将迎来一次来回坐电梯般绝佳的收割机会，短时间内可以做一个来回，不仅可以赚到大钱，而且是十拿九稳！

事情正如我所预料的那样发展着，我的判断出奇地准确。但却再一次赔光了所有的钱！那些不寻常的事故将我震洗出局。如果那些不寻常的事情从来没有发生过，那么人和人之间也就没什么区别，生活也就变得索然无味了。这样一来，股票交易也就变成了加法和减法的简单游戏。这样只会让我们思想僵化，把我们变成一个埋头苦干的记账员。正是那些只有不断地开动脑筋研判推测，才会促进人的脑力正常发展，开启深度思考的能力。你想一想，为了保证推测正确无误，我们就不得不做大量的功课，为此付出巨大的努力。

一切正如我的预料，市场变得异常狂热，成交量也惊人地巨大。股价上下翻动的幅度前所未有。按照市价，我大量地卖空股票。一开盘看到股价，我心里就有底了，接下来的跌势一定会非常猛烈。我的经纪人们，尽职能干，认真负责。他们和其他经纪人一样，不停地忙碌着。我不怪他们，但是从我对他们下达买进指令，到他们为我完成交单这段时间，股价又跌了 20 个点——报价单上的报价，远远落在市场的实际交易价格之后。由于当时成交量大得吓人，回执单传来的速度又非常缓慢，我发现我在报价单上看到的价格，比如当时是 100 美元时下单卖出股票，但等成交单出来，成交股价却是 80 美元！你看，这个成交价比前一天的收盘价整整下跌了 30 到 40 美元。他们帮我卖出的位置，正是我想抄底的便宜价位。股价不会一直下冲，我决定马上反手做多回补空头。

麻烦的是，我的经纪人为我买进股票的价格远高于我下单时的价格。那时已经将我反手做多的那个位置远抛在身后了。证券交易所场内的工作人员接到我的委托单之后，再以当时的价格执行，结果成交的价格比我下单预计的价格平均高出 15 个点。本想靠着这次巨幅下跌和上涨，来回地赚钱，谁承想却变成了来回地挨宰！一天之内损失 35 个点，搁谁能受得了？

远航精解 利弗莫尔为什么判断得非常准确：

1. 基本面判断：资金雄厚的两个集团相互杠上，多空主力双方力量旗鼓相当，他预测股价将宽幅震荡；

2. 交易策略：场外静待出手时机，采取逢高卖、逢低买的波段操作策略；

3. 盘中记录市场变化及交易情形，开盘检视市场是否如自己预判的进行，开盘股票走势很弱，因此执行买入空单；

4. 盘后复盘：找出原因，客观上是下单延迟，主观上还是对市场的认识不足，知识储备不足，认识到自己只会看纸带判断行情是不够的。

此时，由于当时的技术条件限制，报价与实际成交间存在着巨大的时差，致使入场点滞后，成本太高。而出场点同样滞后，错过了最佳的出场位置。尤其在短期巨大波幅的行情当中，这种劣势更加明显。因此，**最好的方式是暂停交易。截断亏损，直至此次问题得以解决并优化。**

3.9 找不到老方法的症结所在

因为报价机的报价速度远远落后于市场实际价格，我再一次被打得落花流水，根据对报价带上的股价数据的研判来操作交易，已成为我的习惯。但是这次我被报价带给愚弄了。报价带显示的价格和实际价格的差异，把我害得惨不忍睹。以前它已经害过我不止一次，而现在的事实就更加显而易见了。不管经纪商多么迅速地执行我的委托单，但显然，只看报价带上的数据进行交易已经远远不够了。当时那么大的问题，我不知道为什么自己却看不出来，更别说去找补救的办法了。

比看不出问题症结更糟糕的是，我依然高频地买进卖出，完全不去理会执行过程中的时间差问题。你知道，设限交易的方式我是从来不用的。我总是以报价单把握机会，我要战胜的是股市，而不是某个价格。在我认为应该卖出的时候我就照做了，在我判断股价会上涨时，我也就买进了——我总是习惯于这个基本的交易原则，而且用起来非常顺手。如果改用设限操作，那么我在对赌行里使用的老方法，拿到合法的经纪商营业处来使用，那效果一定会大打折扣。如果不是反复赔钱的结果教训了我，我就永远也不会认识到股票投机到底是什么，也不会学到更多的投机知识，而只能任凭有限的经验继续自己的冒险生涯。

为了改变报价机落后于实际股价的不利局面，我尝试着采用限价交易的方式。但我发现了一个问题，设限交易单常常无法成交，市场上的股价总是背我而去。糟糕的是这种事情一再发生，于是，我又不得不放弃采用限价交易。我不知道搞懂一件事情，为什么要花费那么多的时间——放弃几个点的小波动，去抓住那些即将出现的大波动，才是投机之道——这个现在看起来显而易见的交易策略，却费尽了我万千周折！

远航精解 **只有经历失败，才能顷刻间清醒，**审视自己交易中的错误。有内在原因，也有外在因素。关键在于如何正确地总结和朝着正确的方向调整。

错误之后，寻找正确的方向是比较难的，尤其是在没有前人经验的基础上，完全靠自己摸索。利弗莫尔利用自己的实战，真金白银去试错。最终，悟出真正能赚大钱的策略。放弃短线交易，顺大趋势，做大波段。

当发生连续的亏损后，急需要做的就是停下来。每一笔交易都有其自身的周期，一旦结束，短时间内难以恢复。市场一直是在运动着的，其风格也在不断地切换。此前一直有效的策略在一段时间后将变得无效，这就会造成连续亏损。此时如果不停止，则会极大地损耗交易自信，使自己陷入痛苦和烦恼中，无法自拔。因此，最需要做的就是慢下来、仓位降下来，最后停止操作。一段时间后，观察市场，找到市场现在的风格和规律后再入场，则能够有效地规避掉那些能促使你巨亏的阶段，保留足够的本金和信心，应对后续的战斗。

证券交易在过往的历史中，时间落差一直是造成交易者产生亏损的重要原因。如今，我们已经来到了网络在线下单的时代，这个时间落差的问题看似已经获得了明显的改善，但对比利弗莫尔所处的时代，为什么我们并没有变得容易赚钱？是因为虽然没有价格延时的问题，但行情的内在力量转换和波动速度都在加快，人脑是否能跟上行情的速度实现尽快转换就成了当今短线交易者需要面对的问题。

大资金仓位操作短线要思考市场规模与自己资金规模的相对大小关系，当总资金量不大时，利弗莫尔的短线交易方法则是非常好的技巧；当资金量体量足够大时，这种小波段的操作方式将会赔钱，正如利弗莫尔第一笔大资金就是操作大波段赚来的。

3.10 22 岁被打回原形

痛遭5月9日的打击之后，我依然十分勤奋，并着手改进升级我的操作系统，但交易方法改进之后仍然有大的缺陷。如果之前我在市场上从没赚到过钱，反而能更快地学到市场的智慧。这话听起来有些背理，但这却是我的亲身感受。只有赚到更多的钱，才能去过好日子。我喜欢交友，很享受朋友聚会的美好时光。那年夏天，像华尔街上许多有钱人一样，我去了泽西海岸避暑。但糟糕的是，我在市场上能够赚到的钱却弥补不了亏损和生活的开销。

并非因为我个性固执，才继续用以前的方法操作。因为我实在找不出自己的症结到底出在哪里，又怎么谈得上去设法解决呢？这件事我反复讲了很多遍，只是让你知道，只有经历过什么样的磨难，才能找到真正赚钱的门道。如果用来打仗，我的那把旧猎枪和BB弹，根本比不上连发步枪的火力强大。同样的道理，想在股市里赚到大钱看来我的老方法是不管用了。

那年秋天，我再次被市场冲洗出局，输光了所有的积蓄。这种总是打败仗的游戏，让我厌倦至极。那时我决定离开纽约，想着去别的什么地方做点其他的事情。

打 14 岁起，我就开始从事股票交易，此后再也没停止过。15 岁时，我赚到了平生第一个 1000 美元；21 岁时，赚到了人生的第一个 1 万美元；22 岁时，赚到了人生的第一个 5 万美元。过往的岁月，我不止一次地赚进又亏掉了上万美元。在纽约，我很快赚到了数千美元，但是很快又全部输光。1901 年，我的账户上已经超过 5 万美元，但仅仅两天之后，我又输得一文不名。我没做过其他的事业或者工作，也从来不知道其他游戏的玩法。出道几年后，再一次被打回了原点。不！比打回原点更糟。因为在此期间，我也养成了大手大脚的习惯，到如今这种乱花钱的毛病令我烦恼不堪，但这还远比不上经常操作错误让我闹心！

远航精解 **由俭入奢易，由奢入俭难，主要是心理层面的障碍需要越过。**人们对物质生活的享受，一旦开启这扇大门，就很难再关闭。对于职业交易员来说，由于没有其他收入，所以需要承受比普通人更多的压力。如果一直盯着交易中账户跳动的数字看，那么很容易影响自己的情绪，你会想着，几秒钟多了多少钱，而过后，转瞬间，又失去。这样情绪上会受到很大干扰，直到影响人脑正常的判断与交易的果断执行。在操作中，盈利后，再拿回去，让人感到非常难受。会有很多遗憾、懊悔等负面情绪产生，如何淡化这些情绪是交易员要克服的困难，也是走向成功的必经之路。

在观察趋势线时，必须随着时间的推移，再画出另一条更接近市场的趋势线，这就是调整，当市场不如预期时，你必须快速出场，这也是调整，当你的操作规模越来越大时，市场对你的仓位部署影响程度逐渐加大，这时你的操盘策略就必须配合自己的仓位变动，这同样是调整，从技术面、资金面、消息面都告诉你**调整在交易过程当中是何等的重要，动态调整就是赚钱技巧之一**。

综上所述，总结以下四点：第一，只有**以探索的角度来研究市场**才不会被市场打败，若你只为了交易而交易，很快就会迷失在赌的惯性当中；第二，对于操作大资金的人来说，若连**微幅的波动都想去抓住，则很可能费力不讨好**，掉入局部的旋涡之中，无法全局思考；第三，在正确预测真正大波段走势时，**时间因素是极其重要的**；第四，即使市场有明确的行进方向，仍难免出现无数次过渡性的震荡或回踩，需要我们**凭借经验和稳定的心态过滤掉，不为之所动**。

第四章

家乡疗伤，再战对赌行和地下经纪商攒下本金

4.1 合伙交易被拆穿

在纽约亏光后，我回到了家乡。这次回家，让我找到了自己的终生使命——找到资金再回华尔街投机。去华尔街的理由可多了去了！那儿是我唯一能大显身手的地方，等我的交易方法调整正确之后，那儿就是我最好的交易场所。当我能够做对的时候，总需要这样一个对自己有利的环境，发挥自己的专长。

我并没有寄予太大的希望，但我仍然会想尽办法再战对赌行。那时，对赌行的数量已经少了很多，其中的一些经营人，我从前并不认识。而那些认识我的人，绝对不会再给我到他们店里施展拳脚的机会。为了能争取机会，我把我在纽约赔得精光的遭遇如实告诉了他们，我对他们说其实在这一行我懂得的知识并不如想象的那么多，现在如果他们能允许我到他们的对赌行操作，对他们来说，这未必不是一桩好买卖。但任我说得天花乱坠，他们始终都没答应我。那些新的对赌行，我又觉得不太可靠。对赌行的那些老板们都猴精猴精的，他们如果怀疑你能够做对行情，就不会接受 20 股以上的委托单。

我急迫地需要快速赚到钱，而那些较大的对赌行，总能持续地在它的那些老客户身上赚到很多钱。碰巧，有个朋友正好在一家营业厅里交易，我曾经进去看了他们的交易状况，想说服交易员接下我的 50 股小单，但好说歹说，他还是不同意。于是我和那位朋友商量，我们两个合伙在这家对赌行进行交易。我们俩设计了一套暗语，在我指定的时间买卖我指定的股票。这个办法挺好，可是只能赚点小钱。没过多久，这家对赌行开始对我朋友的单子起了疑心，再后来有一天，当我的朋友要做空 100 股圣保罗的股票时，就遭到了他们的拒绝。

后来我才知道，当时有一位顾客看到我和我的朋友在外面窃窃私语，就到老板那里告我们一状，所以才出现了刚才那一幕。当我的朋友到柜台要做空 100 股的圣保罗股票时，那个接单员乔冷冷地说道："我们不做圣保罗的空单，特别是你的！"

"到底怎么了？"我的朋友问道。

乔回答："我们不做圣保罗，仅此而已！"

我的朋友装出生气的样子，拿出 10 张 10 美元的钞票，那总共是 100 美元。他在乔的面前晃悠着："难道这是假币吗？你看看，现钞就在这里！"

而我则装出一副若无其事的样子在一旁冷眼旁观。在对赌行，每当店家与顾客争吵时，其他的客户就会过来围观，他们最关心的是对赌行的偿付能力。

这位接单的乔是这里的副经理，他从柜台里走出来，看了看我和我的朋友说："很有意思吗？"他慢条斯理地说，"这位莱文斯顿朋友不在的时候，你从不下单，只是看着行情板，一看就是几个小时，从不言语。但是每当这位莱文斯顿先生一来，你总会突然地忙碌起来。也许是我误会你了，或许确实是你自己在做交易，但无论如何，我们这里不再欢迎你，我们不想冒莱文斯顿先生跟你传递消息的风险！"

就这样，我的财路又断了。靠着看报价板赚钱的好日子，就这么快地结束了。不过，这一次赚到的钱除去花销还剩了好几百美元。我琢磨着该怎么用好这些钱呢？此时，我想赚到足够的钱重返纽约的心情变得越来越急迫了，我感觉到自己下一次能做得更好。现在我的时间充裕了，终于能够静下心来重新思考过去那些愚蠢的、赔钱的操作了。这时我好像突然间明白了一些东西，如果站在更远的地方看，整个画面就会显得更加清晰。当你站得更远一点，事情的真相就会看得更加明了。但眼前对我来说，最要紧的就是尽快找到更多的本金。

远航精解 当爆仓之后，想要东山再起，起步是非常难的。一是怎样积累足够的本金，二是如何从之前失败的阴影中扭转心态，找到正确的盈利模式。利弗莫尔在成为大师之前，是如何在失败中重建信心，做了哪些对日后再回华尔街有帮助的事情呢？首先，回家乡远离华尔街，这做到了操作不顺时应该先暂停和沉淀，为下一次做积极准备（站在稍远的地方看整幅画面会看得更加清楚）。其次，积极思考为未来确立目标，选对适合的交易市场和交易环境对于交易者来说是一件非常重要的事情。最后，想尽一切办法积累本金，包括通过贬低自己的操作能力，在对赌行进行操作；被拒绝后通过朋友代替他下单赚些小钱；被告发后再到最后变换另一种操作方式，在地下经济商大赚好几笔，时间长达一年多，积累了他再回华尔街操作的实力。从中我们可以看出，每次遇到困难，他都不曾放弃，为了他最终的目标而努力，且总能想出一些有效的方法达成目的。这也是他异于常人的创造力之一。

此外，文中一个细节引起了我们的注意：**能够稳定盈利的专业投资者，大多数都保持低调的原则。**但利弗莫尔在指使他朋友操作时并没有做到完善。当时，绝大多数人在对赌行赔钱，突然出现一个人一直在挣钱，必然会引人注目。有人因心生妒忌而告密，见不得别人好，这也是人性中丑陋的一面。心胸狭窄的人在交易市场中，注定是亏损的。

市场中也存在一部分人炫耀自己是如何在投资市场上赚很多钱的，无非就是想证明自己是多么成功，以为能战胜市场。其实，**评价投资者在市场上是否真正成功，不是看他赚钱的多少，而是看他在遇到挫折，赔钱时的正确操作与否，包括遇到风险时的处置能力。**专业操盘手的能力不是看他每次操作能盈利多少，而是看他在做错时是否少亏或不亏，以至于犯错的次数会越来越少。同样，评价一位基金经理是否优秀，很重要的一个指标是看其控制资金曲线回撤的能力，即对风险的预警、仓位把控和断臂再生能力。跌得深还能再爬起来，挣钱实力当然足够扎实。就如同看K线反转一样，一根长阴线砸下去之后再上来，以合成方式来看待这根K线就变成一根下影线。那怎么知道下影线的实力如何，下影线越长，说明弹性越大，实力则越扎实。只有经历过近乎绝望的低谷，依然能鼓足勇气排除万难爬起来，才能算是真正的赚钱能力。**如同股票走势中向下砸盘测试支撑是否有效一样，这同时是交易人生的向下测试。**

4.2 偶遇冒牌经纪商拉客

有一天，在一家旅馆的大厅，我正和几位同行聊天，他们可都是相当稳健的交易者，大家都在讨论股市，我说："有一点是板上钉钉的事，如果经纪商的执行过程不靠谱，那么这种游戏就没人能赢，特别是我。因为我这种用市价交易的方式，就根本无法赢得股市。”

这其中有一位提高声音问我是哪一种经纪商，我回答他：“那是全美国最好的经纪商。”他还是一再追问我这些经纪商是哪些人，或许他不相信我曾经在那些全国最好的经纪商里做过交易。

我继续给他解释：“我说的经纪商就是那些纽约证券交易所的会员公司，我并非说他们不经心、不诚意，或者是蓄意欺骗客户，而是说他们的报价滞后于市场。他们报价板上显示的价格和实际的交易价格有不小的出入，如果你用市价买进，在拿到经纪商的交易回执单之前，我们根本没办法知道确切的成交价格。股票波动一两个点的情况总是比波动十个点的情况要多得多，但是由于条件的限制，加上执行的时间差，面对那种小幅波动，场外的经纪商根本没有办法抢到这些价差的利益。要是对赌行能够接纳大单交易的话，我就不会再去那些正经的证券交易所了。”

那位跟我说话的人叫罗伯茨，他看起来很友善，但之前我并不认识他。他把我拉到一旁问我有没有在其他交易所做过买卖，我说没。他说他知道一些经纪公司，这些公司是棉花交易所、农产品交易所，还有其他一些规模较小的证券交易所的会员公司。他说，这些公司做事都特别谨慎而认真，他们特别注意委托单的执行信誉。这些公司与纽约证券交易所规模较大的经纪商保持着良好的往来关系。并且，他们凭借自身的影响力以及每个月 10 万股的交易量，得到了比一般客户更优惠的服务。

他接着说，他们的专长就是能对偏远地区的客户提供特别的服务。他们对客户特别好，无论是 10 股的小单，还是 10000 股的大单，他们都同样地尽职尽责，他们做得很好，而且诚实可信。

“如果他们把 1/8 点的佣金手续费交给了证券交易所，那他们自己怎么赚钱呢？”我问道。

“理论上是这样，但实际却并非如此。”说话的时候，他对我眨了眨眼。

“是的，”我说，“拆分手续费用来退佣这种事，证券交易所从来都不会干的，他们宁愿会员去杀人放火或者去犯重婚罪，也不会将手续费低于 1/8 点为人执行交易，他们绝对不会违背这条规则，所以他们才能够得以存活。”

也许他已经看出来，我之前和证券交易所经纪商做过交易，他顺着我刚才的话题说道："或许你听说过这样的事，有些守法的经纪商偶尔也会因为违反这条规则而受到处罚，他们会被停止交易一年，你听说过吗？但是办法是人想出来的，他们总能找到办法给客户退佣，这样的事情是没有人会到处去嚷嚷的。"

看我有些疑惑，他继续说："有一些业务，我们——就是那些通信联络的经纪商——除 1/8 点的佣金之外，还会加收 1/32 点的其他费用。就这一点，他们做得很好，绝对不会多收客户的手续费，但是一些特殊情况除外。对于一些交易量很少的户头，他们才加收一些费用。你知道的，如果客户的交易量很少，那么对经纪商来说是很不划算的，他们毕竟不是为了造福这些小户才经营经纪公司的。"

他话说到这里，我终于听明白了，他所推销的其实就是那些冒牌的地下经纪商。

我接着问他："你知道哪一家经纪商比较靠谱吗？"

他回答道："有一家全国最大的经纪公司，我还是比较了解的，我也在那儿做交易。他们的分公司遍布美国和加拿大的 78 个城市，生意做得很大，也很可靠。不然的话，他们就不可能这么多年来一直那么好地存在着了，你说对吧？"

我跟着说："那是当然了。那么，纽约证券交易所的股票在他们那里也能交易吗？"

"当然可以！不仅如此，除美国的股票以外，欧洲其他交易所的生意也都可以在那里进行交易，小麦、棉花、谷物、农产品，你能在市面上看到的商品在他们那里都能交易，几乎每个地方都有和他们有生意往来的经纪商。当然这些经纪商取得会员资格时，有的是直接用自己的名称，也有的是匿名的。"

此时，对他们我已完全明了，但为了想更多地了解一下内情，我说："是的。不管怎么说，委托单还是必须由别人执行的。市场会如何变化，谁也不能保证，谁也不敢打包票使得报价单上的价格和营业厅里实际交易的价格完全一致，当你看到报价板的报价，然后做出委托单，再用电报传到纽约，这一套程序下来，市场进场的时机早就溜走了。也许纽约才是我真正应该去的地方，即使在那些正规经营的经纪公司里赔些钱，我心里也会觉得那样比较踏实。"

他有些着急了："我们的顾客从来不会赔钱，他们只能够赚钱。而我们就会把让客户赚钱这件事做得尽善尽美！"

"你是说你们的客户，对吗？"我问道。

他回答道："是的，我有那家公司的一点股份，作为小股东，我乐意为他们招揽些买卖，拉点生意。他们待我不薄，也帮我赚了些钱。如果你想交易的话，我可以把你介绍给那里的经理。"

"那家公司的名字叫什么？"我问道。

于是他就把那家公司的名字告诉了我。之前我听说过那家公司，全国的各大报刊曾经登过他们的广告。他们一贯擅长吹嘘自己有内线情报，所有听他们消息交易过那些热门股的顾客都赚了大钱。他们对外声称自己是正经的经纪商，其实他们就是类似对赌行的地下经纪商。他们经过精心包装，蒙骗全世界人，想尽办法让人们相信他们是合法的经纪商，而且从事着合法的业务。

远航精解 利弗莫尔从一开始进入投机市场，从事投机的机构主要有三种：对赌行（空桶店），纽约的合法经纪商以及在此处谈到的地下经纪商。

下面是对赌行稳赚不赔的游戏规则：第一，当客户赢钱时拒绝收单；第二，像四海股票经纪商这种比较大的空桶店，赔钱时规定缴纳更多的保证金加收溢价，因此影响投机者的仓位和投机能力；第三，当大家都押对趋势时，他们会缩减止盈点位；第四，对于大的单子要求拆单，可以收取更高额的手续费，而且每1个点的跌幅只给你3/4点的空间，因为他们也把卖出手续费算进去；第五，通过内部操纵股价，当他们发现某只股票的多头太多，他们会找营业员挤压那只股票的价格，导致它急跌（实际上对赌行只需付出很少的成本，就可以使股票价格波动2个点以上），让所有做多的顾客都爆仓，从而赚取数千美元。

当时利弗莫尔在纽约正规的经纪商交易，可交易上市的任何股票和商品期货。交易对手是市场的全部参与者，可容纳大资金操作。但每次交易者向经纪商发送交易指令到市价成交（当时市场可撮合交易的价格），到最终发回交易单之前这段时间较长，报价单滞后，使交易中滑点变大，成本陡然升高，不确定因素也增大。也是利弗莫尔此前看对市场却亏掉本金的重要原因。而当今市场绝大多数都是电子交易，实时结算。个人终端也非常发达，不存在此类问题。投资者接收到的都是最新的实时数据，况且手机可以完成实时下单，这极大地便利了交易，也节省了更多的交易成本。

地下经纪商，他们交易的股票和纽约证交所一样，和场外及美国欧洲其他任何交易所都一样，不一样的是他们不是一般的对赌行。首先，他们通过报纸、电视等媒体鼓吹他们的合法经纪商，并且有很多内幕消息，有很多人借此赚了很多钱等；其次，他们通过精心设计的幌子骗顾客下委托单，他们会发出买进或卖出信号，给客户任意炒股或代操作，他们则与客户对赌，客户错误操作损失的钱就进了他们的口袋。另外，当客户的多空头寸极不平衡时，他们会把单子转移给合法的经纪商以规避风险。利弗莫尔之所以选择地下经纪商交易，是因为在这里可以像在空桶店那样根据下一个报价来操作，他的大单就不会受成交量的限制而产生滑点。如此，他在对赌行的那一套稳赚不赔的系统又可以发挥作用了，这就是交易计划的一部分。**操作大资金仓位的人要有布局的观念。布局之时，思考得越周详，成功的概率就越高。**

投机市场的套路太多，虚假交易平台、配资平台、荐股平台等，充斥着这个市场，此外还包括鼓吹一些所谓的短时间速成的交易策略、某某大师培训班等。作为交易者，就要对此提高防范意识，以免落入别人的圈套。在当今也出现很多虚拟交易平台，利用网络宣传能短时间取得暴利，诱惑一些想以小博大的投资者开户，并提供配资加大投机杠杆。他们使用的数据大多是历史行情模拟数据，在客户开户注资后，他们唆使客户下单，与他们对赌。不仅收取高额的手续费，还会制造一系列短期的巨幅波动，让客户爆仓或再补保证金。因此，**投资者进入投资市场之前，要清晰地甄别，选择国内大型的券商和期货公司开户，并要求尽量降低保证金和手续费，以提高资金利用率、减少交易成本。**

4.3 地下经纪商的套路

如今（1922 年）和那个时代（1901 年）非常类似的地下经纪商，今年倒闭了十几家。他们采用的套路和方法基本上都是一样的，在榨取投资大众钱财的手法上，只不过是略有不同而已。一般地，老手法被戳穿之后，他们就会搞出一些新手法继续蒙骗客户，但基本上都是换汤不换药。

他们经常就某只股票的买卖，给出一些所谓内幕的小道消息，效仿赛马情报贩子的套路，他们会同时拍出两组好几百份电报，建议一部分客户立即买进某一只股票，同时建议另一批人卖出这只股票。这样一来，买单和卖单同时涌入市场，他们会委托一间信用可靠的证券交易所会员公司完成这笔对仓交易。比如说同时买进和卖出 1000 股的某只股票，并且在合法的证券交易所会员公司那里取得了交易记录。如果有人告发他们欺骗客户下单交易，他们一准儿就会拿出那份正式的交易报告，反驳那些对他们提出质疑的人。

同时，他们还从事代客操作业务。他们与客户签订书面授权书，让客户全权委托他们代理操作，让客户允许他们按照他们认为最适当的时机以客户的名义进场操作。在此情形下，如果客户的资金被输个精光，即使那些最难缠的客户，也无法诉诸法律追回资金。通常，他们会拉高某只股票诱骗客户进仓，然后就使出对赌行的伎俩让股价震荡，从而把那些成百上千的小户的保证金一网打尽，妇女、教师、老人都是他们最爱猎取的目标，只要这些人上钩，他们一个也不会放过。

“所有的经纪商我都不喜欢，我必须重新慎重考虑。”说完我就转身离开了那位推销员，不给他任何说话的机会，以免他继续纠缠我。

之后我就四处打听这家公司的状况，他们有众多的客户，尽管市面上有一些对他们不利的传闻，但之前还未曾发生过客户拿不到钱的状况。想在他们的客户里找出一个赚钱的人，是一件不容易的事，但我确实在他们那里赚到了钱。当时的股市行情有利于他们，即使发生了让他们亏损的交易，他们也不至于赖账不给。当然，类似的公司，最后的命运都会以倒闭终结，这就好比一家银行出了信用问题，其他的银行就会受连累而出现挤兑潮。曾经一度，大批的对赌行接连倒闭，看起来像传染病一样迅速蔓延，即使这样，在美国依然有很多暂时歇业的对赌行处于“冬眠”状态，他们在耐心地等待着时机，随时都可能伺机出动。

后来我打听到，那个推销员所在的那家公司并没有出过多么令人担忧的事情，只是他们经常有一些暗动手脚和不诚实的行为。他们的专长就是要掏空那些急于致富的傻瓜们的口袋，他们往往要求顾客签下书面文件，直到他们口袋里的钞票被洗劫一空，但又无法诉诸法律讨回公道。

有个小伙子曾经给我讲过一个这样的故事，他曾经目睹一家对赌行同时发出两组 600 份的电报，建议他们的一批顾客买进某一只股票，让另一批客户同时卖出这同一只股票。

我对他说：“对极了！我知道他们在耍阴招。”

“事情还没完，”他说，“第二天，他们又给同样的客户发出电报，告诉他们平仓所有的股票，同时做多或做空另一只股票。我问了他们一个主要的合伙人：‘你们这样做是为了什么？你们前面的那些做法我明白，客户最终会赔钱的，但这个过程中至少有一半的客户在短暂的时间内还是赚钱的。可是，你们后来又拍出这样的电报，这不就是要害死他们所有人吗？你们这样做到底是为了什么？’

“那位合伙人说：‘这样说吧，他们就是一帮冤大头。无论他们买什么，在什么价位买，什么时候买，都注定他们是要亏钱的。无论如何，我们早晚都会失去这批客户，既然我们早晚都会失去他们，莫不如尽可能地在他们身上多榨些油水出来，然后再去找下一批。’”

说实话，我不会关心这家公司的道德问题。之前那家泰勒公司惹恼过我，我也使用计策报复了他们。但现在我对那家公司并没有厌恶的感觉，也许他们就是骗子，也许他们一如传闻中那样黑。我并没有让他们代我操作的打算，也不会听从他们的小道消息炒作，更不会听信他们的谎言。我想尽快赚到一笔钱再杀回纽约。因为在一家正规的证券公司操作大额的资金，不用担心警察会突袭搜查，也不必担心主管机关强行冻结这里的资金，以至于一年半之后才能仅仅领回八成。

总之，我已经拿定主意，我要看看合法的经纪公司所给予的条件中这家公司到底能提供多少。

那时，我没有太多的资金用作保证金，但是在这个骗人下单的公司，这方面的要求会随意得多。在这里，我的资金能得到更灵活的运用，几百美元就可以交易很大的规模了。

到了这家公司，我直接找经理去谈。当然，他很快就从我口中了解到我是个操作的老手，在纽约证券交易所的会员公司开过户，而且不止一次地输光了身上所有的钱。很自然地，他也很知趣，再也没和我谈过代我操作而且保证帮我在很短时间内赚到大钱的那些骗人的鬼话，当时他一定认为我是那种只知追高杀低永远赔钱的冤大头。不论是哪一种经纪商，抑或是骗你下单，抑或是满足于赚取你的手续费，他们的衣食父母就是那些一直输钱的冤大头。就是这些冤大头，永续地为他们带来滔滔不绝的收入。

我告诉经理，我一直使用市价交易，所以我需要这里提供合理的执行价格，我不想看到成交回执单的价格和报价机上显示的价格有半点差池。

【译者注：报价纸带机自1867年发明以来就成为传送股票价格的主要工具，后来经爱迪生改良后几年内使用中的报价机纸带有两种，都传送纽约证交所的价格。第一种把经纪公司的分支营业处和纽约证交所营业厅联结起来，顾客通过线路把委托单送到营业厅执行成交后再将成交价回报给顾客，使用这种报价纸带的银行和经纪商称作电讯号子。第二种报价纸带机把交易所执行的价格传送到全国各地股票经营商和其他合格的订阅用户，这也是对赌行所使用的设备。接收价格资讯和列印的设备称作报价机，也是利弗莫尔本书中提到的，因为他和其他纸带阅读人可以借此判断一只股票在交易所成交时体现的强势或弱势】

经理一再向我保证，他们可以完全满足我的要求，我可以完全按照自己的意愿来行事。他们想做我的生意，急于想让我知道他们是一流的经纪公司，拥有最棒的人才。而实际上，这家公司以执行快捷而出名，如果回执单的价格与报价机的价格有所出入，他们宁可选择有利于客户的报价，不过他们也无法保证每一次都能做到这样。如果我在此开户，就可以按照电报传来的价格进行交易，在这一点上他们非常自信。

这样我就可以实现像在对赌行那样的交易了，他们允许我按照最新的报价交易。为了不让他们看出我急于进场操作的心思，我故意摇摇头说当天不想开户，等到想开户时再告诉他。经理急切地催促我不要错过这个大好的交易时机，如果能立刻进场，就能赚到钱。不过，对他们而言，这的确是一个赚钱的好时机，因为那天市场交投冷清，股价来回波动的幅度很小，这正是他们放出小道消息，引诱客户进场的好时机。这样就可以让顾客在股价波动中受到重挫，并且被清洗出场。他一直纠缠着我，想摆脱他都有点困难。

不得已，我留下了姓名和地址。而在当天我就收到了付费的电报和信函，电报的内容无非就是告诉我他们有了某只股票的内幕消息，催促我尽快买进某只股票，并且说这只股票将被操作上涨50个点。

远航精解 利弗莫尔对操作环境的判断是非常正确的，这也是入场的风控之一。不正规的渠道操作会带来潜在的风险。专业交易员把渠道、软件这些“枪”都准备好，上了战场就只需关注战场上的变化，找准机会对敌人射击即可，而无须担心枪打不出子弹或自家后方突然断了供给之类的其他风险。

上述案例中这些基本的骗术当时在美国是行得通的，因为技术原因，当时的报价以及信息传输方式的限制，导致大家获取信息的渠道和速度都不同，给小道消息的传播创造了良好的土壤。但当今电脑、手机等终端设备的大量应用，骗术也会随之升级……但最终的套路不会变，那就是怎么利用你想赚钱的心理最终掏空你的口袋。

案例中的情形和当今A股市场股市配资是一样的，国家政策打压时，或者市场不好时他们就消停；一旦市场转暖，这些沉渣就会泛起，继续蛊惑一些追逐短期暴利的人蜂拥而入。这些人通过购买客户资料，获得联系方式，然后发短信打电话网罗客户。

此外，还有一些荐股平台惯用的伎俩是，通过购买数据，向投资人群发一些荐股消息。有的是下午收盘后收集上市公司当日的利好消息，在下午6时左右向投资人推荐这只股票，当然此股票第二日就会涨停，这是利用了时间差，证明他们的推荐是多么的“准”。还有一种是仿效赛马情报贩子的老招数，通过群发信息给100个客户均分为甲、乙两方操作股指或商品期货、黄金、外汇等品种。甲方发出做多，乙方发出做空，结果甲方50人赚钱了，接着再将50人平分为丙、丁两方，丙方告诉他做多，而丁方做空，结果丁方挣钱了之后再循环一次，将24人分成两组，各为12个人，然后对的一方再分为6个人一组，最后这6个人看他们能连准4次，确信不已，则中了他们后续收取高额荐股费的圈套。事实上无关神准的问题，重点是这些投资人的无知最终赔钱只是因为选择最简单快速的方式，不靠自己思考，而只是依靠别人的一些推荐，只想要一个标准答案。最终容易进入别人的圈套，被别人绑架。**因此投资者需要通过学习，更深入地了解这个市场，练习的是不断地从决策中提升自己的判断能力，学习一些真正优秀操盘手的操盘理念和判断方法和过程，而非只要最后的决策。**

4.4 分仓于五家地下经纪商

我四处打听，努力寻找着类似的经纪公司。我知道，想要尽快赚到钱，只能拜托这样的地下经纪商了。为了能同时在多家做生意，我只得在附近多找几家这样的公司了。

弄清楚了应该了解的事情之后，我同时在三家公司开了账户。为了方便交易，我租了一间办公室，安装了电报机，可以直通那三家地下经纪商。

为了避免吓到他们，开始时我非常谨慎地进行小规模的操作，赚了一点钱之后，他们急切希望我能把量做大，建议我把电报线直接拉到营业处。他们不喜欢胆小的顾客，在他们看来，我做得越多，就会赔得越多，这样我很快就会把钱输个精光，他们便可以在我身上尽快榨出更多的油水。这些人玩的是游戏的平均值，因为一般的客户在这里撑不了多久就会输光，爆仓的客户自然也就无法继续进行交易。这是一个相当完备的套路，那些被整得半死不活的冤大头，往往满腹怨恨，可能会暗中搞一些破坏，或者给他们制造一些小麻烦，那样很不利于公司业务的发展。所以他们最希望客户能够大量交易，这样就可以早一点被洗光。

当地有一家合法的经纪商分公司，属于纽约证券交易所的会员公司，他们与纽约的总部直接连线，我与他们建立了业务联系。我说过，这很像是在对赌行里的操作，只是速度稍微慢一点而已。

这个游戏我能够打赢，事实上也确实打赢了。虽然那时的操作还没有完美到百战百胜，但总体来说，我赢了。连续好几个星期我都能赚到钱，我又可以过那种优越的生活了。不过为了能尽快积累资金回到华尔街去，我总是会把赚来的钱存下一部分，以增加回华尔街的本金。之后我又拉了两条线，通往当地的另两家地下经纪商，这样一来，我可以进行交易的地下经纪商就达到了五家。当然，他们都是我理想的经纪商！

不过，我的研判有时候也会出现偏差，也就是说，股票的运行方向并没有符合之前的预期，而是走向了相反的方向。不过还好，这并不能对我的大局造成直接威胁。我只是用了少量的保证金，即使做错了，也不会造成致命的伤害。我和经纪商们的关系处得还不错，当时他们记录的账目和我记录的常常有些出入，而且这些出入基本上是对我不利的。然而，一般我都会努力争取自己的利益，到最后，他们通常都是按我的方式进行计算。我心里清楚，他们其实是在想尽一切办法把我从他们那里赚到的钱再拿回去。尽管他们当时把我赚到的钱，只是看作给我的短期贷款，可惜令他们想不到的是，他们能拿回去的可能性太小了。

在地下经纪商这一行，他们靠设圈套欺骗客户赚钱。如果只是从庄家赚的钱里面按比例抽成，是满足不了他们的胃口的，所以他们做事从来不考虑商业道德，这让那些一心急于发财的冤大头们一直赔钱，因为他们从来也没搞懂什么是真正的投机。你可能会这样认为，既然他们做着非法的生意，为了避免投诉，他们可能会规规矩矩地做事，但事实上并没有你想象的那么美好。有一句古老的谚语："经营好你的客户才能致富。"这虽然历经了千年的验证，但对于他们来说无异于对牛弹琴，他们根本不去理会这些，只是对客户一门心思地欺骗和榨取。

远航精解 投机赚钱没有常胜将军，有赚有赔很正常，但赢家是小赔大赚，而输家则是小赚大赔。如何保障自己的交易系统能够大赚是每个交易者需要深思的问题，不管你的系统如何优化，倒是有一个可遵行的基本通则——**对盈利的单子要耐心持有，而对亏损的单子则要迅速截断。**

不要奢望别人会发善心，重要的是武装自己的头脑，增强识别市场圈套、各种诱骗术的能力，不走邪门歪道，这是其一。其二，深入研究市场。毕竟投机市场也是主力在操纵，只不过主力所刻画的图形K线走势更加精雕细琢，针对的公众群体是有一定分析能力或技术的公众。但这些公众被情绪所左右，停留在表层分析里。**而专业交易员，是要透过这些表层分析，抓取一些交易细节，深入分析主力操盘逻辑，读懂主力背后的故事。在不被主力诱骗的同时，能做到及时跟随，与主力分一杯羹。**

此时，利弗莫尔在打听所有地下经纪商的情况，熟知他们的运作方式。**为他后续能够从中盈利，在循序渐进地布局。**同时也体现了他迫切需要本金，为了更快地筹集到东山再起的本金，他几乎主动出击。但很多普通投资者在一次重大失败后很可能选择自暴自弃。他们只追求不输钱，只想挣稳当的钱，通常是拿得住亏损却拿不住利润。其实，赚大钱并非遥不可及，重点在于找到如何赚钱的核心技术，本书将对利弗莫尔的一些交易细节，伟大作手的成长道路做逐一阐述。

4.5 巧妙“操纵股价”攒下大笔资金

有那么几次，他们总想用老手法引诱我上当，但一不留神，我居然中了他们的圈套。一旦我的交易量高过往常时，他们就会暗中使坏动手脚。我骂他们作弊，或者说出更狠的话时，他们一律不认账，到最后，我不得不按照往常的交易量进行操作。和骗子们打交道也有个好处，只要你继续和他们交易，一切都好说。他们总能原谅你不顾情面地揭穿他们的伎俩，只要能赚到钱，对他们说什么都没有问题。为赚钱他们愿意让步，说起来这还真是一帮心胸宽阔的家伙！

不能让这些家伙们损害了我积累资金的速度，这是我对他们那些骗人的把戏所能忍受的底线，所以我决定要对他们做点什么来教训教训他们。我先要找到一只曾经热门的冷门股，虽然现在看起来是冷门股，但是它过去被热炒过。如果不选曾经的热门股，我怕引起他们怀疑，以为我在搞鬼。选好股票以后，我就在五家地下经纪商同时下达买进委托单，在他们等待新的报价从报价带上印出来的这段短暂的时间，我会委托证券交易所会员公司按照市价卖出 100 股同一只股票，关键是要求他们立即执行。你一定能够想象得到接下来会有什么事情发生，那笔卖单传到营业厅报价带时，交易厅的人一定会这样想——那只冷门股被一个外地的经纪商急于卖出，那么一定会有人跟着以更低廉的价格卖出这只股票。接下来，我拿五张买单便可以按照报价单上出现的那个低廉的价格成交。买进和卖出一相抵，我等于在低价位买进了 400 股那只股票。地下经纪商问我是否得到了什么内幕消息，我告诉他们说是有人给了我做多这只股票的小道消息。游戏还在继续，到快收盘的时候我又给了那家证券交易所会员公司下了一张 100 股的市价买单，并告诉他们一定要补回这 100 股的空头头寸，不管价格有多高。于是，他们打电话报告纽约交易所立即市价买进。别小瞧这 100 股的买单，它会导致股价顷刻间急剧上涨。当然，你能想象得到，此时我在地下经纪商那里就会以当时上涨了的价格平了那 500 股的卖单，将手里所有的股票一并卖出。整个操作过程非常顺畅，这让我倍感兴奋。

我用这一招修理了他们两次，但他们自始至终并未发现我的破绽，也就找不出什么补救的办法。当然，惩罚他们的度，我拿捏得恰到好处，不能过分，每一次用 100 股推动股价小幅波动一两个点。不过，这让我又多积攒了一些再回华尔街冒险的本金。偶尔我也会改变一下策略，先是做空一只股票，但数量绝不会超过限度。这样操作下来，每次都能有 600 美元或者 800 美元进账，这已经让我非常满意了！

远航精解 投资者进入市场的目的就是盈利，但**弄懂游戏规则是所有投资者进入市场前首先应该做的事**。这些规则是影响赚赔概率，是获利的门槛。此外，**投资者要在不同的规则中研究一套攻击与防守的技巧，善用环境保护自己**。输家在市场上跟自己的情绪在交易，赢家则是运用环境在市场获利。

针对不同的市场，应该开发出不同的策略。利弗莫尔很聪明，善于思考，能够抓住一些常人无法辨别的机会，并且恰到好处地实施，因而取得成功。而不是像普通人一样抱怨市场的残酷，过度依赖客观环境。

但之后有一次出了意外，股价竟然出现了 10 个点的波动，这远远超出了我的预期。虽然这并非我故意而为之，但事实上，这种波动与我的操作脱不了干系。虽然那天我在其中的四家交易的都是 100 股，但在另一家买卖的数量超出了平常的数量，由 100 股变成了 200 股。这个事发生以后，其结果好得让我有点受不了，但是更受不了的是那些经纪商们对我表现出的极其不满的情绪，他们通过电讯说了一些非常难听的话。因此我找到那个当初让我开户的经理去理论，他曾不止一次地对我使坏、暗动手脚，每次被我抓住后都会做出让步。

但是这一次，他的表现却一反常态，讲出了很重的话。

他看起来气急败坏："有人暗仓操纵这只股票，我们一分钱也不会付给你！"

我说："我下单买进时没人操纵股价，你们允许我买进。但是现在我要卖出，你们必须接受才行。你们不能那么蛮不讲理，你说是吧？"

他说："是的，我当然可以！我可以证明有人在操纵这只股票。"

我问道："是谁在操纵？"

他气愤地说："肯定是某个人。"

我问："到底是谁？"

他说："你的朋友中一定有人在参与。"

我理直气壮地告诉他："你是知道的，我一向独来独往，这里很多人都知道这一点，而且从进入这个行当以来，我总是如此。现在我很客气地请你把我的钱给我，我不想找别扭，请你照我说的去做。”

他大声吼道：“这笔交易背后肯定有人在捣鬼，我不会付钱给你的。”

他的话激怒了我：“你必须马上把钱付我，现在，马上！”

他还在那里愤怒地讲了一通，甚至骂我是个骗子，但是最后他还是把钱付给了我。其他的经纪商们对我倒没有这般无礼，他们其中一家公司的经理对我操作那些冷门股的手法一直耿耿于怀，不停地研究着。后来，他学聪明了，只要我一下单，他帮我买进股票的同时，也给自己在证券交易所买了一些，他因此也赚了一些钱。这些地下经纪商的家伙们并不怕顾客以诈骗罪把他们告上法庭，因为在法律上他们早已做好了防范，早就拟了一份合法的说辞为自己辩解。我根本无法查封他们在银行的存款，他们非常谨慎，从不会让他们的资金发生任何危险。唯一能让他们害怕的，就是查封他们的设备，那可是他们用以骗钱的家伙什儿。指责精明和狡诈，对他们来说并不能产生负面的影响，但如果赖账不还的名声被传扬出去，对他们就是致命的打击，那是他们的死穴。顾客能坦然接受在经纪商那里操作赔钱，但如果赚了钱却拿不到手，那是投机客最后的底线。对经纪商来说，那是最大的危机，也是非常严重的罪行。

最后，我从那五家经纪商拿到了我所赚到的钱。但是这次价格暴涨 10 点的意外事件却提早结束了我可以从骗子那里赚钱的美好时光，从此以后，他们提高了防范意识，警惕着我的每一次操作是否又在玩什么鬼把戏。他们很害怕我能从他们那里学到一些骗人的伎俩，用于掏空那些可怜笨蛋客户的钱袋子。我又恢复到往常一样的正常操作，但我的系统并不总能适应市场，那种操作方法并不总是奏效。这就是说，他们对委托交易单的限量，让我的系统无法总能赚到钱，这样一来，我在这里无论如何都赚不到大钱了。

这样的操作在那里持续了一年多的时间。在此期间，为了能从这些经纪商手中赚到更多的钱，我想尽了各种各样的办法。那时我手头已经很宽裕，日子也过得优越，我并没有刻意限制自己平常的花销，还给自己买了一辆车。我必须尽可能多地攒钱积累本金，同时还不能过得太寒酸。要是交易操作对了，那就会赚到花不完的钱。就像我曾经说过的，我已经在家乡攒下了一笔相当大的资金，况且那时这五家地下经纪商对我过于防范，在这里我已经没有什么大钱可赚了，于是我决定重返纽约。

远航精解 利弗莫尔搜集完地下经纪商的所有情况后，完成了开户手续。在具体操作层面，他提到的一些**操盘过程是非常值得我们参考的。总体策略是运用游戏规则**，了解合法经营商与地下经纪商的成交价是如何认定的。合法经纪商成交价是市场上卖单的撮合成交价，而地下经纪商则是报价板上的成交价。因此，他只需先分散仓位在地下经纪商下大量买单，此时价格是静止不动的；随后他再以另一部分的资金在合法经纪商下足以撬动股票价格的买单，由于该冷门股票缺乏流动性，买单能轻而易举地将价格推高到极限。此时在地下经纪商处该股票的报价与起初认定的买入成交价相比，已有大幅盈利，随后平仓当日的所有仓位。最后平掉在合法经纪商的仓位，完成本轮操作，需要注意的是此下单前后顺序不可颠倒。

第一，盘前计划，选择一只曾经被炒作的热门股（如今变成冷门股）作为标的。该股票曾经被炒作过，不易被地下经纪商怀疑到他；而现在成为冷门股则成交量少，只需用少量的资金就能操控股价。

第二，开始时少量测试，这个验证环节是确认自己的想法能否得到市场的验证，试仓对于投资行为来说是重要的概念。对于利弗莫尔来说试仓也是保持低调，为了不引起对手的注意，除去对方的戒心。地下经纪商不会为少量的亏损而重视或感到焦虑。

第三，了解交易对手的心理，地下经销商为了业绩留住客户，容易失去一些警觉，即便他们有损失也看作是给利弗莫尔的临时贷款。所以利弗莫尔寻找了尽可能多的经纪商，然后，把仓位分散在几家经销商当中，就不会造成更大的突兀，不易察觉。另外，地下经纪商都重视自身的信用，虽然偷奸耍滑，但一定会兑付客户赚到的钱。毕竟，如果有一次违约传了出去，则以后就没人再到他们那做交易。

第四，获利时乘胜追击，从三家经纪商扩展成五家经纪商，此操作只有在挣钱的情况下才能加码。

第五，当亏损时不追缴保证金，这是止损的概念，当股票并没有依照过去的模式走，却反其道而行时，因为保证金少，所以没有受到巨大的伤害。

第六，他也在当地的一家合法经纪商处开户，并直接联系到纽约的总公司，他以较大资金在合法经营商操作冷门股，然后以5倍的量在地下经销商反向下单获利。

这就是利弗莫尔能够有效利用环境和规则，去实施自己的既定策略，最终盈利的经典战役之一，也是其能成功的主观原因。

作为客观原因，地下经纪商为何没有看穿他的把戏？第一，在当时那个地方没有人既有那么多资金，同时又懂那么多，老板想不到；第二，多数时候是集团在炒作，没听过独行侠，很难想到是单独一人所为；第三，选择曾经炒作过，现在已经冷门的投机股，可以误导为是原来炒作的那帮人又出来炒作同一只股票；第四，合法经纪商和地下经纪商肯定是死对头，不会互通信息，因此也无法察觉；第五，地下经纪商下的单是分散的，每家下的单只有总金额的1/5，金额较小老板只会注意，但仍在忍受范围之内。

当今市场也存在一些非法的低成交量套利案例，如有些自营部门的操盘手，通过操作远月的期货合约（此合约成交量极低），利用公司账户和外面自己账户一买一卖，把公司的资金套取至自己账户的非法行为，也要严加防范。

4.6 途经纽海文对赌行再捞一笔

我驾着自己刚买的新车，和另一位交易人朋友同去纽约。中途在纽海文（New Haven）停车吃饭时，碰到了交易圈里的一位老朋友。聊天中，他告诉我这城里有一家对赌行，生意很不错。离开饭店之后，我们本打算继续赶往纽约，但我还是忍不住地刻意去了那家对赌行所在的街道，想一探究竟。我们找到了这家店，本能地停下车进里面瞧瞧。这家店的内里并不是那么气派，一张报价板又黑又旧，有顾客正在里面交易。

有一个年轻的小伙子很帅气，外表就像一个演员或者演说家，给人印象深刻，他就是这里的经理。他向我们问好，说是能提供最好的服务，就像对待久违了十几年的朋友那样热情。我们两个人看起来都很年轻，而且还开着一部时髦的跑车，举止轻松随意。也许在他看来，我20岁也不到，这让他很自然地把我们当成了耶鲁大学的大学生。我们的来历他并不知道，因为他一直在滔滔不绝地讲话，并没有给我们任何讲话的机会。他说他很高兴我们能来到这里，问我们是不是愿意先找个舒适的位置坐下来聊聊。他还说我们来得很巧，那天上午的行情对于顾客是有利的。而事实上也是，市场正急不可耐地要给我们这些“大学生”发些零花钱，大家都知道，对聪明的大学生而言，零用钱总是不够花的。但此时此刻，天赐良机，只要用小小的投资，便可以让报价机帮你赚上几千美元。只有到股市来，才能赚到更多的零用钱！

既然对赌行的经理好心相邀，如果不能如他所愿进场交易，也太辜负人家的好心了！于是我告诉他，我们会按照他的建议去做，因为我听说很多人在股市都赚了大钱！

就这样，我进场交易了。开始的时候操作得非常保守，等赚了一点钱之后，我就慢慢地加码，我那位同路的朋友也跟着我一起操作。

在纽海文住了一夜，第二天上午 9 点 55 分，我们再次来到那家好客的对赌行。经理很乐见我们能够重返这里，他以为他们今天一定有机会把我们赚的钱赢回去。而事实上，卖掉股票以后，我大约净赚了 1500 美元。次日上午，我们再次去对赌行拜访了那位了不起的演说家，同时我把一张 500 股糖业公司的空单给了他。此时，他已变得不那么爽快，犹豫之下还是把单子收下了。没多久，这只股票突然跳水超过一点，我手疾眼快立即轧平回补，顷刻之间又赚了 500 美元，算上我的那 500 美元的保证金一共是 1000 美元。经理略显不情愿地取出 20 张 50 美元的钞票，慢慢腾腾地数了三遍，把钱递给我时又数了一遍。看他那个狼狈的样子，似乎手上冒出的汗要把钞票黏住了似的。不过，他最后还是把钱付给了我。他似乎有些想不明白，他咬着下唇，叉着双臂，盯着我身后的窗户发呆。

我想逗逗他，就对他说我想再买进 200 股美国钢铁公司的股票。看他依然在那里发呆，好像根本没有听到我的讲话，我又讲了一遍，同时这次加码到 300 股。他这才缓过神儿来，看着我咽了咽口水，似乎就要开口针对早已贪污腐败的政治丑闻发起猛烈的抨击！

“拿着那些东西赶紧走吧！”他指着我手上的黄色钞票，愤怒地说道。

我故作糊涂地问道：“你让我拿什么走？”

他也故作镇静地问道：“你们要去往哪里，大学生？”

我回答他：“纽约。”

“这就对了，”他的头点个不停，“没错儿，请你们马上从这离开，走得越远越好！我早就看出来了，你们两个家伙根本不是什么大学生，我晓得你们是谁，晓得！晓得！没错！”

我很客气地跟他说：“难道就这样走吗？”

他停顿了一下，突然暴跳如雷，怒骂起来：“你们两个家伙，一定是全美国最臭的鲨鱼！哼，还冒充学生，呸！完全是他妈的瞎扯淡！”

我们走了，身后留下他独自一人依然站在那里像个怨妇似的喃喃自语。或许他真的不太在意那些钱，因为所有职业赌徒在钱上都不会太在意，输赢皆由赌局，好运气总会再来的，风水轮流转嘛。但这次，他似乎真的伤了自尊，因为他看走了眼，被我们两个给愚弄了！

以上就是我第三次再返华尔街欲要大显身手的大致经过。当然，我一直在苦苦地探寻着我的系统之中到底是哪里出了问题，才导致我在富尔顿公司铩羽而归。

20 岁那年，我赔光了人生赚来的第一个 1 万美元，那时失败的原因我是知道的，我知道是怎么赔掉了这些钱的，因为我没把握好操作的时机，违背了自己的交易系统，和运气赌起气来。我渴望赚钱，但应该是靠着准确地把握时机才行。

22 岁那年，我操作的保证金一度超过了 5 万美元。但就在 5 月 9 日那天，我又输得干干净净。那次失败的原因，我心里门儿清。那是因为报价带上传来的价格数据远落后实际交易价格，加上股价的大波动来得太快、太猛。那天震荡的幅度之大，发生的速度之快，是前所未有的，现在想来都觉得心有余悸。但我至今都没有搞明白，我从圣路易凯旋归来之后，为什么遇上 5 月 9 日的大恐慌，就一下子给赔光了。我似乎有了些想法，我自认为已经发现了错误的根源以及相应的补救办法，但我必须通过实际交易来验证我的想法是否合乎市场逻辑。

没有什么比输光了一切更能教会你什么才是不该做的，一旦你明了不该做什么才不会亏钱，就已经表明你已经开始学会了该做什么才能赚钱了。我的意思你懂了吗？如果你能明白我所说的话，就表明你已经开始懂得如何学习了。

远航精解 利弗莫尔此时的两次爆仓经历，是交易员成长路上必不可少的部分。好在**他能清楚地觉察自己的弱点，并不断改进，从失败中吸取教训**。我们来看一下他的总结，有如下几点：

第一次："没把握好操作的时机，违背了自己的系统，和运气赌起气来。"**这个说明入场点的重要性**。由于他从事的是杠杆交易，允许他回撤的量会非常少。也就是他买入之后必须得赚钱，否则本金就亏损特别快，因此对交易时机的要求就非常高。另外，和运气赌起气来，说明他在初始亏损时，没进行止损，从而导致一错再错。**高杠杆和不止损是交易中的大忌**。就像在驾驶高速行驶的赛车，但却不戴头盔、不穿防护服，也不系安全带，而且看到前面有路障，不但不减速，反而要加速冲过去，那么，车毁人亡就成为必然。

第二次："那是因为报价带上传来的价格数据远落后实际交易价格，加上股价的大波动来得太快、太猛。那天震荡的幅度之大，发生的速度之快，是前所未有的，现在想来都觉得心有余悸。"**数据滞后对于投机交易来讲是致命的，尤其是遇到极端事件之时**。当今世界，各大机构花巨资建立光缆直连交易所，就是为了能提高几毫秒的下单速度。虽然表面上看，耗费巨资才带来几毫秒的提升，但实际能减少延时带来的大量损失，可保证第一时间接到讯息，比别的机构做出更快速反应。

交易过程充满了许多不可控的因素，虽然这些状况并非出于自己，但却需要学着去处理它，没有知识与脑力的累积，就无法去有效面对。由于当时的技术原因，造成数据传输延迟，加倍了短线交易的风险，尤其再加上高杠杆，无疑放大了爆仓的可能性，一个极限波动，就可让本金损失殆尽。**有了这两次爆仓的经历，利弗莫尔从中学会了很多**，经过反思，也决心寻找更好的操盘方式。毕竟还年轻，交易自信仍在，这是他能取得后续辉煌成就的基石。

利弗莫尔在书中提到现金对于操盘手的重要性。没有现金的投资客，好比一个没有存货的商家。现金是你的货品，没有了现金就出局了。和在赌场里赢钱时一样，不时将赚来的钱从赌桌上拿去换成现金。在股票上大赢一场时，一定记得取一部分出来当作备用金和安全垫。现金是枪膛里的一颗秘密子弹，一定要留一部分现金备用，利弗莫尔提到在他的财务生涯中唯一最大的悔恨，就是没有完全遵循这条守则。

一个人的格局有多大取决于思考能力，审视自己被市场摧毁的程度，然后再爬起来的能力，是否能从失败中悟得更多的成功方法。大多数人是拿到市场的一些小道消息去市场验证，利弗莫尔是在经历一系列失败之后，不断去更新自己的操作技巧，并拿到市场上去验证。他所说的从另外一个角度看投机，可以发现看得更清楚，看到它的变化，不断地学习与探索，才能全方位地了解投资市场。

投机是一项事业，并不是那么简单的买和卖，唯有总是先把投资想得难一点，把风险考虑在先，居安思危，才能长久。利弗莫尔操盘行为的改变动力分为两种，主动改变与被动改变，他挣大钱的过程以波浪理论来看，原本操作等级小的微幅波动初期成功积累了许多利润，但后面接的一些回撤又回到原点，之后是第二波上涨行情，他又回到了原点，虽然经过两次被打垮，但凭借他顽强的意志力并没有被摧毁。通过后续积累，突破了前一波的高点。这第三波的主升浪出现后就非同小可了，他的投机生涯正如他所说突破了关键点。

短线操作的人经常有这样的盲点——只想赢，却不知道应该在何种恰当的时候盈利。大部分人都认为只要知道未来会涨或者会跌，看准看对了就会挣钱，其实这是错的。因为很多人经常是看对却没有做，看错时却统统做到了，甚至有时看对了还赔钱。例如，看着会涨，没想到股价是先下再上，结果是止损了之后才涨上去。**所以即便看对不一定会挣钱，要选择合适的时机扣动扳机才是重要的。**

大家都在拼命地找挣钱的技巧，当学会不做那些事就不会赔钱时，也就是先学不赔的技巧就会去除失去一切的风险，这时候要挣钱就变得更容易了。**在投资市场学挣钱的顺序是先学不赔的技巧，再学挣钱的技巧，进而学挣大钱的技巧。**有了正确的逻辑顺序学起来才能够得心应手，不枉费利弗莫尔在这里煞费苦心地谈失败经验。

第五章

战略调整，从小波动到大趋势

5.1 首次接触指标曲线和走势图

那些靠报价带数据来研判行情的投机者，也就是那些往往被人们称为“纸带虫”的人，由于他们过度执着或者偏执，思维结构缺乏弹性，导致他们研判或者交易出错，因而付出了高昂的代价。因为投机并不是数学运算，不管你最后采用的规则多么严格，但市场未必就按照你的规则运行。每一只股票在运行过程中都会表现出一定的行为特征，我在研读报价纸带时，也并不完全依照数学规则或者那些形态范例，关注股票的习性有助于判断其走向会不会按照已有的范例发展。当一只股票的行为不对路时，最好不要碰它，因为你无法知道它到底哪里不对劲了，也就无法研判它之后的走向。不能判断，也就不能预测;不能预测，便无法赚到钱。

远航精解 千人千面，每只个股由于其基本面，尤其主力资金在其中运作的程度，它的活跃度和实际走势表现是不一样的，**不能用同一把尺子去衡量，更不能以同一种策略去操作不同投资标的。**当单只标的价格呈现无规则运动，或者和此前观察的规律发生明显变化时，最好不碰这只股票，因为很可能发生亏损。这是入场前必须要做好的风控。

这里利弗莫尔指出，如果一只股票的行为不对劲，就千万不要碰它，那如何看出一只股票的行为不对劲呢？**股票就像人一样有其特点与个性**，有些活力十足，十分敏感，神经质型，飘忽不定；有些则是直截了当，绝不拖泥带水，内在有一定的逻辑。因此，从事股票交易者要想弄明白股票不对的行为有哪些，那就先弄懂哪些是对的行为表现。例如，股票出现明确走势时会自动且具有一贯性，遵循着一定的路线走下去。涨势初期会看到成交量逐步放大，一连几天股价稳步攀升。接下来会出现正常的回踩，回踩时应呈现量能幅缩小，这就是股票对的行为。若此时出现不正常的回踩走势就必须要提高警惕，因为股票已经出现你无法预测的情况，当无法预料股票下一步行为的发展时，操作就失去了信心，没有了信心的交易则无法贯彻执行。此时就可以考虑，降低仓位或平仓离场观望。

研究一只股票，一定要关注它的习性并研究它过去的一贯表现，这是显而易见的事情。刚到纽约时，在一家经纪商的营业处，一位法国佬就经常在那里大谈特谈他的走势图表。一开始我以为他是经纪公司派来的服务人员，因为他对所有的客户都很好，他很健谈，而且又具有很强的说服力。他说他只相信数学，因为数学不会撒谎，也没办法撒谎。人们可以拿根据数据绘出来的曲线，用于预测股市行情，也可以据此解析行情。比如为什么吉恩（Keene）能够轻松地操纵艾奇森（Atchison）并且巧妙地将股价拉抬上升；还有南太平洋铁路公司的股票为什么没能操作成功。那时还真有一些专业人士，在不同的时间用这个法国佬的方法去市场中验证，然后还是回头用老办法去操作交易，他们认为还是自己见机行事的风险比较小些。这个法国佬说连吉恩本人也承认，走势图表对研判行情确实很有用，但他同时也承认，走势图表对研判那种热门活跃股不是特别灵敏。

当时就有一家经纪商，在他们的营业处每天都会贴出价格波动的走势图。图上显示着几个月来每一只股票的走势。如果将个股的曲线和大盘的曲线进行对照，再添加进一些规则，同时再参照一下他们听到的小道消息，就可以大致判断出这只股票会不会上涨。他们将走势图视为研判的辅助工具，现在很多经纪公司都会贴出这种走势图。这些走势图是由统计专家绘出来的，种类繁多，有股票的，也有其他商品期货的。

可以这么说，走势图对那些看懂它的人确有帮助，更准确地说，这些走势图表对那些能够理解其内在含义并会运用它的人来说受益颇多。走势图表，只能帮助那些能够看懂它的人，但当时我还仅仅停留在研读报价带上。但那些喜欢图表走势的人，常常过分沉迷于它的涨跌，一旦波动超出历史极限，他们的信心就会遭到彻底的摧毁，最后的结果可能会赔个精光。曾经有这么一个有名的证券交易所会员公司的合伙人，他毕业于一所专门的技术学校，在那里接受过很严谨的数学训练。这个人能力超群，精心研究过股票、债券、谷物、棉花、货币等很多商品的市场行为及其价格表现，将它们绘制成图表。他会追踪一只股票过去几年以来的表现，研究股价与相关事件和季节变化的关系，不放过每一件与之相关的事件。他非常自信自己的研究，多年来一直利用走势图表操作他的股票，根据某种非常聪明的平均曲线指导他的判断。这套方法确实比一般人高明许多，听说他能经常获利。但世界大战的到来，推翻了过去所有的范例，战争改变了股票的市场表现，最后他和他的大批粉丝不得不停损出场，他们赔了几百万美元，从此一蹶不振。然而，只要市场具备牛市的行情条件，哪怕是世界大战，也无法改变它的运行方向。同样地，熊市的状况下市场处于下跌大势，那时也没有什么力量能够扭转乾坤，改变它的运行方向。

所以顺势操作才能赚到大钱。所谓的顺势，就是在上涨行情中做多，在下跌行情中做空。

我并不是故意岔开话题而谈论图表这件事，而是华尔街前几年的经历，让我不得不告诉你这些。现在我终于明白，当时到底错在了哪里，我错在自己不懂大势的无知，这也是一般投机客之所以不断赔钱所共有的错误。

远航精解 当时还没有电脑，价格的波动要靠人工去绘制成图表。图表是对过去走势的概括总结，为市场的第一层语言，只能起到辅助分析的作用，不能指导后续的操作。因为市场中还包含图表中无法表达的丰富内容，包括人们的贪婪和恐慌情绪等，是需要人为感知的。而且图表上均线的延伸，通常是滞后的。依据它来操作，就像文中所表达的一样，遇到了极端事件，需要人们迅速做出反应，第一时间掉转船头。而等到均线等指标发出信号，则为时已晚，价格早就朝着相反的方向运行了，那会给你造成实际的巨额亏损。

走势图分析者的盲点有三种类型，第一类，过度沉迷于其中造成缺乏弹性。世界上不存在走势完全一样的走势图，那么人们也无法确切地看到出现了某种图形就必将导致同一种结果。我们需保持容忍度，看待一切因果的变化，需记住下一根K线也有不属于算数或重复形态的东西会出现。第二类，需要为配合当时事件、人性一起解读走势图，陷入表层的就线论线的旋涡之中。用走势图来代替数字可能很好用，但也可能因此陷入危险。走势图有用之处是它比数字更清晰地表现出某些事实，但其危险之处在于当时的事件非常复杂，而走势图并未能将当时市场上存在的思考上或行为上的复杂因素都清楚地展现在图上。它只能让你看到利多利空尘埃落定后的走势图，并无法看清股价背后事情的真相。第三类，不知根据市场的变化而动态调整，从而付出高昂代价，投资应该是根据当下形势的变化，对未来的应对策略做动态调整，而走势图研究的却是根据过去的数字排列来做静态分析。因此**我们不能盲目地依赖走势图，而只是将它作为一个有效观察市场的工具。**

历史会重演，但不是简单的重复，想要通过此前历史的图形去计算将要发生的事，无异于自掘坟墓。历经百年后，我们现在的技术分析与走势图应该比1906年代更为精准，甚至一些程序化交易都经常能取得持续稳定盈利的效果，但这并不能一直持续下去或普适于任何市场任何品种。技术分析显然不是精准的科学，技术分析需要根据许多因子进行评估与判断，而这些因子往往互相冲突。不管将哪些指标运用在不同走势图中，都会有一些实际走势经常发生统计原理无效的黑天鹅案例出现。**观察投资人的情绪如何转化成买卖冲动，造成市场的波动，这才是解读行情技巧的精华所在。看懂表层走势图下的操盘逻辑，才是能够找准市场脉搏、应对市场的不二法则。**我们观察很多优秀的操盘手，他们能够买在低价而卖在高价，他们虽然也观察走势图，但是他们的思考判断绝不仅仅是因为走势图而做出买卖决策。

在投机的金钱世界中很多人不惜一切找寻规律。而华尔街里到处流传着各种因果关系，引导我们去找出真理。以基本面找寻投资标的的人来说，研究财务报表与股价之间的因果是他们的工作。而以技术图表分析的人来说，是依据历史的线图推出未来。但不同领域的市场参与者进入投资市场的目的都一样，想知道下一根K线会往哪里走，以便从中获利。然而自古至今，没有人能靠单一技巧稳定致富。失败的原因在于**任何一种分析技巧都有其盲点与缺陷，若无针对盲点与缺陷找到补足的方法，那被市场淘汰则是迟早要发生的事情。**

市场上有很多所谓的专家，后面带了一帮人，一旦这种神准装专家操作失败后，跟在其后面的这一票人也就跟着完蛋了。可以看懂其中的人性，**追随别人却不做有效的学习，这种不扎实的短暂盈利，一旦把时间拉长，注定危机四伏。**输家认为跟在别人后面才安全，赢家则知道真理总是掌握在少数人手里。市场上只能是少部分人赚钱。当看到后面跟了太多人时内心会感到恐慌。赢家把他人的意见当参考，同时会参考影响股市的利多利空因素，还有市场公众的情绪等因素综合考虑和做出恰当的决策。而输家是把别人的意见当唯一依靠，在当失败之后反而把别人的错误当成自己失败的借口。

市场的表现形式有很多种，但它告诉你所做一切的评判结果是最真实也是最直接的。但有时不会那么快说实话，所以我们研究市场当下到底哪个哪一面，不是涨的一面也不是跌的一面，而是**只有找到当下正确的一面，顺势而为去操作才能获利**。

5.2 享受生活，严于自律

第三次回到纽约，在证券交易所会员公司我非常积极地做着自己的投机交易，就是为了获得胜利。当然，我并不奢望能取得像在对赌行那样的优秀成绩，但我认为，实践出真知，我会做得更好，因为这次采用顺势加码操作的数量也比以前有大幅提高。当时我已知道了自己的问题所在，那就是将股票赌博和股票投机混为一谈。尽管如此，凭我对报价带数据七年的解读经验，加上对数字天生的敏感，还有对投机游戏的热爱，我的本金赚来的不只是财富的积累，还有非常高的获利率。像过去一样，我时赚时赔，但总体上是赚钱的。像大多数人一样，我赚得越多，也会花得越多。但是，就因为股市上的钱赚得轻松容易，所以这些钱来得快去得也快。天性使然，容易到手的钱，往往因为不会太珍惜而守不住。那些既会赚钱，又会存钱，就像罗·塞吉那样的人，等他们过世的时候都会非常富有。

除了星期天股市闭市以外，每天的上午 10 点到下午 3 点这段时间，我都会全身心地投入到股市的操作中，只有下午三点闭市以后，我才会去享受生活。投机股票是我的核心事业，我绝对不会因为享乐而干扰我的事业，也绝对不会因为花天酒地、精神萎靡而坏了我的正事。如果我赔钱了，那一定是因为我做错了，而不是为我的生活所拖累，因为喝酒玩乐、精神不济而影响进场操作的事情，在我身上从不会发生，我不会让身心疲惫的状态发生而影响到我的操作。直到现在，我依然保持着 10 点之前就寝的习惯。打年轻时候起我就没熬过夜，因为睡眠不足会让精力无法集中，进而影响操作。我总是因为操作的业绩很好，才去好好地享受生活，不会因为只顾享受生活而伤害到自己的操作。市场总是能够满足我享乐的生活所需，我对自己的赚钱能力充满了信心，这种信心来自于我对专业的执着和冷静的处事态度。

远航精解 **遵守纪律与自我觉察对于操盘手来说是非常重要的。**要想取得最佳优势成为成功的操盘手，会善用清晨屋里比较安静的这段时间，没人或事让你分心。经过一夜的好睡眠是重新充电的好时光。多数人早上固定时间起床，准备好后上班去，下班后想看电影或表演，吃一顿好吃的晚餐再喝上两杯，他们觉得下班后社交娱乐是必要的。**优秀的操盘手和训练有素的职业运动选手一样，要维持巅峰的心理状态，就必须让生活中的身与心平衡调和。**没有任何一个战场比股市更加紧张刺激，如果有人认为股市的成功是轻而易举的，得到全不费功夫，那么他就大错特错。想要在股市中成功的人，得先确认自己睡得够足，保持良好的精神状态。而且要给自己足够的时间，在不受打扰的情况下，研究所有股市相关的各种因素。所有人都必须清楚地认识到，**从事操盘这个行业，与法律、医学及其他科研领域一样，必须深入研究和前期准备，以严谨的科研态度对待投机市场。**

交易源自于生活，好的交易习惯和好的生活规律息息相关。投机交易是人脑与人脑的碰撞。在操盘过程中，尤其是主观交易者，要时刻观察市场变化，时刻保持对机会的敏感与对风险的灵敏嗅觉，才能保障判断的正确性以及高效的执行力。一个交易者，需要时刻保持清醒的头脑、饱满的精神状态和积极的心态，才能以最佳的状态投入到市场博弈之中。而生活规律的紊乱、熬夜会导致第二天交易时无法集中注意力；而酗酒等坏的生活习惯会放松神经中枢的敏感度，降低人的判断力和应变能力，以致错失良机，或者因此失去对风险的警惕性而招致灾难的发生。所以良好的作息和生活态度是专业交易员和专业投资者成功的基石，只有尽可能地把交易之外的风险降到最低，才能保证你在交易场上取得更高的成功率和盈利率。

利弗莫尔利用交易中取得的利润享受生活，但并不沉溺于享乐，因为**他有自控能力，且能区分主次，什么事优先什么事劣后，并坚决执行，**这种能力是促使他后来成功的重要内在品质之一。

思考是一项艰难的工作，但在投资市场大多数人都想赚快钱，真正动脑筋愿意思考的人少之又少。就像我们读完一则经典，听完大师的故事，很多人只获得了一丝愉悦、惊讶、赞赏等一些感受。只有更深层次地去思考大师是如何从多次失败的低谷走出来的，才能获得更多交易人生的指引。

有些人可以通过降低生活水平和少一点贪婪而感觉致富。利弗莫尔投资的首要目的是谋求生活保障，他希望通过追逐梦想，取得投资上的成功，甚至能够战胜市场，过上慷慨大方的生活。他所选择的致富方法是采取认真思考和工作的方式，因此他比常人要付出更多，要把投机当作事业来经营。这是他自己内心深处最具核心的价值观。

技巧可以让你成为一个富人，但纯粹的理论是无法做到这一点的。纸上谈兵没有任何意义，理论必须要联系到实战。只有实战中取得成果才能证明理论的有效性。真正的挣钱技巧除了研判行情外，还包括情绪管理、资金管理，甚至遵守生活纪律。而且获得真正赚钱的技巧，并非是一朝一夕的，而是要经过刻苦修行。没有执着的信念、对投机事业的热情与足够的耐心，就不可能取得成就。尤其是要懂得给自己的头脑做投资，这是最大盈亏比的一笔投资，要懂得付出时间和精力。

在选择投资标的时，若只考虑高回报，却没有仔细衡量风险及其人生目标，想要成功概率不大。投资成功与否关键并不在于最后获得多少报酬，而是在于一开始的规划对目标的期望设定是否合理。基于利弗莫尔研判行情长达七年的经验，以及天生热爱这种投机游戏的热忱，**他投下的综合成本其实赚到的不只是财富，同时也包括积累的赚钱的技巧与能力。**

5.3 放宽视野跨度提前预判

在操作上，我试图不断地调整，改变自己的操作方法。当时我做出的第一个改变便是——加进时间因素。再也不能像以前在对赌行那样操作了，每一次都是等到行情确定以后才进场，从中赚一个到两个点的小波动的差异。要想在富尔顿营业厅赚到大钱，就必须把进场的时间提前很多才可以。也就是说，必须提前研究出股市即将会发生什么，从而预测判断它的走向。这些话听起来好像是过时的老生常谈，但这些对于我来说却非常重要。在这场拉锯战似的游戏中，我一点一点地学会了，对赌股票价格波动和研判股价涨跌之间的巨大差异，以及投机与赌博之间的根本区别。

在研判市场的走势时，我要求自己必须再超前一小时判断其趋势和走向才行，我想在那个时候，即使世界上最大的对赌行也万难学会做这种事情。也就是从那个时候起，我开始关注产业报告、公司盈余，以及财务和商业统计数字。当然，那时我同样在做大手笔的投机交易，我深深地挚爱和喜欢研究股市波动的行情。但凡能帮我更好地进行投机交易的东西，我都不会厌烦它们。在解决问题之前，我必须让自己明白问题本身到底是什么。也就是说，为了找到答案，就必须先认真分析并把问题弄清楚。如果我自认为已经找到了解决问题之道，那我首先就要想办法来证明自己是正确的。我知道，能证明我是否正确的最确定的办法，那就是拿自己的钞票到股票市场上去验证。

远航精解 **利弗莫尔提到他持续扩大学习范围，研究股价波动时间、产业报告、盈余、统计数据等。**这显然不是一直躺在自己的舒适区或想走捷径。从长期角度来看，投资者所研究的范围将决定你未来数年的交易是否能持续正确，财富是否能持续往上累积。如果学习范围仍是画地自限，那就持续抑制自己财务自由的机会。

而要做到马前炮，则需要很深厚的功底，**需要花费大量的时间和精力去研究市场的本质行为；**要做到马前炮，交易者的逻辑思维能力非常重要，先观察操作品种的个性和主力的行为，再根据之前的行为来判断主力后续的操作路径，是取得成功的关键。

一方面，很多专家学者、经济学家、分析师，大多数都是对以前发生的市场行为进行分析；大多数交易者都是眼睛看见涨了再去追涨，看到大跌了，慌忙割肉。对于专业投资者而言，靠的是**机会来临时第一时间进场获取更高利润，**而不是后知后觉进场，去拼抢最后一段，把自己置于抢到最后一个帽子的风险。而另一方面，**当风险来临时，第一时间出场才能控制好回撤，**尽可能减少本金和盈利的损失。两方面都能做好，才会最终成为市场的赢家。

资金的赚与赔是利弗莫尔的成绩单，但他思考的内容是他获利的源泉，体会交易的时机是他制胜的关键。时间是优良企业的朋友，是平庸企业的敌人。这个原则看似简单，但利弗莫尔却经历千辛万苦才领悟到时间对于交易的重要性。以当今期权交易为例来理解时间的价值，就会发现，当**弄懂时间对报酬的影响程度，将大大提升操作绩效**。对于期权买方而言，时间价值的流逝，促使只能在更加确定的时间点入场（方向正确，波动率大的时机）才能取得正回报，否则不但损失合约的时间价值，而且还可能因为做反方向而遭受重大损失。

解决问题之前首先要确定已经正确弄懂了问题，才能找到正确的解决方法。即仔细分析所有与之相关的事物，并且做全方位的思考，拟定方法解决才不容易错。在投资市场中失败后，我们要找到亏损的源头其实是操作方面的认知不足，但却一直以为只要想办法练习，如何才能做到卖对了？买对了捂住股票不动，买错了要快速止损，且不受情绪影响。以为问题的核心是自己没有做好情绪管理，拼命地想办法控制情绪，强迫自己做到捂股不动，以为暂时不看盘或者手捆起来就能杜绝手痒卖股的短视行为。这是不正确的做法，而是要从源头做起，投资者对盈利的操作策略要有足够的信心。如果投资者没有看清楚问题的核心，朝错误的方向努力，则事倍功半。

5.4 有筹码才能继续玩

虽然这样的进步看起来略显缓慢，但是如果从总体的结果来审视，我还是赚钱的。所以，在我自己看来，这样的学习速度也算是较为满意的了。当然了，我可能会因此发现更多的错误。是的，一定还有很多错误，只是自己还没有发现。说实在的，那时我也赔了不少钱。如果赔钱太多，就会产生另一个方面的问题，那样就会因缺少资金而无法证实自己的操作方法到底改善了没有，改善了多少。如果没有足够的资金，那就无法在实践中检验自己的操作错误出在了哪里。也就是说，一旦本钱赔光了，无法再去现实市场检验自己改善和提高的空间，这是我不能接受的。因为这样一来，赔钱就变得毫无价值了！

远航精解 利弗莫尔提到赔钱能让他进步得更快，那么再多赔一些是否能学得更多更快呢？当然不是这样，不能赔钱让自己没有资金可用，缺乏资金就无法下有意义的赌注。

这里我们探讨一下利弗莫尔的止损机制。刚开始他是因为过度交易而赔光，后来却是因为没有有效的资金管理，没做到在成功一笔交易后把获利的半数提出来放到保险柜里。止损机制就是出场机制，是风险管理的一部分，重点在于落实资金管理与情绪管理。**他的出场机制主要分为两种：股价状况不对劲的主动出场，以及损失金额本金的10%的被动出场。**

主动出场的处理方式：第一，在买进股票前设好一个止损位，当股价走势与预期不符时要立即出场；第二，交易者无法预测一些意外的事件发生，必须做出迅速的反应，突发利好则是一笔意外之财那就好好把握，利好消息兑现时可以出场收获现有利润，假如是利空消息，那就不能犹豫必须立刻止损，这是灾难性止损；第三，留心观察市场中的龙头股走势，在多头市场中，率先上涨的板块和股票是市场的风向标，一旦这些股票走势变弱，并且无法再创新高，这通常就是股市即将见顶的信号；第四，卖掉手上表现不佳的股票，继续持有强势股，只要大盘走势健康，就继续持股不动。

损失本金10%的被动止损方式：入场之初就设定不让自己承担任何一笔超出本金10%的损失，尤其是当我们第一批头寸买进时，当市场走势与我们的预判相左，必须立刻执行止损，阻止损失扩大。另外，绝不追缴保证金，也不能向下摊平成本。

利弗莫尔**以赔钱的方式得到了宝贵经验，学习到什么是正确的交易习惯。**不仅如此，他还全方位学习，包括研读产业报告，公司财报统计数字等关于自我修养的部分。此外，他经常思考，交易各种商品，观察市场中其他具有成就的人。还主动学习一些心理学的课程来丰富自己。

5.5 看对市场却两手空空

我将在富尔顿营业厅的操作经历复盘研究之后，发现一个问题——即使对基本行情和大势的研判是正确无误的，也就是说，即使百分之百地看对了市场，但并没有因此赚到了自己应该赚到的钱。我在思考，为什么没有赚到呢？

其实，从失败的操作中所学到的东西和从没能大获全胜的操作中所获得的东西是一样的，如何扩大盈利是我以后更高层次的重要课题和研究方向。

举例来说，空头市场反转之后，多头市场一开始时，我对后市的发展就充满了信心，而且我又以买进股票的实际操作来支持了自己预见的正确性。后来市场果然上行，正和我的预测。事情进行到现在，我做的一切都是正确的。但接下来的事情却充满了玄机。我做了些什么，又为什么那样做。如果那时听信了行业老手的话，克制住年少轻狂的冲动，而且像自认为聪明的那样小心谨慎地操作。也就是说，先落袋为安，然后等待股价回档时再买进来。如果我这么做了，或者说一定要强迫自己这么做，那么接下来发生的事情往往会让我目瞪口呆。落袋为安之后，我苦苦等待回档买入的那个价格再也没有出现。经常出现的情况是，眼睁睁地看着股价继续上涨十个点之多，而落袋为安的保守做法，只让我赚了其中的四个点而已。有人说了，落袋为安绝对不会让你变穷。这话似乎没错，但在上涨的市场里赚四个点是不会让你变穷的，但也永远无法让你致富。

本来能赚到 2 万美元的机会，却只赚了 2000 美元，这就是保守操作带来的回报，或者叫作惩罚。当我抱怨自己只赚了点零头的时候，我也发现了另一种事情——大多数人在市场上充当了冤大头，永远也赚不到什么钱。

远航精解 保守的操作逻辑能防止投资者面临重大亏损，但却也使投资者丧失市场上为数不多快速积累利润的机会。因此，从技术层面上看，保守策略是一把“双刃剑”。同样的操作逻辑有时候能够帮你，有时候却阻碍你。因为要根据股市整体状况的不同以及个股所处的不同位置而综合判断。不能运用固定的方法去操作，要懂得适应环境的变化而调整。此处提到保守的操作逻辑破坏了利弗莫尔快速赚钱的机会，虽然结果是挣钱的，但却是失败的操作技巧。主要的原因是：错误判断股票所处的阶段，初升阶段可以采取保守的低买高卖的循环操作，但转主升阶段就应该持股不动。因此，固定的法则没有错，错在应用的人没有分清楚阶段。

有些单子我们虽然挣钱了，但其实存在着一些误区，卖掉之后发现它大涨，原本可以挣10元，现在却只挣了1元，另外不买主流股反而去买弱势股，同一笔资金买主流股可挣10元，而现在却只占了1元的弱势股，套牢了，硬是不止损，一定要熬到挣钱才肯出场，若能当机立断，止损后将资金转到强势股所亏损的金额，恐怕早就挣回来了。**小盈利落袋为安，亏损却死扛，这种赚小钱亏大钱的操作，是大多数输家的做法。**也就是当入场后有微利时，会有落袋为安的冲动；而当入场后亏钱时，又变得不知所措，任凭亏损扩大，然后找各种理由安慰自己或祈求市场能让他回本，这就是人的天然本性。

我们要从心理层面反思一个问题，我们经常在看对行情时却为什么做错或者是少挣很多，进而影响到之后的操作心情。**操作时要保持平常心，要能随时随地从困境中脱离，尽快以稳定的情绪去客观观察市场，以便更好的机会来临时能抓住。**不要一直停留驻足于过去失败的交易上，遗憾并不会使人进步，反而会让人停滞不前。如果卖出后发现股票状态还很强势，就还是能买进的标的。此问题的核心重点在于我们检视自身的交易时，绝不能将问题简单归集于盈利和亏损，要针对问题的核心仔细思考：我们当初卖出的理由是什么？可能存在于技术分析技巧还有待提升，股价在持续地不断创新高就不能卖，提前卖的原因是来自于没有分清趋势等级的大小，卖错之后却没有再追价买回来，那么问题则在于顺势操作的技巧尚未熟练。另外，**人性投资的心理还有待提升，若没有足够丰富的知识和实战经验当作后盾，那就没有足够的信心去操盘，这也是很多新手做出决策之后还要去听其他老手的建议才能安心的原因。**

5.6 冤大头也是分级的

根据市场经验的多寡，冤大头可以分成几种不同的级别。新手就是一级冤大头，他们什么都不懂，这一点他们自己知道，而且大家都知道。最糟糕的就数次一级的冤大头，也就是二级冤大头。

二级冤大头们总是以为自己已经懂得了很多，而且想办法让身边的人也这么感觉。这就是说，二级冤大头其实就是有经验的冤大头。二级冤大头，本来懂得自己不能像新手那样毛手毛脚地赔钱。但是相较于百分之百的一级冤大头，那种一瓶子不满半瓶子咣当的二级冤大头才是经纪商们真正的衣食父母——经纪商们常年而持久的财富源泉。一般来说，在同样的涨跌周期中，一级冤大头大概能存活3至30个周，而二级冤大头在华尔街的存活时间可就长得多了，他们能存活长达三年半左右。这些半生不熟的二级冤大头，经常会信奉那些著名的操作格言和各种公认的操作规则，对前辈们告诫他们的那些不该做的事情都了然于胸，但是他们却落下了最关键的一条规则——“不要做冤大头！”

二级冤大头往往自认为已经懂得很多事情，他们最喜欢干的事情就是抄底，也就是他们喜欢在股票下跌的途中买进。

而他们抄底的依据是什么呢？他们惯用的办法就是看一只股票已经下跌了百分之多少多少了，这就是他们用以衡量是否可以进场捡便宜股票的依据。在大牛市场里，这些二级冤大头，完全不顾规则，也不理会过去的范例，只是根据自己捏造的标准和希望的价格买进股票。这些人中的大多数都能在大牛的涨势中赚到钱，直到市场反转为大熊格局，他们就会把之前所有的获利全部吐回去，这还没完，而且还要搭上自己的本金。即便是那些小心谨慎的冤大头也跟当初自以为聪明的我一样，都犯了同一种错误——往往根据别人的指点进行操作。我已经知道，必须调整过去在对赌行里的那种操作方法，而且自认为调整之后，特别是根据那些市场的老手们给予的建议调整之后，问题就能得以解决。

大部分投机客，在这里我叫他们顾客好了，这些顾客的心理都是相同的。你很难找到一个打心底里认为华尔街并没有欠他们钱的顾客，他们认为自己应该是可以从华尔街赚到钱的。富尔顿的顾客们和其他经纪商的顾客们并没有什么区别，这里活动着各种等级的冤大头。

远航精解 既然冤大头的错误是赢家的获利来源，那首先研究他们会有哪些错误，如此才能避免错误，走向冤大头的对立面而盈利。文中利弗莫尔把冤大头总体分为三级。第一级冤大头是白纸一张，什么也不懂，有的连规则都不知道，听别人怎么说就怎么做，到处去打听消息，这类人在目前市场里往往是最后一波接盘者。如人们常说的“中国大爷和大妈”，拥有一定量的资金，但投机知识极为匮乏，跟风操作，高位买进，套牢，然后一直持有。

而第二级冤大头占市场的绝大多数，有学生、学者、各行业的从业者，想要在市场上投机赚取额外收入，还有一些研究基本面的所谓的专业人士，这些人的共同点是在别的行业里小有成就，较为自信。会从基础的概念理念学起，大多数会在市场上买几本股票的书籍，或是参加几天的培训班。有的也会花大量时间精力去研究。但其中大多数研究停留在K线、各种模型、指标、对过往行情去回测等，停留在视觉的第一层级。而市场的本质是具有资金和信息资源绝对优势的主力刻画出来的，这些K线是市场的语言，但直白的语言告诉你的往往是主力想要诱骗你去做的，公众通过这种表层的信息很容易上钩。而真正专业的交易员，是要通过市场语言与之沟通，并运用逻辑思维能力去翻译解读主力更深一层的意思，他刻画这些的目的是什么，本应该的走势却没这么走，那我们就得转念想想，主力其实真正意图隐藏在这些第一层意思之后。

第三级冤大头是平时玩得很聪明，活得很长久，但是最终还是赔钱。而利弗莫尔认为自己扮演的是第三级冤大头。他在对赌行操作时不是冤大头。而他来到合法经纪商操作时却赔光了好几次。当然交易所内的一些操盘手属于第二级冤大头，经历一次大跌，则巨亏爆仓出场。有的是第三级，很多操盘手成绩优异，在众多光环加身之后开始自大，认为自己可以战胜市场，其实忽略了，谁是市场的主体。市场是在不断变化的，此前的成功不可能无限复制，当市场发生变化时，却选择视而不见，或不能及时调整的人，最后依然会遭遇滑铁卢，功亏一篑。此类就属于第三级。

这种更深层次的思维才是专业交易员所应具备的。这样才能不被主力勾勒的高位长阳诱骗进场，也才不会被主力在底部刻意制造的急速震仓中丢掉手中的筹码。

初学者由于刚入市场，在很多交易决策上不自信，所以往往听信别人的建议。

喜欢捡便宜是大多数公众常犯的错误之一，尤其是在前期上涨过程中没有买进，但当股票转势下跌时，却开始大仓位买入，越跌越买，直至满仓。本想着捡了个便宜，没承想，股票这些交易标的的价值在于买入后是否会升值，而不在于标的物的价格。有的股票价格几百元甚至上千元，但它上升趋势完好，依然会上涨；而一些垃圾股，虽然股票几元钱甚至几毛钱，但依然会下跌，最后跌至几分钱甚至退市。这就是投机市场的本质，重势不重价，炒股炒股，炒的是人气，关键要看有没有人争先恐后地拿真金白银去买入推高价格上涨，以及对未来走势的良好预期。

5.7 第一次领教“多头市场”

当时，富尔顿的顾客里面，有一个人引起了我的注意，这个老家伙确实与众不同。其最大的不同有两点：第一，他是个年长而且经验丰富的顾客。第二，他从来不主动给别人提供什么买卖建议，也从来不会夸耀自己赚了多少钱。他常常都在聚精会神地倾听别人的意见，从不热衷于什么所谓的内幕消息。也就是说，他从来不关心别人是否听到了什么内幕消息或小道消息。如果这种小道消息确实灵验，他就会对消息的提供者表示感谢，但是没人知道他是否按照小道消息进出股票。营业厅里的人都在传这个老家伙非常有实力，拥有丰厚的资金，交易量也大得惊人。但奇怪的是，他贡献给经纪商们的手续费却并不多，至少没人听说过他是这个营业厅里贡献手续费较多的人。

他叫帕特里奇（Partridga），因为他胸肌比较发达，又习惯把下巴紧近胸口处，还喜欢像个公鸡似的昂首挺胸地在不同的房间逛来逛去，因此大家送给他一个绰号——火鸡。是的，很贴切，很形象！大家在背后都这么叫他。

不少人都喜欢被内幕消息牵着鼻子走，他们根据消息买进和卖出，又总是把自己亏惨的责任怪在别人身上。当那些所谓的内部人士或者朋友给他们买卖某只股票的内部消息或小道消息时，他们经常会去请教帕特里奇先生，希望能在他们行动之前得到老先生的指点或者什么建议。但通常，无论这些内幕消息是让他们买进还是卖出某只股票，老帕的回答总是那句话。

顾客们听了他的回答后，还是疑惑不解地追问：“你认为我应该怎么做呢？”

这个“老火鸡”会抬起头来侧向一边像个慈父般地给你来一个微笑，说出那句令人非常难忘的话“所有的人都清楚，现在是多头市场！”

我经常听到他说：“大家都清楚，现在是多头市场。”他说出这句话的时候，就像拿了一个百万意外保险单给那些人做了一个保障似的。但是，我当时确实没有明白他真实的意思。

远航精解 不懂的人每天玩着高卖低买的游戏，每日挣小钱，懂的人挑对位置，买进之后就持股不动。最后天天忙进忙出挣小钱的人，其获利远不如做对大趋势持股不动的人。**前者操作的是整震荡趋势，后者操作的则是趋势盘。**

投资者如果无法在大多头的市场里看对时挣大钱，你就没有在看错时止损的本钱以及看到机会去尝试的本钱，**如何持股不动是多头市场中困难的课题，比执行止损还难。**市场上涨过程中，不会是一根直线上涨，股价是在震荡过程中逐步上扬。过程中有很多诱惑、恐吓，促使你做出卖出操作。

市场中的高手，一般都低调，有自己的行事风格，不对外表露自己的动机。当然也不被大多数人理解，这也是走得越高也就越孤独的原因了。因为可以交流的人越来越少，其他人或者是听不懂，或者是不能给你带来任何的提升，而形成了无效沟通。但是高手可以和市场交流，和它成为朋友，接受它的喜怒无常。有时它会非常顺你的心意，有时却给你一巴掌，过一会儿又给你奖励。我们要做的就是绝对臣服，有效沟通，及时跟随。

5.8 践行“多头市场”的操作法则

一天，营业厅里急匆匆地冲进来一个人，他叫阿莫·哈德（Elmer Harword）。他填写了一张委托单，交给交易员，然后迅速向老帕走来。那时老帕正在认真地听约翰·范林给他讲故事。约翰说，曾经有一次，他无意间听说吉恩给他的经纪人开了一张委托单，约翰跟着买进了100股，可惜只赚了3个点。就在约翰卖出之后，那只股票三天内涨了24个点。这个经历让约翰倍感惋惜，他至少已经对老帕讲过四遍了，老帕每次都好像第一次刚听到那样，安静地听约翰唠叨。每一次听完，“老火鸡”总是那么同情地笑笑。

没来得及跟约翰·范林说声打扰和抱歉，阿莫就挤到“老火鸡”的身旁，火急火燎地对“老火鸡”说：“帕特里奇先生，我刚刚把克莱美汽车（Climax

Motors）的股票给卖出去了。我的消息人告诉我，市场就要调整回档了，现在卖出去，就可以等到它调整回档以后再用低廉的价格买回来。你如果还在持有这只股票的话，就赶紧卖出去，等回档再买回来。”

阿莫看着“老火鸡”目光里充满着怀疑。因为就是这位阿莫让“老火鸡”买进的这只克莱美汽车公司的股票，所以他当然地认为“老火鸡”会听他的话跟他一起卖出克莱美汽车公司的股票。其实，每一个提供免费服务的业余小道消息专家总是认为那些听他消息的人，从身体和灵魂都会听他的，会按照他说的消息去做。这些善于给人提供消息的人，无论消息最后的结果是怎样的，在这些消息得到证实之前，他们都非常坚定地认为，这消息是真实可信的。

“老火鸡”一脸感激地说：“是的，哈德先生，我当然还在持有克莱美的股票。非常感谢你，还记得我持有这只股票。”

阿莫说：“那好，现在正是获利了结的时候，在它回档的时候你可以再买回来。”他像有点儿急不可耐地想为“老火鸡”填写交易单似的，但当他看到老帕一脸漠然并没有感激之色时，就说：“我刚才已经把克莱美汽车的股票全部给卖光了！”从他的言谈举止可以看得出，他保守也卖掉了一万股。

然而“老火鸡”的头摇得像个拨浪鼓似的：“不！我不会那么做！”

阿莫惊愕道：“什么？”

老帕像摊牌似的说：“我不能照你说的那么做！”

“这股票不是我给你消息才买进的吗？”

“是的，没错，哈德先生，我非常感谢你，但——”

“等等，请你听我说，这只股票买进十天内已经涨了 7 个点了，对吗？”

“是的，已经涨了不少了，非常感谢你小老弟，但是我不能把它卖掉！”

阿莫十分不解：“为什么？”他甚至怀疑自己的听觉。大多数提供消息的人会对那些接受消息的人都是要服务到底的。

阿莫靠近了“老火鸡”问道：“请问你为什么不卖？”

“老火鸡”回答道：“不为什么，因为现在是多头市场！”

“没错，”阿莫变得有些生气了：“我也知道现在是多头市场，但多头市场也有回调，你还是把股票卖掉，等它回档时再买回来。这样你的成本会变得更低，也会赚更多的钱！”

“老火鸡”变得越来越困扰：“老弟，如果我这个时候把股票全部给卖了，我的头寸就没了。但是如果我卖了，它没跌反涨，那我该怎么办？”

阿莫一脸无奈，摇摇头向我走过来：“你能相信这世上会有这种事情？”他动情地小声问我：“先生，你说，你能相信吗？”

此时，我不适合说出任何一个字。他接着对我说：“我给了他消息，让他买进克莱美汽车的股票。他买了 500 股，赚了 7 个点。这股票就要回档，我建议他先卖出去，回档以后再买回来，你知道他怎么说吗？他说如果他卖掉了股票，他可能会因此而失去机会，你能理解吗？”

“哈德先生，对不起，我并没有说过会失去机会。”“老火鸡”这时候插嘴说：“我是说我会失去我的头寸。等你长到我这个年龄，历经过多次的繁荣和恐慌以后你就会明白的。自断头寸，无论任何人都承受不起的，即使是约翰·洛克菲勒也承受不起。我也希望股价能够回档，就像你喜欢的那样，再以低廉的价格买回这只股票。但凭我多年的经验，为了高价卖出去，再等低价买回来，就在这一点上，我曾付出了惨痛的代价。我只是不想再多交一次学费罢了，但是不管怎么说，我都非常感谢你，我的兄弟，你让我赚了钱。”

老帕最后又补充了一句：“所有的人都知道现在是多头市场！”说完他像个公鸡似的挺胸抬头地走了。阿莫一脸错愕，我猜测他心里一定在嘀咕——“这‘老火鸡’，狗咬吕洞宾，不识好人心！”

其实，我当时并没有理解老帕的话里所蕴含的智慧。直到经历了很多次，即使看对了股市行情也没有赚到该赚的钱之后，才逐渐领会到了老帕那句话的深远寓义。随着我的研究越来越深入，就越来越感知到这位长者的智慧之深刻。显然，他年轻时候也吃了不少亏，这个大智慧一定是他历经多年交易的失败才换来的股市真经。痛苦甚至悲惨的经历，让他更深刻地了解了人性的弱点，才会做到如今的淡然，坚决拒绝来自各方难以抵挡的诱惑。因为一旦被诱惑所擒，就会为此付出十分惨痛的代价，就像我以前很多次经历过的那样。

远航精解 这位“老火鸡”其实道出了做大趋势的真相。做大趋势就是要坚定不移地持仓，尤其是盈利的头寸。做股票的大趋势和做短线交易不同，是要在日线级别以上或者周线甚至是月线级别的持仓。承受盘中的回调，只有当顶部区域派发时，真正的风险来临时，才止盈出场，完成一个大波段的收益。这就是老手的智慧，也给利弗莫尔上了重要的一课。

很多人想在大波段中挣取利润，却不清楚自己操作的波段到底有多大。**利弗莫尔则提出想要看清楚主趋势，就必须在基本面上下功夫。**换言之，大钱不是靠观察个股的波动就能挣到的，必须知道长期趋势才行。看懂基本面的脉动，结合技术面一起解读，运用不同的市场相互印证自己的判断。如此才能完整掌握主趋势，并且操作顺利，这需要对市场全方位的学习与理解。

以下整理利弗莫尔在实际操作过程中，执行买入、持仓、卖出的技巧。

在实际的买入过程操作过程中，要弄清楚自己的操作策略是要**买在主升阶段的起涨点呢，还是买在底部区域。**买在起涨点的策略是在主升阶段开始立刻买入，规避掉震荡筑底的时间与煎熬，但一般是在经历过吸筹阶段的末尾，而且需要底部逐步抬高，因此，起涨点的买入成本比底部区域高，这种适合代表中小资金的个人投资者；另一种是在低部区域买入，是在股票向下砸，经历恐慌阶段之后，抛盘再次衰竭时，头寸开始进入，并在后续震荡的过程中，逢低加仓。或者在起涨点时快速扩大获利的仓位。此策略适合机构为主的大资金操作。

买入之后进入上升趋势，就是考验操盘者持股能力与心态。**在趋势行情中震荡一下，若是正常的整理可以不用理会，但如果出现波段结束的行情则应该卖出。**未见高点之前要持股不动，等见到高点之后，要先找出反转关键点，若震荡一下未跌破反转关键点则继续持有，若跌破关键点则应止损出场。此时的操作心态是保留一部分利润空间，以供市场震荡使用，缩紧止损是操作趋势单非常好用的技巧。每一次回调都会迫使意志不坚定的人退出，能跟随大趋势的人却是少之又少。耐心体现在两方面：一方面是建立了盈利头寸时耐心持股不动；另一方面是当市场不对时出场后，能不被小反弹勾引入场，耐心等待熊市的结束，也就是真正机会出现时才入场。

另外，当我们买进后，如果一直持股不动，不知在合适的时机出场，那么这种本应该挣大钱的策略，可能因为错过把股票卖到高点，如同坐过山车般又回到原点。在多头市场挣钱的仓位何时应该出场呢？运用指标操盘者设置跌破5日线时就应该出场，利弗莫尔的方法是**你必须等到市场出现反转迹象，这时走势开始会朝着相反方向走。**所以你必须研究整体市场的状况，而不是研究内部消息或影响个别股票的因素。

5.9 做大趋势需管住自己的手

等对老帕的话有所理解之后，我感觉到在自我操作的学习过程中前进了一大步。后来我终于明白了老帕为什么不厌其烦地告诉其他周围的人“所有的人都知道，现在是多头市场”。它真正的寓意是：要赚大钱，不能靠个别股票的波动，只能靠在上升的大趋势。这对于我来说，就是不能光凭着报价带上的数据，而必须关注整个市场的趋势。

这里有个心得，我必须说明。在华尔街摸爬滚打了多年，有过赔赚几百万的经历之后，我想告诉你，我之所以能赚到大钱，并不在于我看准了股市的行情，关键是“捂股不动”让我赚到了大钱。明白吗？就是“捂股不动”。看对市场行情没有什么，很多人都能做得到。在多头市场里，你可以一开始就抓住行情做多，在空头市场里也可以一开始就能抓住行情做空。我认识的很多交易人，都能在多头或者空头市场开始时，就看得十分准确，几乎没有什么差池。他们开始买进和卖出时的价格都是能够赚到大钱的价位。但是和我开始时一样，他们最终都没有赚到什么大钱。能看对行情，又能做到“捂股不动”的人，真是万里挑一！多年的经历告诉我，“捂股不动”也是最难学的功夫。不过，只要股票交易人能够牢牢记住这一点，他一定能赚到大钱。懂得这一关键的交易之道后，其实赚几百万美元确实比那些不懂此道的人赚几百美元还要容易。也就是说，深谙此道的人要赚大钱比那些不谙此道的人赚些小钱还容易，这话千真万确！

难以做到“捂股不动”的原因大概是这样，一个人或许能明确地看清楚行情，但行情的发展是在曲折中前进的。这样，市场的发展，很多时候会与他的预期产生偏差，这就很容易使他丧失信心和耐心，从而对自己起先的判定产生怀疑，这就是很多华尔街人看起来非常精明（并不像冤大头），其投机技巧远超第三级冤大头，但最后还是在市场上赔钱的原因。打败他们的往往不是市场，而是他们自己。他们确实看对了行情，但是因为中间一些不合预期的发展，而让他们无法坚持做到“捂股不动”。就这样，他们被自己的不坚定给打败了。然而，“老火鸡”就是能够坚持自己的信念、把事做对的人。他不仅聪明、有见地，而且还能做到耐心守候、“捂股不动”。

远航精解 **坚定持仓是投机交易中最难的功夫之一。**买入后，在上涨过程中，有很多诱惑或者视觉上的风险，迫使你提前下车。这是人性的弱点又一次在投机市场中的体现。当看到盈利时会兴奋，一旦行情回调，哪怕再正常不过的回调，看着盈利的缩小，就会害怕再失去。脑袋里就产生了快速了结的冲动。归结原因：首先是周期太小，格局不够大；其次是盯着自己的账户，随着行情的走势一直在数着今天赚多少，下一秒账户变成了多少，患得患失。

很多人执着于短线操作，短线操作在震荡市中可以取得不错的效果。但震荡市不可能一直持续，突破了边界，基本面和技术面支撑，就会引发一轮趋势行情。此时如果无视大多头格局市场的走势，是不灵活的表现。**正确的做法是快速调整到大趋势多头思维，用更大的格局视野去观察盘面，利用大周期去持仓。**因此，做到稳定持仓，有很多基本功要练习。要去经历一次从头到尾的大行情，才能够真正走向成熟。

5.10 莫企图买在最低卖在最高

忽视大波行情，只求短线进出，是华尔街人失败的致命原因。很少有人总能做到抓住股价波动的转折点。在多头的大市场里买进股票后，必须坚持持有，直到多头市场发生转折、行将结束为止。想做到这一点，就必须着眼于研究整体市场的走向和趋势，而不是关注内幕消息或者是影响个股波动的因素。一旦大势接近尾声，就要毫不犹豫地卖掉手中所有的股票。是的，要全部卖出。接下来你能做的只有一件事情，那就是等待。直到市场反转，向它的相反方向走去。你必须用尽你的智力和知识，努力地做出判断，如果你没有能力做出这样的判断，那么我的这些建议就像是告诉你低进高出那样的无趣。每一个交易人都应该坚守这个原则——别总想企图买在最低点又要卖在最高点。投机客们常犯的错误就是，想抓芝麻的时候却丢了西瓜，可怜的是芝麻也没抓着。他们总想力求在起涨的最初甚至刚起涨 1/8 点处就买进，而结果往往是，为抓到这 1/8 点，最后却付出数百万美元的代价，这个代价足可以修一条横跨美国的高速公路了。

研究了我在富尔顿公司的操作交易之后，我注意到，初期交易大部分是获利的，而且一开始就下了大单，这使我更有信心坚定自己的判断。后来在别人的信息和建议的影响之下，逐渐地失去了信心，以致造成错误的操作。一旦对自己的判断失去了坚定的信心，就不会在股票的投机中有太大的收获。

这次我学会了一套操作方式，可以称为三部曲了——第一步，研究整体市场状况，决定做多或者是做空；第二步，建立头寸；第三部，紧握头寸。要做的事情是耐心等待，不能因为急躁而坏了事情，股价下跌时保持冷静而不惊慌。要坚信起初的判断，短时的下跌只是暂时的。我曾做空过 10 万股的股票。在股票下跌的过程中，反弹是不可避免的，有时甚至会有大幅的反弹。当时我估算（而且常常估算得很正确），这样的价格反弹可能会让我减少百万美元的利润，然而我并不为之动容，依然按兵不动，眼睁睁看着账面上的利润被吞噬掉一半，即使这样，我也不曾想过要轧平空单。因为我知道，一旦那样做，我就会失去原来的头寸，也就与赚大钱的机会失之交臂。

坚守大波段的行情，“捂股不动”，才能让你赚大钱，才不会丢掉那些应该赚到的钱。

远航精解 **不要妄想买在最低点和卖在最高点**，就像有的人鱼头和鱼尾都要吃到，这是完美主义者，在市场中要付出惨痛的代价。因为，市场不会因你个人的意志而行事，它是主力、公众及所有市场参与者共同行动的体现，情绪高涨时上涨的幅度是超乎大众想象的，而恐慌时，往下跌的速度和幅度也是会突破以往的认知范围。这就是市场的残酷，但也是魅力所在。

想要把目标设在买在最低点，而卖在最高点是错误的操作，因为在上涨过程当中只有最后一个高点才是最高点，其中每一天的最高点都不是最高点。换言之，猜到最高点的概率极低，买卖股票应该把目标设在一定的区间内，保持弹性。卖盘枯竭时股价会告诉我们，它不再有低点，同样买盘衰竭时股价也会告诉我们，它不再有高点，**买的时候不用着急，分批建仓，因为市场在真正起涨之前，有足够的时间要去吸筹，让你有足够的时间执行买入动作。**

投资者在市场中经常做对会产生交易信心，有了信心就会开始下大注码。扩大仓位对于操盘手来说是必修课之一。大仓位操作所承受的压力绝非小仓位可比拟的，并且是取得盈利的关键点。刚进入市场交易时，建议用一手去做，等操作稳定了再扩大仓位，必须是在循序渐进的过程中，除了练习加仓以及平常心的功力外，还要练习过滤行情的能力，舍小博大行情的执行力。**平常心，自信心，这些都是需要投资者在市场中靠长时间不断去积累的内功。**

5.11 从错误中学习，在纠错中成长

一般来说，学习的过程是漫长的，而学习的速度也是缓慢的。因为进步是来自于错误中的教训，而发现自己所犯的错误就需要一个漫长的过程，接下来从发现错误到确定错误，这中间需要更长的时间。受到市场教训并得以学习的那段日子，我的状况还算可以。当时还年轻，舒适的生活让我感觉到那段日子还算充实。当时我的财路大部分还是从研判报价带上的股价数据得来。那时我的操作方式与当时的市场状况还算非常对路。有一点令人欣慰的是，那时的操作已不像当初来纽约时那般经常赔钱了，也不会因赔钱而造成心理不平衡。我在短短不到两年的时间内，曾经三次倾家荡产，搁谁身上也没有什么好自豪的。我是说当你赔光了一切，这正是找到有效学习途径的好起点。

那时我账户上财富增加的速度并不快。因为享受生活是我乐而为之的。实际上以当时的年龄和品位，有太多的东西都想拥有。那时我并不克制自己购买的欲望，我有了自己的车子，根本不需要过那种节衣缩食的日子，因为我坚信，我有能力从市场上赚到大钱。除星期日和节假日以外，周一到周六生活开销的资金就会源源不断地从股市赚来。每当我发现自己在股市赔钱的原因时，我就会在自己的操作法则中新加上一条“不许做某某事情”。激励我财富不断增加的最好的方法，就是不要过那种节俭的日子。当然，有趣的经验和不快的经验，我都曾经历过不少。如果都说出来，那就是没完没了的长篇大论了。在我过往的经历中能让我永生难忘的，是那些投资操作中最有价值的教训，是它们丰富了我的知识，教会了我股市投资的技巧，也提高了我的认知。

远航精解 **从自己的错误中学习，从错误经验吸取教训，是快速成长非常有效的路径。**市场上大多数人学习阶段都聚焦在别人的成功策略，到处在寻找金钥匙。其实这类所谓的金钥匙是在特定的环境和时间节点才能起作用的，换作你就不一定好用了，甚至会导致大幅亏损。要想在投机市场取得成功，并不是把哪位大师的成功经验都搬过来，糅合在一起就能拼凑出一套赚钱的系统，而是要根据自身资金、能力等具体情况，把自己的每一次失败都记录下来，在市场中不断积累，逐渐把自身错误的交易习惯改掉。当你在市场上犯的错误越来越少时，你就会发现你已经从大亏过渡到小亏，然后到不亏、到微利，最后到大赚。

利弗莫尔是如何检讨错误的交易，他的方法是每当发现赔钱的原因时，就会在自己操作法则中加一条新的不该犯的错误，另外，在利弗莫尔操盘术中描述：他带着装有所有交易记录的公文包进入银行金库，利用过年期间好好地在银行金库内检讨每一笔交易，并且和他所做的笔记逐一对照。他的所有交易都有做笔记记录他的买进或放空理由，还有出场的原因。他想利用这个周末找出这一年来在某些交易中赔钱的原因。他非常重视亏损的交易，是因为他深知只有把所有的错误都找出来，才能想到改善的方法；将所有的错误都找出来，才能少犯错误，更容易走向成功。

利弗莫尔非常重视财富的价值，而不仅仅是金钱，虽然他有时候是爆仓失去了金钱，但他感觉自己获得了积累财富时所需要的经验。钱虽然少了，但他却把这看成是未来会有更多的钱再赚回来。所以他亏光时，一些经纪商愿意将钱借给他，除了可以持续赚取他的手续费之外，他们更看重的是利弗莫尔拥有正确操盘的技术，他们不会以金钱来衡量他的实力，毕竟他暂时亏光的只是金钱，实力反而在每次失败后更加精进。

第六章

奇妙的直觉，总能让我创造神来之笔

6.1 直觉的闪现

1906 年春天，我就想换个环境休息一下，于是清仓了手上的股票，去大西洋城过了一个短暂的假期。顺便说一下，我回到了哈丁兄弟营业处，也就是我最初交易的那个经纪商。那时我的账户可以操作三四千股额度的股票，这个数量并不比我 20 岁在大都会经纪商那里交易的数量多出多少。你知道的，对赌行的保证金只要一点，而在纽约证券交易所买卖股票时所需要的保证金要比那多很多，他们之间还是有不小的差距的。

当初我在大都会做空 3500 股糖业公司的那个故事，或许你还有印象。其实，那次交易就来自突然之间发生的一种直觉。当时只感觉到那儿有点儿不对劲，于是就赶紧平仓结束交易躲过了一劫。说实在的，我经常有这种奇异的感觉，并且我也会根据那样的感觉去行事。但有的时候我也强迫自己要理性，有意淡化那种奇异的感觉，并且强迫自己不要根据那种突发的直觉来进行交易，同时还进行了反向的操作。最终的结果告诉我，那样做实在是愚不可及。每一次，如果我说服自己坚持初衷，不要按直觉冲动行事，其最后的结果总是让我后悔莫及。有那么几次，我并没有按照自己的直觉卖出股票，并且第二天看到市场没有下跌，反而还有些上涨。那时候我会庆幸地告诉自己，没有盲目地行动卖出股票，是多么正确的。但仅仅隔了一天，我的直觉被验证，市场跌得一塌糊涂。如果当初不是那么自作聪明地坚持理性，就一定能赚到钱。现在想来，那种直觉或许不是空穴来风，只是对当时市场些许的不对劲，或者对市场不能正常运行的一些细微信号的反应。这是一种心理状态，是之前积累的知识和经验对市场微弱信息的一种直觉反应，与人的生理状态无关。

远航精解 直觉是如何形成的？**直觉显然不是生性聪明的生理因素所形成的，而是知识积累的背景所形成直觉的心理因素造成的。**因此，思维活动背后的背景就是直觉，也是平日思考过程产生的下意识感觉。当我们预知某些事，但我们却不知道自己是如何知道的，因为这些都是在平日无意识的状态下被储存起来的潜意识的知识和经验。

利弗莫尔所称的直觉，其实是多年对市场观察、积累的一种盘感，对股市情绪变化、危险积聚产生的灵敏的嗅觉。**这种盘感并不依赖一些数据本身，正如市场的贪婪或者恐慌情绪一样，只有人的感知能够感知到，而这些高级计算机都无法精确量化。**正如开车时，老司机不会依据前方的车辆的距离，计算要踩多少毫米的油门，或者打多少角度的方向盘，而是根据视觉观察路况，凭借经验，条件反射式地打方向盘、踩油门或者刹车，控制车辆前行。

我们要学会合理使用直觉，不能完全地信任直觉，也不能去蔑视直觉的作用。首先我们来区分一下直觉与希望，不能混为一谈。大多数人进入市场都心存迫切希望能快速赚钱。希望市场能按自己预判的方向走，就能为自己解套或获利。这是希望不是直觉。直觉是否准确，需要根据市场的实际走势去验证。如果验证准确，则可以像导航系统一样提供操作上的参考。一旦你以它为操作策略时，一定要时时检视它的正确性，对它保持灵活度。股价后续的反映可以非常直观地告诉你直觉是否可信。其实，依靠在战场上的经验，不断地训练，最终所有积累变成了自身的本能反应，由有形变为无形，察觉到了机会本能地做出反应买入；而当嗅到了风险，下意识地去减仓或平仓。但这需要坚定的意志、饱满的信心以及客观的操盘心态做支撑。

6.2 凭直觉做空大赚——开仓

谈到直觉，我不得不告诉你，就是依靠它，我曾经赚了一大笔财富。

那是 1906 年的春天，我正和一个朋友同在大西洋城度假，那位朋友也是哈丁兄弟营业处的老客户。不知为什么，那个时候我对股票没有多大兴趣，就想找个地方好好休息一下。我一向如此，一旦我想去散心，就可以随时停止自己的交易。除非有一种情况除外，那就是当时市场非常活跃，而自己的头寸数量又比较大时，我不会轻易离场。记得那时市场正处于多头格局，国家的经济形势也一片大好，尽管股市上涨的势头略有些放缓，但人气依然高涨，而且各种指标都显示着市场还会有更高的表现。

一天早晨，我刚吃过早饭，并且也看完了所有的纽约早报，正感到有些无聊。那时海鸥正在表演叼起海蚌飞到 24 英尺之高，再把它扔到坚硬的沙地上饱食早餐。这种表演已经看过很多次，今天也没兴趣再看了。于是我和我的朋友就去做了我们白天最惯常做的事——去伯德沃克（Boardwaik）沙滩，随便逛逛。

我们慢慢地走着，享受着海边清新的气息，无聊地消磨着时光。那时还不到中午，我们就去了哈丁兄弟公司在伯德沃克的分店随便看看，其实那只是习惯而已，并不是有意去研究什么行情。

那时，股市依然是上涨的，并且交易活跃。我的朋友对未来的市场非常乐观，他手里持有一些低价买进的股票，他告诉我，明智的做法就是继续持股等待大涨。我没太听他讲话，也不想与他有什么争辩。那时我的眼睛看着报价板关注着股价的变化，大多数股票都在上涨。但当我看到联合太平洋铁路的股价的变化时，立即产生了一种强烈的直觉——应该做空这只股票。我不知道是什么原因让我产生了做空这只股票的强烈直觉，我反问自己怎么产生的这种直觉。因为在当时，从理性上我找不到任何做空太平洋铁路的理由。

看着报价板上的最新股价，我眼前一片模糊。尽管我当时说不出任何理由，但是满脑子都在一门心思地要做空太平洋铁路公司的股票。

当时我的神情看起来可能会有些怪异。我的朋友在旁边突然搗了我一下："你怎么了？"

"不知道。"我回答说。

"是想睡觉吗？"他问我。

"不，"我说，"我根本不想睡觉，只是想做空股票。"

旁边有一张桌子，上面有空白的委托单。我走过去填好了一张委托单，市价卖出 1000 股联合太平洋铁路公司的股票，然后我把委托单交给了营业经理。经理笑容满面地看我填写委托单，但当他看到我委托单的内容时，笑容立刻消失了。

“你要卖出 1000 股联合太平洋铁路的股票，对吗？”他问我。我看着他，眼睛里充满着坚定的目光，他立刻把委托单交给了操作员。

我的朋友在一旁惊愕了：“你在做什么？”

“我在做空股票。”我告诉他。

“什么？你要做空股票？”他提高嗓音问我。要知道他一直在看多市场，我怎么能够做空呢？他无法理解。

“做空 1000 股联合太平洋铁路。”我说。

他变得非常激动：“为什么？”

我摇摇头，意思是告诉他，我并没有什么充分的理由。而他肯定以为我得到了什么内幕消息。他拉着我的胳膊，一直走到大厅外，在那里没有人能听到我们的说话，也不会引起别人的注意。

“我不知道。”我对他说，“我只是感觉到要发生什么事情。”

“你说会是什么事情？”

“会是什么事情，我根本不知道，我无法跟你解释，我要做的就是做空股票，而且我还要做空 1000 股。”

回到营业大厅，我填出了第二张 1000 股的空单，因为如果我的第一单是对的，那么我接下来就应该继续加码。

“你说可能会发生什么事？”我的朋友不停地追问我，他在犹豫是不是跟着我一起做空。那时如果我告诉他我得到了那只股票就要下跌的消息，那他肯定就会立马做空那只股票，而绝对不会再问我为什么和谁说的这类的话。

他还在追问我：“到底要发生什么事？”

“什么事都可能会发生，但我无法跟你讲清楚到底会发生什么事。我不能给你任何正当的理由，也没法去预知未来。”我这样对他说。

“你疯了！你真的疯了！”他说，“居然没有任何理由！难道你真的不知道为什么要做空吗？”

是的，我只知道我要做空这只股票，但是我确实不知道为什么要做空。我说我能做的就是要做空。当时那种做空的感觉非常强烈，接着我又做空了 1000 股。

这下我的朋友真的受不了了，他抓住我的胳膊猛摇：“我们赶快离开这儿吧，够了！再不走，你就把那家公司的股票全给卖光了！”

我感觉自己做空的数量已经够多了，没等到拿到那 2000 股的成交回执单，我就跟着我朋友离开了。从决定到下单这么迅速，在以前，即使有很好的理由时也没有这么快过。当时整个市场还表现得强劲向上，而且没有任何迹象让任何人相信股市即将转空。在这样的形势下，我没有任何理由就做空股票，在众人的眼里，肯定认为我太过鲁莽。但是以前的多次经历告诉我，如果这一次我不能按照自己的直觉尽快做空，那么等待我的结果，一定又会让我追悔不已！

我曾经把这样的经历告诉过一些朋友。他们说这并不是什么直觉，而是一种下意识的思维灵感，也可以说是一种创造性的思维，很多大艺术家的创作灵感正是来自于这种思维的启发，而且和我一样，他们也不知道这种思维灵感是怎么来的。我想这可能是很多日常的细微小事日积月累产生的效应。单看每个小事都微不足道，但是，一旦它们聚集在一起，就能使意识产生强大的反应。我的这种直觉也可能与我的朋友有关，或许是他坚决看多的态度激发了我的逆反心理。为什么会选择联合太平洋铁路？大概是因为有太多的人太看好它，以至于它已经涨过了头。总之，我确实无法告诉你，那种直觉到底来自何方。反正当我走出哈丁兄弟大西洋城分店时，能够确定的结果就是，我在涨势中做空了 3000 股联合太平洋铁路，而且莫名其妙的是，当时我一点儿都不担心。

我想知道我那最后 2000 股成交的价格，午饭后我又去了那个营业厅。那时，大盘依旧很强势，联合太平洋铁路涨得更高了。但是对此，我一点都不担心。

“你完蛋了！”我的朋友说。看得出他庆幸自己没有做空。

第二天，整个股市还在上涨。那时我什么也听不到，耳边尽是我的朋友略显兴奋的唠叨。但我依然坚信自己没有做错联合太平洋铁路公司。一旦我坚信自己的做法是正确的，我总能耐下心来去等待。从那天下午开始，联合太平洋铁路的股票的股价开始发生异样，它不再上涨了，并且在收盘前开始下跌，没多久就跌到了我做空的那 3000 股的均价之下一点。此时，我比以前更加坚信自己在这件事情上做对了。既然对了，那就必须要再多做空一些，收盘之前我又加了 2000 股的空单。

就这样，只是凭着直觉，我已经做空了 5000 股联合太平洋铁路公司的股票。这个做空的数量已经达到了我在哈丁兄弟营业处所能做的极限了。

远航精解 **仓位较大时，需要保持对盘面的关注。**这里不是指时时刻刻盯着盘面，随着价格的上下波动，心里也在跟着紧张，而是观察最近的消息面，市场公众的情绪反应等。当资金变成了筹码，要对自己投入到市场的本金负责，对自己的仓位进行照看。此外，在战场上观察敌情，保持警觉，关键是把握出场的时机，时机晚了，对最终账户是否盈利的结果会产生巨大影响。

做大波段，要给市场一点震荡的空间，尤其是在顶部筑顶阶段，趋势尚未完全反转之前，切忌一步到位。而是采取试仓，头寸去测试市场，才能有效控制总风险，应对极端情况的发生。这三次共3000股只是利弗莫尔的头部布局而已，股价还未真正开始下跌之前，他还未下重注。

一些普通公众喜欢跟着大咖做单，看到大咖下单也依葫芦画瓢跟着下，但无法和大咖一样赚钱的原因在于只跟得上表面行为，大咖不会告诉你也来不及告诉你哪部分是试仓，哪部分是重仓；尤其是试错了早已平仓出局，而这些跟单者错过了最少损失点，有可能就在亏损的道路上无法回头。再加上思维与信心完全跟不上。因此，最终操作结果也会天壤之别。

当股价开始下跌，利弗莫尔采用了盈利加仓的策略。他的思维逻辑是：更加确定自己的看法是对的，因为市场给予了他正反馈，因此他才放心地加仓。并且，他回纽约，因为放空5000股已经是他在哈丁兄弟公司所能开仓的极限。因此，他放弃休假回纽约才能再加仓，此外，度假中无法集中精力照看这么大的仓位也是重要原因。

在此处利弗莫尔的经历映射出优秀操盘手所应具备的那些素质：第一，**他们可以随时停止交易**，不会整日沉迷于股市里频繁地进进出出，手中没有仓位时不会感觉到惶恐，而且愿意放弃一些小的波动，给自己留一点沉淀的时间，许多时候是应该完全退出市场；度长假时，大多数专业交易员都会清空手上股票，等长假回来后集中精力再战。第二，**休息期间虽然不参与操作**，但仍然会通过专业咨询了解市场近况，政策面消息面的市场反应，对市场有一个总体的把握。第三，他们能**从日常生活中观察和思考，不断领悟投资哲学。**

在投资市场，我们要了解主力是如何在高价区出掉手中筹码，他们是用什么方法来诱使散户进场去买股票呢？利弗莫尔提到他在某些情况之下会改变行程，重点是他认为调整和改变是应对市场所必须做的，但通常人性是依着惯性思维和行为习惯行事，不喜欢调整，不喜欢一些不确定的感觉。

6.3 凭直觉做空大赚——加仓

因为还在度假，我已经没办法照顾这么多的头寸，于是我放弃了休假当晚就回到了纽约。因为无法预料接下来会发生什么事情，所以我感觉到最好还是回到纽约。因为在那边，一旦有需要，我就可以立马出手。

回纽约的第二天，旧金山大地震的消息已传遍全国。那是一场极其严重的大灾难，但是多头还没来得及败退，股市开盘只是小跌而已。而投资大众的表现也同样不为所动。

有一种情形是股市里常见的，如果股市当时在一个很强势的多头市场运行，这时大多数情况下，都会对利空消息反应迟钝，也就是说，当利空消息传出来的时候，市场不会立刻表现出来相应的下跌效应。旧金山大地震后，华尔街的评估并没那么严重。因为当时他们还不愿意看到股市下跌。那天收盘前，股市还出人意料地上涨了一些。

我做空了5000股联合太平洋铁路之后，大灾难发生了，但股票并没有下跌。我有着超级的直觉，但至此财富却没有增加，账户上还没有出现一点利润。我的朋友，就是那位与我同去大西洋城度假的朋友，在我开始做空联合太平洋铁路的时候他为我担心，但是当利空消息出来之后他为我兴奋不已，但是市场上只见利空而不见下跌，这还是让他为我担心。

“兄弟，你的直觉确实非常准确。”他对我说，“但是市场处在极端的多头，人气和资金都偏向于多头一方，你反向操作不会占到上风。”

“要给股市一点反应时间。”此时我不想平仓，因为我非常清楚，灾难极其严重。我做空的联合太平洋铁路在灾难中受损惨重，但是看到华尔街如此漠视灾难，实在令人费解。

“你说给他们时间，但是那样你的皮会和熊皮一样，会在烈日下被晒干。”他是如此决然地这样对我说，意思是说市场会把我的皮给扒掉几层。

“那我应该怎么办？”我问他，“难道在南太北洋和其他铁路损失了几百万美元以后，我还要去做多联合太平洋铁路的股票吗？他们的资金都去用来支付损失了，拿什么兑现股息？就算灾难和损失没有报道描述得那么严重，难道就凭这一点我们就去做多那些受灾难沉重打击的股票吗？你说这个问题该怎么回答？”

“是的，你说的都很有道理。”我的朋友跟我说，“但是，你看看市场，整个市场并没有认同你的看法，报价纸带上的股票价格是不会说谎的，难道不是这样吗？”

“但是，”我说，“市场有时对利空真相反应迟钝。”

“这样吧，”于是我跟他说，“我给你讲个故事。这个故事发生在黑色星期五事件之前不久。有一个人找到吉姆·菲斯科（Jim Fisk），给他说了10个黄金价格应该会下跌的理由。他非常信服自己的这些理由，就去劝说菲斯科做空几百万美元的黄金。吉姆·菲斯科只是那么呆呆地看着他：‘去吧，兄弟，你去做空吧，但是你的葬礼请别忘了邀请我。’”

“如果，”我说，“我是说如果那家伙当初做空了黄金，谁知道他后来能赚多少钱？我劝你也做空一些联合太平洋铁路的股票吧。”

“谢谢你兄弟，我才不那么干，要赚钱就不能与趋势作对！”

第二天，市面上有了关于地震的更详尽的报道，市场开始下跌。但是当初下跌的幅度并没有预期的那么强烈。但是我坚信，没有什么能阻挡股价暴跌，于是我又加码做空了5000股。这个时候市场里的绝大部分人对灾难给股市带来的影响已经看得很清楚了，我的经纪人也变得很乐意接受我的空单了。

不能说我之前鲁莽，也不能说那时大部分人都错了。谁也不可能提前知道会有地震发生。又过了一天，市场开始暴跌，这样一来好运气开始光顾我了。当然，我不会放过这次好机会，又加码做空了10000股，这是我当时必须要做的事情。

远航精解 回纽约的第二天旧金山发生大地震，但股价并未下跌。利弗莫尔坚定持仓，体现了他具有异于常人的容忍度，强大的信心和坚强的意志。当然他此时并未选择再加仓，也体现了他操盘成熟老练的一面。因为，市场实际走势并未证明他完全正确。

我们来回顾一下利弗莫尔这次经典战役，他采用的是倒金字塔加码方式，总体整理如下：他分批进场6次，总共空20000股。前三次股价不动的情况下分三次下单，每次1000股；第四次股价略跌加空2000股；第五次股价开始向下则再加空5000股，加码的额度是1~4次的总额；第六次股价开始大幅下跌再加空10000股，加码的额度是1~5次的总额，下单比例是1：1：1：2：5：10，他的操作逻辑是随着股价逐步走低，越空越低越是安全，趋势越久越是稳定，故跌得越多空得也越多。

利弗莫尔用倒金字塔加码法大赚25万美元的操作过程，之所以能成功的关键点在哪里？存在的盲点有哪些？**倒金字塔加码法较适用于大波段操作，需要市场有恐慌配合。且要注意每次加仓点一定要与均价成本保持一定距离。**因此，首先要预判趋势的级别，操作小波段时无法用这种方法。因为加码的距离不够远，则容易发生一旦反转就全部套牢的情况。

6.4 凭直觉做空大赚——平仓

我也没有料到自己的直觉会是那样准确无误。感谢上天赐给我的机会，我一定要好好利用它，所以我又继续做空。也许你会问当时我做空那么多，万一股市反弹，哪怕是个小反弹，我的利润都将被吞掉，甚至连老本也会亏掉。我不记得当时有没有想过这个问题，但即使我想过也不会对我的决定造成什么影响。

因为我当时并不是出于鲁莽而执意直撞南墙，其实我当时还是非常谨慎的。大地震所造成的损失，是没有人能够挽回的，对吧？谁也不可能在一夜之间不花分文就能将倒塌的建筑物修复起来，是不是这样？即使全世界的资金在几天内全部涌向地震灾区，在极短的时间内这对灾后重建也没有太大的帮助。再多的资金，都无法在瞬间抹平灾难和损失，不是吗？

我坚定地做空联合太平洋铁路，并非在盲目地下注。我并没有被暂时的成功冲昏头脑，我从来没想过旧金山会在地图上消失，也不曾想过整个国家会变成一片废墟，我真的不想看到那么严重的灾难在我们国家发生。于是又过了一天，我将空单全部平仓，净赚了25万美元，这是我从14岁进这个行当以来做的规模最大的一次交易，也是获利最多的一次交易，而且仅仅用了几天时间就完成了交易，整个过程做得干脆利索。灾难发生之后的两天时间，华尔街居然毫无反应。或许有人说，在那个时段所发出的利空消息并不能让人们产生巨大恐慌，但是我的看法有些不同。我觉得改变大众对股市的看法需要有个反应时段，包括那些所谓专业的交易者，他们反应迟钝，而且缺乏远见。

无论从科学的角度，还是从简洁明了的角度，我都无法对自己做出合理的解释。我只能告诉你，我做了什么，最终得到了什么。说真的，比起那神奇的直觉，我更关心的是自己因此赚到的那 25 万美元这个事实。这意味着，一旦再有大的时机来临，我能动用的本金和交易的头寸已经能远超过从前了。

远航精解 利弗莫尔交易生涯至此最大的一笔交易中，**展现出来的出众特质如下：**

直觉准确：摆脱大众思维，有很多创造性思维。尤其是对盘面多年的观察，形成了自身敏锐的直觉，让利弗莫尔能够捕捉到公众看不到的风险与机遇，提前布局。成为少数派，才能在市场上赢得胜利，因为股市的法则就是要将财富从大众转移到少部分人手中。

坚定不移：市场实际反应和走势轨迹往往与自己的预测有些出入，但这是市场的不确定性之一，但大的方向不变，需要等待它朝着应该走的方向走。这就需要交易员具备坚定的信念耐心等待。关键是在起初有一些浮亏时，展现出过人的坚定，才能使自己赢得最后的胜利。市场波动的存在，很可能起初会造成一定的账面浮亏，但只要理由充分，坚定信念，放大容忍度，往往能取得最后的胜利，还有可能会有意外的收获。

盈利后敢于加仓：盈利加仓，事态从浮亏到浮盈，之后加仓，到大胜。大部分交易者从开始的浮亏中，备受煎熬，以致不断怀疑自己是否正确。一旦回本，或者微利，就迫不及待地想获利了结，所以永远很难赚到大钱。大赚都是顺着一波大行情的启动入场，然后懂得顺势加码，才能够将优势扩大；在加仓的那一刻，需要对趋势有正确判断，有足够的勇气才能够获得比别人更多的盈利。

见好就收：市场在狂热涨势中转势，在悄无声息中延续，等到公众幡然醒悟，市场已经狂泻几千里，然后公众开始割肉，此时市场经历恐慌过后，反而是专业交易者应该获利了结的时候。

6.5 觉察主力暗动提前布局

1906 年那年夏天，我去萨拉托加温泉度假。但那时我仍然时刻关注着市场。当时发生了一件事，起初我并没有太在意。但后来，其中有些有经验的人常常谈到此事，自然而然地，我们就聊了起来。其实，谈论交易只是纸上谈兵而已，这与直接做交易是完全不同的两回事。有些家伙们和你谈论市场的时候，总是那么放肆地狂语，这很容易让你联想起那些大胆的员工对自己的老板无理叫喊，那感觉就像一只小狗对你狂吠。

萨拉托加有哈丁兄弟公司的分店，很多客户都在那儿交易。但我认为他们在此设店的真实意图应该是在为自己做广告。想来，他们在度假村设立分店做广告，确实是棋高一筹。我常常顺路走进去，在人群中坐下来。这儿的经理人很好，他对人很热情，无论是朋友还是陌生人。他是从纽约营业处派来的，很敬业，一有机会就会为店里招揽生意，让那些他热情打招呼的人们在此交易。度假村会集了四面八方的人，使得这儿成了消息汇集之处，这里有各种各样的消息，股市的、赛马的、消息贩子的马路消息，应有尽有。他们都知道我从不对任何小道消息感兴趣，所以这里的经理也从不那么神秘地向我传递所谓从纽约或者是哪儿打探来的消息，他只是不经意地把那些电报在我眼前晃一晃，顺便说一声“这是他们刚从纽约发来的”，仅此而已。

虽然在度假，但我仍然在关注着市场走势。观看报价和研判市场是我每天必做的功课。那时，我注意到“我的幸运股”联合太平洋铁路，好像又要上涨了。那时它的股价已经很高了，但从其走势看，总觉得有人在收集筹码。观察了好几天，但我还没有动手。然而，越观察越感到有人在悄悄吃货，而且能感觉到这些人资金雄厚，非常善于操作。他们收集筹码的手法非常高明，绝非等闲之辈。

等这件事一确定，我就开始进场买进交易。当时我大约在 160 美元买进建仓了联合太平洋公司的股票，每笔都限额在 500 以下。我买进越多，其走势也越强劲。那时，我心里很踏实，因为我看不出任何失控的状况会发生。从报价纸带上的数据，看得出它还会大幅上涨。

远航精解 理论和实战确实隔着十万八千里，纸上谈兵时，知识脑海里预设了敌人的进攻轨迹，唯心主义的思想，真正在实战中，很容易折损本金，甚至是灭亡。市场上有很多所谓的专家，根据一些时事进行评论或预测，大多数都是马后炮形式，因为这些事情已经发生，市场对其已经做出反应，此时进入则已经错失良机，进去就是跟随公众共同给主力接盘而已。

另外，这些专家、评论员自己不操作股票，不知道市场的内在力量博弈，更无法判断市场的实时风险，不能跟随实际市场走势做出正确的决策和执行。纸上得来终觉浅，绝知此事要躬行。就好比在战场上，只有真正的战士，有经验的老兵，给你带来的才是真正有用的能从枪林弹雨的战场上存活下来的本领。

6.6 听信他人消息痛失时机

一天，这儿的经理突然向我走来，他说接到一个来自纽约的电报，问我是不是在这个分店。当对方知道我确实在这度假后，经理接到了另一份电报，哈丁先生跟他讲看到我一定别让我走。

我答应他在此等候哈丁先生，同时又买进了 500 股联合太平洋铁路。我很纳闷，哈丁先生找我干什么，他会跟我说些什么呢？那时，我想一定不是交易上的事，因为我的保证金并没有啥问题，当时我账户的保证金还远远超出能做的额度。很快，经理过来告诉我哈丁先生正在电话连线上等着我。

“你好，哈丁先生。”我说。

“你在搞什么鬼？”显然，他已经非常着急，“你疯了吗？”

“怎么了？”我问他。

他说：“你到底在干什么？”

“你这是什么意思？”

“你还在买进那只股票？”

“怎么了？我的保证金应该没有什么问题。”

“我不是说你的保证金有问题，我是说你上当了！我是说联合太平洋铁路你为什么要买进那么多？”

我说：“它在看涨啊！”

“涨个鬼！他们正在倒货给你，你知道吗？他们觉得你就是那种最容易上当受骗的人。如果你确实想把钱输掉，还不如去赌马好玩些，可别再让他们给耍了！”

“没人能耍我。”我告诉哈丁，“我买进这只票没告诉过任何人。”

他有些不耐烦了：“联合太平洋铁路不会每一次都发生奇迹的。赶快卖掉吧，趁现在还有机会。你真有些蠢，一直在做多这只股票！”

我解释道：“报价机上的数据说明他们一直在悄悄买进。”

“看到你连续买进，我的心脏病都要发作了。赶紧退出，别再当傻瓜了。它随时都可能崩盘！朋友，我已经尽责了，再见。”他挂断电话。

哈丁非常聪明，善良无私，他消息十分灵通，是我真正的朋友。而且以他的地位能够得到很多真正的消息，而他的想法和动机是毋庸置疑的。买进联合太平洋铁路，是我对它走势研判的结果。多年的经验告诉我，这样的某些迹象一旦出现，股价紧接着就会大幅上涨。好心的电话，让我有些不知所措，或许我的判断出现了错误，或许是被哈丁的真诚所打动，为避免犯下毁灭性的错误，我决定听从他的建议卖出了手上的联合太平洋铁路。直到卖出以后，我也不知道为什么一定要听从他的建议。

一只股票不宜做多时，那一定要对它做空，否则就是个大傻瓜。等我卖掉了所有的联合太平洋铁路股票以后，在 162 美元的价位，反手做空了 4000 股。

第二天，联合太平洋公司董事会发布了一个利好消息，他们将配发 10% 的股息。这个消息刚发布时，华尔街没有人相信，大家怀疑他们是为了诈骗空头，以致几乎所有的报刊都对董事会议论纷纷。但还没等那些华尔街的天才们反应过来，联合太平洋铁路的股价已经创了新高，而且放出了巨量。那些场内的交易商在一小时内赚了一大笔进账。后来听说当时还发生了一件奇葩的事儿，有人下错单买进了该股，结果阴差阳错地赚了 35 万美元，第二周，他就将证券交易所会员的资格卖掉了，就在那个月，他摇身一变，身份由农夫瞬间变成了绅士！

联合太平洋铁路配发 10% 的股息，这是前所未有的事。在我听到这个消息的那一刻，第一个反应便感到自己自作自受，我居然忽视经验、丢掉原则听信小道消息，千不该为了朋友的疑虑放弃自己的信念，仅仅因为他是一个无私而诚实的人！

联合太平洋铁路的股价还在连创新高，这明白地告诉我，它哪里是那种要做空的股票？

远航精解 操盘手应具备三种能力：能研判基本情势，能依据自己的判断操作，具备反败为胜的能力。但操盘手的基本能力在实际运用时，总会遇到某些外在因素干扰，并非自己能力所能看透。故进行动态调整时并不保证一定能调整到正确的方向。此案例就是利弗莫尔听信小道消息，舍弃自己最初的判断，依据小道消息进行仓位动态调整，最后的结果是本来可以大赚却变成赔钱出场。

6.7 亡羊补牢，挽回损失

我的身家全都放在哈丁公司营业处充当保证金。对于做错联合太平洋股票这事，我没有过多的抱怨。很显然，尽管那时我看准了行情，但我依然像个傻子似的，让我的老朋友哈丁动摇了自己的判断。事已至此，自责也变得毫无意义，况且我不能一错再错，于是立即平仓空头寸头，以大约 165 美元的市价买进 4000 股联合太平洋铁路。这样来回一折腾，我有了三点的损失。但当我的经纪商执行完我的委托单，我拿到成交回执单时，成交价高达172美元和174美元。我发现，好朋友哈丁的一片好意反而让我一下子损失了 40000 美元。这个教训算是很便宜的了，对一个不能坚守自己信念的人来说，这个惩罚的代价并不算贵，为上这一课，这个学费算是相当便宜了。

我没必要在此烦恼，因为报价带上的数据让我判定股价还会再创新高。这次的走势超乎寻常，董事会发出的利好也史无前例。之后我要依照自己的判断去行事，我决定根据对报价的研判去赚一笔。所以在平仓那 4000 股空头头寸的同时，我反手做多了 4000 股，并且在次日早晨平仓。这样我弥补了之前损失的 40000 美元后，还赚了 15000 美元。如果不是听信了哈丁的好意，我早就赚翻了。不过他也帮了我一个忙，正是这次教训把我锻炼成了一个真正的操盘手。

除了不能听信他人的消息以外，我应该学习的是一定要根据自己的研判进行操作。这次的经历，让我重拾自信，也让我跟过去的操作模式分道扬镳，使得这次萨拉托加的操作经历成了我一生中最后一次凭运气的操作。从此以后，我不再执迷于个股的波动，而是从整体上考虑市场的状况。在不断的挫折和经验中，我的投机技巧得以不断提升，也精进了不少。踏出这一步，对我来说非常不容易，这是我花了相当长的时间才学会的。

远航精解▶ 此案例中利弗莫尔的最佳止损点是什么？空单的最佳止损点在下空单后，**股价并未下行反而是有节奏地逐步抬高，或有突发利好消息出来时，并且股价突破前一波高点且量能加大时，应立即止损。**这是当股价走势与预期不符时应迅速调整原则，这种主动止损的目的是尽量减少损失。当然，另一种激进的方式是反手做多，调整到对的位置去获利，经常可以弥补前面操作错误所带来的亏损，但对操盘手思维转换的能力、执行力提出了更高要求。倘若再次损失，应立刻清仓离场休息。

事件导向的操作技巧除了应掌握筹码概念外，下单时，还必须结合纸带机的数字一起解读影响股价变化的最大因素，除了政治经济等大环境之外，接下来就是上市公司的基本面情况，但公司的政策有大转变，且所收集的资讯与股价方向表现不一致时，应以股价为主。**我们通过学习利弗莫尔的观点，重点在于了解他的思考逻辑，处理亏损部位的态度，操盘绩效自然就会提升。**当我们能深入了解他心灵复原能力来自于何处时，就能理解他输光时再爬起的力量从哪里来，也就能理解他的赚钱能力为何如此源源不绝。

听信消息，忽视了自己的原则，这是利弗莫尔交易人生中经历的重要一课。尤其是当他已经做对了，听信朋友临时改变策略，市场给了他真正的教训。市场永远是对的，而不是根据某个人说的。你的账户实实在在地亏损，直接告诉你这笔交易是错的。好在利弗莫尔在第一时间发现错误，并及时改正。

在成长的道路上，总会遇到很多坎坷，各种诱惑都可能使你偏离正确的轨道，在任何时刻都要保持自我觉察和反省。错误不可避免，作为一个交易者，可贵的是能立即承认错误，及时纠正，并回到正确的轨道上来，由此将损失缩减至最小。积极总结教训，放平心态，及时调整，他顺势做回多单，表明他的纠错能力和执行能力过人一筹，这才使得他不仅挽回损失，最终还盈利离场。

真正的职业操盘手和专业交易员，不会为消息所动，而是根据市场真正的内在力量，知道供应或需求哪边更强势，顺势而为，才有可能在这个市场上赚钱，成为真正的赢家。

第七章

顺势而为，
把握交易时机

7.1 操作模式的根本转变：顺应大势而为

在一件事上，我会不吝惜告诉任何人，那就是关于市场趋势的看法。但是在另一件事上，也就是究竟要买进还是卖出哪一只股票，我一贯的做法是守口如瓶。市场通行的法则就是，所有的股票都会跟着大势涨落。在多头市场格局里所有的股票都会上涨；相反地，在空头市场的格局里，所有的股票都会下跌。只有一种情况会例外，那就是因为战争而引起的空头市场。尽管那个时候所有的股票都会下跌，而军工股则会逆势而上。一般投资人的关注点是在个股上，他们关注的是该买进还是卖出特定的股票，而忽略对整体市场的把控。他们并不大关心市场是处于多头还是空头，他们懒得动脑筋，通常都想不劳而获，也不会花费心思去对股票行情做研究。他们嫌这一切太麻烦，甚至就像懒得去数一数从地上捡到的钱一样。

与一般投资人比，我勤奋于市场的研究。但我发现与研究大盘的趋向对比，研判个股的波动会容易些。也就是说，预测个股的走向要比研判大盘的趋势容易得多。所以我决定一定要改变自己的操作方法。而之后的努力，也确实让我做到了这些。

远航精解 利弗莫尔从开始的对赌行的短线操作，逐步成长为趋势操作，已经历了很大跨越。从最初仅凭直觉的那个懵懂的天才少年，逐步过渡到稳健、老练且遵守原则的专业操盘手的角色，交易风格也有很大改变。

在市场能否盈利，并不取决于你下完单之后的市场波动。**关键在于你在什么时候下单，在于你下单前的研判，在于你对市场研究的深度，在于对个股目前运行状态的深入观察和了解，**以保障能在更低风险而盈利预期更高的时机进入，博取高盈亏比的收益。所谓“先胜而求战”，就是应用于此。百战百胜，是因为只打有把握能打赢的战斗，而不是专门挑一些难啃的骨头去啃，那样非常容易伤到自己，折损本金。

覆巢之下无完卵，反映的就是大盘与个股的走势关系。大盘不好时，个股也处于风险当中，建议以离场观望为主。只有大盘整体趋势向上时，叠加个股趋势完好，入场才能取得更好的收益。

利弗莫尔操作一笔交易就可以挣进25万美元，而普通人却只能挣到千元。表面来看，两者之间的差别在于仓位的大小，导致赚钱的速度产生差异。但事实上却是研究个股与研究大势所造成的差别。许多投资者认为操作成绩不佳的原因在于操作的次数太少，因此努力每日进进出出，频繁交易，想以此方式努力来积累财富，交易周期越做越短，把挣钱的目标设定在获得每日的菜钱或者大于每月薪资即可。而市场大咖则通过政府政策、战争、跨国资金流动等在操作，进而造成股市大周期的波动，去收割散户的财富。只要懂了这些，我们就必须学着跟上他们的脚步与思考模式，遵循他们的法则来思考投资市场的价值核心才是投资的重点，**记住要以大格局的角度去思考，以主力的思维去操作。**

投资者通过自身不懈努力，在投资市场可以获得以下三种报酬：第一种是直接通过交易挣来的金钱；第二种是通过研究、分析、判断积累而来的经验；第三种是通过回顾交易记录所得到的交易心得。在投资市场里多数的输家眼中所看到与追求的都只局限在第一种财富，而看不到第二种和第三种价值。因此当你告诉他市场大方向会如何变化时，他却希望你不要讲得那么复杂，直接告诉他买哪只股票最直接。他们对于市场发生的大事没有兴趣。但所有的大师都知道提供具体操作股票给他人，无异于提供毒药给他人。提供者与接收者将无法维持长期的友谊关系，因为即使是大师都无法保证100%正确。一旦小概率事件发生，造成对方有重大损失，则会有无法预测的后果。

7.2 步步为营，加码建仓

关于股票交易的基本原理，很多投资人都没有理解到位。我常说，股票最安全的买法就是在上涨趋势确定时买进。股票交易成功的关键就在于能否在恰当的时机买进和卖出，而并不在于能否买到最低点或者是卖在最高点。我的做法是，一定是在上涨的时候做多买进股票，绝不会在下跌时做多买进。而且当我做多股票时，每次加码做多的价格，一定高于前一次，而做空时则恰恰相反。

我把我的操作举个具体的例子来说明一下。如果要做多一只股票，我通常会在 110 点时先买进 2000 股。假设我买进之后，它上涨到 111 点，此时股价上涨了 1 个点，这已经证明了我前面的操作是正确的，所以我会再加 2000 股。如果股价继续上涨，我会再加码 2000 股。至此我总共买了 6000 股，成交平均价 111 3/4。我认为我交易的数量差不多了，已经达到了基本的操作仓位。如果股价涨到 114，我会停下来观察，不会再继续买进了。因为我会想到，当股价涨到某个价位之后，它就会有一个回调整理的要求，而此时我要观察的就是股价回调整理之后将如何表现。一般来讲，股价可能会回落到我第三次买进的那个价位。假设它回落到 112 1/4 后转而回升，等它回升到 113 3/4 时，我会市价加码买进 4000 股。假设这 4000 股全部在 113 3/4 成交了，我会觉得这里可能会出问题。这时我的反应便是卖出 1000 股作为测试单，看看市场的反应。假设那 4000 股并非全在 113 3/4 处成交，而是分档成交，114 成交了 2000 股，114 1/2 成交了 500 股，115 1/2 成交了最后 500 股。你会看到成交的价位越来越高。这个 4000 股的成交过程，就在明确地告诉我，在某个时间点买进某只股票我做对了。但是我的这个交易是有前提的，也就是那时市场的整体状况是处在上涨格局之中的。太容易买到的股票，或者太便宜的股票，都不是我想买进的。

远航精解 此处利弗莫尔对顺势操作的解读引领我们进入了更深一层的交易境界。从小范围里看，从纸带机上数字跳动的挣钱技巧提升到看大环境的顺势波段操作的加仓技巧，从挣小钱变成挣大钱。随着操盘者智慧和视野的不同，展现出来的操盘格局也就全然不同。**一些大咖之所以能挣大钱，不是因为他们每次都有精准的买点和卖点，而是他们在赚大钱的操盘过程中有着辛苦的心路历程。**

前文中提到总体经济+事件导向是利弗莫尔选择操作标的思考的重点，而此处提到的顺势操作则是挣大钱的操盘技巧，操盘并不是一个简单的买与卖的动作，而是一个过程，是每个细节都必须下功夫自我挑战的过程。投资者必须先对大环境有所了解，所以必须要懂得总体经济，接着寻找投资标的时，就要寻找主流行业的龙头股，而发现主流行业需要靠财经资讯搜寻与正确解读，才能找到运用事件导向挣钱。**若能看懂当下盘势变化的根本，且对于事件的发酵期时效性拿捏得当，这是上等的操盘技巧。**当然，随着时代背景经济环境的不同所产生的事件和投资主题，其复杂程度也不同以往。找到价格关系的内在逻辑，就能看清事实，综合判断事件等级，也就造就了行情的等级。

投资者大多数对跌得多的股票感兴趣，尤其是对买到便宜的股票感兴趣，而利弗莫尔的交易法则，是在胜算大的地方下手才是挣钱的必要条件。因此，**进场实际的参考点就很重要**，在上升趋势中当股价从50元涨到100元，很多投资者就是下不了手，因为其心中的参考价始终放在50元的位置，看着价格不断攀升，有的是遗憾和懊悔，而不敢去随着趋势上升买入，这是大部分投资者无法赚到大钱的原因。而反过来在下降趋势中，当股价从100元跌到了50元，投资者却愿意去抄底买入。原因是心中的参考价放在了100元，越跌反而觉得心里越踏实，从而造成逐步被深套，也是大部分散户亏大钱的原因。

虽然轻仓可以使我们免受大的风险，但是真正挣大钱在大趋势中是需要有效的加仓策略。加仓策略是在牛市的进程中扩大获利部位而累积仓位规模。分批下注策略则是以最少的本金去解释自己的对与错。大波段的行情要搭配加仓策略，而不是靠对赌行的短线交易方法。**利弗莫尔此处就是利用总体经济+事件导向+耐心等候+试仓，成功操作此次大波段行情。**

当我们在加仓之前，需要做最后一道确认程序，就需采用试仓的技巧。试仓单的用途主要有三种：第一，用来判断自己操作的方向是否正确，所以先买进一小部分，看是否盈利；或看此试仓单买入后亏损的速度是否很快，如果空头打压看似很厉害，但不久，就很轻易地回来了，说明市场的空头是纸老虎，随时被买盘吸收，此时是多头在主控市场，也印证了判断正确。第二，当来到关键点，使用试仓单判断其真假突破。当买入后如果此试仓单盈利时间很短，刚突破关键点后没有站稳，然后开始由盈利转为亏损，则要加倍小心，此时假突破的可能性非常大，要及时了结防控后续风险。第三，试仓单可以检视小道消息的正确性。当市场有些消息来临时，有真有假，试仓可以测试出股票内在对此消息的真实反应。**只有试仓单成功获利才是我们继续加仓的坚实理由，才能使我们的头寸风险降到最低，而不会在错误的道路上越走越远，造成无法挽回的重大损失。**

7.3 大炒家怀特的高明操作

记得有一个被称为股票祭司大作手的故事。这个人就是祭司S.V.怀特(Deacon S.V.White)。他是华尔街当时著名的操盘高手之一，他精明而富有胆识，一个非常杰出的操盘行家。在顶峰时期，他高明的操作至今为人传诵。

在那个年代，市场上经常会出现一些备受关注的活跃股，美国糖业公司便是其中之一。公司总裁哈维梅尔当时势力可以说是呼风唤雨，听说他和他的追随者们不仅才智过人，而且资金非常雄厚。这些都足以让他们成为自家公司股票的操纵者，听说一些小额的专业投资人曾经就被哈维梅尔通过操纵他自家的股票给修理得不轻。与其他公司内部人士的操作手段相比，他们的操作手法更为老辣。通常来说，内幕交易者操纵市场的企图，都会受到来自场内交易商的阻挠和破坏，而不是对他们推波助澜。

一天，祭司怀特先生的办公室来了一位与他相识的“消息人”。“祭司，你是否记得曾经对我说过，如果有什么好消息就立马过来告诉你，如果消息有价值，你会分给我几百股。”他停顿了一下，等待祭司的回复。

“我不记得是否这样对你说过。但是只要你的信息对我有价值，我绝不会亏待你的。”祭司看着“消息人”，对他说。

“那好，这次我确实有好消息要告诉你。”

“是吗？”祭司的语气非常客气。那人继续说：“是的，祭司。”为防止别人也能听到，他向祭司靠近了一些，“哈维梅尔在做多买进自家糖业公司的股票。”

“是吗？”祭司此时语气非常平静。

祭司的平静好像惹怒了“消息人”，他一字一顿地说：“是的，祭司。他们在做多买进。”

“真的确定吗？”祭司怀特问道。

“是的，消息非常可靠。他们有一帮人都在全力买进，这大概与关税有关。糖业公司的普通股将会大涨，而且起码会有30个点的利润。这将会超过其特别股的价格。”

透过旧式的银边老花镜上方，怀特看着“消息人”：“你确定这样想的？”怀特戴老花镜本来是要看报价机的报价的。

“是的，我是这样想的。不，不是我这样想，而是我确信这件事是真的，非常肯定。哈维梅尔和他的那一帮人在买进糖业公司的股票，我想如果利润少于40个点，他们都不会满意的。股价会因为他们的大举买进而上涨，而且在他们满仓之前，股价会一飞冲天地涨个不停。况且他们在经纪公司的流通股比一个月前已经少了很多。”

“你是说他在买进糖业公司的股票，对吗？”祭司满不在意地问。

“是的，他们在悄悄地吸进筹码，动作手法十分巧妙，他们压住股价快速进货。”

“是吗？”祭司随口说了一句。

显然，“消息人”已被有所激怒，他说：“是的先生，我认为这是个第一手的信息，很有价值的情报！”

“是吗？”

“是的，这消息价值连城。你打算利用这个消息吗？”

“是的，我会用的。”

“消息人”有点将信将疑地问：“你打算什么时候用？”

“就现在。”然后他高声喊道：“弗兰克。”弗兰克是他最能干的经纪人，当时他就在隔壁。

“有什么吩咐，先生？”弗兰克问道。

“请你到交易所帮我做空10000股糖业公司股票。”

“做空？”“消息人”惊叫起来，他痛苦的声音把已经跑开的弗兰克都给惊得停了下来。

祭司很温和地说：“有什么问题吗？”

“问题是，哈维梅尔在做多买进糖业公司的股票，我是这样告诉你的！”

“是的，老兄。”祭司很平静地对他说，然后又转身告诉弗兰克：“弗兰克，快一点！”

弗兰克出去下单了，留下“消息人”满脸通红地站在那儿。

显然，“消息人”已被激怒：“我给你的是一手的重要情报，我是把你当朋友才把消息告诉你的！而且我认为这会对你很有用，你会由此来采取行动。”

祭司打断他的话，平静地说：“是啊，我正在行动啊！”

“但是我告诉你的是，哈维梅尔在做多买进那只股票啊！”

“是的，我听到了。”

“消息人”已经按捺不住：“买进，买进，我说的是买进！”

“我当然知道你说的是买进。”祭司肯定地回答他。当时他正在观看报价单上的报价数据。

“但是你的行动是做空！”

祭司肯定地点点头：“是的，做空 10000 股。”

说完之后，他又专注地看着报价带的数据。“消息人”走过来，想看看祭司到底在干什么，想知道这个老家伙到底想干什么。这时，那个办事员拿着一张单子走过来，这正是弗兰克交易的那张回执单。其实他并没有看那张回执单，因为他的委托成交单的交易记录已经显示在了报价带上。

祭司对办事员说：“告诉弗兰克，再做空 10000 股糖业股票。”

“祭司，我向你发誓，他们真的是在做多买进糖业股票！”

祭司转头问道：“哈维梅尔先生也是这么说的吗？”

“不是，当然不是。他怎么能对别人说这样的消息，连他最好的朋友也不可能知道。但我确信这事情是真的！”

祭司两手一摊：“老兄，你不必这么激动。”这时他的眼睛仍然盯着报价带，而“消息人”已经非常生气：“要是我提前知道你这样反其道而行，我又何必来耽误你我的时间。但是我保证如果你因此而损失惨重，我也不会幸灾乐祸的，我真的替你难过，祭司！如果你不在意的话，那我只有另去他方了，我不能浪费掉这么好的情报，让别人好好利用它好了。”

“老兄，我现在正是根据你提供的情报进行操作的。我知道你对股市的了解肯定没有你的朋友哈维梅尔了解得那么多，而我的法则肯定是依据股市的基本原理，我现在做的一切都是根据我的经验和你提供的信息在操作。任何一个像我这样在华尔街混过这么多年的人都会感激那个替他难过的人。请你冷静点接着往下看，老兄。”

“消息人”凝望着祭司，对他的判断力和自信心充满着仰慕之情。

不久，那个办事员又回来了，将交易回执单递给了祭司。祭司看完以后对他说：“快去告诉弗兰克，现在做多买进 30000 股糖业公司，30000 股。”

等办事员急匆匆地离开后，“消息人”看着那个头发灰白的老狐狸“哼”了一声。

祭司知道“消息人”的疑惑，过来给他解释说：“老兄，你所说的消息我并不怀疑。即使这个消息是哈维梅尔先生亲口告诉我的，我也会按照刚才的方式进行操作。因为真的如你所说哈维梅尔的那一帮人都在做多买进这只股票，那么只有一种方式可以验证这个消息的真实性，那就是我刚才所操作的那个过程。第一笔 10000 股空单很容易交易了，但这并不能确认他们是真的在买进这只股票。紧接着，第二笔空单也被市场轻易地给吸收了，而且价格是继续上扬的。从此可以看出，确实是有人在一扫市场上的所有空单。这样一来，是不是哈维梅尔在买进已经不那么重要了，反正是有人吃进。所以，我决定平掉空头仓位，并且做多买进 10000 股。看来你所提供的确实是一个货真价实的好消息！”

“那么，祭司先生，我可以得到多少？”“消息人”问。

“你将拿到那 10000 股平均价格的 500 股。再见，老兄，下次别再这么大惊小怪！”

“祭司先生，”“消息人”高兴地说，“当你决定卖出的时候，也请你帮我一起卖掉吧，这方面我一窍不通。”

远航精解 利弗莫尔通过此则案例详述了当时大咖怀特的操盘逻辑。**当他听到小道消息后，首先是持怀疑的态度，审视其正确性。**然后实战过程中通过试仓单进行测试。他深谙只有市场真正反映了其正确性，才能得出最后结论，而不能简单听信他人的消息，这就是老手的经验所在。我们在任何交易中，也是如此，耳朵听到的，眼睛看到的，都只是第一层信息。要由测试单进场去验证策略正确，才能更有把握。后续继续加仓。

作为一名合格投资者，不仅要研究如何分辨消息的真假，更要懂得如何运用消息来把握投资机会。否则，将可能丧失投资机会，也可能因为虚假消息而造成严重的亏损。经常根据消息面进场操作的投资者，应建立四个重要的观念：**第一，要正确判断消息影响层面，**是涉及个股，还是影响整体的投资市场。**第二，要判断取得消息的时间与相对位置，**取得消息的时间点是位于股价的初升段、主升段还是末升段的位置，才能判断自己该采取长线还是短线操作，甚至获利离场等反向操作。

第三，要对消息资讯的来源和内容方面具有侧重点。就个股而言，了解个股筹码变化，计算可能的波幅，弄清炒作的题材是长期还是短期，观察股价对消息面的反应；公司的基本面变化盈利，主力的实力与操盘风格。而对整体市场而言，了解外资的动向，政府的政策和态度，市场资金面是否充裕；外盘的变化以及国内市场与国外市场的相对强弱；国内机构的仓位情况，散户的投资心理等。**第四，要具备观察股价变化的技巧。**主力通常使用测试单观察市场的吸纳量情况，测试分为两种，一种是正向测试，即买入之后观察市场表现是否符合当初判断的走势。正面测试主要用于行情已经展开进行主升浪的位置。而另一种反向测试，则是运用在底部区域。通过在底部区域采用极速震仓打压等恐吓的手法测试在该区域的卖盘是否重，随便迫使不坚定的散户割肉。**投资者如果能正确识别这些操盘手法，则能够捕捉到其中蕴含的机会。**

我们如何去解释现在市场的吸纳能力？**如何观察盘口买卖力道？**我们知道交易软件中都能实时显示五档委买和委卖成交数量的变化。类似利弗莫尔时代观察纸带的成交变化，可通过主动成交的情形能推测市场的参与方谁更着急，推估市场的买盘和卖盘力道。有了这种即时判断的能力，投资人就具备了动态判断的关键能力，就不必再等盘后的新闻来告诉你今天外资买卖的动向。我们要通过盘口去观察，筹码是被散户接走还是被主力接走？资金是往股市跑还是往外跑？看懂谁在用股票换钞票，谁在用钞票换股票是重要的看盘技巧。

案例分享：2020年2月，A股市场科技股迎来了抢购高潮，公募科技股基金一日售罄，各大媒体对单日募集百亿资金的报道会极大地刺激投资者的眼球，造成再不买就买不到的市场氛围，一众媒体开始鼓吹或预测后面还有巨大的想象空间。所以，散户投资者，包括很多新进的公墓私募基金继续高位接盘买入，都成为推升A股市场每日万亿成交的热度。但这种现象是非理性的，也无法持续。专业交易员都知道，当高潮来临，就是大资金提前离场的信号。所以，以5GETF、半导体ETF等为代表的主题基金开始高位放量筑顶，随后开始急速回调。一批散户和新进来的基金则被套在了山顶上，一直憧憬着后续还有更高的山脉等着他们。殊不知，自己已经成为最高位接盘侠。主力资金已经转战到其他题材，切换到下一波热点当中去，即便指数后续还能创新高，此前科技股板块的大多数股票已经回不到当初的高点了。

7.4 进出时机决定交易成败

祭司怀特的操作就隐含着我要说的股市的道理，这就是我从不求低价买进股票的原因所在。正确的做法是，在股价更高的时候买进。为了有助于我所买的股票上涨，我总是在股价上涨中加码。

在卖出股票时，如果没有人想接手，那么你断然万难成交，这是显而易见的事情。当你的操作达到一定规模时，就必须牢牢记住——先规划，再行动。先搞清楚市场的基本情势，做出操作的规划和步骤，然后再按计划行事。当你的仓位已经相当大，账面上也已经获得巨额利润的时候，此时卖出股票一定要耐心、谨慎，而不能随意，因为你不能指望市场像吸纳 100 股那么容易来消化掉你的 50000 股。你必须耐心地等待时机，等待那个能够吸收你巨额卖单的时机。一旦这个时机来临，你必须要把它抓住。我的意思是说，你必须等待那个能够卖去股票的时机卖出，而不是在你想卖出的时候卖出。

交易的原则大概是，保证第一笔交易获利之后再进行第二笔交易，否则就不要再动手。交易的时机必须来自于等待和观察，观察报价带的记录可以让你确认适当的买卖时机。

交易是否能够成功，取决于进场交易的时机，这是我交了几十万美元的学费，历经市场摸爬滚打很多年才明白的股市道理。

操作时，我建议你采用持续加码的方式建仓，只有加码才能赚大钱，不加码是很难赚到大钱的。但是我要说的是，加码是有方法的，如果一个人只能操作 500 股，那他就不应该一次性地买进 500 股。除非他是在赌博，而不是在投机。如果他想赌博的话，那我只能给他一个建议——那还是算了吧！

如果他先是买进了 100 股，结果很快显示出他是亏损的状态，那就建议他不要再继续买进更多的股票。因为亏损已经证明他并没有做对，至少暂时还没有做对。

远航精解 利弗莫尔在此提出一个交易时机的理论，非常有效。机会无处不在，市场的波动，会在视觉上形成无数个获利空间，但这些已经成为事实，已是过去式。如何才能找到一个更高盈利面的入场点，等待扣动扳机的最佳时机，是每个交易员都要深入思考和研究的问题。只有当符合条件的关键时机出现时才能扣动扳机，这需要交易员有敏锐的盘感直觉，异于常人的忍耐力，以及时机来临时果断的执行力。

入场时重势而不重价，不要太在意价格，而是要等待在价格已经启动时入场，此时价格虽然不是最低点，但风险更小，且资金利用率更高。就像汽车停止时，你不知道何时会启动。只有选择股价像汽车已经启动并开始加速时才入场，这时，你之前的耐心等待才能迎来趋势所带来快速盈利的回报。

学习交易的第一要务是要找到正确的学习方法，学到正确的思维逻辑，我们不能站在散户群里，用散户的投资心理研究如何买卖股票，企图用散户的技巧打败庄家。你应该要研究对面的赢家是如何拿走你口袋里的钞票，在什么时间点把货倒给你，又在什么时间点用什么方法，使你愿意用更便宜的价格卖还给他。正如许多消费者在买东西时会讨价还价，但是买的人再精明厉害，也精明不过卖的人。用做生意的角度来看待市场，思考生意人如何进货如何出货，再想想消费者是怎么买进怎么卖出，只有弄懂这些，才能弄懂市场的本质，以及自己为何总是赔钱了。所以，投资者的思维从散户的投资心理转变为赢家的投资思维时，解读市场现象的格局就完全不同了。

庄家在进货和出货的运作方式是怎样的？他们是如何操控市场的？庄家进货时机与操作逻辑包括：第一，重视基本面时势，详细规划操作步骤，注意操作时机。第二，在底部吸筹区域时，制造恐慌、震仓等，或者制造枯燥行情，让大家都不关注它而放弃，离场去买其他股票。第三，当达到目标顶部区域需要出货时，则耐心等待时机，等待利好出现，或制造短期急速拉升，吸引散户跟风买入，达到出货的目的。

庄家虽然拥有庞大的资金量及占据主动性优势，但也有流动性的困难。比如，在前期持有大量仓位来到高位时，必须等到能卖出的时机来临。另外，股票在顶部区域时经常是上下震荡数日或数周，这是他们出货的位置，需要经历一个出货的过程，才能将手里大部分筹码甩给散户。因此，庄家手中持股在没有卖完之前，散户若做错，还是有逃命机会的。

金字塔加码法：

利弗莫尔此处谈及的是一种在大趋势行情中更高效的挣钱方法——金字塔加

码法，也称为顺势加码法。它的基本原理是越涨越买或越跌越卖。以下我们就对金字塔加码的原因、仓位比例的拿捏、应在哪个位置加码以及应用时的注意事项进行详细阐述。

采用金字塔加码法的原因：从市场上很多老手的经验中学到千万不要摊平损失，不要随着股票的价格下跌而越跌越买，因为这种操作在震荡中会有一些蝇头小利，但在趋势行情中会损失惨重，因为绝大多数情况下，中小投资者没有足够的财力支撑其坚持到最后一波杀跌。随着趋势的运行，越涨越买，却时常奏效。此外，操盘手最后一次金字塔加码法的机会是当股价带量突破新高时，因为股价已经表现出非常好的迹象，因为它非常有可能显示上面已经没有任何套牢的筹码可以在短期内阻挡股票的涨势。因此，股价很可能还会加速上行，短期内获取巨额利润。

那金字塔加码法的比例又应该如何分配？利弗莫尔的分配比例分别为20%、20%、20%和40%，等待市场确认判断无误之后才可以买入最后的40%，称为倒金字塔加码法。而普通投资者对分批买进股票百分比可以有自己的选择，比如第一笔测试买单30%，第二笔30%，最后一笔为40%。此处重点风险提示，源于当今市场操作的复杂程度，建议投资者场外还要有足够的备用资金，投入买股票的资金不能是你的全部财产而孤注一掷。否则很可能碰到不可抗力或黑天鹅而产生的无法估量的灾难后果。

应用金字塔加码法时的注意事项：金字塔加码法是随着股价的上行一路顺势加码，首先，这种方法一定要尽量在行情一开始时使用，也就是在起始关键点处就建立起主要仓位；然后，当股价突破前期重要压力位，走出此前的震荡区间时才加码。在此之前投资者必须耐心等待，直到股票证实自己的强势才能动手。此时要注意的是，投资者不可一心去期待这种行情能出现，因为在股票自己表态之前过度的期待，无疑是一种冒险。使用金字塔加码法的投资者必须经验丰富，头脑灵敏，动作迅速。因为随着股票的加速上行，股票的波幅也会更剧烈，由于重仓的原因，整体仓位的风险也随之加大，碰到一个回撤，则浮盈的损失就会比较大。因此，需要有经验才能在大风浪的海面上航行。

此外，永远要记住，股市里没有任何交易策略堪称铁律。投资者需把操作重点放在试着随市场各种因素变化调整自己的仓位。而且就算做到这个地步，操盘手仍时常会犯错，在犯错时必须做好风控。**在出手买入之前一定要设好止损点，千万不要让自己的承担本金损失超过 10%**，假如损失了 50% 的本金，那就必须得挣 100% 才能够扳回来。

对于一个新手而言，实战操作上最困难的地方在于心理层面。因为人性的本质是喜欢贪小便宜的，随着每一笔交易的成交价升高，越高价买入越是反人性的。但这种看似成本不断抬高的加仓方式却是把自己的盈利部位扩大的最有效策略。当然，具体执行过程中，还应包括以下三个方面：第一，不要一次买进全部的股票；第二，等待自己的判断获得市场的确认，每一笔分批买进的价格都要比上一笔高；第三，要有交易计划，买入之前心里要先预判好买进的总股数，投入的总资金；第四，在加仓过程中，有一定盈利垫是持股心态稳定性的重要保障。

当然，以上只是对金字塔加码法本身进行剖析，要更好地应用它，利弗莫尔的投资体系中包括试探策略、加仓时机、止损时机、资金配置与股市的位置关系等。他具备正确判断行情的能力，他的操盘智慧包括了人性策略与行情预测，两者有机地结合在一起，缺一不可。

第八章

嗅出市场流动资金匮乏的大空头将至

8.1 要事实不要消息

1906 年，当年夏天发生的两件事让我再也不会轻信小道消息或者听从别人的建议。你一定还记得，一件是来自萨拉托加联合太平洋铁路，另一件来自我的朋友哈丁。也就是说，无论这些消息或者建议其本意多么善良，或者是多么想帮我，除了感谢之外，我只能置之不理。我并非有意要老王卖瓜，过往的无数次经历，都可以证明我研读报价机上的数据的准确程度，几乎高于身边所有的人，还有在研判行情上，我的能力比哈丁兄弟那里的一般客户都高出很多。投机偏见的困扰我是不会接受的。我要说明的是对市场的空或多，我都没有什么偏好，我唯一要做的就是不能让自己犯错。

从年幼时开始，我便有一个好习惯，要认识事物的本质和道理，必须以自己观察的事实作为依据，我从不接受根据别人告诉我的事实而得出我要的结论。通常他们告诉我的事实，与我自己想要的并不是一回事。你应该知道我的意思，我所要的事实一定是来自于我自己的观察。在投资这件事情上，如果我轻信别人所确信的事，就等于我必须被迫接受由此而带来的灾难。其最后的结果，就会发生像萨拉托加联合太平洋铁路那样的事情。我做多的理由只能来自我对大势解读后的研判分析，而绝对不会像很多“精明人”所做的那样，他们之所以看多某只股票，是因为自己持有该股。我从不会让自己因为持有某只股票多少仓位或者自己内心的成见，影响我对大势或者个股的判断。这也是我一再强调的绝不与报价带上的报价争辩的根本原因。如果因为市场不合预期，或者甚至不符合某种逻辑就发脾气责怪市场，这样的做法无异于得了肺炎，就对肺发脾气责怪肺脏一样不可理喻！

远航精解 利弗莫尔前期几次听消息而折损本金，所以他非常理性地及时纠错，回到市场本质的研究，并且以观察到的事实为依据，而不是听消息面操作。尤其是在控制情绪方面，利弗莫尔做得很好。回归事物的本质，而不是将问题的矛盾指向不相干的地方。其实**作为专业交易员要懂得与市场做朋友，多倾听它告诉你什么，而不是与其为敌，和它对着干，这样才能理解它，揣摩出将要发生的事，从而采取相应的行动。**

利弗莫尔谈操作时，始终强调自身的作为才是整个交易过程中成败关键。顶级交易员和普通投资者的区分在于他们在操作过程中做的是自我价值表现，而冤大头在操作过程中做的是背离自我。**顶级交易员的具体表现如下：**第一，他们在研读行情纸带的准确度胜过大多数人，即了解自己的准确度；第二，他们拒绝听小道消息的原因是其具备观察事情真相的能力，即看透市场背后的力量；第三，他们对于多空操作没有特别的偏好，只是顺势而为，无论是多还是空；第四，不让手中现有的仓位影响自己的对行情的实时判断，不会因持有股票而死多头，也不会因开了空单而一直过分看空后市；第五，不与市场行情走势争执，市场永远是对的，一切以股价表现为准，市场经常会有出乎意料或不合乎逻辑的走势，要学会欣然接受。

初入市场的新手在学习股票知识时，要积极**关注和积累以下两方面知识：一种是固定规则，另外一种是动态调整。**固定规则多数是静态的学习方式，但真正能挣钱的技巧是靠运用相关的固定规则，应对实际行情时再以动态灵活调整的技巧。正如别人告诉你的小道消息或所说的话，即使是正确的，也只是静态的固定的规则而已。而你必须要靠动态调整能力实地观察，去匹配符合自身资源和条件、心理承受力的仓位，而不是听别人说的就能够挣到钱。

8.2 紧抓操作大原则——顺势而为

过往的操作让我逐渐地明白了一件事情，股票的投机技巧远非仅仅研读行情纸带那么简单。老帕特里奇在股市一直坚守的法则——在多头的市场格局里保持原有仓位持续做多——让我明白了，将自己的关注点放在眼下或者未来的市场是处于多头还是空头，比其他任何事情都重要；我也渐渐明白了，只有跟对了市场的大行情才能赚到大钱。

通常来讲，一旦大行情走势确定，不管最初推动它的原因和力量到底是什么，但它的运行方向在一段相对较长的时期内是不会改变的。大行情能够持续走势的原因，往往不是什么大资金的操纵，或者是一些金融家人为力量所操纵的结果，行情的基本大势来自于市场内部基本力量的推动，任何与之对抗和进行反向操作的人为力量，都不可能改变市场既有的方向，也不会改变它沿着既定方向坚定地走向它既定的尽头。

萨拉托加事件，如当头棒喝把我敲醒，或者说让我变得更加成熟。既然市场大势掌握着所有个股的命运，那么我又何必如以前挖空心思研究个股的走势，而且如果操作着眼于市场的整体走势，那么受限于仓位及小波动操作的问题都将不复存在。只要是交易所挂牌的股票都可以进行买卖了。单就个股来讲，如果在短期内有大量的操作就会有危险，特别是当持仓数量超过流通股的一定比例时，危险就会显得更加显著，至于持仓交易超过多少才会有危险，那要看持股人是谁以及如何卖。但如果卖出的股票是“一揽子”股票组合的时候，即使卖出总量超出100 万股，也没有什么危险，也不必担心因成交量不足而造成股价下跌的问题。

顺势而为，在多头市场做多，在空头市场做空，这些听起来似乎都是老生常谈，没有什么特别之处。但有几人能够深刻理解其中所蕴含的大智慧，难道不是吗？这是个操作的大原则问题，等我对它有了深刻理解之后，才知道运用这个原则就等于在加大自己研判的正确概率。因此，我把这个原则应用于每一次的操作行动之中。这个大的操作原则是我花了很长的时间才学会的。说实话，在当时贯彻这个大原则进行股票投机时，我还没有足够的资金量，只有在大的波动中才能赚取巨额的利润。当大的趋势来临时，要有足够的仓位才能赚到大钱，而大仓位的建立，受限于你在经纪商账户中的保证金。

远航精解 目前利弗莫尔可操作的本金上升到了大作手的层级，他的买入和卖出能够影响单只股票的价格，使之造成巨大波动。因此，操作较大资金和当初的小资金又有很大的不同。小资金可以短期频繁操作，多空都可以做。但因为流动性问题，大资金进出则会造成很大的滑点，所以，**大资金更适合做大的吸筹**

和派发，即在股价上涨初期的一个交易区间内买入，当股价到达阶段顶部区域时，主力一有派发迹象，就提前卖出，锁定利润。而且将操作周期由原先的短线频繁交易，变更为买入后中长线持有。所买的股票标的也不是单一的，而应是组合的，以此来稀释流行性的风险。

利弗莫尔悟得了时间因素对操盘的影响，**市场波动有短中长等级之分，交易者最重要的是定义自己操作的是哪一种趋势**。行情要挑好操作的地方做，当趋势产生时，我们唯一要做的是将大钱放入趋势中，让利润奔跑。但要达到此境界，第一个重点就是要判断趋势的等级的大小，如果判断错误，将扩张型的整理形态看成是趋势盘，误将资金大举入场，这会造成惨痛的损失。大的走势之初推动的力量是什么呢？取决于基本面，接着就是投资心理及资金面。行情之所以能成为大趋势，好的投资大环境是唯一可以吸引各类市场参与者共襄盛举的最佳理由。

我们在市场中要盈利，不能只靠走势图，除了要猜中别人的心思之外，更重要的是要弄懂影响市场本质的因素，它的范围远比我们想象得要大，光有一技之长并不足以让你一辈子高枕无忧。在输家的眼中交易只有输赢没有对错，但在顶尖的操盘高手眼中交易是一个过程，是一个不断解释眼前处境的过程。

爱因斯坦说人类无法用产生问题的意识层次来解决自己的问题，所以投资者需要一个能解决问题的新意识层次。投资者刚进入市场从赔钱转为挣钱，再进阶变成挣大钱，这层层关卡要如何突破？每一个阶段的转换期都必须有扎实的信念与能力，在此过程中如何逐步提升自己的信念和能力，需要依靠不断积累的知识与经验，甚至是短暂的承受巨大痛苦来获得。

顺势操作之所以正确的概率大，原因在于趋势一旦形成就不易改变，在未改变之前仍按照原趋势的方向进行。犹如开动的汽车，速度一旦起来，就具有向前的惯性，道路平坦无障碍物时，它可以继续加速行驶，除非有巨大的反作用力才能使其停止。大家都知道要顺势而为，但并不是每位投资者都能真正做到而获利。失败的原因在于：一是看不懂行情，所以总在大趋势来临之前，过早进场导致亏损；二是选股能力不佳，买到了弱势股，大盘涨，龙头个股暴涨，而其手中的股票却没涨多少，当大盘跌的时候却跌得更深。

在熊市当中，为什么会有反弹行情？股市波动都有其韵律与节奏，即使在熊市中，也会有反弹行情。买盘通常有三种：第一种是短期跌幅很深，导致捡便宜抢反弹的人进场；第二种是在高位做空，然后在低位平仓（空单的平仓即为买单），落袋为安，这是所谓的空头回补；第三种是基于法定或政策配合而一定要买的买盘如护盘基金、券商，所谓的国家队等需要救市和延缓市场下跌速度。这些资金最终都无法撼动长期趋势的力量。因此，在实际操盘时，并不是眼前的每一小段行情你都非参与不可。即使是所谓的高手，在逆势抢反弹时，也必须快进快出，绝不恋战。情况不对，无论盈亏都得迅速离场。

8.3 视野拓宽，格局提升

但当资金量不够大时，我不得不从事短线交易，在股市博得利润用于生活开销。这样一来，短线操作就对积累资金在华尔街赚取更多利润的计划产生了一定的干扰，而且短线操作费用比较高，积累资金的速度也会随之变慢。萨拉托加事件之后，我的信心得到了前所未有的增强，而且那时在经纪商的眼里，我也不再只是一个走运的投机人。我大量的高频交易，给他们带来了丰厚的佣金，使得我成为他们的明星客户，这一点毋庸置疑。一个能持续赚钱的客户就是一份能为他们带来持续利润的优质资产，对任何一家经纪商来说，我给他们带来的价值，已经远远超过我的实际交易量给他们带来的利润。

到这时，我已经不仅仅满足于研究报价带，我所关注的也不再局限于某些个股价格的短期波动。对那些剧烈波动的个股，我的视角也发生了巨大的变化，我会把它的波动放在大的背景下去观察，从报价到交易的基本原则，再从股价的波动到市场的基本情势。

那时候，我已经很长时间在每日坚持不断地阅读财经刊物了。所有的交易者都会从中寻找有价值的资讯，但说实在的，这里面大部分都是垃圾内容，甚至其中一些内容是对交易人设下的圈套，还有一些只不过是作者个人基于自己的经验所看到的事实。至于那些很有名的每周评论，我也感觉不太满意。通常来说，财经记者的观点和我的观点大相径庭。他们惯常的做法往往是从列举的事实中得出结论，在他们那里，过去的事实并不那么至关重要，但在我这里这些事实却非常要紧。还有就是关于时机的看法，我们之间也存在着极大的差异，对我来说，与其分析过去，倒不如预测未来更重要。

远航精解 **利弗莫尔的亲身经历，说明了中小投资者面临的问题。**第一，迫于生活压力，要维持生活开销，就需要短线的频繁交易，造成无法等待真正高盈亏比的机会来临。当试图抓住每一次看起来不错的短线机会时，结果往往适得其反。第二，中小资金只能在一个启动点顺势建仓，无法跟随主力做大的吸筹和派发，无法抵御大的波动，尤其是吸筹阶段的一次急速震仓，也会被迫出局，哪怕看准了后续行情。第三，由于频繁交易，手续费高的缺点就显现出来，这是必需的支出，但对于中小资金来讲，是一个很大的比重，因为除此之外，还要应对很多次小的止损。基于以上几个因素，导致大多数中小投资者的原始资金积累缓慢，也正是大多数普通投资者难以脱离困境，甚至最终爆仓出局的原因所在。

当市场没有大趋势时，处在震荡格局上上下下的空间非常小，若要挣大钱除非是破坏自己的资金管理的原则，否则市场不会给挣大钱的机会。我们回顾自己的操作记录时，经常会发现在入场下单之前根本没有把握大的方向，眼里只有短期的波动，当情势不如预期时也不愿意做出调整，**不看大环境的位置就贸然进场操作这些错误，将使得自己的操作变得杂乱无章。**

在市场中我们应如何对待亏损？事情永远不会百分之百像我们理解的那样，多数时候需要运用调整技巧，在交易过程中需要聚精会神，不断运用自己学习的技巧修正前进的方向，这样才能充分体会自己交易的价值。赚钱是执行正确操作的副产品，而赔钱就是学习什么事不能做的学费，当体会到赔钱同样对交易有帮助时，就能正面看待亏损了。利弗莫尔是用赔钱学会什么事能做，什么事不能做。

利弗莫尔此时操作股票从研究股价波动上升到了研究基本情势。他视野和格局的转变，由短期高频交易逐步向大的操作周期转变，逐步升级其自身的交易系统。此前，他只关心股票的短期波动行情，通过纸带机看出其支撑与压力，从股价波动可以推演庄家进出场的位置。但要挣大钱，更应该进而推演到庄家眼中能看到什么样的基本情势。**投资者在思考涨跌之前应有三步走：**第一，对市产生疑问和好奇；第二，搜寻相关资讯；第三，进行思考判断。市场中大多数人思考涨跌，往往只走到了资讯搜寻这一步就迷路了或停止了，以为就已经足够了。这就犯了当时利弗莫尔所说市场上冤大头赔钱的错误之一——缺少独立思考判断。因为在市场上利多和利空的消息总是同时存在，充斥于市场，这些信息有时是助力，有时却成为阻力，当你想走捷径，疏于思考而省略第三步时，那么市场便等着你犯错，再重重地惩罚你。

资讯搜寻加上正确解读，才是我们真正进入投资市场要提高的能力，资讯解读是事件导向的前半段，而事件导向是资讯解读的后半段，赚钱的答案是从不确定因素里思索得到的，它无法用白纸黑字写清楚，必须通过自己去观察思考，才能从纷繁复杂的资讯中厘清涨跌头绪。而且每一次挣钱所参考的资料都不会一样，因此必须全方位地学习，长期积累知识，思考的方向才能更周全。

8.4 过早“顺势”让我再次破产

世界经济形势前景暗淡，决定做空股票市场

从前一直受限于年轻、经验不足，还有资金短缺的困扰。而现在我找到了纽约屡次失败的原因，有了一种柳暗花明的感觉。有了资金、经验和信心的三剑合一，就急于去市场一展拳脚。但财富大门总是充满着玄妙，我忽略了财富大门上还有另一个符咒——时机之锁。这种看似寻常的疏忽让我付出了昂贵的学费——吃一堑，长一智。

通过对 1906 年整体经济形势的研判，我认为市场前景十分堪忧。全世界的财富大幅缩水，资金流动性吃紧的压力就像一把大锁会牢牢地铐紧市场，那时将没人有能力去帮助他人，市场会出现艰难的困局。这种困局可不是一般的小问题（不会像是 10000 美元的房子缩水 20% 而换来价值仅 8000 美元的赛马那样无足轻重），将会出现非常凄惨的景象（那就像房子在大火中化为灰烬，而赛马也死于车祸那般糟糕）。人们辛苦创造的财富，将在波尔战争的战火中被捻为炮灰。那时市面上的流动现金已变得很奇缺，而雪上加霜的是，供养南非那些对生产毫无用途的士兵要花费数百万美元。也就是说，英国的投资人已经捉襟见肘。还有大家已经知道的，旧金山的大地震、火灾以及世界各地的其他灾难，无不深深地影响着世界上的每一个人，从工厂主、工人到农民、劳工甚至百万富翁，无人能

幸免于难，铁路运输业当然也会面临极大的困境。我认为一场金融和经济的灾难无可避免地将要发生。面对这样的经济和金融形势，我们能做的只有一件事——做空股市。

既然市场就要进入一个前所未有的空头格局，那么理所当然，我决定做空股市。我确信这一轮空头市场将会给我带来操作生涯中最大的一笔财富！

远航精解 **从宏观角度来看，股票市场无法摆脱与经济的关系，投资者必须仔细地观察分析经济形势。**正如利弗莫尔此时所处的经济环境，到处弥漫着空头气氛：资产进入缩水期、市场缺乏资金、天灾、基础建设遭破坏等都是十足的空头市场，那他为何在此处放空却产生巨大亏损呢？原因是经济运行与股票市场并非任何一个时间点都是平行发展的，从长期来看，它们相同的地方在于发展的方向，但时间点不一定一致。在投资市场中投资者即使判断逻辑是正确的，但操作错误还是挣不到钱。当股票上涨一波来到了高位区域，优秀交易员在此处应该是减仓或者是清仓。但与此时进场放空单是两回事。平仓的时间点，通常在对后市看法有疑虑时，可以先出场。而进场放空的时间点应落在起跌点而不是最高点。空在起跌点的胜率最大，且风险最小。衡量自身盈亏的依据是股价而非经济的好坏，因此，以基本面好坏当作操作原则的投资者在进场操作时，应再以技术面的技巧做操作时机的确认，并且无论是基本面操作还是技术面操作，当做错时一定要止损。

8.5 三次满仓空单屡战屡败

我操之过急过早建立了空单，市场下跌之后又重回升势。股价在震荡之后又进入稳步上升的通道，为此，我账面上的利润已经消失殆尽，接下来亏损面还在持续地拉大。虽然后来市场终于开始回调，但显然，真正的空头格局并未形成。就这样，我在别人获利了结的时候平仓了我的空单头寸。幸亏我及时止损，否则我会在这波震荡中被杀得片甲不留，连个明信片都会买不起的。这次操作让我赔掉了大半资金，但还好，剩余的本钱还会让我有东山再起的机会。

上面的亏损告诉我，我犯了一个极大的错误。我看空市场是正确的，做空股票也没错，错就错在做空的时机进入得过早，让我损兵折将，代价惨重。做空市场是正确的，然而进场的时机选错了，这就是问题的核心。

后来市场慢慢接近崩盘的边缘，我耐心等待着，在股价停滞不前的时候，我便把仅存的保证金一并压上，去全力做空。这次好了，一整天股市都处在下跌的态势，但是好景不长，第二天股市就出现了反弹，吞掉了我绝大部分利润。这时我又重新回到报价带再次分析大势。于是我平仓了空单，离场观望。

当下跌态势再次出现，我又一次押上了空单，这次股价确实如期地大幅下跌，但随之而来的是再次出现了强劲的反弹。

看样子似乎是市场有意逼迫我重拾对赌行的操作手法。首次对大盘指数采用提前预测并介入的方式进行操作，所交易的股票也不止一两只个股，我感觉这种操作方式，只要坚持下去，一定会大获成功。那时我的操作还没有完整的加码系统，并没有在下跌的途中逐渐加码，而是一开始就大举做空，这让我的保证金多亏损了不少，不然的话，即使犯同样的错误，也不会出现重大损失。让人悲伤的是，你明明观察对了市场，却没有抓住正确的时机进行操作。所以这种观察是片面的，不仅没有赚到利润，更糟的是屡战屡败。

远航精解 人在社会中有法律、道德等约束自己的行为准则。而在市场操作中，手上的资金就是自己拥有的权利。同样需要清晰的行为准则来约束，既包括前人的理论知识，也包括自身的经验总结。成熟的交易者应该知道在市场中哪些是可以做的，而哪些是决不能触碰的。今日因守纪律认赔出场，他日将会因守纪律而躲过灾难。同时，守纪律能提高将来做对时挣大钱的概率。

在实战当中，需要选取适合的交易周期。观察日线时，容易产生多次反转信号，对于大趋势而言，是迷惑信号，称之为噪音。若是以周线为观察及判断作为依据就不容易产生忽多忽空的情况，因此，我们经常通过观察更大的周期确定主趋势，然后在次一级周期里，找到回调力量衰竭的点入场，即可避免入场过早带来的本金的过多回撤。周期放大，自然就看得更清晰，趋势越短越容易视觉混乱。尤其是当行情走到头部时，常见到上上下下震荡非常激烈，多数放空者经常死在这一位置。想空在最高点的贪念，一旦上升就会掉入总是空得太早的赔钱陷阱里，趋势的反转需要一定的过程，虽然我们眼看着就要跌了，但事实上市场并没有跌，我们要根据市场传递出的真实信息交易，而非仅凭自己的设想去交易。

利弗莫尔在这里陷入了一旦做错而一次输光的窘态，所以他提出了要**分批下注**，其实就是主动做好资金管理，分散头寸风险。而另一种方式就是**当在市场中盈利时，要转一部分出来当备用金**。因为，本金是市场参与者最基本的要素。在场外的资金永远是自己的信心和防弹衣，即使自己遇到极端情况爆仓之后，依然还有再来的机会。同时也可以有效降低一些喜欢时时重仓人所暴露的风险。

8.6 做对大势时就应坚守头寸

深刻地反省错误总能给人带来收获。我终于得出结论，在空头格局的市场中，**无论市场**如何震荡，都不要放弃自己的空头仓位。并且应该同时配合报价带**的研究，抓住最佳**的操作时机。如果自己的判断一开始就对了，当获利受到被吃**掉的威胁时，坚持**之前的判断，冷静地对待市场的震荡，这样就可以做到多看少动、坚守头寸了。

现在，我对自己研判的准确性更具信心了，无论是满心的期待，还是自己固**有的习惯都不会**再影响我的判断。而且如今我也具备更多的渠道和资源，运用于**研判来确认我观**察到的事实，也能从更多的角度验证自己的判断是否正确。但在1906**年的夏天**，行情的往复反弹，扫荡了我的保证金。

远航精解 **市场的反转是需要时间去酝酿的。**从市场本质角度来说，当市场上涨进入转势时，主力派发的筹码还没有完毕。多空都有个激战的过程，这个过程越充分，则其后续走势也将越凌厉。但在派发的过程中，这种上上下下的震荡，最容易折损本金。因为就算空头厉害，但多头并没有放弃最后的挣扎，始终会在空头打压休息时给予反戈一击。这样，提前进入的空头就会容易折损本金，并且这个过程并没有很快结束，会再延续一段时间。因此只有等待多头的筹码都用尽了，此时再加码给多头最后一击，在保证自身安全的同时，坚定不移地持有空头头寸，就是择时和仓位管理的完美结合。

8.7 操之过急就等于逆势

1906 年，我从事股票行业已经 12 个年头了，那年我 27 岁。**这是我第一次拿望远镜大尺度地观察事物，我判断空头格局将左右整个股市的走势，于是，在可预见的大空头来临之前提前进场交易了。**从我判断出股市即将迎来大风暴，到大盘真正跳水下跌这两者之间的时间差，比我预估的要长很多，以至于让我怀疑后来发生的事实是否符合自己先前的判断。这就如同大家虽然看到了很多警示，但是利率还是在短期内会有飙升。空头格局来临之初，那些金融专家和市场观察家依然对市场乐观，至少他们对新闻记者是这样说的。而不久之后，市场果然反弹了，而且是大反弹，这样一来，那些大喊股灾即将来临的悲观者，就被打脸了！那时，你就会产生严重的疑虑——从大势上看空后市是否真的错了？自己过早做空只是暂时的错误还是根本就错了？

过早做空了股市，我知道这一点，但我就是控制不住自己的手。之后市场开始下跌我确认自己大赚的机会来了，于是全力做空股市。但股价再次强烈反弹，而且还创了历史新高。

就这样，我在空头市场里做空股市却被市场清理出局。

这就是结局，我看对了市场，却被市场洗劫一空。

远航精解 市场又给利弗莫尔上了更深的一课。**就是看对背景，但进入时机不对，同样会被市场绞杀。**市场真正转势之前，很多情况下还会继续向上测试，尤其要当心那种以急速的方式向上冲的走势，其目的首先是诱多，制造市场繁荣景象，让在低位没有买的人着急去抢筹；其次是扫空头止损，让过早做空的人交出筹码。

利弗莫尔此时在熊市空得太早却赔光的故事，后来发展的结果是大赚百万美元的胜利日。道出了他个人成长与交易之间的内在联系，**并非每个挣钱的案例都在一开始就做对，而是过程中需要有能化解危机的智慧，才能再次崛起，**最后能正确研判行情，并坚决执行才能大获其利。这样的历练过程才是投资者事业能蒸蒸日上的原因。投资者通常只看到大战百万的结果而不重视过程。事实上在大赚出场之前，需经历无数次的止损与调整，反思交易过程是摆脱错误的良方，因此，这一系列书籍是带我们去体验一个伟大作手的进步过程。

投资者在交易过程当中会犯很多错误，但关键是要总结犯错的原因，而使自己在后续的操作过程中少犯，剩下来就是挣钱的交易。**利弗莫尔是不断找出自己的错误而大幅盈利。**另一层面，股市的操纵者或者庄家却是靠别人的错误挣钱，如现在当今市场上有名的浑水公司，就是靠找出上市公司的财务造假而大举做空挣钱。

当行情在上涨过程当中没有高点出现，接下来可能进入整理状态也可能是到了顶部区域，此时我们不能只从技术角度来看，单纯从股价的跳动层面去解读，认为没有高点则趋势就会反转。事实上我们必须保留横向整理的弹性空间，大趋势中，一段整理区间去充分筹码交换是非常有必要的，清理浮筹，化解再次向上的阻力。投资者应观察区间内多空双方谁的力量更强，谁的力量更弱，以及最后是向哪个方向突破整理区间而做出具体操盘策略。

交易计划的重要性在进场之前就要先想好退场时机，预测目标清晰，操作就会有秩序。客观因素包括：当股价触及止损点、市场走势不如预期、怎么做都不顺、有资金压力；心理因素包括：对于行情感到困惑、失去方向感、没有信心、心思模糊不清、情绪产生冲动、心神不宁，这些都是应该退场的时机。

8.8 吸取教训，耐心等待

这次操作给我留下沉痛的教训。这种教训就像如下的场景——前方堆放着大量的钞票，钞票的旁边竖立着一个大牌子，牌子上写着“任君自取”四个大字。牌子的旁边还停着一辆运钞马车，车身上漆写着一行大字：“拉瑞·莱文斯顿运输公司”。周遭并没有其他人。看来这里的钞票就是我的，没有人与我争夺，这种美景就摆在面前，而我又抢先他人看到。假如那些人也能停下来多观察一下，他们也能看到这里的钞票。可惜当时他们的关注点在棒球赛上，或者正要忙于用我看到的钞票去买车买房。如此大量的钞票，此生我还是第一次看到。财富的诱惑，让我向它飞奔而去，但是当我快要抓住它们时，却被一阵风给吹到地上，等我爬起来，马车不见了。尽管钞票还原地没动，但是我无法将它们运走。这就是操之过急带来的严重后果。我所看到的这一大堆钞票并不是海市蜃楼，它们是真正的钞票。而我当时太急于证明我确实看到了这一大堆钞票，满脑子只想着尽快把它们据为己有，不能错过这个绝佳的财富机会。急迫的心情，让我忽略到了自己和钞票之间的距离，周围并没有人和我争抢，没必要飞奔而去，应该稳步前行才对。

这个场景，正好反映了当时事情的整个经过。当时我并没有考虑时机是否成熟，就贸然全力做空当，我应该先研读报价带数据，为做空的行动找出确切的依据。但那时我心太急切，并没有那样做。这次操作失败的教训让我明白，在空头市场初露端倪之时，最好不要急于全力做空。即使对即将下跌的市场做出了正确的判断，还是要给予耐心的等待，等到行情确定不会有大的逆转出现时再下手不迟。

几年来的交易使得哈丁公司对我充满信心。因为我在哈丁公司的交易量相当庞大，而且彼此关系融洽，他们笃定我会在极短的时间内再展雄风。他们知道我有奋力一搏的能力，只是我需要重新开始罢了。他们相信我不但可以很快恢复元气，而且还会赚到更多的钱。我为他们已经贡献了大量的佣金，而且将来还会贡献更多。所以只要保持我的信用，我在那里继续做交易应该不成问题。

接二连三的打击之后，我的自信已经没有那么强烈，也可以说从那以后我的行动不再那么草率鲁莽。那时候我一度濒临破产。最正确的做法就是耐心等待，认真观察。真后悔大力做空之前没能这么谨慎周全。我并不是说要亡羊补牢，而是下一次操作要全力做到万无一失。一个人如果能够持续不犯错，哪怕这样持续一个月，也足以让他赢得一切了。但是如果不能很好地从失败中总结出经验教训，那他永远不会有好的结局。

远航精解 从失败中认真总结，及时发现问题并予以纠正，这是利弗莫尔快速成长的源泉所在。每一次失败的交易都使他飞速成长，而每次爆仓的经历，都使他能跨越新的台阶。这就是伟大作手养成必不可少的优秀素质。

投资者在交易过程中大多都是经历痛苦的，其中大多数人选择不去回忆，绕道而行，甚至即刻忘掉。**而优秀的交易员不仅有勇气将这些心路历程记录下来，并且无私地与大家分享。**所有大幅亏损经历的投资者都应该彻底检讨自己失败的经验，交易记录的功能在于温故而知新，使自己快速调整到正确的交易方式中来，使交易记录功能产生最佳的效果。当操作策略受市场考验发生亏损时，投资者信心自然受到打击，而能坦然接受亏损，并有勇气改正才是成为优秀交易员的必经之路。

我们要正确地对待交易结果，倘若交易结果是赚钱的，但里面却蕴藏着错误的逻辑和错误的交易习惯，此时，投资者正在积累酿成大祸的行为；反之，虽然交易结果是亏损的，但却是在交易过程中运用正确的交易法则，细心调整到少亏的结果，那么这是守纪律的行为。换言之，**操作的正确与否不能单纯用盈亏的数字来论述**，必须再深入细看盈亏数字背后的变化过程。**盈亏数字不是重点，重点在于做对时可以多赚，做错时要少亏。**

8.9 嗅出市场大空头的味道

大北方铁路特别股多年来都利好不断。现在他们又宣布了一个好消息，持股人有权按面额认购他们增发的新股。那时大北方铁路股票的市值一直高于面额，所以按额认购新股对持股人来说是非常划算的。当时大北方特别股的股价大约是330美元，但当时市面上资金紧张，持股人能否认购，连当地最大的银行心里也在打鼓。

一到营业厅我就对艾特·哈丁说："做空的时机到了，我要准备做空。看看那个公告，你就会明白的。"

等哈丁看完公告之后，我就以我自己的观点来解读这些银行家宣布这则通告背后的寓意。但他并不大认同市场即将崩盘，他认为即使市场即将崩盘，也应该先观察，然后再决定是否大举做空。因为通常情况下，市场在大跌之前往往会逆向地表现为大涨。观望一下，可能会导致做空进仓的价格错失了高价，但那样会更安全。

我对他说："艾特，等待越久，股价就会下跌得越多。那则公告上所透露出来的银行家们的担心也正是我们希望得到的机会。公告透露的信息告诉我，股价即将大跌，而这正是我们要等待的机会，如果手上有1000万美元，我也会毫不犹豫地全部用来做空。”

对一个正常人来说，很难理解我对那则公告的解析。这不得不让我费尽口舌，给他做出更多的解释，而这个解析对我而言已经构成了全力做空的充要条件，但这些条件对那些营业厅里的绝大多数人来说，做空的信号还不够明确。我先做空了一些，但数量实在是微乎其微。

没过几天，圣保罗铁路公司也发出了发行有价证券的公告，我也记不清当时的有价证券是股票还是债券。但无论是哪一种，都已经不再重要。重要的是，圣保罗要求的交款日期正好早于大北方和北太平洋铁路所发行新股的交款日，这说明什么，你看懂了吗？圣保罗企图早于两家铁路公司抢收募集资金。这就好比在公开宣誓，他们正在和两家铁路公司争夺华尔街目前仅存的流动资金。当时市场上根本没有足够的资金来支撑三家公司新股的认购款。这样，圣保罗的银行家们忧心忡忡，而他们绝不会谦让地说：“你先请，亲爱的铁路公司的大佬们！”一旦资金真的变得紧俏的状况被银行家们掌握了，那么，接下来会发生什么状况呢？铁路公司募集不到他们急需的资金，接下来又会发生什么呢？

一切都显而易见，做空，当然是做空！市场的冤大头们只顾着直勾勾地盯着股市，他们只看到了那周已经发生的行情，除此之外，他们什么也看不到。智慧的股票作手，会从很多信息里，看到接下来一整年的行情，而这正是市场的一般投资人与出名的股票作手之间的根本区别。

远航精解 会下棋的高手可以推算出未来的十步棋，而不会下棋的新手则只能推算未来的两步棋，路死谁手不言自明。**利弗莫尔通过掌握到资金筹码相关的信息来研判大势**，他的朋友则是凭着股票跳动来判断涨跌方向。虽然两个人谈的都是顺势操作，但注意到的影响因子的等级却差很多。一位能在庄家之前，另一个则是卖在庄家之后了，进场操作的时间点，显现出交易者的看盘功力。对利弗莫尔来说，他目光所注视的不只是盘面跳动的数字，而是对大环境变化的全方位思考。此处，他谈到资金面紧缩是投资市场最大的灾难，接着谈到资金紧缩的危机将导致利率上扬，卖股存款利率与股价竞争的负面循环。这种联想力和推理能力是获得操盘优势的原因之一，它能够给你提供整体的轮廓，但这需要许多扎实的基本功。

在归集关于如何行动策略的资讯之前，利弗莫尔总喜欢提到正反两种意见，这是在提醒你针对同一事件的解读，不同的看法会产生很多差异。纵使看法相同也会有短空、中空或长空的不同等级。因此我们在分析市场讯息时，经常运用反证法，从另一个侧面去验证反方向的错误性，即是对正方向的再次确认。

单纯依靠白纸黑字写清楚的信息是无法挣到钱的，只停留在表面的信息层。赚钱要靠思考力，解读资讯要能产生化学变化，要有转化以及思维发酵——“酿”出来的感觉，要得到这种“酿”出来的智慧，必须要经历长期的积淀及自我升华。

8.10 根据市场逻辑下手做空

我感到不能再有所迟疑，于是下定决心开始做空，那天早晨我迅速行动。这是我首次采用此种方法操作，而且自此之后，一以贯之。哈丁知道我的想法和决定后，他不再反对。于是，我以 330 美元上下的价格开始做空大北方铁路的特别股，同时对其他高位的股票也开始做空。我从过去的错误中汲取了宝贵的经验，这次做得特别顺利。

一转眼，我的信誉和名声又得以爆棚。不论是源于运气，还是操作技巧，对经纪公司而言，只要是下对了单，赚了钱，就都是一种好事。而这一次，与以往不同的是，我完全正确的操作，既不是源于直觉，也不是运用了研读报价带的能力，这次的操作完全是基于对整体市况影响因素的综合分析得出来的结论。这样一来，做空股票并不需要鼓足勇气。因为这时的市场除了下跌之外，再也没有其他的可能。所以我必须迅速地采取行动做空。除了“一根筋”地做空之外，还能做什么呢？

整个市场低迷沉闷。不久之后，一波反弹出现了，于是很多人跑来对我好言相劝。他们警告我说，下跌行情已经结束，大空头们已经决定平仓做多惩罚这些市场的坚定的空头分子。对那些市场的冤大头，他们绝不心慈手软，这点人神共知。对这些前来劝说的好心人，我通常不会与他们争辩，我不想让他们立刻就感到我对他们的警告置之不理，我可不想让他们感觉我是一个油盐不进、不知好歹的家伙！

一览众山小

远航经验知识点导航图

时代背景

案例分析

己彼

市场认知

市场特性

- 投机资市场只有永远的利益 22.8/P432
- 投机市场没有『常胜将军』4.4/P73
- 投机资市场不缺传奇 11.5/P221
- 理论和技巧的差异 5.2/P90
- 熊市中的反弹 8.2/P142
- 唯一不变的是人性 19.2/P365
- 垄断的特点 19.3/P366
- A股市场与当时美国市场的区别 19.1/P363
- 小道消息往往是陷阱 16.1/P310
- 期货和股票市场的异同 15.3/P300
- 投资组合的重要性 14.14/P295
- 股票经纪扮演的角色 24.1/P453
- 利润与风险的共生性 21.3/P393
- 基本面消息与股价走势的相关性 1.3/P6
- 市场博弈的本质 15.2/P298
- 市场的不确定性 14.12/P293
- 股价背后的推手 1.3/P6
- 投机市场的本质 1.9/P20

市场风险

- 重大突发事件的影响 9.7/P178
- 高杠杆的危害 19.5/P371
- 『新瓶装旧酒』的伎俩 22.2/P415
- 代客理财的注意事项 14.1/P272
- 『黑天鹅』事件时有发生 14.6/P283

投资理念

- 模拟与实战的区别 3.1/P44
- 初入市场投资者的可选策略 21.5/P397
- 大作手操盘的整体脉络 20.8/P388
- 基本面和技术面结合 10.4/P192
- 分散投资以防控风险 10.3/P191
- 站对『风口』才能起飞 21.1/P391
- 大牛市的节奏 14.7/P284
- 交易系统的作用 10.11/P206
- 如何对待亏损 8.3/P144
- 中小投资者面临的困境 8.3/P144
- 交易的舍与得，及时止损 3.2/P45
- 重视风险，关注高盈亏比交易 2.9/P41
- 『先胜而求战』7.1/P125
- 对的操作逻辑 2.2/P24
- 遵纪守法为第一原则 21.7/P400
- 把投机当成一项事业 3.4/P47

交易习惯

- 专业交易员如何利用小道消息 16.5/P318
- 不对政策过分依赖 24.3/P456
- 冷静看待『高送转』题材 24.2/P455
- 以辩证的思维观察市场 23.7/P447
- 所谓价值区域是否要抄底 23.6/P445
- 客观才能判断更准确 21.8/P403
- 如何面对重大消息 10.7/P197
- 如何对待消息面 7.3/P132
- 纸上谈兵终觉浅 6.5/P119
- 过早做空的危害 8.7/P149
- 熟悉的领域才能做单 2.6/P33

操盘技巧

- 层次
  - 潜藏表层走势图下的主力操盘逻辑 5.1/P86
- 执行预案
  - 大小周期结合运用 9.6/P176
  - 选取适合的交易周期 8.5/P147

仓位管理

- 『金字塔加码法』及注意事项 7.4/P135
- 空单的止损点 6.7/P123
- 控制盈利回撤 22.7/P428
- 如何坚定持仓 5.9/P104
- 买入时的仓位和心态控制 5.10/P105
- 首仓进入后适当提高容忍度 15.4/P302
- 试仓后需市场验证才能加码 10.10/P204
- 试仓单的用途 7.2/P128
- 做大波段——平仓（翻译正文部分）6.4/P117
- 做大波段——加仓 6.3/P116
- 做大波段——开仓 6.2/P114
- 大牛市多头的操盘技巧 14.8/P286
- 利弗莫尔买入、持仓、卖出技巧 5.7/P99
- 仓位决定心态 10.2/P189
- A 股投资者如何分散风险 23.8/P449
- 大资金与小资金操作的区别 8.2/P141

时机把握

- 进场时机和遵守纪律 2.2/P24
- 顺最小阻力线操作 10.5/P193、10.6/P195
- 盘前拟定操作策略 9.3/P169
- 做『突破』的操作技巧 9.2/P167
- 扣动扳机的时机 7.4/P134

辅助验证

- 开仓后需复盘验证 13.6/P266
- 『反证法』的作用 8.9/P154
- 如何检讨错误交易 5.11/P107

危机处理

- 正确对待『空头打压』23.9/P450
- 如何面对主力打压 15.7/P307
- 突发事件的处理 11.7/P228
- 主动出场与被动止损 5.4/P93
- A 股国内市场的一些『坑』4.3/P71
- 风险控制 1.8/P16

注意事项

- 震荡市操作的注意事项 14.10/P289
- 时间因素对操盘的影响 8.2/P142
- 切勿过早做空 19.4/P369
- 实战中空单的注意事项 18.1/P352、18.2/P354
- 选股时的注意事项 17.7/P345
- 不清楚规矩九贸然进入市场为交易大忌 2.5/P29
- 隐形交易成本之『滑点』2.4/P28
- 降低交易成本的重要性 2.1/P22
- 遵守规则 2.9/P40

- 利弗莫尔做大波段展现的特质 6.4/P118
- 经验的重要性 17.8/P347
- 『知彼』的过程 14.4/P280
- 专业交易员与普通投资者的区别 11.3/P214
- 小人格局注定失败 22.9/P433
- 宣传对于庄家的重要性 20.6/P384
- 名望的负面效应 20.1/P374
- 运气不会一直好下去 16.8/P323

自我提升

本书的翻译部分是以利弗莫尔人生的故事线为轴贯穿始终。远航博士的解读部分是本书的精华所在，也是对于市场实战而言最有价值的部分，对于有一定市场经验的读者尤为重要。为了让读者朋友们更好地阅读本书，快速找到自己感兴趣的内容，作者对解读部分所涉及的知识点进行了梳理归纳，并以地图的形式呈现给读者，愿能节约读者朋友们的宝贵时间，拥有更好的阅读体验！

那个曾和我一起去大西洋城度假的朋友，此时正在痛苦中煎熬。他完全能够理解地震大灾难之后会发生什么事情，他也不得不接受我靠直觉的冲动做空联合太平洋铁路居然能让我大赚特赚，进账 25 万美元。他甚至怀疑上帝是否在冥冥之中帮助了我，他在看多的时候，却让我在做空中赚钱。他也可以理解，在萨拉托加二次操作联合太平洋铁路的时候，由小道消息带来的一只股票的上涨。尽管以上他能理解，但是断言全部股票都要下跌的预测，让他十分不解甚至愤怒，全部投资人都会赔钱，那于大家究竟有什么益处？到时候所有的投资人都置身空头赔钱的时候，你还能指望一个绅士温文尔雅地告诉大家应该做什么事吗？

这让我想起帕特里奇挂在嘴边的那句话："所有的人都清楚，现在是多头市场。"对于一个灵感的聪明人来说，这句话会受益终生，事实上也是如此。但有一点很奇怪，在许多人遭受 15 点至 20 点的严重损失之后，他们却仍然能够抱有原来的头寸，然而一旦他们看到有两三个点的反弹就会兴奋地认为市场开始反转即将大涨。

有一天，一个朋友跑过来问我："你的空单平仓了没有？"

我回答他："为什么要平仓？"

"你有最好的理由啊！"

"你说的理由是什么？"

"挣钱的理由啊！股价已经见底，下跌后会反转上涨，你说不是吗？"

我回答他说："是的，股价触底会反弹，但目前它不会回升。经过几天震荡之后，还会重拾下跌的走势，所以我不会平仓空单的。"

听我这么一说，一位股市的前辈回忆起了曾经发生过的故事。他说，我的朋友威廉·特瑞沃斯（William R.Travers），当时他坚决看空股市，而他的朋友们却大都在看多。他们各自表达了对股市的看法之后，他的朋友说："特瑞沃斯先生，现在多空双方在此僵持，市场已经跌无可跌，为什么还在看空？"特瑞沃斯反讥说："是的，是在僵持，像个死尸一样僵持不动。"他之所以这么说，是因为他去过这家公司，看过他们的财务报表。这个公司的员工问他："先生，请问您对我们公司感兴趣吗？"特瑞沃斯回答说："没错，对于贵公司我确实感兴趣，因为我已做空了 20000 股贵公司的股票！"

整个市场的反弹越来越无力，我在全力做空。我每次都是以几千股的规模做空大北方铁路特别股，每次只要我一这么做，其股价就会下跌几个点。那时，我还发现其他几只股也比较疲软，我也一并对它们做空了一些。当时所有的股票都已经进入下跌态势。只有一家公司例外，那就是雷丁公司，这给我留下了深刻的印象。

远航精解 此时的利弗莫尔操作手法和心态已经很成熟，补足了以前持仓过早了结的短板。这次是应用在全力做空上。确实，在下跌过程中，反弹是不可避免的，这是趋势的一部分。关键是操作者如何看待这个反弹。我们要在下跌趋势中观察反弹的力度，是否是真正的需求上来，还是只是因为空头平仓带来的无内在动力的反弹。所以，看到了这点，是利弗莫尔坚定持仓的信心所在。此时的他也不会受别的好心人的干扰，而是稳定地根据自己的判断和经验来独立操作。

投资者要有排除杂讯干扰的能力，才能在大趋势中抵御震荡，坚定地守住仓位，达到挣大钱的境界。产生杂讯的原因分外部和内部两种。外部杂讯：政府或上市公司的护盘行为，媒体或专家不停地鼓吹进场的时间到了、迷惑投资人进行抄底等；内部杂讯：包括投资者心理因素的影响，获利就想尽快落袋为安，造成拿不住获利仓位。殊不知，在主跌段之后，还有末跌段制造恐慌的阶段，那是做空最挣钱的阶段，市场恐慌情绪宣泄达到极限，打破任何多头的希望，纷纷割肉的过程才算告一段落。而一些波段操作者总是觉得跌得差不多了，导致太早止盈离场并马上反手做多，以至于除了失去主跌段加末跌段的利润之外，还赔掉了原来所赚的利润。另一些多头总是有贪便宜的心理，觉得股价经过一波下跌，已经很便宜了，因此在中途抄底，导致抄在了半山腰上，给主力站岗。

2015 年 A 股经历三次股灾，上证指数第一波 18 个交易日内从 5178 点暴跌至 3373 点，短期跌幅高达 35%，政府、公募基金、券商等国家队抄底资金第一波介入，但这部分资金无法扭转主跌趋势。市场短暂反弹之后开启第二波下跌，继续创新低后缓慢爬升，再次经历第三波下跌到达 2638 点。此后在经过长达一年多的熊市之后才平稳。值得一提的是，市场 2019 年 1 月开启上涨之前又经过一波急跌，致使上证最低跌至 2440 点。此时市场弥漫着恐慌气氛，黑天鹅满天飞，上市公司业绩暴雷，股东质押爆仓，董事长被抓等负面消息不绝于耳。媒体专家还预测此轮最低跌破2000点。此时所有人都对市场非常悲观，众多散户选择割肉了结痛苦。此时，机会则从危险中诞生，之后开启了一轮快速上涨，一些热门板块的龙头股还创了新高。市场即是如此，往往在恐慌和绝望中诞生机会。主力收集好散户带血的筹码之后，即开启新一轮的牛市。

8.11 做空雷丁公司

当时，所有的股票都在急剧下跌，唯有雷丁公司的股票就像直布罗陀海峡的巨石一般屹立不倒。大家都在议论，可能这只股票的筹码被人锁仓了，它本身的表现也确实如此。很多人都在说，如果做空雷丁公司的股票，就无异于自杀。尽管那时交易大厅还有许多人和我一样看空雷丁公司，但是一旦有人建议他们做空雷丁公司，他们就会大喊："得了，别再害我了！"我坚持看空雷丁公司，所以我做空了一些。同时我也找了其他一些疲软的公司来做空股票。那时，我通过研判报价带也买了其他几只股票，这让我轻松地赚了一些钱。

有几个控股集团在控制着雷丁公司的股票，这种相关说法，我也曾有耳闻。据说操纵者是一个财团，实力非常雄厚。按照一些朋友的说法，这个财团掌握着大量的低成本筹码，他们持有的雷丁公司股票的平均成本远远低于目前的市价。此外，据说他们和银行的关系比较密切，他们通过这些银行以雄厚的资金大量地持有雷丁公司股票。只要他们能坚守目前的价位，就不会改变他们与银行之间的联盟关系，听说他们之中有一位的账面利润已经超过了300万美元。在这样的情况之下，即使股票价格有所下跌，也不会让银行对他们断供资金，这就是这只股票在如此大空头的格局中，其股价依然高居不下的原因。那时交易大厅里的投机人，都瞪着两只眼睛盯着雷丁公司的股价，时不时地做上一两千股空单，对它进行试探，但当时并没有出现任何跟单的情况，无奈之下他们也平仓了空头头寸，又去寻找其他容易得手的股票了。那时，我也隔三岔五地做空一些雷丁的股票，我这样做并不是因为我和雷丁公司较上了劲，而是完全依照自己新的交易规则在行事。

按理性判断和交易规则做空雷丁

要是在过去，如果雷丁公司的股票如此强势，我做空它或许会落入他们的圈套。报价带上显示的数据一直在告诉我：“别碰这只股票！”但另外一方面，理性的分析又告诉我，并不是这样的。我当时的判断是，股市会进入全面大跌，任何一个财团的支持都无法改变这个大势的发展，所有的股票都难逃一劫。

后来我才发现，是因为华尔街不敢任其被做空，才使得雷丁的价格一直坚挺不下。因此有一天，我同时在两家经纪商放空了它，每家各做空 4000 股。

如果你能到现场看看就好了！这只被财团操控，在市面上被说成做空它就等于自杀的股票，在我那些空单的强烈袭击下，终于无力坚持而开始暴跌。随后，我又加码做空了几千股。一开始做空的价位是 111 美元，没过几分钟，我就以 92 美元的股价平仓了我的空单头寸。

自此以后，我的操作越来越顺利，到 1907 年 2 月，我平仓了所有的空单头寸。至此，大北方铁路特别股下跌了六七十点，市场里的其他股票的跌幅也都差不多。我打了一场漂亮的战役！当时我全部清仓的理由，是我认为股价已经基本反映了近期的市场状况。

远航精解 所有的走势都是由短而长，等级是随着时间而逐步转换的，大空头也是由短空、中空到长空。此处所谈的走势已来到中期的中场休息阶段。**空单出场不代表多单就可以立刻进场，不可以买进也不代表就可以立刻放空。**

不人云亦云，而是根据自己的判断来行事，是利弗莫尔能够获取利润的关键因素之一。另一方面是，覆巢之下无完卵。再强势的股票，在市场大跌背景下都是要下跌的，只不过强势股往往是最后一波下跌，击垮所有人对市场的期望，形成恐慌而已。在此，并不是建议强势股都要学利弗莫尔去做空，因为有可能空在次高点，可能还有一个急速上冲造成损失；而是提醒投资者，在市场处于熊市，绝大多数个股下跌时，不要再做多所谓的强势股，风险大，收益小。

8.12 “独行侠”最可信赖的朋友——市场基本情势

我这个股市里的独行侠，喜欢独来独往独自操作。从一开始在对赌行我就是这样操作的，这种习惯做法一直保留到现在，这是我的操作风格，从观察到思考到交易，我都是独自操刀。但在这里我一定要告诉你，当股市沿着我的预判全面展开时，我感到平生第一次有了全市场最好、最真实的朋友联盟，这个朋友联盟就是市场的基本情势。市场的基本情势，总是竭尽所能地帮助我，尽管有时它反应有点迟钝，但只要我有耐心，它最终总是那么值得信赖。这次我抓住的交易机会，既不是来自于报价单的数据，也不是来自于我的直觉，而是完全来自于市场里发生的事实。根据市场里发生的事实和演变的逻辑，推演出了基本的情势，这就是我交易决策的坚实依据！

最靠谱、最正确的操作模式应该是这样的——依据基本情势而动。基本情势是我在市场的真心伙伴，是它告诉我市场会全面下跌。但雷丁公司的股价屹立在那里坚如磐石，这使我感到蒙羞。看到它如此坚挺，不管不顾整个市场的情势，这让我略感困惑。在整个市场里，它是唯一没有下跌过的股票，它也理应成为这个市场里最好的做空标的。等到资金面出现紧张，一旦哪个财团握有的大量雷丁的筹码开始松动，他们将无力持有，这样一来，早晚有一天这些银行家的朋友也不会比市场里的投资人好过多少。而且在这样的空头大格局里，雷丁公司的股票绝不会独善其身，它一定会加入到大跌的潮流，难逃下跌的命运。

如果雷丁的股票一直不会下跌，那么我的交易理论就错了。如果我错了，也就说明我推演的事实错了，当然推演的逻辑也错了！

1907 年 2 月我平仓了所有的空单头寸后，虽然我预判近期会出现一个相当规模的反弹，但我并不打算立即进场，因为我觉得我不适合在这种市场里操作。

我曾在对赌行赚到过第一个 10000 美元，但不久我就赔光了。因为那时每天我都在进进出出地频繁交易，却很少关注市场状况是否适合交易。如今，我再不会犯那样的错误，而且我也不会忘记，就在不久之前，因为时机还未成熟，我过早进场做空而让我濒临破产。现在既然有了一大笔利润，我只想落袋为安。唯独这样做，才能让我真实地感受到自己正确操作换来的胜利成果。过去反弹曾经让我一无所有，这一次我可不想再一次陷入反弹的符咒。所以这一次我明知道会有大的反弹，也选择了不再进场交易，而是选择了去佛罗里达州度假休息。在那里，我既能得到休息，又能享受钓鱼的快乐。顺便说一下，此时直通电报已经将华尔街和棕榈滩之间联结起来了。

远航精解 **坚持独立判断，以市场发生的事实为依据进行操作是奠定利弗莫尔成为伟大作手的基石。**“根据市场里发生的事实和演变的逻辑，推演出了基本的情势，这就是我交易决策的坚实依据！”是利弗莫尔交易系统上升到另一个层级，逻辑推理，推演出下一步可能的走势，并进行有效的执行。

另外，他总结之前获利大幅回弹甚至让他爆仓的经历。在预判到一个大的反弹时，不贪心，及时止盈锁定既有利润，也是更加智慧和成熟的表现。一波一波吃是个人投资者非常好的选择。当自己持有的仓位大幅盈利，并且出现停止行为时，此时的盈亏比已经很低。换言之，此时在场外的资金已经不愿意再进来，这时可以选择先把大部分仓位了结，锁定利润，之后少部分仓位，用盈利去博后续可能的利润。或者是选择直接全部平仓，好好休息，放松身心，耐心等待下一次机会的出现。

利弗莫尔的操盘技巧是靠一次又一次交易经验逐步积累来的，他的预测能力是靠研判一根又一根K线练出来的，在大家积极地想脱离贫穷快速致富的时代，似乎忘掉了独处休息的重要性，独处休息是自我净化自我调教的阶段，能够让你真正安安静静地去思考。多观察趋势形成的状态，震荡整理形成的状态。多空力量孰强孰弱，谁在主控市场。多看、多研究、多思考市场谁在暗中使劲，花了大力气是否取得应有的成果。看多了主力的诱骗过程，自然而然对于市场的一些诱骗、公众的套路形成了免疫。**在市场上操作其实就是盯防尔虞我诈的过程，你不知道对面的对手是谁，但你知道如何通过观察对方的手法来躲避诱骗。**

第九章

洞见流动性危机，站上王者之巅

9.1 股市异常反弹

我开着游艇在佛罗里达外海钓鱼玩乐，因为那时手中没有股票，心情很放松，玩得也就很开心。一天几个朋友从棕榈滩到游艇来看我，其中有个朋友带着最新的报纸。我这几天只顾游玩，连报纸也没看了。对上面的新闻我并不感兴趣，我扫了一眼报纸，发现股市已经反弹了十多个点，这种反弹出乎我的意料！

我和这几个前来的朋友一起上了岸。股市大幅下跌以后出现了反弹，这种适度反弹是合情合理的。但现在的大空头市场并没有结束，很多人，包括华尔街的人、愚蠢的大众就急于进场做多了。他们把股市的反弹拉高到了超乎常理的位置，这忽略了流动性严重不足并没有得到任何改善的状况。我受不了这些，就想回到股市看看情况。虽然我还没决定会如何行动，但我此时急切地想知道市场的报价。

你知道，哈丁兄弟公司作为我的经纪人已有多年，他们在佛罗里达的棕榈滩设有一间营业处。我一进去就看到了很多熟悉的面孔，他们谈论的话题也都是有关这次股市反弹。这些人大部分都是做短线的，他们根据行情的报价进进出出，并不需要对市场看得太远。之前我已经说过我是怎么得到"交易神童"这个封号的。当然，股市里边的人对那些他们认为有能力的人总是夸大其词。这里的人，听说我在纽约做空股市大赚了一笔，他们倒是希望我再放空一次股市，来打击一下那些市场里的多头们。那个时候，虽然他们认为股市还会有一段时间的上涨，但是他们宁愿看到我再次做空股市来惩罚那些多头。

因为前一阵子承受了不小的心理压力，需要放松一下，所以我在佛罗里达尽情地游玩钓鱼。看到股市已经反弹那么多，我觉得自己的休假应该结束了。回到岸上，我还没有详细的计划，但此时此刻，我知道接下来要做的就是放空股市。我感觉我的判断是正确的，但是用来验证自己是否正确的唯一办法，那就是用钞票来交易股票。那时候我感觉对我来说，最能体现忠于自己的举动，便是要放空整个股市。我清楚地知道这种举动并不鲁莽，它是一种积极的、谨慎的，而且是有大盈利可期的。

远航精解 从技术层面来说，主趋势向下，而盘中的次趋势反弹，尤其是反弹末端产生一个抢购高潮，很有可能是最后的疯狂。第一是让空头止损出局；第二是让公众认为牛市延续，再次蜂拥买入。殊不知正中了主力的圈套，大资金都在趁反弹出货，和公众站在对立面。而利弗莫尔也敏锐地捕捉到了这个机会，体现了他对机会的敏感嗅觉。对公众情绪的观察和对股市早有的预判，使其再次入场。这样的判断和行动变成了他的一种本能，下意识的动作。

投资者必须认清自己就是投资蓝海中的一叶扁舟，对市场的影响力是微乎其微的。由于个人投资者资金体量和信息获取渠道的限制，深度研究能力的短板，根本无法扭转主趋势，也无法靠运气经常买到最低点卖在最高点。只有正确地自我定位，才不会贸然在下跌格局买进股票，或在上升趋势中放空股票，企图买到最低点卖在最高点。因为这是想截断原趋势的行为，属于彻底的逆势思维。避开冤大头的错误行为属于防守行为，认清自己的实力，看懂主力是如何造势的，避免散户的错误行为，则在投资过程中能有效保护自己的资金。

投资者不能太固执或执着于自己的看法，更无须让自己的情绪困住视野，否则偏见将起。投资要永远容许自己有退路，先检视自己的看法为何与市场的共识不一致，针对自己的偏见仔细探讨并做相应的调整。

当你失败时别人却成功了，该如何看待别人在市场的成功，不要只看到显现出来的成果，应该想到他付出了什么才获得盈利的结果。牺牲休息时间研究这些都是在为盈利打基础。**赔钱的投资人总是临时拍脑门做决策，而成功的人则是提前做未来该做的事。**

9.2 做多异常及时止损

我在报价板上看见的第一只异常股，便是安纳康达。其时，它的股价正在突破 300 美元。它跳跃式的上涨，是在告诉我，它的背后有个集团在积极做多。据我的经验，当一只股票第一次突破整数（比如 100 美元、200 美元、300 美元）关口时，股价往往表现为连续上涨，而不是在此停止不前。所以，当你看到一只股票突破整数关口时，你就要买进，而且基本上都能赚到钱。我的经验告诉我，此时正是赚钱的好时机。但是，对于胆小的人来说，在股价创立新高时，他们并不敢买进。

安纳康达的发行面额是 25 美元，就是说此时 400 股的安纳康达才相当于 100 股普通股的“完整股”，根据我的判断，当它突破 300 美元以后会继续上涨，而且可能很快就会达到 340 美元。

请记住，此时我是看空整个股市的，但是这并不妨碍我根据报价带来研判行情进行交易。因为安纳康达果真如我的判断那样，突破整个关口以后会快速上涨，所以当安纳康达突破 300 美元的时候，我就买进了它，以证实自己的观察和判断是正确的。话说回来，我知道自己此时应该耐心等待，管住自己的双手。但我这个人天性喜欢波动的股价，任何快速波动的股价对我都具有强烈的吸引力，而此时，安纳康达显然就是我喜欢的这一类。

当时的报价带显示着买盘比卖盘要强劲得多，大盘的反弹势头可能还要持续一段时间。所以我告诉自己，一定要谨慎一些，耐心等一等之后，再去做空。当时想的是在等待的同时，也可以为自己赚一点零花钱，因为当时判定只要安纳康达突破 300 美元以后，就能让我快速赚上 30 个点，所以我在当时看空整个股市的时候，却做多了这只股票。当时我买进了 32000 股的安纳康达，也就是 8000 股的“完整股”。虽然这赚头并不是太丰厚，但是我认为我的道理没有错，一定能赚到钱，而且自信地认为，这次获利后将增加我的保证金以备日后放空股市。

第二天，电报被中断了，因为北方下了一场暴风雨。由于无法交易，只能闲聊，或者是猜想下一步的行情发展。我在哈丁的办公室里等待消息，接到了一个电报，那是当天的唯一一个报价，安纳康达那时跌到了 292 美元。

当时有一个经纪人跟我在一起，我们是在纽约时认识的。他知道我手上有

8000股安纳康达的多头仓位，我猜想当时他也持有一些，因为我看到他对那个报价也大吃一惊。他判断不出接下来股价是否还会再跌10个点，而我当时告诉他“别担心，约翰，明天股价就会涨上来的”。因为当时我判断安纳康达回档20个点也属正常，我当时确实是这样想的。但他看着我失望地摇了摇头，他以为我当时说这些话是为了安慰他一下。我继续等待终端的电报再传来消息，可那一天，再没等来电报。当天我们得到安纳康达的唯一报价是292美元，这意味着我的账面亏损大约已经达到了10万美元。我原本以为，能在安纳康达上轻而易举地赚些钱，但没想到很快尝到了恶果。

隔了一天，电报的线路修好了，报价也能如期传达了。那天，安纳康达以298美元开盘，很快就涨到了302 3/4美元，不过瞬间又跌下去了。同时，市场上其他的股票也再没有出现上涨的迹象。于是我做出了如下判断：安纳康达一定是假突破（Fake Movement）。只要它再涨回到301美元，我必须全部卖出。如果它是真突破，当它的股价达到300美元时，就应该快速达到310美元以上。如果发生后一种情况，我就会被突破打败，那就证明我错了。一旦意识到自己犯错以后，唯一要做的事情就是立即停止错误。因为我原来期待它上涨30至40点，才买进了8000股完整股，这是我在这只股票上犯下的第一个错误，但这并不是最后一个错误。

果然，当安纳康达涨到302 3/4美元以后，又跌回了301美元。当它一触碰到这个价位时，我就立刻跑到电报员身边对他说：“请把我8000股的安纳康达全部清掉。”这个电报能直接发到纽约。当时我说话的声音很低，免得别人听到我在做什么。

电报员有些疑惑地看着我，但我坚定地点了点头：“全部清出！”

“是的，莱文斯顿先生，用市价执行吗？”他似乎在担心我会因为执行了不当的价格而造成巨大的损失，但我当时只是对他说：“卖就好了，不用管那么多！”

我在下达交易指令时，布莱克兄弟俩吉姆和奥利也正在交易厅，他们应该听不到我和电报员的对话。当初他们是芝加哥著名的小麦期货作手，现在他们在纽约证券交易所已经是举足轻重的人物了，他们是股票大玩家，而且拥有雄厚的资金。

当我从电报员那里走开，回到我在报价板前面的座位时，奥利·布莱克对我微笑着点了点头。

他笑着对我说：“拉瑞，不久以后你会后悔的！”

我问他：“你说我会后悔什么？”

“我猜想等到明天你会重新把它买回来的。”

“你说买回什么？”我没对其他任何人提到过卖出股票这个事儿，除了那个电报员之外。

他说：“你今天把安纳康达卖出了，明天就会花 320 美元把它买回来。拉瑞，你这样做，并不太明智！”

“你说什么？”我疑惑不解。

他说：“你刚才坚定地市价卖出 8000 股安纳康达。”

他很精明，常常利用内幕消息做交易，这我知道。但他怎么知道我刚才下的交易指令，我确信那个电报员不会出卖我。

我好奇地问他：“奥利，请问你是怎么知道的？”

他笑着回答我：“查理·喀拉泽告诉我的。”说话时他用手指了指那个电报员。

我说：“不可能！他并没有离开那个位置。”

“我并没有听到你们在说什么，但是他给你发到纽约的电报的每一字我都听清了。曾经在几年前，有个电报员给我发错了指令。从那以后，我学会了听懂电报发送。每当对电报员口述下单时，我都会确定他是不是按我的指令发送出去的，我一定要确认他以我的名义所发出的内容。话说回来，安纳康达会涨到 500 美元的，你把它卖掉一定会后悔的！”

“这次我不会后悔的，奥利。”我对他说。

他眼睛盯着我说：“这次你太过自信了！”

我说：“我是靠行情报价带做判断的，并不是依靠我的自信。”这个交易厅并没有报价带，当然也不会有什么报价单上的数字，他明白我说这话的意思。

他说：“如果只看报价带，却无视股票波动变化，这就好比拿着列车时刻表，等待着火车进站和离站一样。我是说，买卖股票不能只凭片面的数字变化，要依照全面性的股价变化。好在那些只看报价带的人，把自己关在了软包的房间里，不会因为做错事撞墙而死。”

我没再理会他，因为此时有服务人员递过一张便条，显示出他们已经将5000股卖出，成交价是299 3/4美元。你知道的，这里的报价会滞后于纽约，我给电报员下指令卖出的时候，这里的报价板上显示的价格是301美元。可以肯定的是，当时纽约证券交易所卖出的实际价格应该更低一些。当时我就想，如果有人以296美元的股价接手我手上的安纳康达，我会欣然接受的。这再一次证明了我不用限价交易的做法是正确的，假设当时我以300美元的限价方式卖出，很显然那是无法脱手的。那时我在对自己说，一旦下定决心卖出，那就尽管脱手，不要再去计较什么价位。

我买进的成本大约是300美元。最先以299 3/4美元成交了5000股，后来的500股再以299 3/4美元成交，随后以299 5/8美元的价格成交了1000股，299 1/2美元成交了100股，299 3/8美元成交了200股，299 1/4美元成交了200股，最后的1000股，以298 3/4美元全部卖出。哈丁公司那些聪明且能干的场内交易员们，花了15分钟才将最后1000股卖出，他们尽力了，他们已经尽可能地把股票卖在高点了！

远航精解 此次利弗莫尔利用他个人的喜好，在股市空头氛围中，挑选一只强势的股票做了一笔短线多单，有详细的入场计划、风控、资金管理等。这种逆主趋的短线单必须快进快出，而且情况不对，必须得做好止损的准备。一旦发现自己的头寸做错，立刻止损出局是利弗莫尔必备的保险之一。证明他除了对机会的敏锐外，还有对风险的预判。**进场时，投资者对自己的分析具有足够的信心，心中有谱，做错时，止损也有足够的勇气和执行力。**止损考验一个交易员对风险的嗅觉以及承认错误的勇气，涉及果断的执行力。如果此时利弗莫尔没有果断地止损，那么后面的结果将是灾难性的，更不可能有后续反手做空的时机和能力，最终的结果将是天壤之别。

一些重要的支撑和压力位置的**突破的操作技巧，包括整数关卡的突破，重点在于观察股价突破的速度、幅度，以及冲过之后回落的力度去验证突破的有效性。**当股价准备突破关口时，速度快，幅度大，说明遇到的阻力很弱，内在资金的意愿一致，并且在多方表现完之后，轮到空方表现时，空方却无力打压，表现为低量的小碎步回落，此时说明多头主控市场，股价有效突破并且站稳。但如果突破时放巨量，但突破的速度慢，幅度小，则表明多头付出巨大努力，但并没有取得多大成果，说明内在的空头力量也是非常强的，多头并没有压倒性优势，很容易被打回来，演变成假突破，此时要立即离场观望。需要指出的是，重要支撑一旦被有效突破，此区域日后将成为重要的阻力。反之，重要阻力一旦被有效突破，则日后将成为重要支撑。

9.3 反手做空净赚 75 万美元

最后一部分卖出回执单到手以后，我便开始了放空股票，这才是我上岸真正想要做的事。我一定要这样做，因为市场的强势反弹，让大家又全面看多了。而市场的走势已经清晰地告诉我，反弹局势已经结束，此时做空已经非常安全，无须再多加考虑。

我放空股市的第二天，安纳康达便于 296 美元开盘。奥利・布莱克一大早就来到交易厅，他在等待着安纳康达涨到 320 美元。当时，我并不知道他是否在做多这只股票，也不知道他买进了多少。但当他一看到开盘价的时候，就再也笑不出来了。当天，那只股票继续下跌，而据营业厅的报告说，市场里根本没有买盘，而这更让他笑不出来了。

任何人做的正确与否，都要经过市场检验。从我的账户不断增加的盈利面来说，我那时是做对了。当然啦，我不会放过加码的机会，又放空了更多其他不同类型的股票。这是个大空头的市场，全部的股票都要下跌，这是意料之中的事。第二天，星期五，这是华盛顿的诞辰纪念日，此时，我已经建立了相当大的空头仓位。我没办法继续留在这里钓鱼了，纽约有人需要我。是谁需要我呢？当然是我自己啦。棕榈滩偏隅一方，太不方便，仅电报往返这一项就会浪费掉很多宝贵的时间。

这样，我离开佛罗里达返回纽约。星期一，我到达圣奥古斯丁，那里正好有一家证券经纪公司。我要在那里等三个小时的火车，在此期间，我闲着没事儿便去那里看看市场动向。在我清仓了所有持股之后，安纳康达又跌了几个点，股市大崩盘之前的那年秋天，它已经在“跌跌不休”了。

回纽约之后差不多四个月的时间里，我一直做空。在下跌的途中，股市经常会有反弹，那段时间我并没有持股不动。每次反弹之前我就要清空部分股票，等反弹一结束，我就马上再次放空。之前已经有过深刻的教训，那时，我在旧金山大地震中赚了30万美元，但很快又赔光了。虽然是看对了，但是最终却破产了！所以现在我必须小心操作。经历过严重的挫折之后，即使不能完全克制自己，也会变得谨慎保守一些。要赚钱，必须采取交易行动，要赚到大钱就必须选择正确的时机采取行动。一个投机者，不能仅仅停留在理论研究上，除此之外，他必须把理论和实际结合起来，把自己的理论付诸于实际行动。

当时我感觉自己已经表现得够好了，但在如今看来，还是表现得不够完善。到了夏天，市场变得越发沉闷，当时的判断大概是在秋天之前，都不会有什么太大的行情了。那时很多人都去了欧洲度假，我也认为那是个不错的去处。于是，我清仓了自己所有的股票，算下来，这一次总共赚了 75 万美元。对我来说，这是一个相当不错的收益了！

远航精解 **当发现自己犯错时，立刻纠正，并且能无缝衔接，立刻回到当初的轨道上来，**反映出利弗莫尔冷静、果敢的个性。在多头没捞到油水之后，立刻平仓，反向做空。并在市场空头氛围中，通过一波一波吃，一直做到市场的下跌动能消失，最后全部了结出场，完美的一波操作，市场也给予他丰厚的奖励。

当交易员因旅游、忙于别的工作，或者情绪低落无法专注于市场时，就应该降低或出清仓位。因为此时无法及时应对市场的变化进行调整，因此也就放大自己仓位的风险敞口，就相当于开车时，手脱离方向盘或闭上眼睛开车，容易车毁人亡。

利弗莫尔此处再次提到要在正确的时机进行交易，当时机来临，他宁愿放弃休假，这就是专业交易员应具备的素质。毕竟，市场不会根据你个人的休假时间而调整它的运行规律与方向。要想在市场上赚到大钱，就必须紧紧跟随市场。

交易员在股市未开盘之前，应该已拟定好应对各种股市状况的操作策略，这是动态调整的前置作业。从事投机这一行必须理论与实战相结合。理论是底层基础，实战是灵活的，需根据盘面的变化进行动态调整仓位。

再一个就是需要解决知到行的问题。**当作战计划已经形成，而且机会来临**

时，要果断出击，而不是犹犹豫豫，过多强调客观因素。理论仅仅是对市场的深刻理解，而实战却是要真枪实弹地去战场上搏杀，以实际行动去验证理论的正确性。

9.4 嗅到股东借机出货

我坐船去了欧洲。在法国的埃克斯雷贝恩（Aix - Les-Bains）过了一个愉快的假期。在异国他乡的地方，还能看到很多朋友和熟人，而且大家都在尽情玩乐，这实在是非常美好的事情。那里离华尔街非常遥远，之前从没有想过到那里度假，而我要说，那里的美景胜过美国的任何一个旅游胜地。在那里没有交易，也不用谈论股市，我携带的钱也足够用很长时间。而且我知道，回去之后，我会赚到比在欧洲旅行花费更多的钱。

一天，我在《巴黎先锋报》看到了一则新闻报道，上面说是史迈特斯（Smelters）宣布发放额外股息。这则消息带动了股票的上涨，而整个市场也好像被冲昏了头脑，变得相当强劲有力。这意味着市场里的多头想拉高出货，因为他们非常清楚这之后将会发生什么，他们只不过是借助这个涨势，在下一轮大跌之前，出清手里的股票而已。当时，很多人可能没有意识到即将发生的危险，那些华尔街的大人物，常常一厢情愿地凭自己的想象行事，在这一点上，他们和那些政客或者一般散户没什么两样。我不能认同他们看多的做法，否则就会让自己的投机行为造成严重的错误。或许只有企业的发起人，或者是股票的印制人，才能从容地沉醉于自己的梦幻之中。

那时我清醒而坚定地认识到，在这个空头的格局里，所有反向操作的题材或者是拉抬操纵的交易，都将以失败而告终。所以，当我看到这则公告，就立刻意识到，眼下只有一件事可做，那就是做空史迈特斯。如果你要问，为什么一定要做空它呢？因为他们在面临资金危机的时候，却不合逻辑地提高股息。他们这样做，就好比在跪求我做空一样。这就好比童年时，受到了同伴的调戏一般，强烈地激起了我做空这只股票的愿望！

我通过电报做空了一些史迈特斯的股票，同时我也建议纽约的朋友一起做空它。等我接到回执单时，成交的价格比我在《巴黎先锋报》看到的低了 6 个点，这表明情势已经如我的预期一样在发展了。

本计划月底回巴黎的，在那里待上三周左右的时间再回纽约。等看到那个回执单，我立马就回了巴黎。回巴黎当天，从船务公司那里得知，第二天就有从巴黎回纽约的快轮，于是我立刻就订下了船票。

远航精解 **机会都是留给有准备的人。**利弗莫尔和上一次一样，同样从股市中一些独特的事件中寻找机会。而且他的视野和看问题的角度，不是发生的事物本身，而是从它的内在逻辑入手，这样才能洞察问题的本质。这就是大作手异于常人的本能，而且匹配非常强的执行力，看到就立刻去实施。

犹豫是人性的天然表现，在股市中的缺陷体现得淋漓尽致。有一类投资者在机会和风险面前，总会表现犹豫不决。尤其在理论上可以讲得头头是道，但真正到了实战中，看到了符合自己策略的机会时，却反而停止不前。因为，理论中是对历史行情的演化，而实战中不会重复历史行情，尤其是灾难来临时，这些魔鬼长相都不会一样。而此时手中的股票却大幅亏损，使得大脑一片空白，无法去按停止键，及时止损出局。这使得这些理论联系实际的过程有很大一道坎，有些人需要一个很长的实战经验积累过程才能迈过去。

犹豫错过的表现有以下几种情形：第一种是反复确认型，口头禅是“再等一根K线看看”，总想等到心中某些确定的机会，因为股市中没有100%确定的机会，当K线已经走出来后，则失去了好的买点，反而可能被诱骗买在高点；第二种是贪便宜型，股价在上涨过程中，到了某一个买点区域，本应该下单，但此类投资者却还想等更便宜的买点，结果股价反身向上，最终错过了机会；第三种是恐惧型，股价回调到某一区域，而此类投资者担心还会回调，迟迟不敢买入，从而错过机会。

我们在市场操作中，往往会接触到很多消息。值得我们关注的是，当我们关注的股票有利好消息出来时，有很大的买盘但股价却不涨，说明此股票内部的真实卖盘非常大，主力在借利好偷偷出货给公众。此时不仅不能追多单，反而此股票便是最佳的放空标的和时机。庄家短线或长期投资的动态调整思维是依据总数据、金融政策与经济大环境的变化而来，这也是利弗莫尔谈到的重点。

利弗莫尔一向独来独往，但此处为数不多地把他对行情的看法分享给他的朋友。但他并没有把行情的涨跌或选股讲得太清楚，这是因为投资是概率问题，无法精确到每一个价格或者是特定的时间点。因此把它讲得非常清，具体反而让听者无法独立思考与动态调整。

9.5 迎接大级别空头行情

我比原计划提早一个月结束欧洲旅行回到纽约。提早回来，并非是因为我放空了一些股票，而是因为市场已经到了可以大肆做空的好时机。根据我的研判得出的逻辑结论，接下来市场将有大级别的行情。那时我可以用作保证金的资金已经达到了 50 万美元。

回到纽约后，我又做空了更多的股票。那时各国贷款利率升高，金融市场资金紧缺，股票的价格也越走越低，而这种情况是我早就预料到的。当初我的预测曾经让我破产，但如今我成功了，也因此赚了很多钱。然而，作为一个股票交易者，终于走上正确的轨道，才是让我真正快乐的事情。我知道接下来还有很多东西要学习，幸运的是我已经知道了该怎么做。我不会再犯急躁冒进的错误，更不会在没有看清大势的情况下就贸然进场。分析股票市场的整体走势固然重要，但选择适当的时机进场，同时坚守头寸，也是同等重要的事情。告诉你我最大的发现是，投机者必须研究和评估市场的整体状况，才能做出准确的预测。这样说吧，我晓得我必须为我的资金负责和努力，为此我不能再盲目下注，也不能仅仅关注投机技巧。我知道，只有不断地努力和独立思考才能取得最终的胜利。我同时还发现，那些市场上的冤大头们总是无法规避主力为他们精心设计布置的陷阱，而且他们上当受骗之后还会没完没了地恶性循环，持续赔钱。

这一次，我的操作极为成功，因此赚了一大笔钱。大家在我的办公室里高谈阔论，当然会再一次夸大了我成功的事实。他们又一次确认，很多股票的崩跌都是因为我做空所致，甚至连那些我根本不认识的人也前来道贺。他们都认为我赚了这么多钱是很神奇的事情，但对我最初对他们善意的警告和空头市场即将来临的提醒只字未提。当时他们都把我看成了赔钱之后对市场疯狂报复的大空头，对他们而言，我能赚到大钱是个很了不起的成绩，但对于我所遇见的资金危机他们倒觉得算不得什么。

有朋友告诉我，有一个故事在许多经纪公司之间流传着，他们传说哈丁兄弟公司有位投机天才，成功地阻击了操纵集团拉抬股价。直至今日，我的那次阻击行动还被他们津津乐道着。

那年9月下旬之后，货币市场的紧缩状况开始在全世界蔓延，资金变得异常紧俏。但人们仍然期盼着奇迹出现，并不肯出脱手中投机性的持股。后来有一位经纪人告诉我发生在10月第一个星期的事，真的让我感觉对当时的做空行为有些羞愧难当。

远航精解 1906年以前是一个多头市场，操作策略是顺大势而为，持股不动，绝不因股价太高而卖出股票。1907年是一个空头市场，操作逻辑是应该在正确的时机再采取行动。经历了1901~1907年，利弗莫尔已经具备了优秀操盘手所应有的能力，**他的经历让我们看到逆势操作和顺势操作其所造成的盈亏结果是南辕北辙的。**

【译者注：1907年10月，英国银行将其贷款利率从4%调升至6%，以阻止黄金外流，并警告伦敦的投资公司，不要对美国扩张信用。随后，金融危机在全世界开始蔓延。埃及和日本市场都陷入动乱，德国的经纪公司当时面临着10%的资金缺口，而智利的许多银行也被迫关闭，荷兰和丹麦更遭受信誉市场可怕的紧缩，以至于许多银行倒闭。至于纽约则是下一个即将沦陷的金融灾区】

做对了要勇敢加仓，优秀的操盘手与冤大头在操作上最大的不同就是操盘手的交易行为是一个过程，中间包括快速调整，而冤大头的交易行为只是一个买与卖的动作，感觉似乎挣钱应该很轻松。利弗莫尔所走的路是研究整体的基本情势，对手中的资金做最有效的运用，不在盈亏结果上做过多研究，而是探索整个操作过程。**收集解读资讯+研判大势+操盘计划+抓住时机+动态调整+坚定持仓+扩大仓位，这是一系列完整的挣钱过程。**

利弗莫尔多次亏光还能再挣回来的原因是他潜心研究当代投机成功之道。范围包括：总体情势、资金策略、人性、交易、管理、投机心理等，这中间过程虽然经历不少挫折与磨难，但他一路走来始终如一，自我觉察，不断反省与改正错误。

他的案例给我们的重要启示：如果不知道自己做对或做错了什么，就不能有效地管理交易。

9.6 多头乐观者遭遇“钱荒”

很多人都知道的，做股票融资都是通过交易大厅里的资金融通柜台来实现的。通常来说，融得的资金量取决于目前仓位的多少。当经纪商接到银行的通知以后，就大致已经清楚自己需要再借多少钱，而这些钱是银行直接拨到交易所的。这种融资所得到的贷款，是由几家经纪商来完成的。他们通常会在当天的中午将最新的利率公之于众，这个利率就是当时融资贷款利率的平均值。交易所通常以喊价的方式来进行，因此，每个人都可以清楚目前进展的状况。一般来说，下午两点之前没有人来借钱融资，下午两点一刻是交割的时间。等这个时间一过，经纪商大概就可以知道当天已经发生的现金额，这样多出来的钱，他们就可以拿到融通柜台借出去，当然他们需要的时候也会借进来，这种生意当时都是透明的。

10 月初的一天，之前我曾经提到的那个经纪人过来找我，他说经纪商手头的资金非常紧张，即使他们手头有余款也不愿拿到资金融通柜台借出去。因为当时有几名大的交易商时刻守候在那里，要把所有的剩余资金笼络到手。因为他们有非常强的偿还能力，而且还提供优质的担保，所以没有哪一家会拒绝把钱借给他们。但是这些钱一旦被他们借走，什么时候能回来就不一定了。无论提供资金的人同不同意，他们如果说还不了钱，那么就必须继续延期。所以原来的融资渠道就发生了些许变化，有熟人来借款的时候，他们不再去资金融通柜台，而是直接去交易大厅办理。当时有一种暗语，他们会私底下对朋友小声询问：“需要 100 吗？”意思就是你想借 10 万美元吗？以 1000 美元为一个借款单位，100 个 1000 美元也就等于 10 万美元了。经纪商代理银行放款也采用这样的方式。这样一来，资金融通柜台前就显得门可罗雀了！

那个经纪人还告诉了我另外一个非常严重的问题。10 月的那段时间，证券交易所甚至让借款人决定贷款利率。当时的年利率大概在 100% 至 150%，他们让借款人自己决定利率，我想是为了规避放高利贷之嫌。但实际上他们最终得到的利息，应该不会太少。哪个借款人也不希望为借款付出更多的利息，但是没办法，目前他们太需要了！所以只要能顺利拿到资金，哪怕利息再高，他们也会乐意承受！

资金短缺的情况越来越糟糕，终于到了要算总账的日子。那一天，令我终生难忘——那就是 1907 年 10 月 24 日。

那些乐观的多头，那些一厢情愿的重仓多头持股者，开始不愿意亏损清仓，最终却不得不吞下倾家荡产的苦果！

那些需要资金的人为了得到资金，不管付出多高的利息他们都义无反顾，那一天，需要借钱的人越来越多。

当天下午，交割时间一过，上百个经纪人把资金融通柜台围个水泄不通，所有的人都需要拿到借款以缓解公司的燃眉之急。如果实在找不到借款，他们就可能采取下策——也就是卖出客户融资买进的股票。这样一来，在资金和买盘都严重匮乏的情况之下，他们有可能以极低的价格卖掉这些股票。但是当时的资金太过匮乏，他们一块钱也借不到了！

和我一样，我朋友的同伴也在做空股市。因此，他们的公司用不着借钱。但是我的朋友也就是刚才提到过的那个经纪人看到资金融通柜台前那些失望之极的经纪商，就心生慈悲，跑过来找我。他知道我一直在做空，并且手中握有大量的空头仓位。

他说:“拉瑞，我从没遇到过这么糟糕的状况，天知道接下来会发生什么事情。如果我们继续做空，那会出大事的，所有的投资人都会因此倾家荡产，求你不能再做空了，市场上已经没有钱了！”

我问他:“你这样说什么意思？”

他一脸焦虑地对我说:“你有没有听说实验小白鼠窒息而死的故事。将小白鼠放进玻璃罩内，慢慢地抽出空气，那些可怜的小白鼠呼吸越来越急促，肚子就像抽动的风箱一样，它们尽力想从越来越稀薄的空气中得到一点氧气。你会看到它们的小眼珠都快蹦出来了。慢慢地，它们奄奄一息，直至窒息死亡。拉瑞，你看看资金融通柜台前的那些人的惨状，多像这些小白鼠！市场已发生钱荒，股票无法兑现，已经没有人有钱能买入股票了。你看看整个市场的状况，华尔街此时此刻已经彻底崩盘了！”

这种大空头的格局，我早有预见，整个股市会大跌不止。但我之前并没有料到，会因此发生历史上最严重的恐慌。我想，如果这种情况继续发展下去，那将对任何人都没有好处！

事情越来越糟。最近融通柜台前根本等不到一分钱，因为那里根本就没有钱，而且这种情况会变得越来越糟。

远航精解 在牛市上涨阶段，尤其是到了牛市末端，近乎疯狂的时期，由于赚钱效应，大量的散户砸锅卖铁，用尽身上最后一分钱买入股票，甚至一些从未进入股市的人，都觉得股市是赚钱机器，只要买入就能赚钱。而这恰恰是市场到了最危险的时候，主力深谙此道，所以在高位会出货。而利弗莫尔此时的资金实力已是一位实力非凡且有影响力的人物，除了自身资金之外，其跟随者整体做空股市，使得本来就孱弱的股市雪上加霜，除了下跌，别无出路。

而一些用上了自己全部身家去买入甚至高杠杆融资的买入者，无疑是将刀架在自己的脖子上，提前结束自己的生命而已。

这里的流动性危机，是由于资金短缺所引发出了股市崩跌的情况，**股市波动的等级与其背后的影响因子是相对应的。**资金对于证券市场的重要性，就如同空气对于人，汽油对于汽车一样。没有了资金，即便经济大好，行情也不会上涨。资金充裕则流动性好，股市涨而资金匮乏，流动性衰竭，股市跌。1906 年资金是投资市场的特效药。而美股至今（2020 年）美国实行量化宽松，道指创新高来到了 29568 点。

当时，利弗莫尔迅速捕捉到利率上行这个影响因子，让他看清市况，高利率 + 资金匮乏 + 经济危机，使得他能够把握操盘的大方向及市场趋势的级别。他在对赌行利用纸带机操作微幅波动获利，这是小资金的操作阶段。后来在合法经纪商交易开始注意市场筹码变化，消息面、经济基本，他舍弃小波段操作大波段。在他交易风格转换的过度时期所犯的错误提示我们，关键点技巧是选择正确交易时机的工具，若是以月线或周线操作的人在下单时，要找一个月线里面哪一天哪一个小时的分时线是胜率最大的地方。这就涉及操作技巧，**大周期用来看方向，而**

小周期的运用，可以帮助交易者找到更合适的入场点，使交易具有更好的成本优势及承受更低的风险。

有些既成事实的利空消息，会在发生的那一刻就成为过去式，之后其对证券市场就不具任何意义。但有一些消息则对未来市场具有持续的影响力，如此则故事中谈到的资金紧缩，货币市场引发的恐慌，这是一个利空消息持续发酵的事件，最后导致市场流动性风险出现。当一只股票产生流动性风险时，风险就演变为系统风险。**交易员操盘的真正功力，是能推演事件的能力，正确解释事件的内涵意义，并独立思考加以判断的技巧，率先布局。**当然在演变过程中所引发的效应，是否如自己当初预测，还需要保持密切关注。

9.7 交易所请求银行救市

后来听说，面对华尔街经纪商们的严重困境，托马斯先生，也就是证券交易所的总裁，出面请求救援。他急匆匆拜见美国花旗银行（National City Bank）的总裁詹姆斯·司迪曼（James Stillman），那是当时全美实力最雄厚的银行，他们自夸放贷率从未超过 6%。

听完证券交易所总裁的话，司迪曼先生说：“要解决这个问题，我们现在立刻去见摩根先生。”

两位总裁都希望能阻止美国进入市场最惨烈的恐慌，他们同去拜访了摩根先生。等他们说完市场面临的严重问题后，摩根先生说：“请回交易所去吧，告诉他们钱没有问题！”

“你说哪里会有钱？”

“每家银行都会有的！”

当时那样的危急时刻，所有的人都把希望寄托于摩根先生。托马斯先生并没有再追问细节问题就急匆匆地赶回证券交易所大厅去了，当着那些已经被判了死刑的同伴们，他宣布了这个好消息。

摩根先生在下午两点半之前，委派了凡·恩波夫·埃德波利公司的约翰·埃德波利到纽约证券交易所。众所周知，他跟摩根先生关系密切。这位老经纪人走到资金融通柜台前，像一个布道者一样举起双手告诉大家尽管把心放在肚子里，资金不会有什么问题。原来已经被托马斯总裁安抚下来的人们，本来还在担心股市是否继续下跌，救援计划是否会顺利进行，但当他们看到埃德波利先生沉静的面孔、高举的双手，他们就立刻安静下来了。

在所有人的寂静之中，埃德波利告诉大家："我已经得到授权，可以借给你们 1000 万美元，大家别紧张，人人都有份！"

随后，他吩咐人记下所有借款人的名字和他们需要的金额，他并没有告诉大家放款人的名号，只是说有人会通知他们到哪里领钱。这意思是说借款人很快就能得到某家银行的借款！

两天后，摩根告诉那些纽约的银行家们，要他们拿出资金提供给证券交易所。

银行家们无可奈何地说："我们倒是想拿，但是我们已经没有钱，钱早就被借光了！"

摩根厉声说道："那就动用你们的准备金。"

他们向摩根抗拒："保证金是有法律限额的！"

"赶紧拿出来用！保证金就是用来应对危机的。"

银行家们奉命行事，他们拿出 2000 万美元的准备金，使市场暂时得以平复。摩根是有胆识的人，没人能与之相比！

远航精解 这则故事让我们看清资金效应的威力到底有多大。资金紧缩的传导效果逼迫银行动用百年难得一见的准备金机制，去给市场输血，提供流动性。资金闸门一开，市场立刻反转，放空者则回补平仓。**投资者需要衡量市场一些突发重大事件对市场产生的影响程度**，有些只是造成短期影响，但有些却改变市场整体趋势，比如 2020 年新冠肺炎对全球市场的影响。当我们遇到黑天鹅事件或是经济下行压力，或是由于疫情等原因造成股市暴跌，此时政府将会出台一系列措施去呵护市场。现代的交易员在此时应该思考的是，**政府的护盘决心与资金效能或它所拥有的工具是否足以扭转市场趋势**。采用的方法是逐步推进式，让市场产生U形反转，还是下猛药，让市场产生V形反转。只有弄清这些，才有利于在相对底部区域采取有效的资金管理策略去布局自己的仓位。

但在大多数情况下，整个国家面临困难的时候，有的白衣骑士会站出来为国家和民族做一些事情。但投机市场所积累的风险想堵是堵不住的。并不会因为个人或大机构的救市而起到转势的作用。释放的一些流动性，可以暂时缓解危机，但并不足以解决根源的问题。就如2015年国内A股熔断股灾之时，国家队救市的情景。但由于当时国内外环境，国内高杠杆的崩塌，引发大众的恐慌，不亚于一个原子弹，足以摧毁任何防御。所以国家队的救市也只是造成市场延缓见底而已。**最终拯救手中筹码、减少自身本金损失的还是自己能及时止损。**所有因为恐慌、寻求解脱自己的股民在底部卖出后，市场的抛压才会停止，当所有恐慌的情绪都宣泄完毕之后，经过一段时间筑底之后，趋势才会得到恢复。

所以任何好的救赎在此刻都显得那么无力，其实对于疾病最好的医治手段就是预防。不要等到重疾难以医治时，才后悔不已，想要去补救，为时已晚。作为个人投资者要做的就是不要人云亦云，跟风操作，更不要加杠杆做投机，使自己置于极大风险之中。

股市处于多头氛围时，大多数投资者挣到钱，兴奋地到处去炫耀自己的神奇业绩。但当股市下跌时，则把亏钱的原因归咎于市场崩跌才让自己亏损连连。事实上真正客观的原因是自己在崩跌的市场上做错了，才造成巨额亏损。当遇到危险时，我们为何不去主动处理，不去减少损失或避开呢？市场的走势无法人为去干预和控制，但如何应对却是自己可以控制的。**所以在股市操作中要正确清醒地认清自己的位置，主动去应对一系列情形，做错时不要把锅甩给市场。**

9.8 登顶王者之巅

这是我股票生涯中最难忘的一天。就在那天，我的获利超过了百万美元。这意味着我精心的布局大获成功。我预测的事情如期发生，重要的是我实现了多年以来疯狂追求的梦想！我做了一天的“国王”！

至于我为什么这样说，其中的缘由，请让我慢慢给你道来。来纽约经过几年的交易之后，我常常挖空心思地想一个问题——为什么我在15岁时做的事情，现在反而做不了？那时候我在对赌行可以轻易地战胜股市，而现在为什么却不能？我想，总有一天我会找到错误的根源所在，而且能够做到不会再犯错误。到那时，我便可以保持自己持续的正确，能够利用多元思维调整自己，以达到战胜股市的能力，我相信我能做到！

请不要误会，这不是一个伟大的梦想和宏伟的计划，也不是出于虚荣心的黄粱美梦，那是一种美妙的理想感觉。今天的股市与过去并无二致，我曾在富尔顿公司和哈丁办事处败于它的脚下。当时我的感觉是，要控制股市是万万不能的。但是我有一种莫名的感觉，既然在对赌行我能控制它，那么，总有一天，我会用新的办法完全将它控制。我坚信，这一天一定会到来，而它并没有辜负我，这一天便是 1907 年 10 月 24 日。

刚才我之所以说自己当了一天的国王，是因为那天早上我的合作经纪人给我讲了一个很重要的事。那天他去了华尔街最负盛名的银行，告诉那里的银行家我正在大力做空股市。他说得没错，我抓住了好时机，并且押满了仓位。我总是这样，当认为做对的时候，就会把好运气发挥到极致，做出最好的结果。不然的话，即使做对了，也没什么意思！

也许是那位经纪人夸大了我的故事，让银行家开始重视我的做空操作，也许是我的追随者也在跟着我一同做空，或者他认为目前的情势已经非常严峻。总之，他对我说："我告诉他，当间或地反弹之后，真正的卖压来临的时候，你认为市场会如何表现？他非常认真地听我讲完之后，他说他有事需要马上出去办理！"

其实，当时经纪商们在不计成本地卖出股票，但是却换不来一分钱时，你就知道时机到了。于是我派了几个经纪人到不同的场合中去散布消息：天要塌了！无论你出多低的价，都没有人来买股票。联合太平洋铁路的股票也没有人来买，大家想一想，其他的股票也会出现同样的问题，因为大家手里都没有钱，没人再愿意接手股票！

我的账户上已经积累了大量的利润。我相信，如果我将联合太平洋铁路及其他 6 家股息不错的公司的股票持续地卖出，哪怕每家卖出一万股，接下来发生的情况，你能想象得出，那将会变得多么凄惨！那时，我判断将要发生剧烈而凶猛的恐慌，可能会导致证券交易所的理事们做出关闭交易所的决定，就如同 1914 年 8 月 14 日世界大战爆发时不得不休市一样。

接下来，如果单从账面上看，我的盈利将会大幅增加。但同时会出现另一个风险，我的这些利润有可能因为休市而得不到兑换成现金。而其他的事情我也不得不考虑，任由股市持续下跌，有可能造成股市一时无法复苏，严重的恐慌可能会给整个国家带来更大的伤害！

既然全力做空股市既不愉快也不明智，那么，接下来我将失去做空股市的逻辑。于是，我下定决心开始平仓空头、做多买进。

我等于在最低价格割了股市的韭菜。在我的经纪人为我买进股票不久，银行就派人把我的朋友请了去。

银行家对我的朋友说："我找你来是想请您快去见你的朋友莱文斯顿，请转告他，我们请求他不要再做空任何股票。现在的市场不堪一击，无法再承受更大的卖压了！要知道，阻止一场毁灭性恐慌的事情，是很难办的，请你的朋友唤起他的爱国心吧，在这样的形势下，每个人都应该为他人尽一份力量。如果他有什么异议，请赶快通知我好吗？拜托你了！"

我的朋友立刻跑过来，将事情的原委告知了我。我想，他那时一定在猜测我要打算击溃股市。而他的那个要求也就相当于劝我放弃赚取 1000 万美元利润的绝佳时机。他知道，我当时痛恨那些大户，因为那些人在明知将会发生什么惨剧的情况下，还是要把货倒给那些投资大众。

而事实上，那些大户也是这次股灾中最大的受害者。我在底部以最低价格抄底的那些仓位，大多都来自金融界名人之手，这是我当时并不知道的，但这已经不怎么重要了，反正此时我已将所有的空头仓位给平仓了，而且我在尽我所能地大力买进股票。我说到做到，仅那一天，我就买进了十万股，而且此后的九个月里，我再没有做空过任何股票。

这就是那天的大致经过。那一天我控制了股市，美梦成真！那一天我像个国王一样，能够控制整个国家的股市了！那天，股市的命运确实掌握在那些想要击溃它的人的手掌之中。

实际上，我岂敢妄称自己伟大。我的为人你是清楚的，如果被大众指责是我在打压击溃市场，那你想我心里会是什么翻江倒海的滋味！我的操作方式你也知道，只不过是华尔街对我夸大其词、过分渲染而已！

后来我在最佳的位置出清了我所有的仓位。报纸上说那个年轻的"交易神童”拉瑞·莱文斯顿，在股市上赚进了好几百万美元。那天收盘时，我确实赚进了大约 100 万美元，但并不是他们说的几百万美元！

对我来说，最大的收获，并不是我赚了那么多钱，而是一个眼睛无法目睹的事实——我终于学会了，怎么做才能在股市上赚到大钱！

那时，我已经彻底摆脱了赌博的心态，终于学会了，如何智慧地运用大资金的操作。

这令我终生难忘，那一天也注定是我一生中最有意义的一天！

远航精解 这一天对于利弗莫尔来说，是其交易生涯极其重要的一天。正如他描述是最有意义的一天，他终于实现控制股市的梦想，而且取得了前所未有的盈利。他做了该做的事情，就是做空股市，而且盈利加码，直至满仓。当方向看对并且头寸盈利时，**对于前所未有的重要机会来临时刻，他敢于重仓，甚至调用可调用的一切资源去实施他的交易计划，体现他异于常人的魄力，并且对于想控制市场的渴望可见一斑。**

在此则故事中市场大幅下跌，若利弗莫尔想让行情再多一跌一点，对于当时的他来说是顺理成章且非常容易办到的事。但他为何没有这么做，当然不是因为爱国情操起了作用。背后真正的原因是大作手操盘最怕的是无法顺利落袋为安。他意识到如再加空挣更多钱肯定没问题，但这样恐怕会引发交易所关闭的后果。市场关闭就等于是要卖股票的人以及要止损的人获利了结，落袋为安的人统统遇到流动性风险，证券市场在极端情况下会暂停关闭市场，去撮合多空双方协商议价退出，或者直接取消交易，致使盈利方的利润打水漂。因此，**无论是主力机构还是个人，都需要克服自己贪婪的心理，懂得分析大势，适可而止，见好就收，避免遇到利润大幅回撤的情况。**

利弗莫尔在利润达到预期时，他并没有被胜利冲昏头脑，在一个低位平掉了他所有的空单。这就是在交易中的出场，**尤其是对于大资金的出场，一定是提前出场，不追求卖在最高点和买在最低点**，因为由于市场的最终价格和市场所有参与者的情绪宣泄相关，谁也无法准确预测出最低的那一个价格，所以入场和出场都是在一个区域内，而非具体的某一个精确价位和时间点。公众抢购高潮时卖出筹码或建立头寸做空，而在公众低位恐慌时平掉空头仓位或买入筹码，进入到下一轮的轮回。

当然，他的出场也体现他讲信用的一面，而且也是他懂得审时度势的一面。见好就收，只需要证明他的做法正确，市场也给了他丰厚的奖励，他也不会把事情做得太过。这种收放自如是极为值得我们学习和借鉴的。

证券市场的走向其实是典型的轮回过程，它遵循着循环周期。从吸筹、上升、高潮到派发、下跌、恐慌再到吸筹为一轮回。运用周期的概念搭配基本形式，市场消息、市场参与者的投资心理就能顺利找到正确的操作时机，主力机构在跌势的末端就开始进场布局多单，所以我们经常看到末端位置产生横向整理或出现剧烈震荡的情况，就是逼迫散户交出筹码。

反向操作可以成功的关键位置，在于市场出现利空消息时并没有再继续下跌，这是市场处于超卖位置的信号，当市场气氛来到非常恐慌的阶段，利多消息不再被重视时，投资者不敢买进甚至恐慌抛出，这是处于超跌的位置。优秀的操盘手这时候需要勇敢地反向进行操作，**与众不同的反向操作之所以能成功，主要是在关键时刻，脱离公众的队伍与市场背后的逻辑主线站在同一方向。**

犯错在投机市场并不是坏事，更不是耻辱，重点是在这个过程中要勇于承认和改正错误。在投机这个事业上没有一劳永逸的赢家，更不会有不用动脑筋的成功者。面对失败要有正确的态度，能善于研究失败，找到真正原因并以此为戒。正如市场给利弗莫尔带来的震撼洗礼，总是来自于赔钱之后，但这却促使他一次又一次的交易认知和技巧的蜕变。失败考验着一个人除了自己的生命之外，在一切都已丧失的情况下，自身内在的潜力到底有多大。没有勇气继续战斗的人，他的能力便会全部消失。但对意志坚定的人来说失败总是暂时的，无论成功的路途多么遥远，失败的次数不断增加，但也绝不会失去前进的方向和坚定的信念。他们把失败当作垫脚石，是爬到更高位置的阶梯。拥有了这样的生命态度，让利弗莫尔挣到了第一个百万美元。**要想成为富人所付出的代价，就是要能承受与众不同的压力以及考验。**

当利弗莫尔挣到100万美元之后，在未来又全部亏光，我们应该如何看待这个过程中财富的起起落落。赌场有句名言，“不怕你赚得多，就怕你不来”。只要你还在这个市场，赚还是赔未到最后关头都还是未知数。因此从市场赚来的钱，只能当作是交易所暂时存放在你身上的保证金。多数的投资者并未仔细照顾好这些来之不易的盈利。在一个阶段成功之后大多数投资者想到的是自己可以赚到更多的钱，眼前浮现出很多自己想要购买的东西或达成的愿望，觉得自己很快就可以拥有全世界了。但盈亏同源，市场是在不断变化的，之前的策略在一段时间后必定会失效。此时如果丧失了对风险的敏感度，沉浸在无限的遐想和欲望中，市场很快就会给你一巴掌将你打醒，你的成果很快就将归零。市场的财富来来去去如此快速。因此，**利弗莫尔建议每一位投资者在成功结束一段交易时，要记得将获利的半数抽出来锁进保险柜里。**投资者从华尔街唯一能挣到钱，就是这些他们在结束一笔之后从账户里提出来的钱。**交易员的交易人生永远在路上，需戒骄戒躁，谨慎前行。**

市场经历了大幅下跌和恐慌后，公众止损出局，筹码经历大量换手之后，市场会进入枯燥的盘整期。此时，空头动能已耗尽，但需求方也不会立刻进入，市场在一个窄幅的交易区间内盘整。此时状态是无序的，在此区间内没有大的单边趋势行情，且振幅小，无论做多或做空都很难获取利润。此时入场则很容易频繁止损，耗损本金。更容易使人掉入迷雾中，找不到方向，丧失清晰的判断。且更重要的是经历多次止损后更容易丧失交易信心。因此，**成熟的交易员应懂得放弃这种鸡肋行情，等待市场逐步走出盘整区域，再跟随主趋势方向介入。**

第十章

依最小阻力原理建立交易系统

10.1 不能白犯错误

趋利避害是人的天性，人性的弱点之一便是有意回避自己的错误。与研究自己的成功相比，虽然认清自己的错误，未必就能取得更多的收获，但这可以让人更快地成长。如果将错误看作失败，那么谁都不愿意再重来一次。而且在股市里犯的错误，其表现结果就会更加直接，一旦出错，它会直刺你的两大痛处——钱包和自尊心。

但有一件事情非常奇怪，很多时候交易人已经发现自己正在犯错误，错误发生之后，他会反问自己的错误所在。然而在痛楚之后，或者冷静思考一段时间以后，他可能已经明白了自己是如何错的，错在何处。或许他已经清楚地知道自己最容易犯错的地方，但是最终他也没搞清楚自己为什么会走向这个犯罪错的路径。到头来，往往是经过严厉的自责之后，就会从脑中将整件事抹去，并且忘得干干净净。

对一个幸运的聪明人来说，他可能不会重复犯下同样的错误，但是错误是林林总总的，他还是无法避免犯下各种各样的错误。错误的种类繁杂而多变，只是你在股市的游戏里，正以为自己在轻松赚钱时，殊不知错误已经悄悄地尾随在你身边，正等着你再次去触摸它。

要了解清楚我是怎么犯下输掉第一个百万美元的错误的，就要倒回 1907 年 10 月股市大崩盘中，我是怎么成为一个百万富翁时说起。从操作层面上来讲，百万美元的真实意义就在于能有更多的钱可用作保证金，金钱并不能在安全感上给交易者带来更多的感受。因为无论穷富，谁都会犯错，而犯错总会给人带来非常不堪的感受。假如一个百万富翁做对了，那么，此时的金钱对他来说就像又多了一个一样。如果亏损了，也不会造成太大的困扰，一觉醒来，就把它忘了。但是如果犯了错，不能立即认赔，这会对钱包和心灵造成双重伤害。

远航精解 交易员在投机市场中想取得成功，就要付出很多成本，包括资金、时间、精力等，而且成功率往往很低，因为交易过程要和人性作斗争。而在行进的路上会遇到很多坎坷、各种诱惑、恐惧、自身情绪的爆发等，让你偏离甚至远离正确的方向。

最终要觉察并改正自己的错误，修正自己偏离的轨迹。在残酷的市场中，都是真金白银去操作，每一个错误都是实实在在、刀刀见血的损失。优秀的交易员会将这些损失逐步转化为经验、动力，并找出正确的路径继续前行。当此前的陷阱重现时，就会刻意规避，或将损失降至最低。这就是当时犯错误所带来的价值体现。

投机市场的错误分两类：第一类是决策错误，第二类是执行错误。

操作计划与实际市场走势不符很正常，此类错误不等于最终失败，此时应及时承认错误，第一时间止损即可。

大多数人犯的是第二类错误，就是执行错误。执行错误会造成两类结果。一个是盈利，一个是亏损。当我们执行正确的交易计划时，即使是亏损，正确地执行止损即可。但最危险的就是错误地执行，却在市场上盈利，比如逆势操作，在某个回调时期盈利了，那么就会暗示操作者以后还这么干。由于一次偶然盈利形成了错误的操盘思维和习惯，最后都将在市场中逐步接受惩罚，直至本金全部亏光。

另外，利弗莫尔在文中提到很多人容易忘记错误。市场的操作者都是3秒种的记忆。刚因错误的行为遭受一笔损失，当时很痛，但痛过之后就会被后续的欲望、贪婪、恐惧等所占据。就像硬盘等记忆体，当覆盖了新的信息之后，此前的信息将被擦除。所以大多数人都会重复犯着以前的错误，很难找到出路，直至被市场所淘汰。所以解决问题的根本办法就是入场前的操盘计划、入场后有风控，并随时记录市场变化，出场后无论盈亏都对这个单子做一个总结。总结成功的因素、不足之处，这样可以非常有效地加深自己的记忆，并且通过复盘还会取得额外的奖励，就是能更准确地判断当前市场的趋势，并且操作起来自信心更强，持仓时也更稳定。

如果你知道自己的错误却无法更正，那就和不知道自己的错误一样，明知故犯是人性，知错而不犯则是理性。只有当理性战胜人性时就不会犯错了。所谓攻城容易守城难，当攻打下了整座山头后，想继续拥有它时，你会发现所需花费的时间与精力远比攻打下来难很多。这是因为你必须持续且毫不懈怠地继续努力，才能够坚持下来，从行为修正到习惯养成，做到始终如一。这也是为什么很多交易者账户金额在短期上升之后，又会突然下滑到原来的位置。利弗莫尔的经历告诉我们挣钱是靠方法，赔钱也并不是无药可救，做错了就认错，并加以改正。

以错为师必须具备的条件：首先，**强烈的学习态度**是基本条件，敞开心胸并主动争取从错误中学习的机会，这样你才敢进场交易。其次，**需要具有某种程度的谦卑心**，谦卑能让自己客观审视自己，了解尚有改进的空间，让我们遇事可经由学习而往上提升，这就是利弗莫尔能够快速成长的关键点所在。

巴菲特说投资的秘诀不是评估某一行业社会的影响有多大，或它的发展前景有多好，而是一家公司有多强的核心竞争力。当产品和服务的优越性能持久且深厚时，才能给投资者带来丰厚的回报。那**评估一个操盘手有多大潜力时**，不在于他过去挣了多少，而在于**他有多强的快速调整能力，如何遵守纪律，其优点是否可以持续地保持。**

10.2 惶惶不安的“灵药”

迪克逊·滑德的故事你还记得吗？故事是在讲，有一个人感到非常紧张，他的朋友问他因为什么。

他回答：“我整夜睡不着觉。”

朋友问他：“那是因为什么呢？”

“我有不少的棉花头寸，每当睡觉时，总让我想起来，弄得我失眠而且筋疲力尽。你说我该怎么办？”

朋友轻松地回答他：“那就卖掉一些，减少你的头寸，直到你能睡着安稳觉。”

能很快适应环境对一个人来说未必全是好事，一方面，因为过快的适应环境会让他丧失应有的洞察力，使他对差异失去敏锐的感觉。我是说，如果有人成了百万富翁，他可能对富裕之前的感觉失去清晰的记忆。他感受最深的可能就剩下之前不能做的事，现在都可以做了。这样就会让这个年轻的正常人，很快忘却他贫穷的生活习惯。但是另一方面，等他适应了富裕的生活之后，一旦发生变故，再让他回归到富裕之前的生活状态，那将花费很长的时间。我的意思是说，他一旦在股市上赚了大钱之后，会很快地习惯富足的生活，而忘记了那些节俭的习惯。但当他把钱再赔掉后，要改掉那些大手大脚花钱的习惯，就是一件不容易的事了，那会让他花很长的时间去适应。

远航精解 **仓位决定心态，当一个人过分看重一件事，对其倾注了大量时间精力时，就会太在意其成败。**而投机行业更是如此。在一笔交易中，仓位过重，超过其心理的承受范围，这类人对一些小幅的波动敏感，最好的做法是把仓位降下来，从100手降至10手，如果还承受不了，那就交易1手。此时，就算这1手全亏光，也不影响你的心情，这就是此人所能承受驾驭的仓位。在此时，决策才能清晰，不会随着价格的波动被牵着鼻子跑。

普通司机和赛车手对于操控车子的能力和对速度的适应能力是不一样的。失眠睡不着，表示仓位已经超出了自己能力和心理的承受范围，应及时减仓。仓位过重的原因是在进场之前妄想快速挣钱，当进场之后市场发展不如预期，最后终于发现承受不了市场的波动。入场后当市场不如预期时，投资者为何无法立刻止损或者减仓，是因为他们把该笔交易的盈亏结果看得太重，忽略快速调整才是自救的唯一方法。**优秀的操盘手应该时刻提醒自己当操作错误时，因处理对象不是自己而仅是仓位而已。止损的参考点是市场的方向，而不是自己的成本价。**只有明白了问题的关键，才能有效解决持仓心态的问题。

赢家是放手任由利润扩大，输家是放手任由亏损扩大；赢家是快速处理亏损仓位，而输家则是快速处理获利仓位。

对于交易员来说，不光是生活上的用度在大起之后很难适应大落后的生活，交易的体量上也是如此，刚开始都是用小的尺度去开仓，积累到一定量的时候就加大仓位，但大多数交易者犹如赌徒一般，在一次大胜之后，开仓尺度就变成了以前的10倍甚至百倍，以为自己无所不能。交易中的逆境犹如顺境一样，都是相辅相成的共同体。当顺境时小仓位做，但当财富暴涨之后就开始处处大手笔，很容易在几次市场的回踩中使你的账户一夜回到解放前。

优秀交易员要时刻保持自己清醒的头脑，认清只要没有完全退出市场，所赚的钱就还有还给市场的可能性。因此，一定要时刻觉察自己，切勿短期大胜后就忘乎所以，**每下一笔单子之前仔细评估潜在盈利和风险比，再匹配相应仓位。切勿将自己来之不易的利润随意挥霍。**如前所述，盈利后将一部分利润取出，则是控制自己忍不住重仓的有效手段。

10.3 商品交易的供需法则

1907年10月，我平仓了所有的空头头寸，打算好好休息一阵子。我买了一艘游艇，准备驾着它去南方海域钓鱼航行，这是我梦寐以求的事情，希望早一天到来。但最终我没有去成，因为市场留着我不让我走。

我一直从事着股票和期货交易，而且在我年轻的时候，就开始在对赌行进行商品交易了。多年以来，我从未间断对商品市场的研究，虽然并没有像对股市那样执着和用心。实际上，股票和商品期货这两种交易，我还是更喜欢商品期货的交易。原因就在于，这两者在本质上存在着巨大的差异，商品期货更符合供需平衡的原则，在操作上也带有更多的商业属性。

在商品的操作上，你可以当作经商问题那样去处理。在期货市场，无论是反对还是赞成某种趋势，你可能都会有一套让人信服的说词。如果你真是那么做，即使获得成功那也只是暂时的。因为最终影响你是否成功的决定者，是那些隐藏在市场背后的事实。所以交易只可以像经营一般的事业那样，通过自己的研究与观察获得利润。他可以在观察和分析情势中，获得与他人同样多的信息，而不必谨防小部分人从中暗动手脚。在棉花、小麦、玉米这些商品市场中，通常不会发生通过配股、配息或者是发放额外股息，使市场发生意外的突变。长期来讲，商品的价格，只受经济学上的供需法则的影响和主导，因而商品市场不像股市那么复杂。这些交易者，只要对现在和未来的供需状况做出准确的分析就可以了，而在股票市场，则要对多种事件进行推测和预判。鉴于股票和商品期货在交易上的巨大差异，我更青睐于商品期货的交易。

远航精解 对于国内A股来说，股息是非常少的，股息对股价的影响几乎可以忽略不记。长线持有的白马牛股也集中在上证50里的少数几只。而财务造假、业绩地雷、上市股东违法等黑天鹅事件却对股价影响很大。一旦踩雷，则对投资者造成巨大的损失。因此，**分散投资或直接购买ETF基金不失为一个相对安全的投资策略。**

对于国内商品期货市场而言，主力资金操控迹象明显。主要的区别是期货市场需要严格的资金管理。对于个人投资者，很难做到根据基本面进行大的底部吸筹和高位派发离场。因为在底部吸筹区域，会有急速的震仓。

我们看到的是，这里利弗莫尔此时作为大作手的角色对股市和商品期货市场的看法。

供需法则对商品的价格产生重要的影响，但今日供需状况只是影响中的一个因子。油价涨到140元，黄金涨到1900元时，有一些专家大呼看不懂，当投机性买盘介入时没有人可以计算出投机者会疯狂到什么程度。而当沙特和俄罗斯爆发价格战，原油价格跌至20美元时，已经击穿了他们的综合成本价。因此，除了基本面还要看到市场投资者的恐慌程度。因此，投资者很难追踪到所有会影响价格的因素，所以价格再也无法从单一的供需中找到答案。当你把资金投入到市场之前，**应尽可能学习关于市场的一切，了解基本面之后必须再从技术分析角度入手，去评估是否到了最佳入场时机。**这是利弗莫尔在持续强调的两个重要的操盘技巧，你可以不是每个市场的专业人士，但对于你想操作的市场和品种，你必须了解与其他市场的关联性。

10.4 商品与股票交易同源同理

当然，无论是哪一种投机交易，研读报价带上的数据的道理都是相同的。报价带上显示的数据，对任何钟情于它的人来说，都是显而易见的。如果一个人愿意多问自己些问题，并且能够衡量各种情势，找到答案不是很困难的事情。但对于那些不肯下功夫、也懒得发问的人来说，要找到答案就没那么容易了。

一般来说，大多数人都不会轻易相信他人，而且一贯如此。在所有的游戏之中，最需要在进场之前就需要下足功夫的游戏就数股票交易了。但是很多人在投身股票交易时，不仅表现得没有平常那样聪明，甚至连必要的怀疑和戒备之心也没有。这些人进入股市非常仓促和鲁莽，我想他们考虑买一辆平价汽车和拿一半的财产投资股市冒险这两件事上所花费的精力和时间，后者可能远不及前者。

实际上，研判报价带上的数据并没有人们想象的那么复杂。当然，这需要你的经验，更重要的是要牢记一个基本原则，研读报价带，并不是去做一件未卜先知的事，你从报价带上并不能读出下周四下午1:35时你的持仓价位到底是多少。我们研究报价带的目的，第一是要确定如何操作，第二是要确定何时操作，也就是要找到买卖的时机。研判报价带的这个道理完全适合股票、棉花、小麦、玉米或者燕麦市场。

远航精解 入场前下功夫，花时间精力研究。大部分人就如买大小一样，抱着赌一把的心态去投机市场。首先，没有意识到投机市场的风险；其次，眼里只盯着盈利，臆想自己能够从里面赚取多少多少资金，实现自己的财富自由。

进入市场前，第一件事情是得研判市场的供求背景，这决定着后续价格走势。当供不应求时，市场的资金涌入，主动买入，把价格推高。而当价格达到一定高位，货多了，而买家少了，则出现供大于求的局面。此时，卖方更主动，降价卖，最终价格走低。这就是市场价格走势的内在动力，也是最基本的原理。确定好背景之后，你的操作就有了方向，是做多还是做空。而第二件事是确定在什么时候买，也就是买入的时机。买早了，可能在阶段性顶部，后期要承受大幅回调，或长时间的调整。买晚了，可能价格已经起飞，你无法或很难进入，即使进入，后期获利空间也大幅压缩。

利弗莫尔通过阅读纸带机可以判断盘口的买卖力度，但必须依据不断积累的研读经验。研读纸带机的目的只是确认如何操作，何时操作，也就是买卖点在哪里。纸带机无法预测市场未来会在哪个位置上。换言之，要看懂未来的那根K线会往哪个方向跳，并不是靠纸带机就可以办到的。**基本面最终将决定市场的价值，千万不能单纯地以技术面或纯粹地以基本面操作。**由于市场并非是完全效率，市场总会有时差，**所以优秀的操盘手，唯有将两者合而为一，尽可能做到通盘考虑，**才有可能稳定地获利。

投资者之所以赔钱，有时并不是因为技术分析判断不正确，而是因为他们没有能力把分析理出的一个结论转化为可用的操作策略，而只是沉迷于以K线图表层信息去研判涨跌，这些视觉的信息大多数都是市场的假象，市场的内在逻辑往往不是表面所看到的那样。想要衔接分析结果与实战之间的落差，交易者必须克服恐惧、贪婪、期待等情绪威胁，并善于利用基本面，不要试图打破自律原则，去尝试一些偏离正轨和投机取巧的操作。

10.5 最小阻力线操作原理

观察报价带的价格轨迹，其目的只有一个，也就是确定市场方向和价格趋势。大家都知道，价格会因为它所受到的阻力而上涨或者下跌。说白了，为了便于理解，我们可以说价格和其他东西一样，它会沿着最小阻力的方向行进。价格的行进方向，遵从最小阻力原理，它会选择最容易的方向发展。也就是说，如果上涨阻力小于下跌阻力，那么价格就会上涨;反之，如果下跌阻力小于上涨阻力，那么价格就会下跌。

当市场趋势展开之后，交易人不应该为多头还是空头感到困惑。如果你是一个眼睛明亮、心胸开阔的交易人，其实是很容易判断出来的。对投资人来说，最不明智的做法便是拿自己看到的事实和自己的理论生拉硬套。明白了这些道理，当然就会知道当时是处于多头还是空头。一旦确认了市场的多空，就会很容易地知道自己是应该买进还是卖出。所以，对于一个交易人来说，当市场趋势已展开，他就已经知道应该买进还应该卖出了。

远航精解 价格会沿着阻力最小的线往前走，它会往最容易走的地方去。其背后的原理是趋势一旦产生，持续发展的概率大于反转。此概念是牛顿第一运动定律的运用，除非外力改变其状态，否则动者恒动，静者恒静，惯性朝向原方向进行。换言之，市场价格继续维持既有的发展方向比较容易，想要改变方向比较困难。

利弗莫尔道出了市场运行中，内部力量博弈的本质。当下阶段，一定要弄清楚是谁主控这个市场，是需求主控市场还是供应主控。需求主控中，价格上升快，回调慢，上升遇到的阻力更小，而回调遇到的阻力更大。而供应主控时，价格上升遇到阻力大，而下跌阻力小，此时，反弹慢，而下跌速度快。在此期间，我们观察上涨秩序和下跌秩序，是继续维持时，我们继续持仓；而当这种秩序有所转变时，我们果断离场。提示刚入市的交易者，我们要做的就是**找准谁是主控，顺水推舟，站在更容易的一面去做交易。**

10.6 最小阻力线的形成机制

要说清楚最小阻力的问题，我来举个例子：

假如，目前的市场正在10点上下的空间内震荡，上线130，下线120。当价格回到120点时，市场就看起来相当疲软，这好像就是一个底部区域。继而，它可能上升8到10点，这时候市场又看起来非常强劲，像是要向上发展似的。我们不能根据某种征兆就去进场交易，应该根据报价单的事实去说话，要等到时机成熟才能去做交易。实际上，人们往往是在股价看起来很低的时候买进，又在看起来很高的时候卖出——看起来的低或高，实际上后来还有更低或更高——这才导致了数百万美元被赔得干干净净。

投资人追求的是稳定的回报，而投机人是从价格的涨跌之中来获利，两者有根本的不同。对投机者来说，应该顺着最小阻力线的方向进行操作交易，在最小阻力线没有走出方向之前，他必须耐心等待，等待最小阻力线确认了运行的方向，这才是一个聪明的投机者应该进场交易的最佳时机。

如果眼睛仅仅盯着报价带，就只能看到，当价格达到130时，卖盘比买盘要强劲得多。此时，它有可能随时发生回调，但那些对行情不甚了解的人，此时可能认为股价由130会迅速涨到150，于是，他们就急于进场交易。但此时回调已经发生，他们或者坚守捂住筹码不卖，或者止损认赔，或者反手做空，然后开始看淡后市行情。当股价回调到120，这里有了强劲的支撑，这时买盘又开始变得强劲起来，股价在此反弹上涨后，空头们又要认栽了。这样就造成了一般投机者往往在股价的上下震荡中两边挨耳光，但他们又不能做到从中总结经验、吸取教训，这未免让人替他们感到遗憾！

一日，某些事件的发生，增强了上涨或下跌的力道，最小阻力线开始向上移或下移。这就是说，当股价到达120，卖盘强劲于买盘，或者股价达到130，买盘的力度大于卖盘，这时就有压力点将会被突破，价格突破原有的波动极限继续推进。

价格在突破原有的震荡区间之前，低点时人们趋向做空，反而到高点时人们又往往趋向做空。因为到达低点时，市场往往表现为很疲软，而到达高点时市场又表现为很强劲。就是因为这些人的错误操作，才使得最小阻力线变得更加明显。所以，聪明的交易者往往在价格突破最小阻力线之前都会耐心等待，按照这个基本的心态进行操作。而这期间，那些做错交易的人都被迫去修正自己的操作，这也迫使那些已经做错了交易的人趋向于回归到认同最小阻力线。以上这些来回修正的动作也使得价格回归依照最小阻力线推进。

远航精解 利弗莫尔所提到的最小阻力线，在当今技术层面上，可称之为上升、下降趋势线和水平压力与支撑线。在当时没有电脑分析或即时股票走势图的年代，他根据当时价格的六个档位，其波动次序依次分别记录为小反弹、中反弹和上升趋势、小回调、大回调、下降趋势。他以此来辅助判断大趋势的方向及捕捉趋势反转的信号。

交易区间的产生，当股价连续几次上行形成的阶段性高点的连线称为阻力线；而当空头打压时，在相对底部区域连续遇到买盘的支撑，形成连续低点的连线则为支撑线。股价在区间运行时上有阻力下有支撑，多空互不相让。在价格还没有突破之前，由于前方阵地有敌人重兵把守，所以我们在那个未突破之前买入有很大风险，一旦遭到敌人反攻，回调幅度将很深，承受的损失很大。而只有当我军攻破敌方阵地时，敌方溃不成军，我方乘胜追击则风险更小，而且行进速度将加快。有很高的盈亏比。在突破时，空头平仓产生的买单，导致价格再被推高，突破交易区间上沿。而在底部向下突破时，多头平仓产生的卖单，导致价格被压低，突破交易区间下沿。这两种情况下，都使得原有的动力被成倍地加强。因此，交易的重点不是放在价格的绝对高低上，而是在当时股价运行的这个势头上。

主升浪操作：当价格已经涨了一大波，有些投资者认为价格已经很高，不敢出手。因为心里不知道哪里才是安全的买点。当股票价格处于涨势主升阶段，任何时候都是买点。就像车开始加速一样，只要能上车，就能以高速行进。只要买入然后坚定持仓，就能够轻而易举地享受股价继续走高而获利的果实。**在主升段的操作重点就是首仓一定要先进入，这样就不会因踏空而感到焦虑。买入后盘中可能产生回撤，采取分批进场的方式，则进可攻退可守。**

10.7 最小阻力线与突发事件的协同性

虽然最小阻力线，并不是数学的定理或者是投机的法则，但经验告诉我，每当我进场交易符合最小阻力线的原理时，那些并没有想到的突发事件总是让我的操作顺应了市场的方向。你应该还记得我在萨拉托加操作联合太平洋铁路股票的事，我当时做多它，是因为它当时的最小阻力线是向上的。那时，我应该坚守自己的多头仓位，而不应该相信我的经纪人所说内部人都在抛售那只股票。其实，当时那家公司的董事们是怎么盘算的已并不重要，因为这些事我们也无从知晓。但是报价带上的信息就告诉我："股价正在上涨！"随后，那家公司发布了提高股息的意外消息，股价因此而上涨 30 个点。股价突破最小阻力线上线时已经达到了 164 美元，这看起来确实已经很高，但请你记住我以前经常说过的，永远不要因为股价看起来很低而不愿卖出，也不要因为股价看起来很高而不敢买进。最小阻力的确立，与价格的高低本身没有任何直接关系。

在操作的实践中，我们经常可以看到，股市收盘到次日开盘的这段时间内发生的任何重大的消息事件，其方向往往都与最小阻力线保持高度的一致。趋势与方向在消息公布之前都已经确立，而且在多头市场中利好消息总是被放大加强，而利空消息往往为人们所忽略，反过来也是这样。

就说这一次，战争爆发之前，市场就已经非常疲软。接着，德国又宣布了制造潜艇的计划。我当时做空 50000 股的股票，并不是因为我事先已经得到了德国的利空消息，而是因为我确实一直在依照最小阻力线的原理进行操作。德国宣布的消息，对股市来说简直是晴天霹雳，这使得我在之前就已经做空的空头头寸大受其利。当然了，获利之后，我当天就平仓了所有的空头头寸。

仔细观察报价的数据，找出压力点和支撑点，确定了最小阻力线之后，就可以依照这条最小阻力线交易操作。这看起来好像很容易，但在实际交易当中，必须时刻提醒自己那些阻扰你正确做事的因素，而这些因素中最大的问题来自于你本人。

我的意思是说，你必须提防你本人的人性弱点。为什么会这么说呢？一个人如果做对了，通常来自于两种力量的帮助，其中之一，当然是基本情势，另一种力量，你可能没有想到，就是市场上那些做错了的人。前面说过，在多头市场的格局中，人们往往会忽略利空因素的影响，直到后来结果已经发生了，人们才会为当初的愚钝而感到后悔。

比如说，有人告诉你，因为恶劣的气候使农作物遭到损害，小麦将会有暴涨。但等收获季节到来，所有的小麦送进粮仓时，多头才发现原来小麦的损害程度如此之轻。到最后这些多头才发现，原来就是自己帮了空头的大忙！

远航精解 **重大消息对于中小投资者来说，是无法提前知晓的。**但主力机构在此之前已经有消息并且开始行动。虽然隐秘，但还是会在市场的一些细节中体现。只要对市场细心观察，尤其是利弗莫尔通过纸带，对市场的多空力量事实进行观察判断，能够捕捉到这些细节，为其后续操作打下扎实基础，提供有利依据。

当消息真正公布于众时，却是主力借利好平多单或借利空平空单的绝佳时机。只有公众情绪高涨时地一拥而上，才能接下主力机构巨量的抛盘；而只有当公众看到利空消息产生恐慌时筹码争先恐后涌出，才是主力机构轧平空单，或在底部买入大量筹码的好时机。

受消息面的影响较大，面对利好会过于膨胀和激进，面对利空又过于担心甚至恐慌。所有这些情绪会加剧市场的波动，但这也是股市期货等投机市场的魅力所在。主力会根据这些公众的情绪设套，而聪明的投资者则会站在主力的队伍，识别这些陷阱，并及时跟随获利。而没有任何防护、跟风操作的公众则成了任人宰割的羊群。在空头氛围中底部杀跌帮空头的忙，在多头氛围中顶部追高，帮多头主力高位接盘。

从技术角度看，最小阻力线体现股价控盘者的真实意图。当有人在市场持续以现金买入股票，或卖股换现金时，无论股价背后的操控者是谁，或基于任何一种理由，纸带上的最小阻力线都反映着他的真实行为与实力。因此，观察最小阻力线的变化，主要目的是趋势发展中快速找到正确的操作时机。

利弗莫尔提到在关键点下手更容易挣到钱，**关键点操盘并不是买在最低点的操盘术。其实他所说关键点出现的位置是在趋势发动的位置。**在行情即将展开之时，关注股市的状况不能只落在特定点位上，而要看见市场的趋势和运行的行为状态。股价创新高为何是个能够买进的关键点，是因为持续有新高，代表趋势还在持续上升过程中不断得到强化，这是买入并持有的底气所在。

在交易过程中除了防范人性作祟之外，还需哪些注意事项？**避免杂讯**。当今世界处于信息爆炸时代，报纸电视、网络、手机自媒体等多重渠道接触众多信息。而且多数媒体有其报道的侧重点。因此，**投资者如果不能从其中快速筛选出对于自身操作标的有利的信息，则会被淹没在资讯的潮水中。脑袋里塞满了众多的多空方向的资讯，无法弄清楚正确方向，盈利则无从谈起。**

利弗莫尔谈以最小阻力线当操盘指标，而在现代分为两种情况，在趋势行情中，最小阻力线是上升行情中上升趋势线，为众多低点的连线，股价回调至此位置则有积极的买盘介入而停止下跌，重新恢复上升趋势；而下降趋势中，最小阻力线则表现为下降趋势线，为众多高点的连线，股价反弹至此都收到巨大的压力而下行。此外，最小阻力线在震荡整理行情中分为两种：一条是交易区间上方的压力线，另一条是交易区间下方的支撑线。

10.8 未突破前的盲动导致大亏

如果进入期货市场进行交易，必须保持灵活且富有弹性，不能固执而偏见。不管你当时对供需市场有什么看法，都要对报价带所传递的信息给予高度的重视。记得有一次，我试图在信号未能得到完全确立之前就急于进场交易，那时对形势太过自信，觉得根本没有必要再等最小阻力线确定以后进场，甚至愚蠢地认为自己可以助它一臂之力。我自作聪明地认为，这样它的最小阻力线就会成立了。最后的结果证明了，我因此丧失了一个巨大的赚钱机会！

那时，棉花的价格一直维持在 12 美分左右，价格在一个非常狭窄的空间内上下波动，当时我非常看好后市。我清楚自己应该做的事，那就是耐心等待。但是仍心存侥幸，心想，如果能早早助它一把，它就会突破上方的压力线了。

就这样，我买进了 5 万包棉花。随后，价格果然上涨了一些。但问题是，只要我一停止买进，它立马就停止上涨，跌回到我起初买进的那个价位，等我平仓出清后，价格也就停止了下跌。

之后，我看行情马上就要启动，就一厢情愿地认为应该推它一把。结果之前的情形又再次上演了——一买进就上涨，一停买就跌回。

就这样来回操作了四五次，最终我不得不放弃。为此，我大约损失了 20 万美元。我停手之后不久，棉花就开始突破了阻力上限，一路上涨。如果不是当时急于进场的冲动，我现在已经是盆满钵满了！

市场上的很多交易者都有类似的经历，为此，我总结出了以下应对经验：

在窄幅波动的市场中，价格有效突破最小阻力线选择方向之前，任何对它试图测试的举动，都是毫无意义的。在这种形势下，应该做的是认真观察，研读报价带的数据，确认价格波动的上下区间，并且最重要的是下定决心按兵不动，除非价格确信突破了支撑点或者压力线。任何一个投资者要想赚钱，都不应该试图让报价带的数据符合自己的判定，永远不要试图与行情和市场争辩，无须原因，也无须解释。因为在赔钱之后，再对市场做调查研究，是永远没办法改变赔钱这一事实的！

远航精解 利弗莫尔的这个案例清楚地解释了**我们应当依据市场存在的事实而操作**。市场启动的时间并不是根据个人操作者的意愿而定的，所以我们应该耐心地等待市场的这个车轮以及开始启动，且越过了障碍后，及时跟随。而不是在它犹豫期间过早参与。这里的最小阻力线，其实描述的就是压力线，既是供应产生的区域，也是人们的心理压力区域。但阻力和支撑是会相互转化的，一旦越过了阻力，则这个区域就是日后提供支撑的区域。因为主力操盘越过阻力要产生实实在在的成本，要真金白银去买入吸收掉阻力区域的卖单。一旦越过，那么后期就要拉升更高，才能脱手此处获得的筹码。所以，我们等到这个行为产生之后再进入，无疑更安全，资金效率也更高，而且还规避了它不突破而直接回调的风险。

利弗莫尔提出的观点是：每次交易需要耐心等到市场来到所谓的关键点才下手，交易时总是能挣到钱。但走势还未启动，提前介入却总是没能捞到多少油水。其中有一个重要的原因是没有积累到一笔利润当靠山，也就是所谓的“盈利垫”。行情在行进过程中直至结束前必定会出现上下震荡。而盈利垫就像护城河一样，让你忍受得住大幅震荡，不至于心里七上八下，忐忑不安，避免一有风吹草动，拔腿就跑的局面。股价一旦突破关键点时立刻进入，此时由于惯性，会沿着此前的方向行进一段。因为此时你已站在市场上对的那一边，基本情势是你的盟友，利空的消息已不具威胁，而盘中做错方向的人未来止损也是潜在的买盘。如此豪华的阵容，所有的因素都有利于你。

然而投资难就难在这里，这一切道理全都在早知道的事实里面，人性作祟，希望、贪婪和恐惧、犹豫，使得每个投资者的操作结果都不尽相同。知道是一回事，切实执行又是另一回事，**所谓知易行难就是投资者面临的重要挑战，如何做到知行合一，才是通往专业交易员的快速成长之路。**

市场有看得清楚的地方，也有看不清楚的地方。**当看不清楚时要懂得按兵不动，而当看得清楚时则勇敢进场。**输家往往是看不清楚还频繁操作，期待市场有重大的突破。看得清楚，又怕涨太多了，纷纷平掉仓位，退场观望。当股价继续上涨时追悔莫及。

投资者在市场操作时，容易形成个人的偏见。不管市场如何变化，心中早有先入为主的观念。很多投资者没进入市场之前，信誓旦旦要跟着市场的方向走，等真正进了市场则怀疑市场的方向。此外，**解读市场资讯要顺着价格内在的力量去推理，而不是顺着自己的仓位去找合适的理由**，因为新闻无法创造出价格波动，而多数时候是由股价变化来制造出新闻。懂得这个观念才有可能去除内心的偏见。

我们来梳理情绪是如何影响正常操作的，尤其是在现实生活中，我们容易产生情绪。我们通过此前利弗莫尔讲的那个故事来理解人性对操作产生的影响。“你是个好射手吗？当然我可以射中20步之外的高脚杯。那好，可如果有一把上了膛的枪瞄准你的心脏，你还能射中这个酒杯吗？”暴露在过多的资讯中，我们会突然认为市场与原先的预测已经不同了，而随时想着跟着市场的资讯起舞，多数媒体很多是因果倒置，缺乏专业性。但却了解人性，很有讲故事的本事。偏偏多数的投资者喜欢听他们的故事，我们必须习惯处理随时出现在投资市场的资讯，分享其影响程度。否则，大量无关紧要的小道消息与谣言就会摧毁我们对市场的观点，使我们的注意力与判断偏离正确的轨道。普通投资者容易受别人影响而赔钱，毫无根据地坚持，是将自己推向死亡的重要原因之一。**提前预判股价走势的最大盲点，是要克服自己市场会按照自己的想法走的观点。**

要对市场有客观的判断，需要克服外界的干扰和内心情绪的波动。**冷静地梳理目前市场的基本面、技术面的利多和利空影响，把它写下来或逐条记录在电脑里，并以此得出详细的操盘策略、注意事项等。**有这样一个梳理的过程，不仅能更加深刻地理解盘势，查漏补缺，还可以增强交易自信，遇到风险也可以及时反应，积极应对，增加自己在市场盈利面。

10.9 突破之时便是最佳进场时机

前不久和一些朋友聊天，谈及小麦时，有人看多，有人看空，最后他们问我怎么看。其实对小麦市场，我已经研究有一段时间了。我知道，他们并不想了解基本情势，也对那些统计数据不感兴趣，所以我对他们说："如果想在小麦市场里赚钱，就按我说的去做。"

当然，他们谁都想赚钱，我就告诉他们："想在小麦上赚钱，就要耐心等待，仔细观察，等到小麦价格突破 1.2 美元时就进场交易，然后钱就会到你的手了。"

其中一个朋友问："目前它才 1.14 美元，为什么不现在买进？"

"因为现在还无法判断它是否会真的上涨。"

"那为什么要等到 1.2 美元以后再买，而不是在它低价就买？"

"你是想盲目地放手一搏赚取大钱，还是追求我们稳稳当当地赚取自己应该得到的利润？这样虽然买进的价格高些，但是赚钱的概率却大大增加了。"

他们都表示宁可赚些稳赚的钱，利润低一些没关系，所以我就对他们说："那就请你们照顾我所说的去做，等到它的价格突破 1.2 美元时再买进。"

前面我已经说过，对小麦市场我已经观察了好一阵子了。几个月来，它的价格一直徘徊在 1.1 美元和 1.2 美元之间，从来没有突破这两个界限。突然有一天，它收在了 1.19 美元之上，次日便以 1.2 1/2 美元开盘了。因为我早有准备，所以立即买了进去。从此，小麦的价格一路上扬，突破 1.2 美元的上限之后，它一路站到了 1.25 美元。而在此期间，我也在一路地加码买进。

其实，当时我并不知道会发生什么事情，也不知道为什么价格会在如此狭窄的区间内来回长时间波动。尽管当时市场上确实缺货，我也认为它的价格会大涨，但它究竟是向上突破 1.2 美元还是向下跌破 1.1 美元，我真的说不清楚。

而实际上，当时欧洲市场一直在悄悄地买进小麦。许多交易者也是在 1.19 美元时做空小麦市场。受欧洲不停吃进和其他因素的影响，使得小麦产生缺货，最终才导致了行情爆发。当时我观察的重点就在于 1.2 美元的关口，它的突破之时就是我的买进时机。我清楚，如果小麦突破了 1.2 美元，价格就会持续上涨，因为在那个狭窄的区间之内，买盘已经积聚了足够的力量。当小麦的价格推高突破 1.2 美元的上限时，就意味着或许有什么大事件要发生。也就是说，当小麦价格突破 1.2 美元之后，最小阻力线就得以确立了，这个最小阻力线突破之后，将会展开另一个故事。

记得那一天放假，全国的市场都进入休市。就在那一天，加拿大温尼伯的小麦跳空高开，每蒲式耳价格上涨 6 美分。第二天，美国市场开市，每蒲式耳同样跟涨了 6 美分，小麦价格正好顺延最小阻力线上涨。

远航精解 这是对突破阻力线后再买入的最好的例证。在 1.1 美元和 1.2 美元之间形成了一个窄幅的区间，多空在此博弈。一旦后期有基本面或资金面的阻力，则迅速突破此区间。犹如此案例后期实际走势一样，突破 1.2 美元后，头单涌入。另外，空头见大势已去，放弃 1.2 美元阵地的防守，平仓出局，此时的空头平仓单转化成实际的买单，继续推高价格，迅速上升势不可当。此时进入多单，则是绝佳时机。

10.10 试仓验证后建仓加码

说了这么多，就是想让你知道，研读报价带是我交易系统的基础。当然，为了确定心理时机的来临，我还会用其他的方法来检验和校正。通常，我会在进场交易的最初时期，用价格的后续发展检验我对心理时机的选择是否正确。

我的进出点，往往让那些有经验的交易员也会感到惊讶，股票上涨时往往以最高价买进，做空的时候也常常以最低价卖出。一个交易者，如果能始终坚持自己的交易原则，那么他就能很容易赚到钱。我的意思是说，我要把我的交易原则告诉你——当最小阻力线确定以后，那么买进或者卖出都要依照报价带显示的信息来做。也就是说，根据报价显示的数据，该买进时才买进，该卖出时才卖出。

比如，在上涨的格局中开始建仓时，应该以 1/5 的仓位来开始交易，之后再一路加码。但是，如果第一笔交易没能赚到钱，那么之后就要停止加码。因为第一笔交易已经证明你错了，无论在什么时候，什么情况，只要你没赚钱，那就证明你错了。如果报价带显示的信号是上涨的，但行情却没有真正上升，此时你不能说，是报价带的数字信号骗了你，它那时实际上在告诉你“时机还未成熟”。

在棉花的交易上，我一直保持着成功的记录。我有一套自己的方法，并且能够严格按照这个方法进行操作。

比如，我要建立 4 万到 5 万包的棉花仓位，那么，我就会像之前告诉过你的那样去做。先研究报价带的数据，确立买进或者卖出的时机。一旦最小阻力线被突破，多头行情已经展开时，我就会先买进 1 万包进行测试。之后，如果价格能在我买进之后上涨 10 个点，我就会再加码 1 万包。接着当我有了 20 点的利润时，或者每包有 1 美元的利润出现，我就会再加码买进 2 万包。这样我操作的 4 万包基础头寸就建立起来。假设我开始买进 1 万包或者 2 万包时就出现亏损，那么接下来我要做的就是出清所有的头寸，因为前面的亏损已经证明我错了。或许你会说，也许你是暂时错了呢。但是，就像我过去说过的，做任何事情，一开始就犯错了，最后也不会有什么好的结果。

我始终坚持按照我自己的交易系统进行操作。所以当棉花每一次大行情到来时，我都是满仓。当然，在交易的过程中，也会发生行情与我的预期不符而让我损失五六万美元的情况。这么一来，你可能会觉得我试探交易的成本好像挺昂贵的，但实际上并非如此，因为只要真正的行情一展开，这些亏损很快就能补回来。所以，要想真正能够赚到钱，只有选择在正确的时间做正确的事。

我曾说过，如果按照我的交易系统进行建仓和加码，只有在赚钱的情况下才能下大的赌注，而赔钱的时候只能牺牲一些试探性的小赌注，我认为这样做才比较明智。如果有人能用我的交易方法进行操作，我敢保证他不仅能赚钱，而且能赚到大钱！

远航精解 用头寸检验当初的判断是否正确，这里需要一个验证的过程。任何推论，没有得到验证之前，仅仅是个推论而已。只有在市场上实际走势检验后，也就是盈利了，才能证明此推论的有效性。而利弗莫尔用五分之一做头寸，也就将头寸的风险控制在五分之一以内，是比较合理且有效的试仓方式。

利弗莫尔的加仓方式揭示了交易盈利的本质，对现实的操盘有借鉴和指导意义。要成为市场的赢家，小亏小赚很正常，有的时候会经常被止损；但一旦抓住一波机会，则是大赚。一次大赚的盈利就足以抵消 5 ~ 10 次止损的损失。所以真正的赢家，就是要做到小赚、小亏、大赚，但没有大亏，这样才能在控制总风险的同时，成为市场的赢家。

10.11 坚定意志执行才能成功

专业人士都能在自己的交易过程中建立和完善出一整套的交易系统，有的人则根据自己的经验来进行交易。交易系统的执行受它的交易态度和自己心中的意念支配。

记得在佛罗里达棕榈滩，我碰到过一位在棕榈滩营业厅工作的老先生。不好意思，他的名字我一时给忘记了。南北战争之后，他一直在华尔街从事交易活动。有人告诉我说，他是一个极其智慧的老头，经历过无数次的繁荣和恐慌。他常说，天下从来没有什么新鲜事，股市里也从来没有什么新鲜事。

老先生和我交流了很多问题，当他知道我的交易情况后，点点头说：“不错，不错，你做得很好！你的思维方式和操作方法，让你有了一个有利的交易系统。

你的系统很容易能够成功。因为你用来测试市场的小钱总是在你的承受范围之内。你让我想起了另一个优秀的交易人——派特·赫恩（Pat Hearne），你听说过他吗？他是个非常有名的投机人，他在我们那里开有账户，这家伙很聪明而又冷静，一直靠股票交易发财。因此，很多人都慕名而来向他求教，但他从不提供任何建议。如果有人跑来直接向他求救，他就会把那句赛马场上的名言说给他听：‘你下注之前，一切都不确定！’在我们这儿做交易时，他通常都会选择那些热门股，先是买进 100 股，如果股价如他所料上涨了 1%，接下来他会再买进 100 股，如果又上涨了 1%，他就再加码 100 股，接着是随涨随买。他常说，他交易股票并不是为了让别人赚钱，因此他的止赢点往往设在最后一笔买进价格之下 1 点之处。如果价格继续上涨，那么他的止盈点也跟着上移。只要价格发生 1 点的回撤，他就会平仓出场。他常说，不管是他的原始保证金，还是他的账面利润，哪怕亏损仅仅超过 1 点，他觉得都是不应该的。

“你知道的，专业的投机者追求的是稳定的获利，而并非大波段地赚钱。当然，如果能在大波段里赚到大钱，当然是更好了。从事股票交易，派特从不轻信小道消息，也不奢望在一周内就能赚上 20 点。他的风格是稳扎稳打，这让他可以赚到足够的钱，过上好日子。在华尔街成千上万的交易人当中，唯有派特·赫恩像对待纸牌游戏或者轮盘游戏那样来看待股票投机交易。尽管如此，他还是一如既往地坚持采用相对稳妥的办法进行下注。

“派特·赫恩过世以后，生前曾和他一同做交易的一位客户，在拉卡万纳铁路（Lackawanna）这只股票上就用了派特的交易系统赚进了 10 多万美元，之后他转去做了其他股票。因为当时他已经赚了大钱，所以就认为用不着再坚持派特的交易方法了，他不再设置止赢或止损点。在价格回撤的时候，他亏损越来越多，最后把钱输光了。等他退出市场的时候，还欠我们交易厅几千美元。

“后来他在那里晃荡了两三年，虽然已经没了钱，但他还是一直待在我们那里，我们也并不反对他。记得他曾经公开承认自己的愚蠢，竟然抛弃了派特·赫恩的操作系统。后来有一次，他十分亢奋地跑过来，求我让他做空一些股票。他过去是这里的好客户，而且是个不错的小伙子，我便答应他为他作保，让他做空 100 股。

“他当时做空的是雷克索尔（Lake Shore）。那是 1875 年，恰逢比尔·揣弗斯

(Bill Travers)全力打压股市。我的一个朋友罗伯特那个时候也在最好的时机做空了雷克索尔。在前期的下跌过程中他一路加码，一直遵循着派特·赫恩的交易系统。遗憾的是，后来他让贪欲控制了一切，抛弃了派特·赫恩的交易系统。

“罗伯特做空时采用了金字塔式的加码方法。四天之内，他的账户已经有了15000美元的利润。当时我发现他并没有设置止盈点，我好心提醒他时，他却告诉我市场的暴跌才刚刚开始，他不想因为1点的反弹而被冲洗出场。那时正值八月，但到了九月中旬你猜怎么样？他竟然过来向我借10美元为他刚刚出生的第四个孩子去买婴儿车。那已经被无数次证明了的赚钱系统，他却没有坚持到底，而这也正是绝大多数交易人同样面临的问题。”老先生说到这儿，不无遗憾地直摇头。

远航精解 交易系统对于专业交易员而言不仅仅是工具，还是包含交易理念、交易策略、风控、资金管理、情绪控制等一系列模块有机结合的一个整体。在此，利弗莫尔列举了派特利用稳定交易系统获利的正面案例，以及追随者没有坚持用系统最终落魄的反面教材。从中可以看出，在投机市场要想获利离场，必须要有一套行之有效且在市场上真正能稳定获利的交易系统；而更关键的是如何坚定不移地将此交易系统执行彻底，尤其在面对其他诱惑和短暂失利中，还能够坚持。

10.12 人性的两大弱点：恐惧和贪婪

老先生说得一点都没错。有时我也觉得，成功的投机是反人性的行为，这个行业也是反人性的行业。因为几乎所有的投机都需要对抗自己的本性。人性的弱点，往往对投机客的成功造成致命的伤害。那些以投机为生的交易人，最喜欢的就是这些无法克服人性弱点的投机客，特别是那些在进行股票或者商品期货交易时连起码的危机意识都没有的投机客。

投机者最大的天敌，往往是自己的内心，贪婪和恐惧是人性的两大伙伴。一方面，在投机交易中，当市场对自己不利时，总希望这样的情况是最后一天了，而这样的愿望越大越强烈，损失也就越多。但是另一方面，当市场与你的预期相一致时，你又会时时担心利润可能第二天就被吞掉了，这样就导致过早地出场，这就是恐惧带来的后果。你本来可以获得的利润，最后却被恐惧给洗劫一空了。每一个成功的交易者，面对这两种根深蒂固的人性弱点，必须尽一切力量去克服它。我们可以把这种人性的弱点看成是天生的人性冲动，我们要做的就是反过来运用它，也就是说，当别人恐惧时，你要学会贪婪；当别人贪婪时，你要懂得恐惧。你必须时刻警惕，亏损会越滚越大，同时又要保证利润大幅增长。大多数人在股市中并非在交易，而是在赌博，这是十分致命的！

我的投机生涯始于14岁的少年，到如今已经做了30年的投机交易。我曾经在股市里大获成功不可一世，但也多次穷困潦倒。经过多年的感悟，我得出的结论是：一个成功者可以在某一个时段在某一只股或者是某一类股成为胜利者，但你万难击败整个股市。你也可以在某一次的棉花或者谷物类的交易中大获全胜，但是你永远不可能战胜整个棉花市场或者谷物市场。在一定程度上，投机和赛马并无二致，你可以赌赢某一次或者某几次，但你绝无可能赌赢全部的赛局，让自己每一次都能获胜。

如果我知道怎么做，才能让我的这些说法更加具有说服力和感染力，更能突出我所强调的意义，那么我一定会义无反顾地去做。任何反面的意见和观点，都无法影响和改变我，因为我知道，我所说的正是放之四海而皆准的真理！

远航精解 恐惧和贪婪与生俱来，是人性的基本特点，大脑会视觉看到的K线产生特殊的激素。行情大涨的时候兴奋，且开始要求和期望得到更多，这就是所谓的贪婪，于是在顶部产生买入或加仓的冲动。但当视觉看到大跌，悲观情绪蔓延，尤其是看到自己账户大幅亏损时，恐惧随之而来，害怕损失更多，于是在底部割肉，寻求尽快解脱痛苦。主力深知公众这些与生俱来的情绪，并且有效利用。派发时制造大阳线引诱公众购买，达到出货的目的；而制造大阴线急速震仓，把散户吓跑，在底部割肉，达到吸筹的目的。而专业交易员则需要克服人性的贪婪与恐惧等情绪，从这些情绪当中抽脱出来，做到情绪隔离，客观地分析当前市场到了哪个阶段，主力的真正意图是什么，然后做独立的判断与执行交易。

有所得，必有所舍。利弗莫尔以其亲身经历告知人们，人无法精准预测所有走势，只能做对一些自己预判更准确的一部分。根据统计，世界上著名的投机家获得暴利，95%来自几次大的行情，5%来自于平常的交易。如前所述，投机市场里大部分时间都是小亏小赚，只需做好风控，保持没有大亏的前提下，在市场中存活下来。真正大趋势机会来临时，通过正确的加仓方式，坚定地持仓，放大你的利润，最后成为真正的赢家。

第十一章

智慧解套玉米，天助棉花脱手

11.1 玉米空单遭遇深套

让我们把话题再转回到 1907 年 10 月。那时，我新买了一艘游艇，正打算离开纽约去南方航行。我酷爱钓鱼，现在终于有了属于自己的游艇，现在我可以随心所欲地去我想去的任何地方钓鱼了。我刚在股市里赚了一大笔钱，正准备外出航行时，却被玉米给缠住了手脚。

现在我必须告诉你，在金融大恐慌我赚进第一个 100 万美元之前，我在芝加哥一直从事着谷物期货商品交易。那时我分别同时做空了 1000 万蒲式耳的小麦和玉米。很长时间以来，我一直在研究谷物市场，当时就如看空股票一样，我同样看空玉米和小麦。

果然，在我建仓空头之后，玉米和小麦双双下跌。但这时发生了一个意外，玉米市场突然被芝加哥最大的炒家斯崔顿（Stratton）垄断。当时的账面上小麦已经获得了非常丰厚的赚头，但是玉米由于斯崔顿拉升价格，使我遭受了很大亏损。

其实，我知道当时市面上玉米的流通量还很大，当时的价格远远高于它应有的价格水平。在商品市场，供需的平衡法则永远都不会失效，现在市场的需求主要是来自斯崔顿，而供给市场却因为受累于交通问题不能及时进入市场。那时，我真的不止一次地祈求上天能来一场寒流封住泥泞不堪的道路，赶快让农民把玉米运达市场。

原本要去航行钓鱼的计划就这样被玉米缠住了腿脚，使得我无法离开市场。当然，那个斯崔顿，也时刻关注着空头的变化，他知道我已深深陷入他精心布局的圈套之中。在对对方的了解上，我们两个都同样地清楚，但是正像我说的那样，我把希望寄托于上天，但是上天始终不给我帮忙。于是我把心思用在了自己的研究上，要找出一套办法脱离目前的困境。

远航精解 棋逢对手，狭路相逢。当多空双方实力相当时，要有一个催化剂。在期货市场，绝对主力通过做盘吸引散户入局。通常对手盘是散户，但散户资金量分散，也是惊弓之鸟，止损出局后，主力能赚到的钱不多。更多的对手盘是来自于机构或者大户的钱。一旦两个资金实力相当的主力开始对垒，那么大行情即将产生。在攻坚战谁也不让步的情况下，就要看基本面偏向于哪一方。一旦确立，则弱势的一方将损失惨重。因为他们的持仓量远大于市场的流动性。因此，利弗莫尔当时的困境由此产生。

在交易中判断失误是非常寻常的事，但不正视错误并及时去纠正则会产生大问题。市场不如预期的原因是市场产生了人为的操控，主力逆势作价。此时如果交易者因自认为了解基本面，认定主力逆势操作早晚会失败，而不去处理已经存在并且持续扩大的亏损，终将因为自己不守纪律而陷入大亏的风险中。投资者必须时刻警醒，应该学会绝境求生的本领，随时保持动态调整的状态，及时面对市场的变化。但要能确实执行止损，则是要建构在实力能力之上，也就是交易者有信心，未来能够将亏损的钱再挣回来。当市场不如预期时，当下应先保住本金才是最重要且正确的操作原则。当交易者对自己处理危机有信心时，就知道该如何放手，这是衡量快速止损时机应有的投资心理。

在投资心态上，很多散户舍不得认赔，希望行情总有机会回到自己的方向，希望每一笔单子都是挣钱的，挣多挣少他们倒不介意。这是一种害人亏惨的思想观念，经常在输家的脑袋里萦绕。投资者应该学会接受不完美的操作，认同投资有一定的风险，一定会有看错判断失误的时候。**行情不如预期时，退场观望才能让自己的处境变得客观，且快速恢复平常心。**

从具体执行层面降低亏损的方法有：第一，在一开始就采用分批下注的策略，入场前就控制好总风险，所谓预防胜于治疗；第二，降低仓位，直到你能够睡得安稳，不用太多牵挂；第三，运用技巧缩小止损的目标，比如跟踪止损。

11.2 围魏救赵，智慧解套

首先，我将小麦的空头头寸全部出清平仓，因而大赚了一笔。但玉米的问题依然很棘手地缠绕着我。如果当时能将 1000 万蒲式耳的玉米空头头寸以市价平仓，即使产生大额的亏损，我也就认了。但是问题是，那时斯崔顿在盯着我，只要我一买进玉米，他就会对我进行封杀。结果我自己的买单，反而把价格越推越高。当时那感觉难受极了，就好像在用刀子抹自己的脖子。

玉米的价格在强劲上涨，而我的空单无法脱手。那时我多想赶紧出脱玉米，马上去航行钓鱼，这种想出去游玩的想法，促使我得马上想个办法，我必须给自己设计一套策略性的计划，用以平仓我的 1000 万蒲式耳玉米空单，同时还要尽可能地降低我的损失。

说来也巧，那时斯崔顿同时也在燕麦市场玩起了垄断的手法，这使得市场的价格被拉得很高。我关注着所有的谷物市场，注视着谷物收成的报道和其他小道消息。那时，我听说斯崔顿有一个非常强大的市场对手，那个人是阿莫（Armour）。那时，我非常清楚斯崔顿不会给我机会让我买到需要平仓的玉米，除非我甘愿依照他卖出的价格来买进。但当我了解到阿莫和斯崔顿在市场上是一对针锋相对的冤家后，我感觉已经找到了脱身之道，也就是说，我可以寻求芝加哥交易员的帮助。他们帮助我的唯一办法也就是帮我买进斯崔顿不肯卖我的玉米，一旦这事解决了，其他的事就迎刃而解了。

计划的第一步，先委托买进一些玉米，它的价格每下跌 1/8 美分我就买进 50 万蒲式耳。当这些委托单买进以后，与此同时，我立刻在四家经纪商同时卖出 50 万蒲式耳的燕麦。我当时判断，这样会使燕麦的价格快速下跌。我非常清楚那些交易员的思路，一看到燕麦下跌，他们首先想到的是阿莫与斯崔顿的战争打响了，他们便由燕麦的崩跌推断玉米市场也会跟着发生崩跌，这样一来，他们就会开始卖出玉米，一旦玉米的轧空行情失败，自然而然地，空单就可以顺水推舟地获得可观的利润。

可喜的是，我对这些交易员们交易心理的揣摩非常精准，燕麦价格的下跌，使他们立刻将抛盘转向玉米，开始大量地卖出。于是我在之后的十分钟时间就平了 600 万蒲式耳的玉米的空单。等到玉米的卖单一停止，我立马以市价平仓了剩余的 400 万蒲式耳。当然了，你可以想象这张买单让玉米的价格又一次地上涨。

这一次围魏救赵的操作终于让我平仓了 1000 万蒲式耳空头头寸，而且平仓的价位相当理想，仅仅比芝加哥的交易员争相卖出之前的价格高出 0.5 美分。而那 20 万蒲式耳燕麦的鱼饵，只损失了 3000 美元。我就是用这些诱饵激起芝加哥交易员的恐慌，从而抛售出玉米的。从拯救失败的空头头寸而言，这些诱饵损失的代价简直是太值得了！

别忘了我在小麦上已经有了不少的利润，盈亏相抵之后，我这次谷物市场的交易也仅仅损失了 25000 美元。后来玉米价格又上涨了，美国市场涨了 25 美分。

我曾经深陷斯崔顿的圈套，幸亏采用了声东击西的策略才让我脱险。但当时如果不是采用这种策略，而是不计价格地平仓 1000 万蒲式耳玉米，这样一来，代价可就大了去了。

远航精解 此时利弗莫尔的角色是主力大资金的角色，由于仓位很大，所以如果直接平仓止损，由于市场上缺乏流动性，无法承接他的巨量止损单。直接平仓会产生巨大的滑点，则损失不仅会非常大，而且还不一定能够全部脱手。因为他清楚知道自己输在哪里，现在还有哪些资源能运用，知道自己的对手是谁，对手的仓位有多少，对手习惯操作什么商品，对手思考逻辑及行为。巧妙地运用一般人都看得懂的看盘技巧与习惯，制造一些假象，引发市场参与者产生共识，进而卖出玉米，然后自己再趁机回补空头部位。利弗莫尔向我们很好地展示了当主力大资金遇到风险的时候是如何利用散户和其他机构投资者为他接盘的。同时这也是独立思考、主观判断、快速调整到对的位置的典型范例。

投机市场比的是头脑。主力设计圈套让公众钻，主力与主力之间也是相互搏杀，利用一切可利用的资源、手段，达到自己的目的。天下熙熙皆为利来，天下攘攘皆为利往。没有永远的敌人，只有共同的利益。作为交易员来说，就是要在低风险下博取更大收益。对于控盘者来说，考虑的则是如何挖坑诱骗对手。利弗莫尔此次的目的是解套，因此，需要诱骗一些不明就里的对手盘买入玉米，给他的空单解套。通过打压其他同类品种的方式，达到让对手恐慌的目的，是主力的惯用伎俩。在A股市场，同一板块中的个股突然闪崩，则板块中其他个股也会遭殃，但等大众明白过来，则其他跟风个股价格恢复原趋势。犹如此前券商的金手指，盘中用巨单将中信证券直接拉涨停，指数都涨了6%以上，结果后来发现是软件系统出错，澄清之后就快速回落。所以这也是投机市场情绪联动的表现，也只有在主力大资金博弈中，能左右股票短期价格的大资金才能做到。

11.3 高明的操作练成本能的条件反射

当一个人钟情于某项研究多年以后，就会产生一些有别于新手的直觉，而这正是专业人士和业余人士的区别。

看待事情的方式，决定着投机者在投机交易中能否赚钱。

市场的一般大众对自己的操作多半抱着玩玩的态度，他们通常表现为过度自信和强烈的自尊心，因此无法深入思考。

而专业人士的态度是，做对事胜过于赚钱本身。因为他们非常清楚，只要做对了事，利润也就自然而然到手了。专业人士应该像高尔夫球选手那样，不应该只考虑眼前的这一杆，应该把眼光放远，每一步都是为下一步布局，那才称得上是王道。而且必须把这一点变成自己的天性本能才能算作完美。

远航精解 专业交易员和普通投资者的区别是：当拿到一张走势图之后，对业余投资者来说，只不过是一张再平常不过的走势图；而对于专业交易员来说，他能够轻易地找出图上的关键点所在。当你花了好几年的时间研究股价运行图，学会看透K线背后的人性投资心理之后，独立思考背后的投资的逻辑，已经与一般的初学者拉开很大距离。对没有经验的投资者而言，最困难的地方在于面对股票价格在节节攀升，因为成本节节高升下，买进动作是违反人性的。业余投资者没有办法克服人性，而专业投资者则是通过学习看懂背后的道理之后才有信心。在学习的过程中，专业人士把重点放在把交易的这些动作做对，而业余投资者则是把目标放在挣大钱上。

普通投资者大多根据自己的视觉（紧盯K线、指标）、听觉（小道消息、专家朋友推荐等）来操作。而专业交易员则是根据这些表象上反映出来的信息，深入分析其产生的内在逻辑，不断积累经验，并无数次验证。对错误的操作有痛觉的记忆，而对于正确的操作则有正面的记忆。对市场出现的机会和风险形成一种敏锐的嗅觉，并且马上能进行有效的执行。这些都是专业交易员面对市场发生变化而实时做出正确的应对。也就是形成一种符合市场正确的条件反射，变成一种本能。**别人贪婪时我恐惧，别人恐惧时我贪婪。只有这样才能在高速运转的市场上立于不败之地，同时又能很好地把握住机会，出奇制胜。**

在当今市场上主力机构操作一只或一个板块股票遇到困境时，通常会通过媒体散布利好消息替自己解围。而作为散户的中小投资者，则是运用自己的本金向下摊平成本。赢家认为会卖的才是师傅，输家认为会买的才是挣钱的关键点。因此赢家试图创造满意的成交价，而输家则是努力于向下压低自己的成本价。**赢家将风险往外送，而输家则将风险往自己身上揽。赢家的特点是眼光放长远，而不只是考虑眼前**，从长计议、延迟享受是赢家的致胜秘诀。他们把时间与精力放在那些正确且能长久维持其价值的事物上面，这也是他们不急于参与市场的每一小波动的原因。他们宁可为自己的错误负责，也不听信一些小道消息获得短暂的胜利。

只有态度积极，交易才会慢慢做对。然而谈论远见是一回事，真正具备远见的眼光又是另外一回事。在瞬息万变的投资市场里，有多少人能为明天不确定的利润而放弃今天的利益。只有当你有了长远的趋势目标，才愿意放弃眼前的短期波动利益。**最终选择短期绩效或长期价值，成为赢家还是输家？决定权在于自己。**

注意的几点：第一，同类商品是否具有补涨或补跌的效果，判断重点在同类商品的相关性高低以及同一板块指数是否处于相同趋势中。第二，手中有大量的空单，需要回补的最佳时机，不是最低点的位置，而是在买得到股票的地方。第三，交易者对于无从预测的一些意外事件，包括黑天鹅事件，必须做好迅速的反应，但对于可分析的因素，也不能忽视它，这是降低亏损的关键。

投资者在持有仓位发生亏损时，通常会找与自己同向的一些消息或道理去维持自己的仓位，这就是偏见解读市场时，只解读一面而非两面的消息是非常危险的。投资这条路充满荆棘，是不归路。就算100道题答对99道，而只答错一道，最后还是得0分。**驱动股市的力量不是理智、逻辑或基本面，它受制于永远不变的人性**，但为何人性永远不会改变呢？因为这就是天性。印证了利弗莫尔此前所说“华尔街永远没有新鲜事，以前发生的事，将来还会不断地发生”这句话，时代在变，技术在变，唯一不变的就是人性。

11.4 科马克的"反常布局"手法

我曾经听说过有关艾迪森·科马克（Addison Cammack）的故事。此人的故事就能清楚地再现我想强调的重点。据说，科马克是华尔街有史以来最高明的股票交易员，他擅长做空更长于利用人性贪婪与恐惧的两大弱点进行操作，但他并不是一个死空头。他在操作上的成功主要归功于那句名言："股市持续上涨时，千万要捂住自己的头寸。"听前辈们说，他获利最大的操作其实是来自多头操作。所以你看这个人很了不起，他在操作上不带有任何偏见，总是顺着大势操作交易。总之，他是一个非常了不起的交易者。有一次，当多头市场快走到尽头的时候，科马克已经看空了。而科马克看空市场的事正好被一个财经记者亚瑟·约瑟夫（J.Arthur.Joseph）知晓了。那时候，很多媒体和一些专业人士根本看不出市场即将发生拐点，在多头的刺激与报刊乐观的报道之下，市场依然强劲，而且还在继续上涨。在约瑟夫看来，对于科马克那样的交易人，利空消息一定是大有用处的。所以有一天约瑟夫带着他那令人振奋的消息，来到了科马克的办公室。

"科马克先生，我在圣保罗公司担任交割员的朋友告诉我一个消息，我觉得你应该知道这些。"

科马克平静地问："什么消息？"

"现在你已经改变原来的看法，已经在看空市场，对吗？"因为约瑟夫知道，如果科马克对此不感兴趣，就没必要在这里浪费这个货真价实的情报了。所以他要先向科马克进行确认。

"是的，如你所说，我是在看空。那么你有什么特别的消息呢？"

"我每周都会去圣保罗公司两三次，那是为了收集新闻素材。就在今天，那里的朋友告诉我'老头子正在卖股票'。他所说的老头子就是那个在业内大名鼎鼎的威廉·洛克菲勒。我问他：'这是真的吗？吉米。'他回答说，'是的，那老头儿确实是在卖出股票，当价格每上涨3/8点，他就卖出1500股。这几天我一直都在为他交割股票。'我一有空，没敢耽误，马上就过来告诉你了。"

大家都知道，科马克可不是那种容易激动的人。他的办公室里闯进过各种各样的人物，他们传递着各种消息、流言、传闻、内幕等诸如此类。对此，科马克早已司空见惯，从来不把这些当回事。所以他只是冷冷地说："约瑟夫，你确定这些消息是真的吗？”

“当然，这当然是真的，我又不是聋子！”约瑟夫回答说。

“你的朋友靠谱吗，你能确定？”

“我的朋友当然靠得住！”约瑟夫回答说，“我们已认识很多年，他从来都不会骗我，绝对不会的。我确信他诚实可靠，这点我可以拿命来保！在这个世界上，我是最了解他的人，超过你对我的了解。”

“你确实保证真是这样吗？”看了看约瑟夫，科马克说。

接着他把经纪人比利叫进来。当时约瑟夫在想，这次科马克至少应该做空5万股圣保罗股票。那时，威廉·洛克菲勒正在依托强劲上涨的市场出清他持有的圣保罗股票，至于这些被抛出的股票是投资还是投机，已经不那么重要了。重要的是标准石油公司正在卖出自己家的圣保罗公司的股票。对绝大多数人来说，听到了这个消息以后会怎么做呢？我想就不必问了吧。

但是令约瑟夫没有想到的是，这位最有实力的空头作手却对他的经纪人说：“比利，你听着，每当圣保罗上涨3/8点就买进1500股，去到交易大厅执行吧。”当时圣保罗的股价大概是90美元。

“我没听错吧，你不应该做空吗？”

约瑟夫立刻打断科马克的话，他可不是华尔街的新手，站在新闻记者的立场，也就是说，站在普通大众的立场看，内部人士都在抛出，市场价格自然会下跌。而最可靠的消息就数威廉·洛克菲勒也在抛售股票，标准石油公司正在卖出持有的圣保罗，而科马克反其道而行之，却在买进，为什么会这样？他实在难以理解！

“不，我说的是买进。”科马克坚定地说。

“你不相信我，是吗？”

“不是的，我相信你！”

“你不相信我的消息是真的！”

“我相信！”

“你不是也在看空吗？”

“是的，我在看空。”

“那你为什么发出买进的指令？”

“你听着，我之所以买进股票就是因为听了你的消息。请你和你的那位朋友保持密切的联系，如果威廉·洛克菲勒停止卖出行为，就请马上告诉我，明白吗？”

“明白。”约瑟夫说完起身走了。

但约瑟夫无论如何也不能理解，为什么威廉·洛克菲勒在卖出股票的时候，科马克偏要买进，他实在看不出这里面有什么玄机。科马克明明是在看空股市，却反向操作做多买进，实在令人难以理解！

不过，约瑟夫还是按照科马克说的去找了他那位交割员朋友，请他在老头子停止卖出的时候，立马过来通知他。而约瑟夫每天也打两次电话确认这个事情。

有一天，那个交割员朋友跑来告诉他，老头子已经停止卖出股票了。约瑟夫谢别了朋友，立马把这个消息告诉了科马克。仔细地听完了约瑟夫的讲话，科马克转身问：“比利，查一下我们现在总共买进了多少圣保罗。”比利翻了一下，向他报告说：“大约有 6 万股。”

前面说过，科马克一直在看空股市，等他一开始买进圣保罗时，对其他许多股票也同时开始做空。现在他的手上已经掌握了大量的空头头寸。当他得知洛克菲勒已经停止卖出圣保罗时，便立刻对比利下令卖掉所持有的圣保罗的多头头寸，并且反手做空。他像指挥战争一样，利用手中的圣保罗多头头寸，反手打压整个股市。最终，他在股市中赚了一大笔！

圣保罗一路下跌，直到 44 美元时才停止。科马克利用手中的筹码大捞了一笔！

整个交易过程简洁明了。他稳操胜券的关键就在于他那种几乎是条件反射式的直觉。你也看到了，他整个决策过程几乎是不假思索，一眼就看出了将要面临的大势，并在瞬间做出了正确的布局。

他抓住了那些天赐良机，布局了一个大规模的空头操作。他不仅时机抓得好，关键是恰到好处。他对那个圣保罗消息的第一反应，不是像普通人反应那样卖出，而是相反地买进，那是因为他瞬间就看出来圣保罗这只股票正好可作为他发动做空股市的跷跷板。

远航精解 这种反常手法是一个针对市场绝对主力操盘的案例。因为他手上握有大量的资金可以带动整个板块的走势。通过消息面，知道大家都高度关注圣保罗这只股票，而且做空的消息肯定传遍了市场，市场的买单肯定很少，由于他操盘的是巨量资金，此时去追空，肯定获得的筹码很少。所以当他第一时间知道此消息后，立刻进行买入操作买入一定量的仓位。一来，可以暂时稳住这只股票的价格，为布局其他股票赢得足够的时间；二来，为收集足够量后期做空砸盘的筹码。一旦其他空头筹码布局成功，静待出击时刻。当他得知股东停止抛售后，则他的机会来了，然后迅速平掉所有多单，同时卖出巨量卖单，这样集中双重大量卖单投入市场，可造成该股短时间急速破位下行。而此股受关注度极高，因此，具有示范效应，引起市场恐慌，带动整个市场下跌，成就了他之前布局空单的成功，非常漂亮的声东击西的操作！

如今A股市场只能做多。大多数游资的方式是不计成本拉抬一只龙头股，带动整个板块个股都上涨，到了目标位后先平仓其余个股获利了结，最后边拉升边卖出（市场依旧强势），或遇市场弱势则砸盘相对低位出货，完成一整波的收割。

本文中利弗莫尔带我们领略了主力在顶部的派发操作策略。股价处于不同阶段，主力运用小道消息成为自己的护盘技巧。他们是如何运用市场资讯操控市场，让股价往自己仓位的方向移动，主力机构想在股市存活，就必须学会运用市场资讯。而中小投资者，则必须学会解读主力的思维逻辑，研究他们在顶部或底部布局所花的时间，他们的目标意图，反向操作策略所运用的情境等，再根据自身资源匹配对应的仓位。**所有在顶部的利好消息和在底部的利空消息则是引爆主力反向操作的关键点。**一般的冤大头没弄懂反向操作的时机及操作时应有的应对策略，而是只想到买在最低或卖在最高才是挣钱最多的方式，于是预期自己下单的位置就是市场转折点，认为是反向操作，但最后结果往往变成逆势操作而导致大亏出场。

主力从看跌后市到真正的市场下跌通常有一大段时间，所以主力的操作步骤是：卖出持股—空仓观望—看空后市—分批进场布局空单—空在股价没有新高的地方—空单加满时等待下跌—下跌确认点出现—股价持续有低点追加空单。在这个过程中主力依据场内具体状况调整进行的速度。而中小投资者如何能够观察并跟上主力的操作呢？从股价上看其变化是，在上涨末期，从持续有新高转为每次新高突破的距离都缩短，到最后在一个区间内震荡，无法突破前高。之后每次上挑都形成次高，消耗多头的最后的一些资金。最后股价往下走，最小阻力线下弯股价跌破交易区间的下沿，步入真正的熊市。

为什么空头操作比较吸引人？一般说来，上涨和下跌是不对称的，市场由下往上涨 10 个点的时间，要比从上往下跌 10 元所花的时间更长。上涨的过程大多是进三退二或进二退一的方式。强的上涨趋势反而是逐步上涨，稳步上攻的，多头处于绝对主控地位。而下跌大多数是主力在顶部派发完筹码，下方拖地的单子撤掉。下方没有任何支撑，没有流动性。一旦开启下跌，公众的恐慌情绪就会加速股价下跌的过程。因此，下跌过程就显得非常凌厉。所以相比较而言，短时间能挣大钱的，做空比做多要挣得快很多。

11.5 托马斯二遭“滑铁卢”

中间我们插曲了一个科马克的故事，现在话说回来。我平仓了小麦和玉米的空头头寸以后，就开着游艇去南方海域游玩了。我在佛罗里达的外海钓着鱼，享受着那里的美好时光。只要是跟钓鱼有关的一切活动，都会给我带来无比的乐趣。我静静地享受着，不用考虑任何事情，与游玩钓鱼无关的事统统抛在脑后。

后来我上岸休整，回到棕榈滩。华尔街的很多朋友都在津津乐道地谈论着棉花投机者的故事。据来自纽约的消息，波西·托马斯（Percy Thomas）现在已身无分文。这里所说的身无分文，并不是说商业上的破产，而是说这位传奇的著名大作手第二次在棉花市场遭遇了“滑铁卢”！

托马斯是我一直非常敬佩的人。我首次知道托马斯此人，是从他在希尔顿·托马斯公司投机失败的报道中获得的。当时，他和希尔顿合伙做交易，希尔顿不像他那么富有远见和胆识。那时，托马斯计划垄断棉花市场，但是由于希尔顿的反对，使他在即将成功之际打了退堂鼓，当时整个华尔街都在这么传说。总之，他们并没有赚到什么大钱，反而在这次交易中溃败而逃。我不知道他们到底亏了多少钱，怎么说也得几百万美元吧。希尔顿·托马斯公司也因此而破产倒闭，两个人从此也分道扬镳了。

后来，托马斯专心投入棉花交易。没过多久，他便把之前所有的亏空赚回来。令人敬佩的是，他不仅连本带利地偿还了所有的债务，而且还偿还了那些法律上规定不必偿还的债务。到最后，他的手里还剩了 100 万美元。凭借着聪明才智，托马斯在棉花市场东山再起，他的传奇与祭司怀特仅用一年的时间在股市里偿还了 100 万美元同样令人惊艳！我非常钦佩他的勇气和智慧！

远航精解 投机市场永远不缺传奇，同样也有很多令人惋惜的故事。很多有才华的人在此成就自己的梦想，但繁华过后，最终没能守住自己已得的财富。因为，人始终无法战胜市场。即便可以凭借自己的智慧采用了合适的策略，在市场取得一时的成功。但别忘了，市场是随时变化的，里面暗藏的基本面、各方面看法不同的人等各方力量也在不断变化中。成功者的事迹被人传颂后，一方面很容易迷失自我，过分自大，尤其容易依照之前成功案例来如法炮制后续市场，如同刻舟求剑；另一方面由于身处明面，容易被别人当作靶标，被别人在暗中的资金当作对手盘，成为攻击对象。

我们如何对待股市的暴涨暴跌？在过去的时代，在某些极端情况下，市场才会发生暴涨暴跌。而当今市场似乎在某些特殊因素的影响下，导致各个市场的价格暴涨暴跌成为常态。有人认为是电脑程序化交易助推股价波动更为刺激，或者是由于国际大资金快速的调整与扰动市场所致。如今新闻传播和交易撮合的速度很快，也使股市变化更快，这些过去可能需要几天才会反应完毕的涨跌幅，现在只要几小时就完成了。**投资市场的财富转移速度之快，需要我们提高对市场机会把握和对风险的嗅觉的敏感度，以更快的速度反应并做出相应的策略调整。**

当市场产生剧烈的波动，我们更应该关注的是投资者心理大幅起落所产生的行为反应。交易者如何看待这些波动，有人认为大幅波动才是投资市场之所以有魅力的原因所在。市场只有出现波动才能产生买卖价差，才能够产生潜在的收益。但暴涨和暴跌犹如一对双胞胎是同时存在的，怎么上去就怎么下来。成功的人靠大波动获得“棉花大王”“交易大师”等封号，名利双收；而失败的人因为暴跌而变得一文不值。暴涨暴跌带来的是机会还是恶运，挑战着操盘者对市场的深度认知与实战能力。

投资者产生情绪是可以接受的，但是不能阻碍自己的正常思维和风险管理。利弗莫尔列举了许多成功交易者的例子，我们感到惊讶的是他们都和普通人一样也会有情绪反应。但不同的是他们在失败之后仍不气馁，相信只要市场有大行情，持续以正确的逻辑与技巧操盘，绝对有信心能够挣回来。想想看有些投资者为什么在失败面前再爬起来的勇气始终不如交易高手呢？知道自己什么时候犯错非常重要，这是初学者与交易高手之间的差别。初学者因为心理底层思维是不接受认赔的，所以心思全花在避免犯错上。而交易高手则是认知自己经常会错，能接受这个事实，关注点是协助自己做好应对错误的准备。

11.6 与大众反向做多棉花

棕榈滩的每个交易人都在谈论着三月棉花交易中托马斯失败的消息。我们都知道，流言总会在流传中越传越邪乎，我也听说过自己的流言。当这种流言在外面溜达了一天回来之后，一路经过各种粉饰，重新回到最初的传播者的耳朵时，面目全非得连他本人也无法相信自己才是这个流言的始作俑者！

托马斯三月棉化操作失利的消息，打消了我继续游玩的念头，我思考的重心又转移到了棉花市场。我搜罗了一堆商业报刊，想弄清楚其中的缘由。

从佛罗里达回纽约之后，我就一门心思地投入了市场的研究。当时我发现所有的人都在看空市场，几乎每个人都在做空七月棉花合约。

他们为什么步调如此一致呢？我觉得他们好像得了一种传染病，人云亦云，他做某件事，不一定是他真的想做这件事，而是周围的人都在做这件事，就像书本上所说的羊群效应。

总之，那时所有的人都认为，做空七月棉花，既聪明又安全。如果你说他们没有考虑到当时做空市场的风险，我倒觉得其实这样说都有点高看他们了，他们铁定地认为市场价格会暴跌，从而会给他们带来丰厚的利润，哪里还会看到有什么风险？

当然，这一切我都了然于胸。我突然想起来，交割日已经不远了，对于那些做空的人来说，几乎没有什么时间平仓空头头寸了。我研究得越深，越觉得这一切都看得越来越清楚了。于是我很快决定大力买进七月棉花。很快，我的手上已经有了10万包。因为做空的卖家太多了，所以，建立多头头寸并没有什么困难。

当时给我的感觉是，即使悬赏 100 万美元寻找那些真正没有卖出七月棉花的交易员，我想无论如何也没有人前来领赏！

当时已到五月下旬，他们一直不停地卖出，而我也在不停地买进。直到最后，我买进了流通在外浮动筹码的全部合约，那一共是 12 万包棉花。

就在我最后一批买进棉花几天之后，价格就开始止跌回升了，而且以每天 40 到 50 点的涨幅一路飙升！

我开始棉花操作大约是十天之后的某个星期六，那时，价格已开始回升。当时，我并不清楚市场上是否还有等待卖出的七月棉花合约，所以，那天直到收盘前最后的十分钟，我都在那里等待。

因为我清楚，那些做空者，常常会在这个时候动手平仓。如果收盘价高升，则会套住这些人。于是我挂了四张买单，以市价同时各买进 5000 包。这些买单的进场，致使价格上涨了 30 点，那些空头们看到这种情况，当然会全力卖出以求脱身，这使得当日的市场以最高价收盘。

请记住，我只不过买进了 2 万包棉花，就导致了市场快速上涨了 30 点！

第二天是星期天，市场休市。到了下星期一，利物浦的开盘价必须高开 20 点才能与纽约看齐。但是那天利物浦出乎意料地高开了 50 点，这就是说，利物浦棉花的涨幅已经超出了纽约 100%，而利物浦棉花的上涨与我上周六尾盘的操作不无关系。

这表明了我的推理是完全正确的，我是顺沿着最小阻力线在做交易，同时我也时刻在惦记着自己手上还有大量的棉花多头头寸要平安脱手。当时我清楚，不管市场是以何种方式前进，无论是快速上涨，还是缓步上扬，都无法吸收那么大量的卖盘！

远航精解 羊群效应是公众的通病，他们只要有一头羊带领，看着大多数羊往哪个方向跑，则不假思索地跟随。就好比众多鱼儿在水里无方向随机游的时候，此时风险不大，渔民上来很难一次捕获到多少鱼。但当一个诱惑力的诱饵投放或外力牵引时，所有的鱼儿都朝着同一方向行进，此时风险积聚，正是渔民撒网捕鱼的好时机，只要与鱼游的方向反向捕捞，效率会非常高。市场就是少部分人赚大部分人钱，作为专业交易员，要懂得观察公众的动向，一旦趋于一致，则市场即将反向，反而是我们跟随主力出手的好时机。

懂得观察，并思考市场的游戏规则，以及公众的操作习惯，这是大作手的独到之处。基本套路都是暗中布局，巧妙借机点火助推，提前获利了结的这个循环。利弗莫尔在此次的操作中，利用期货临近交割的规则，公众争相卖空的契机，大肆建立多头仓位；并利用公众尾盘敏感性，利用手中巨量资金拉升，造成公众跟风。但游戏结束的契机还没到来，等待公众恐慌时，才有大量的平仓盘令其脱身。

市场人气对于交易者来说是一个非常值得关注的指标。没有人气，一潭死水的市场是无法走出大行情的。当一只股票或一个板块受到了市场的极大关注，则它的流动性提高，便具有更好的炒作基础，同时享受市场给予更高的溢价。犹如2019年新上市的科创板股票，对比之前在创业板上市了十多年的同行业股票，科创板在上市之初的估值和溢价远比创业板要高很多。在利弗莫尔这个案例中，由于媒体的助推，当时每个人都在谈论棉花，代表市场人气旺，每个人都看空，都在卖空7月棉花。当市场产生高度共识时，就必须要摆脱公众思维反向思考，因为这是主力猎杀散户的最佳时机。

在此文中我们看到利弗莫尔注意到棉花市场的暴涨暴跌时，他一直在衡量这个时间、节点，他看到放空者回补位置有困难，基本形势对多头有利，不仅可以买得更便宜，也可以买到心满意足的数量，因为大家都在卖，全市场人都看空。当他分批买进12万包的棉花合约后，如同股价在底部形态构建完成，一突破就是主升浪的走势。阳线多且经常跳空高开。所以利弗莫尔说他一天之内就涨了四五十个点。这是利弗莫尔经典案例的开仓阶段。

当来到主升阶段，尾盘往网上拉涨一波的时候，想将获利落袋为安的投资者就会迫不及待地下车，做错的人会停损，放空者回补的动作就是下买单把价格推得更高。当然这时候还是会有不怕死的冤大头，急着要进场加码放空。于是，利弗莫尔趁着棉花市场的高人气，继续加仓买进棉花。他同时注意到其他市场，当他发现其他市场的趋势如他判断的一致，验证了目前是整体的一个多头市场。我们在实际操作一个品种时，我们不仅要观察所做品种的状态，同时还需要观察周边市场的反应。**当其他市场同向时会助推本身操作市场的走势；而当其他市场的涨势放缓或转势时，自己操作的品种或有转势的风险，要注意降低盈利预期和提前做好风**

控。现在是他的加仓方式。

当趋势越来越强，大家都看到市场热情高涨，期望趋势还会再涨时，利弗莫尔开始关注自己手中大量的仓位，注意放空者在哪个地方会情绪失控。在股市的不同阶段，主力有不同的问题以及布局在脑海中思索。在上涨的抢购阶段，他开始对倒出货，当他看到媒体刊登自己将引爆轧空棉花的行情时，他知道出货时机已经浮现，必须马上把握，借媒体利好的消息出货。**作为普通投资者，则需要观察在高位区域出现利好消息时，但股价却出现怎么努力也涨不上去的情况，则表示市场的另一端，有机构趁机在出货。**

上市公司都会准备三套财务数据：第一套是给税务部门看的，通常数据报表都比较难看，因此可以减少税金；第二套是给银行看的，财务数据报表要好看，银行才愿意给更高的融资额度；第三套是给自己看的，这是公司实际的财务体现。而公司的股价表现也分为三套：一套是演给冤大头看的，另一套是给主力机构看的；还有一套是给自己看的。媒体的利好利空消息是演给一级冤大头看的；股价的K线指标等表层信息那是给二级冤大头看的；股价的波动，内在力量的博弈，股票在谁手里那是主力能看到的。**如果在市场操作，行情会涨到哪里都是参考别人讲的利好和利空，涨跌也都是靠别人解读的，那要在投资市场中稳定挣钱，几乎是非常困难的。能看到哪一套，就要凭借个人的功力了。**

11.7 借《世界报》高位脱手棉花大单

利物浦大幅高开的电报，导致了纽约市场的疯狂。但是，随着价格越来越高，七月棉花的成交量却越来越少，但是我还紧抱着那些头寸不放。星期一那天的盘势十分刺激，这令空头们十分难受，然而我觉察到，还没有到让空头们感到恐慌的地步，他们依然还没到确实想立刻平仓空头头寸。而在此情况下，我手上的 14 万包棉花，有谁来接盘呢?

星期二一大早，我来到办公室。在办公大楼的门口碰见了一位朋友。

“今天《世界报》上有一则十分耀眼的消息！”他笑着对我说。

“是什么消息？”我问他。

“什么消息，难道你没有看到？”

我说：“我从来不看《世界报》的。”

“我告诉你，全是关于你的消息，上面说你已垄断了七月棉花合约！”

“是吗，但是我还没有看到！”说完我就走了。我不知道他是不是在背后骂我太不够意思，最后，这事是否属实，我都没告诉他。

我到办公室要了一份报纸，果不其然，牛头大的标题，赫然醒目：

“拉瑞·莱文斯顿控制了七月棉花”

我立刻意识到，这篇报道将导致棉花市场顿时会紧张起来，尽管我当时已经绞尽脑汁地在研究该怎么出脱那14万包棉花，但无论如何，我也想不到比这更好的方法了！此刻，从《世界报》或者其他转载这篇报道的报刊上，全国各地都可以看到这个消息，而且显然已经传到了欧洲，因为利物浦的开盘价及其以后的走势就说明了一切。这则消息直接导致了市场失控，以致疯狂！

当然，我也非常清楚这则消息会对纽约市场造成什么样的冲击，而且我也清楚我应该如何随机应变！

纽约市场是上午十点开盘。刚到10点10分，我就出清了手上全部的14万包棉花，一包也没落下，而且绝大部分都是以当天的最高价成交。

这则消息为我创造了一个绝佳的市场。而我当时能做的也就是顺水推舟，利用这个难得的绝佳时机，出脱我手上所有的棉花。那时，对我来说，除了抓住时机外，还能做什么呢？

我原以为，要出脱手中如此庞大头寸的棉花不知道费多少周折，然而天赐的一个良机，让一切问题迎刃而解！如果没有《世界报》的那篇报道，要想出清所有的棉花，恐怕非要牺牲掉我相当大的账面利润不可。你想，将14万包七月棉花全部卖出，还不想让价格下跌，甚至还要卖到高点，对我来说，这是万不能做到的。但《世界报》的报道，给我提供了一个绝佳的高点出脱时机！

其实，我搞不清楚《世界报》为什么要报道那则消息。我想大概是该报的记者从哪里得来的小道消息，却把它当成了独家新闻来进行抢先报道。我想说明的是，不要说《世界报》的记者，我连他们最普通的任何工作人员都不认识，直到周二早上九点多我才知道此事。如果不是朋友告知，我不知道什么时候才能知晓这篇报道。

如果没有《世界报》的那篇报道，我想我很难找到那么大的买盘让我脱手。而这也正是所有巨量头寸交易所面临的共同问题，因为你无法做到像小头寸那样悄悄地平仓，你无法做到在自己想卖出或者应该卖出时出场。你必须在找到能够吸收所有头寸的时机才能够出场，如果你没有能力找到或者抓住这样的时机，就可能一下子让你损失几百万美元。

面对时机，你绝不能犹豫不决，如果你不能当机立断，那就会输个底朝天。那时，你也不能用大力买进拉高价格的方式逼迫空头平仓，否则就会造成空单因上涨而平仓。那么接下来你要卖出多单时，市场的消化能力就大为削减。在这里我还想说，察觉机会来临，并没有大家想象的那么容易。你必须保持高度的敏感，才能在机会刚露头时就将它擒获。

当然，我这次纯粹是因意外而收获颇丰这事，并不是每个人都知道的。如果有人意外赚到大钱，不论在华尔街还是在其他任何投资的场所都会被人怀疑。但如果你亏损了，那就另当别论了，那时，没人认为你是意外，大家都会认为那是你的贪婪或者自负带给你的苦果。如果是因为意外给你带来的利润，他们会认为你这是非法操作，而且大家都会认为你是多么的厚颜无耻！这对于一个作风正派、正大光明的人来说，受到如此的指责，又是多么不公正、不公平！

不光是那些鲁莽急躁、惨遭惩罚的空头们才会指责我精心策划了这次阴谋，就连那些与此事无关的人，也都对我持相同的看法！

此事才刚过去一两天，全世界最大的棉花作手就登门来了，他们说："莱文斯顿，你创造了你有史以来最高明的一次交易！你当时持仓那么重，我当时还以为你肯定会亏损不少。你知道当时市场的消化能力并不大，五六万包抛盘就可以引发棉花的崩盘。而你出清了手里所有的存单，还没伤害一分钱的利润。你是怎么做到的？我非常好奇！你的确非常高明，你的这一手，令世人匪夷所思！"

我很诚恳地向他解释："我与这件事确实无关！"

他一再重复着："小伙子，太厉害了！你太厉害了！不要过于谦虚！"

远航精解 对于主力庄家来说，游戏进行得是否顺利，除了自身巧妙的布局之外，也需要外界的各方面因素助推。这里利物浦上涨是一方面，而消息面上，大家根据报纸得来的消息，则是另一方面。所以很多主力控盘一只股票后，都会买通媒体，释放他想释放的消息，达到其目的。但有时主力也会根据当时市场所遇到的突发情况做相应的调整。包括上涨过程中突遇利空，则顺势打压再上涨；而突遇利好，则可以乘机提前派发筹码。

确实是一个看似不可能完成的任务，但却被利弗莫尔完成了，无论是靠自身的能力还是借助外力，最终是非常漂亮地完成了。对于操盘者无疑是一份荣誉。况且，他对自己的操作自始至终都有清醒的认识。知道自己等待的是什么，机会来了就毫不犹豫地执行。

对于公众，由于自己的无知、跟风而造成的损失，却归咎于别人身上，无疑是可笑且可悲的。因为，下一次他们还会依旧如此，直至被市场清洗出局。

在投资市场上，无论你是经常盈利还是一直在亏钱，冤大头这个角色连聪明的上市公司股东也经常不自觉地深陷其中。乐视网贾跃亭跑路事件，引爆了2017年A股市场上最大一颗地雷，股价从最高点44.72元跌至1.69元后停牌，退市是大概率事件。多家给其提供贷款的银行、关联上市公司、供货的供应商、员工、普通投资者都纷纷躺枪，损失惨重。由此可见，投资市场上“收割机”无处不在。各类型的市场参与者似乎各有各的困难，主力机构的困难是找不到一个足够大的市场，可以让它安全地倒货，一级冤大头的困难是找不到哪一只股票能马上上涨，好让他快速致富。此文中的重点是**投资者应该认清自己在投资市场的劣势，了解自身的角色，当情况有机会逆转时，应该把握时机。**

输家总是说被人给害了才会赔钱的，而赢家看到别人挣大钱时，首先是看他如何挣到钱，挣钱逻辑是什么？优秀的市场操作理念是什么？如果你能经常借由别人挣大钱的经验，看清自己为何忽略掉这些信号。日积月累，终有一日，你也会走向大师的行列。

当市场走势不如预期或出现重大突发情况时，无论股价是顺着你的仓位还是逆着你的仓位发展，都要马上决定如何处置该仓位，是了结一部分还是全部平仓离场观望。这种临场反应的速度除了靠盘前拟订的操盘计划之外，还得靠交易纪律来帮助自己快速调整到正确的位置，但这一过程远比我们想象的要难得多，需要在实战中反复磨炼和总结。

11.8 首次被加冕“棉花大王”

此次棉花交易之后，我被一些报刊称为“棉花大王”，但这个封号对我来说的确是“德不配位”。

我想你应该知道，像我这样的人，根本没有实力去收买《世界报》的专栏，我也没有这么大的后台让人为我刊登那篇报道。但我只能说我碰上了好运气，上天垂青于我，让我不费吹灰之力，就获得了那么大的名声！

我说了这么多，并不是要刻意解释我配不上“棉花之王”的封号，也不是为了告诉你抓住时机有多么重要，我只是在客观地告诉你，七月棉花交易之后，我在不经意间成了报纸上的头号红人。

不过有一点是肯定的，如果不是这些报道，我哪里有机会认识大名鼎鼎的波西·托马斯？

远航精解 无心插柳柳成荫，这也是除了投机市场对利弗莫尔的盈利奖励之外，名声的奖励也随之而来，当然名声在投机市场也可能是一把“双刃剑”。

此前利弗莫尔的经典案例中，谈到凭第六感赚25万；之后谈崩盘后的胜利日。在经历多次的大赚之后，此处竟然谈没有人能击败股市。本章节最后留下的伏笔表示“棉花大王”的封号虽然还在，但钱又赔光了。正如前面所述，就算100道题答对了99题，最后1道答错，最终结果还是0分。同时也印证了华尔街的财富来来去去，不管你过去赢了多少次，只要一次不小心，马上让你回到解放前。过去的成绩并不代表未来，难怪在基金销售时，都会附上一句对投资者的忠告：“投资有风险，入市需谨慎。”当我们在股市挣钱后，只要没有把股市的资金全部取出来，把行情软件删掉，从此不再涉足股市，那么赚来的钱永远只是暂存在你这里的。**所以在投资市场上，一定要保持谦卑的心，谨慎前行。**

市场各种大小的波段、等级的操作都需要靠时间来完成，交易者自身的技巧也需要靠经验与时间来积累，才能达到登峰造极、人股合一的境界。至于财富到底要来来回回几次，才能稳住留在自己身边？首要解决的问题，就是帮助自己恢复自信心。**无论被市场打趴下几次，永远记住要保持再站起来的本金。**

投资者解读媒体资讯，经常会忽略其时间差和滞后性，导致看见的重大利好消息后，立马买进却套在了最高点；看到重大利空消息赶紧卖出，却止损在最低点。当今市场上我们经常会看见，媒体报道某某大咖，如索罗斯做空了什么，巴菲特买了什么等。冤大头看见消息马上跟进，最后发现又做错了。其实只是没有弄懂这些资讯已经是过去时，也许就在新闻出来的当下，大师们已经调整策略了。散户投资者看见媒体头条的解读是主力正在持续大量买进，还要再大涨一波，于是想要搭顺风车轻松赚钱，甚至倾巢而出。而此时大咖看到的却是，今天买盘将上演抢购高潮，是最佳出货时机。

在上涨趋势过程中，若出现毫无理由的一根长阴线，并不代表此前的趋势终结。更有可能是主力盘中震仓的打压行为。目的是清洗浮筹，把一些短线获利或不坚定的投资者洗出去。做大周期市场趋势盘的投资者应该等下一根K线是否有跟随或者先出一半，待危险解除以后再把减持的仓位加回来，而不应该恐慌式全部出清仓位甚至逆势做空单，这是看对趋势却没赚到钱甚至亏钱的重要原因。做大趋势的投资者考验的是持仓定力，对此前操盘计划的坚定性。需要有高的容忍度，不能盯着账户，需要顺大势而为。

在投资市场上公众注意到的都是表面上发生的大事，然而真正的内在故事主线却是大家不清楚或猜不透的地方。例如，2013年8月16日周五，由于程序交易错单事件在国内发生。当日上午11:06上证指数瞬间飙升逾100点，总共71只股票瞬间触及涨停，上证指数盘中一度上涨逾5%，创2009年3月以来盘中最大涨幅。午盘后逐渐明朗是光大证券错单所致一场乌龙，之后上证指数下午盘走势震荡下跌，最终收跌0.64%。光大证券于盘后正式公告，由于该公司策略投资部门自营业务在使用其独立的套利系统时出现问题，公司正在进行相关核查和处置工作。上午的A股暴涨，源于光大证券自营盘70亿的乌龙指。**当异常情况出现时应该如何处置交易仓位，这才是投资者应该关注的地方，需要冷静面对，而不是跟风着急买入或恐慌卖出，可以试着通过仓位的增减，来达到缩小风险敞口的目的。**

第十二章

受大作手蒙蔽丧失独立思考，做空棉花赔掉几百万

12.1 拒绝托马斯相邀合作

七月棉花的操作大获全胜，好于预期很多。平仓棉花头寸不久，我收到一封信，是波西·托马斯写来的，信上要求我们俩见一面。我回信告诉他，欢迎他来我的办公室做客。第二天，客人就来了。

对于种植或者买卖棉花的人，托马斯的名字可谓是家喻户晓，因而我对他仰慕已久。无论你走到美国的哪个地方甚至是欧洲，圈内的人都在传颂着他。记得有一次在瑞士度假期间，我遇到了一个来自开罗的银行家，他曾经与已故的欧尼斯特·卡赛尔（Ernest Cassel）爵士在埃及合作种植棉花。当他知道我来自纽约，就立刻跑过来向我打听波西·托马斯。因为那时波西·托马斯会定期向他发送市场报告，而且每一期他都会反复阅读。

在我看来，托马斯有一套非常科学的方法用于他的投机事业。他是一个目光长远、意志坚定的梦想家。因为他见多识广，无论是关于棉花的交易理论，还是实际操作业务，他都非常精通。他乐意听取别人的意见，对别人的交易理论和那些不切合实际的观点，他也会给予自己的见解。他在交易心理和操作实务上都是一流的行家，在棉花操作上，他已经营多年，当然了，其中也有大起大落。

在希尔顿·托马斯公司关张之后，他就开始了独立操作。令人佩服的是，他仅用了两年时间，不仅恢复了元气，而且再创辉煌。《太阳报》曾经报道过他的事迹，他翻身后做的第一件事就是偿清所有的债务，那时还债之后他手里还剩下100万美元。为了用好这些钱，以使他的交易能够得到深入的研究和策划，他还聘请了一位专家。经过对几家公司财务报告的对比研究之后，这位专家建议他买进德拉瓦·哈德逊（Deleware& Hudson）公司的股票。

在亏了几百万美元打了个漂亮的翻身仗之后，托马斯栽在了三月棉花的交易上，这次又让他赔光了。

他来到我的办公室，一见面就直切正题。令我没想到的是，他提议我们联手合作。他许诺，无论他收到的任何资讯在告诉我之前都不会公之于众。如果我们能够合作，我就负责实际操作，他说我在实际操作上有特殊的天赋，这方面我好过他许多。

之后他就给我大谈合作的好处，但我始终都没有答应他。我坦诚地告诉他我一向独来独往，不可能与别人合作，也不想尝试。但是他依然强调，我们俩的组合才是最理想的合作。最后我告诉他，在交易过程中，我不想受到任何人的影响，也不想影响他人。

我这样告诉他："我不能欺骗自己，那样我会受到伤害，而且会付出代价。我不想为此再遭受损失，我喜欢独来独往，因为这种操作方式最直接，也最聪明。我喜欢在交易中与其他交易者们斗智斗勇并从中取乐，而这些与我斗法的人，我们从未谋面，也从未进行过任何交谈。我从来没想到要和他们其中的任何人合作，也不想给他们提出任何买进和卖出的建议。我赚钱是基于我自己的判断得来的，我不愿意把我的判断分享给他人或者靠此取利。如果我用了并非自己的办法赚进了钱，我会感到和没有赚钱一样，这让我没有成就感。所以，对不起，我对你的合作提议不得不说声抱歉！因为我觉得，用我自己的方式为我自己去玩这种交易游戏才会让我感到有趣。"

当然，他对我拒绝合作表示遗憾，并试图让我明白拒绝他的合作计划是错误的，但最终我还是坚持自己的立场，并没有一丝动摇。

接下来我们就谈了一些轻松愉快的话题。我告诉他，我相信他很快就会东山再起，并且我也表示了自己的诚意，愿意在财务上助他一臂之力，但是他拒绝了我的好意。随后，他问起了我七月棉花交易的那件事，我把其中的经过坦诚相告，从交易怎么开始的到买进了多少、价格如何等这些细节都一并相告。我们俩又聊了一些别的事情，之后他就离开了。

之前我就不止一次地说过，交易人有许多敌人，这其中有不少就来自于自己的内心。一讲到这话，眼前就会浮现出许多犯错的场景，从那些错误里，我学会了一件重要的事情，一个人不管他富有多么深刻的见解和独立思考的能力，都依然会受到那些能言善辩人的影响，从而可能会改变自己坚定不移的立场。

一般交易人常有的贪婪、恐惧等这些通病，虽然我能轻易地规避，但无论怎么说，我都是一个普通人而已，还是会很容易触犯人性易犯的错误。

从年轻时，我就保有独立思考和独立判断的习性。但在不久前经历的一件事，还是说明了我多么容易地能被人说服，去做违背自己的判断甚至自身意愿的事。那事就发生在哈丁营业处。在营业处，他们为我设置了一间私人办公室，专供我自己使用。通常如果不经我的允许，在交易时间内，任何人都不能过来打扰我。我讨厌并拒绝被打扰，因为我通常会持有大量的头寸，且有丰厚的获利，因此营业厅对我给予了严密的保护。

远航精解 市场上存在一类人是评论员、分析师、某些大咖等，这些人是研究基本面和对过往行情进行分析和研究的。大多数人会对最近发生的热点事件进行详细分析，找出事情发生的原因，为这件事做解释。但这是对过去已经发生的事，股价已经在市场上有所反映。换句话说，这些就是马后炮的行为。对于实战交易没有太多的帮助。等到公众了解之后，股价早已涨上去，或对于利空，股价早已跌下来。再买入则有可能会高位站岗。更有甚者，一些评论员其实会承担主力机构喉舌的作用。当主力吸筹完毕，准备拉升时，会邀请这些所谓的业内人士出来为其呐喊，煽动公众情绪。但专业交易员不能停留在此层面，需要独立研究和思考。除了研究基本情势外，还要从市场对消息面实际的反应去做综合判断，从买卖盘力量去深入分析其动力，预判后期可能的走势。做到独立思考非常重要，会使你脱离大众思维，找到那个属于自己的最佳入场时机，**市场也会奖励那些通过自我努力去把握机会的投资者。尤其注意的是，当自己前期的操作策略一直被市场验证是正确的时候，不要轻易受到外界的干扰，改变原有策略。**

市场也有一类大咖，在自己领域有举世瞩目的成就，甚至有些人在某个阶段，迅速积累的财富达到令人叹为观止的地步。但这个可遇不可求。另外，我们要明确的是，这个只是他过往的业绩，并不代表一直会保持。他的策略并不能时时都正确，哪怕他的所有推理都让人感觉严丝合缝，没有任何破绽。但市场就是市场，它一直是在变化着的。以前有效的策略，经过时间的推移后，参与的主体发生变化，各种变量都在产生，最后很可能之前的策略就会失效。**如果不能随着市场的变化而快速调整，那么就会犯了刻舟求剑的错误。**

利弗莫尔从年轻时代至此，大部分盈利都是通过独立思考，这是他刻在骨子里的习惯。通过对市场的实际发生的事进行研究，独立决策。而大部分亏损都发生在外力强加或受外界干扰的时候。当然，他也非常清楚，他体内也存在人性的弱点，不可能无懈可击。再聪明、坚强的人，也都有犯糊涂的时候。

12.2 被人说服买了不该买的东西

一天上午，刚刚结束交易，就听到有人对我说："午安，莱文斯顿先生。"

我循声望去，看见一个 30 多岁的小伙子。我并不认识此人，也不知道他是怎么进来的，但他确实已经站在了我面前。当时我想，他进来可能是为了给我谈相关的业务的，所以才通过了门卫。

我看着他什么也没说，不一会儿他就说话了："我今天冒昧来打扰您，是来跟您聊聊沃尔特·斯科特（Walter Scott）的。"随后，他便滔滔不绝地讲起来。

原来，这家伙是来卖书的。他看起来不是那么讨人喜欢，讲话的技巧也一般，整个人看起来并没有什么特别之处。然而，他身上却散发着一种说不出的特殊的人格气质。我心不在焉地听着他不停地说着，至于他说话的内容，我并没有太关注。他讲完后，拿出一张空白的表格，递给了我一支钢笔，那表格其实是斯科特著作的购书合同，价值 500 美元，我拿起笔在表格上签了字。

刚签完字，我马上就回过神来，但此时，他已快速地将合同塞到了口袋里。对我来说，这些书没有什么用处，也没地方放，另外我也根本不知道可以送给什么人。但我竟然花了 500 美元签下了这个购书合同。

对于花了这些钱我倒并不怎么在乎，我考虑这个问题的时候并不在这个层面上，但我首先想到的是我犯了一个错误。

首先，我想搞清楚的是自己的决策"瓶颈"和思维习惯，而我的思考方式是导致我犯错的根本原因。其次，我不应该再犯那样的错误。如果能从中吸取教训，并且在以后的交易中获利，这才能让我接受自己所犯的错误。

现在我已经犯了一个错误，这个错误就是让我花了 500 美元的冤枉钱，但令人憋屈的是，我还不知道问题所在。

那时，他会心地微笑着，我敢发誓，他已经看透我的心思。我能感觉到，即使我不说话，他可能已经猜出了我会说什么。于是我就直接问他：“在这个 500 美元的订单里，你能提到多少佣金？”

他很警觉地立刻摇头：“对不起，我不能那么做。”

我继续追问他：“你能得到多少？”

“三分之一。”他说：“但我不能那么做。”

“500 美元的三分之一，也就是 166.66 美元，你看这样好不好，你把合同还给我，我直接给您 200 美元现金。”为表达诚意，我立刻从口袋里掏出 200 美元。

他说：“对不起，我已经说了，我不能那么做。”

我接着问他：“是不是你所有的客户都会在合同上签字？”

他说：“那未必。”

“你怎么就知道我会签字？”

“一看你就是这样的人，你是一流的输家，但也正是这一点使你成为一流的生意人。非常感谢你的慷慨，但我不能那么做。”

“那好了，你可否告诉我为什么不愿意赚到比佣金更多的钱？”

“这应该不是赚多少钱的问题。”他说，“我工作并不仅仅是为了抽取佣金。”

“那么你又是为了什么？”

他回答说：“为了佣金和销售记录。”

这时他倒反问我：“你工作只是为了赚钱吗？”

我说：“是的，是这样的。”

“应该不会，”他摇着头说，“不应该只是为了钱。如果你仅仅是为了赚钱，那也就没有什么乐趣了，可以肯定，你不可能只是为了让银行增加你户头的数额才工作的，就像您去华尔街打拼，并不是因为那里的钱容易赚到，而是在那里你可以通过某种方式从中获得乐趣，在这一点上，我们是相同的。”

我不再和他争辩，我问他：“那你怎么从中获得乐趣呢？”

“我们都有一个共同的弱点。”他坦白地对我说。

“你是说什么弱点？”

他说：“虚荣心。”

我接下来对他说：“是的，你成功了，我在合同上签了字，但现在我想收回合同，并且拿出200美元作为你这10分钟的工作报酬，你觉得这还不够弥补你的自尊心吗？”

“其实并不是如您所说的那么简单，”他回答说，“告诉你一下真相也没关系，我们其他几个同事在华尔街已经销售了几个月，但最终都无功而返，甚至连基本的费用都没有赚回来，他们把原因归结于产品和销售地点都不对路上。在这样的情况之下，总部派我来华尔街，就是要让我证明他们的销售技巧有问题，销售市场没打开，与产品和地点都没有关系，他们得到的佣金是销售额的25%。来华尔街之前，我在克里夫兰销售，在那里，我两周就卖了82套。来到这里，我就想创造一个销售业绩，我不仅要把书卖给那些其他同事没有成交的客户，还要卖给那些我的同事见都没见过的新客户。为此，我们公司总部愿意提高我的佣金，支付给我三分之一的销售提成。”

“到现在我还没弄明白你是怎么把那些书卖给我的。”

“我还让摩根先生买了一套。”他说，似乎在安慰我。

“这怎么可能？”我说。

他又强调了一遍：“我真的卖了一套给摩根先生。”

“摩根先生买了你的沃尔特·斯科特全集？他可是个有名的收藏家，或许他还收藏了一些小说家的手稿。”

“你看，这就是他的签名合同。”他拿出摩根签名的合同在我面前快速地晃了一晃。或许那根本不是摩根先生的签名，但我并没有想要对此质疑，况且他的手上不是已经有了我签名的合同吗？我好奇地问他：“门口管理员的那关你是怎么过去的？”

“我并没有看到什么管理员，就直接见到了摩根本人，就在他的办公室。”

我说：“太不可思议了！”

其实很多人都知道，即使空手走进摩根先生的办公室，也比带着一个嘀嗒作响闹钟的包裹走进白宫还要难得多！

他说：“或许是吧，但我真的做到了！”

“那你是怎么走进他的办公室的？”

他反倒问我：“那我又是怎么走进你的办公室的？”

“你没告诉我，我真的不知道。”我说。

“我走进你俩的办公室，实际上都用了同一种方法。我只是和那个把门的小伙子聊了一下，尽管我知道他要执行的任务就是把我拒之门外。我让摩根签字的方法其实也和让你签字的方法一样。其实，你当时根本没有意识到自己在签一个购书合同，你只是接过我递过的钢笔，照我说的做了一件平常的小事，同样地，摩根也是这样做的。”

我迟疑了几分钟，最后还是开口问他：“那真的是摩根的签名吗？”

“当然，这样的签名摩根先生从小就会。”

“难道就这么简单？”

“是的，没有这么复杂。”他说，“是的，真没什么复杂的。我只不过时刻清醒自己在做什么，这就是所有的秘密。非常感谢你，莱文斯顿先生，祝你愉快！”说完，他转身要走。

“请等一下。”我说，“我说了，我一定要让你从这儿赚到200美元。”说完，我递给他35美元。

他难为情地摇了摇头：“不，谢谢你，可我不能接受。但是我可以这样做。”说完，他从口袋里掏出那张合同，撕成了两半。

我拿出200美元给他，但是他还是拒绝了。

我说：“这不正是你想要的吗？”

“不是这样的，你错了！”

“那你为什么要把合同撕掉呢？”

“因为你并没有抱怨我，而是自己来承担。如果换成是我，我也会这样做。”

“但是付给你200美元，这是我自愿的。”

“这个我当然明白，但钱并不是一切。”

他的话有些让我感慨：“钱并不是一切，你是对的。那么你希望我能帮你做些什么？”

“你反应真快！”他说，“你真的愿意帮我吗？”

“是的，我愿意帮你，但能不能帮上忙，要看是什么事了。”

“如果你愿意，可否带我去哈丁先生的办公室，让我们交谈三分钟，然后让我们单独聊一会儿。”

我表示难为情：“他是我的好朋友！”

那时候小伙子说："放心，不会有什么问题的，他是个五十多岁的股票经纪人。"

还真让他说对了，于是我带他去了哈丁的办公室。这之后我再没听到过他的声音，也没有他的什么消息。

但几周后的一个傍晚，我在上城第六街L线的火车上遇见了他。他脱下礼帽向我示意，我也予以回敬。接着他走过来打招呼："你好，莱文斯顿先生，哈丁先生也好吗？"

"他很好的。"我不知道他为什么提及了哈丁，我感觉到他话中有话。

"感谢你那天带我去见他，他买了我2000美元的书。"

"是吗？那他怎么没跟我提过这件事？"

"那样的人不会谈论这些事的。"

"你说什么样的人不会谈论这事？"

"我是说那种从不会犯错的人。"他说，"如果承认犯错，那会让他们失去面子，因为那种人非常清醒自己的需求，而且从没被人说服过。我孩子的学费正是因为这种人才有了着落，这让我的妻子非常开心。感谢你莱文斯顿先生，是您给了我一个好机会。其实，当我放弃您付给我的200美元时，我就已经知道后面会发生的事情了！"

"如果哈丁先生没有签字呢？"

"我知道，他会的。我很清楚他的为人，这点我很有把握！"

我继续追问他："你说得没错，但他要是没买呢？"

"那我就会回来再次找你，非要卖一些东西给你。再见，莱文斯顿先生，我不得不马上去见市长先生了。"这时火车停靠在公园站，他起身走了。

"希望你能卖上几十套，市长先生是坦穆尼协会的人。"

"谢谢你，我也是共和党人。"说完，他淡定地下车了。看他那样子，好像他知道火车一定会等他似的，而实际上，火车确实在等他。

我之所以要如此啰哩啰唆地告诉你这个故事，就是要让你明白，确实有一些人不同寻常，这个伶牙俐齿的人说服了我，让我买下了我不愿意买的东西。这样的人是我第一次碰到。你可能会说这样的事不应该再发生第二次，但非常令人遗憾，眼下偏偏又来了一位这样的人。请您相信，这个世界上不止一个优秀的推销员，你也不要太过自信自己能够免受这种人的影响！

远航精解 这个故事很好地暴露出利弗莫尔，或者说市场上一类传奇人物，可以被大众看来有敏锐的判断力，无比聪明果敢的人，却犯了普通人都可能规避的错误。他把这则故事分享给大家，其实是想说明，任何人都不是无懈可击的。他可以在自己擅长的领域里呼风唤雨，但在阳光照耀下肯定还有阴暗面。有些弱点是自己清楚的，但还有些弱点是自己此前没有发觉的。在人生的道路上，特别是在市场交易中，这些问题都会一一暴露，优秀交易员所要做的就是尽量将这些问题暴露时所付出的成本降至最低，尽快通过调整自己去逐步改正这些缺点。所以这也是利弗莫尔投机生涯登顶前的又一个磨难。**投机市场对交易员的要求近乎苛刻的程度。一个非常微小的弱点，在市场上都会被无限放大。一个小的坏习惯，都将导致苦心修建多年的大厦瞬间倾覆。**

12.3 失去独立思考判断能力

我坚决地拒绝了波西·托马斯想要合作的建议之后，看他走出我的办公室时，我就曾经发誓，我和他在商业上此生不会再有合作，我甚至想以后再也不可能见面了。但第二天他就来了一封信，信上感谢我提出对他的资助，邀请我去他的办公室看看。我回信告诉他，我会去的。后来又收到他的一封来信。于是，我便去登门拜访了。

从此之后，我便经常去拜访他。因为感觉与他在一起聊天是人生的一大乐事。他风趣幽默，见多识广，是我遇见的最有魅力的人！

在一起的时候我们无话不谈，他阅读面非常广泛，对很多事情都有自己独到的见解，而且对于一些奇闻逸事也能描绘得绘声绘色，饶有兴趣。他反应机敏，能言善辩，却不显露一丝油腔滑调。我曾听到外界评论托马斯善辩甚至虚伪。但是我那时候想，如果一个人不能首先说服自己，又如何去说服别人呢？

当然，有时候我们也会谈论市场上发生的一些事情。那时候，我一点不看好棉花市场，看不出有什么理由去做多棉花。但是那时候他却相反，他坚定地看多棉花市场。尽管他列举了大量的事实和数据试图说服我，但他还是无法让我发生动摇。虽然对他提供的数据拿不出相反的证据，但这并不足以动摇我对市场的基本判断。但是，他一如既往地坚持着自己的观点，直到后来，我开始怀疑自己收集来的产业报告和报纸的信息，这样一来，对我来说，最可怕的事情就是，我丧失了基于观察和判断的自信依据。一个人可能不会因为别人的说辞而违背自己的信念，但很可能因为别人的言语迷惑而变得犹豫不决、优柔寡断。这就意味着，他将不能依据自己的观察判断进行交易了。

我并没有变得完全糊涂，但却失去了自信心。确切说，我失去了独立思考和独立判断的能力。我无法说清楚，我的心态是怎么转变成这个样子的，但为此，我付出了惨重的代价。我认为，让我发生转变的根本原因就在于他信誓旦旦地强调它的数据是精准的，而我的数据大部分是来自于公开信息。此外，他一直在强调他的资讯来源确实可靠，而且经过证明是正确的，这导致我最后失去了自己的判断。虽然我们取得的资料是相同的，但由于他擅长逻辑推理，一旦他陈述的事实为我接受，那么接下来我的结论就变得和他一模一样了。

远航精解 当自己由于耳根子软，思维被同化，失去当初独立的判断。此时，交易自信减弱，带来一系列连锁反应。最糟糕的将是，与之前看对的背景相反，与市场反方向去做。那么，随之而来的可能是巨大的灾难。但交易的魅力就在于，在结果没产生之前，你永远无法100%确定。在灾难没发生之前，你也可能还觉得自己处于非常安全的境地。**改变了自己的立场与赚钱的思维方式，那就和当初的目的地渐行渐远，即将付出沉痛的代价。**

容易被人说服的原因首先是自身立场不够坚定，心里处于摇摆状态，或者对自己原来的观点并没有足够的论据支撑。而人是一种群居动物，人性是容易对同类产生依靠的，尤其是当自己迷惑或不安时，会下意识地去找同类中的优秀者取经或跟随。这是一种快捷获取知识和经验的方式，在社会生产活动中，效率会提高。但在市场交易中，这种从众心理，却会有很大的副作用。因为投机市场是零和游戏，最终结果不可能大部分人都赚钱，只能是头脑聪明的小部分人赚取大部分人的钱。因此，站在大多数人的队伍里是非常危险的。表面上看风平浪静，你好、我好、大家好，一团和气，但风险就在大家麻痹大意时产生。羊群在群狼环伺的环境而不自知。放弃独立思考，其实就是卸下了自身的铠甲和武器，只有等待挨宰的命运。

利弗莫尔的此段讲述也印证了这个道理。但我们还注意到另一个重要的细节。此前他是一个非常善于独立思考，并果断决策的大作手。但遇到托马斯之后，被他的口才所影响。起初他是抵触的，但接触久了，潜移默化地就被同化。这种被同化的可怕之处在于他自己是不自知的，最终市场给予他惨痛的教训。所以，**任何交易者在市场中都不要太过自信，觉得自己不会受任何人、任何事物的影响，要始终保持自我反省、自我觉察的状态，一旦偏离轨道，则应尽快扭转回到正轨，将损失降至最低。**

12.4 按照托马斯的思路做多棉花

起初，我们讨论棉花市场的时候，我不仅已经在看空，而且实际上已经拥有了空头头寸。后来在他的数据和事实影响之下，我对自己之前做空的头寸开始产生怀疑。当然，一旦有了这样的怀疑，我便会体现在行动上。所以，在托马斯的影响下，我觉得自己犯了个错误，于是立刻平仓了空头头寸，继而反手做多。

这下你了解我的思维模式了吧？你知道的，从少年到现在，我没做过别的行业，除了买卖股票和商品之外。如果看空是错了，那么我当然地会认为看多是正确的。如果看多是正确的，那就应该尽快地买进。

就像派特·郝恩，我在棕榈滩的那个老朋友常说的：“在你下注之前，一切都不确定。”对市场的看法是正确还是错误的，我必须尽快予以验证，而证明的办法只有从经纪人那里在月底的损益报表中才能得以印证。

此后，我开始买进棉花。不久仓位就达到了我惯常操作的持仓量，也就是 6 万包左右。

在我的操作生涯当中，这次操作算是最愚蠢的！因为我在跟着别人玩游戏，这完全不是凭着自己的观察和判断进行操作的。所以，这一次的操作纯属是冤大头似的举动，其后果也就可想而知了。因为当时的操作，既没有看多的理由，并且还在不断加码，这已经完全违背了我一贯坚守的操作经验和原则。听信别人失去自我的错误操作，结果就只有亏损了。

市场在向着与我的操作反向发展。从前，每当我对自己的头寸非常有把握时，从来都没有过急躁的感觉。如果说托马斯的判断是正确的，那么市场就不应该有现在这样的走势。整个操作从一开始就错了，关键是没有纠错，而是一错再错，结果受到了市场的严厉惩罚。在这样的情势之下，我不仅没有尽快认识到自己的错误，更有甚者是一路向下买进以摊平成本，这样的操作违背了我多年的风格，与我的交易原则渐行渐远。当年我还是一个少年，在对赌行做交易时，都比现在好很多，但现在我不知道为什么，好像变成了另外一个人——托马斯的附体。

在做多棉花市场的时候，我同时也在大量买进小麦，小麦的操作还不错，让我获利颇丰。

但那时我做了一个无比愚蠢的决定，居然想用大量买进的办法拉抬棉花价格。就这样，我把头寸加大到了 15 万包。那时，我已经感觉到很不对劲，之所以这样说，并不是想为自己的错误找一个借口，而确实是在陈述事实。记得后来我去了纽泽西州的雷登贝修度假。

在贝修度假期间，我对自己的棉花操作进行了认真的反思，我感觉到交易寸头已经超大，通常建立的大头寸并不让我感到害怕，但此时我却焦虑起来。于是为减轻压力我决定进行减码操作，为了达到这个愿望，我必须出清手里的棉花或者小麦。

远航精解 一旦看错背景做出错误决定，对于大资金的操作来讲，将是一个灾难。利弗莫尔此次操作诠释了几个连续的错误：听信所谓专家，逆势操作，不止损，甚至亏损加仓等。因此，从踏上听信他人而非独立决策这条路之时，就已经注定要失败。但不知道结局是这么惨痛的教训。由于他的不止损，以及亏损再加仓，这次错误为市场所付的代价太大了。

这里还有个必须重视的问题。此时他的仓位过重，且头寸都是处在浮亏之中。而且此次的状况不像从前，市场朝着他预想的状态行进。因此，他会感到不安，夹杂着懊悔自责，此时他心里承受的压力是平常的数倍。适当的压力可以激发人的潜能，提高人的思维活跃度，以及执行力。但人在过度的压力下，精神高度紧张，头脑会产生混沌状态，会使很多平时看起来很愚蠢的行为复刻到自己身上。此外，还会产生一种不服输的心态，觉得市场不应该是这个样子，肯定会好起来。殊不知，要使自己的状态好起来，不是被动地等待市场好起来，而是主动行动起来，处理自己的仓位，调整自己的状态。利弗莫尔凭借多年操盘的直觉和经验，觉得是要进行改变，但他的选择是什么？结果是否让他走出了泥沼？我们继续品读。

12.5 触犯交易大忌

在股票和商品交易方面，像我这样熟悉游戏并有着 12 年至 14 年交易经验的人，居然会犯下不该犯的大错，这种不可思议的事情居然发生了！棉花已经发生了巨额亏损，而我却抱着不放；小麦获利了，我却把它卖掉了！如果能给这种错误的做法找一个理由，那便是这笔交易是托马斯的，而不是我的！

在交易者通常所犯的所有错误之中，几乎没有比不断买进摊平成本更愚蠢的了。当时我在棉花交易上，就充分证明了这一点。

抱牢获利头寸，出清亏损头寸，这是显而易见的操作原则。然而，到今天我也没搞明白，当时为什么会反其道而行之！

就这样，我稀里糊涂地卖掉了小麦，也断送了后来小麦继续赚钱的机会。在我的小麦卖出之后，每蒲式耳就一口气上涨了 20 美分，如果当初不在小麦上犯傻，保守估计可以赚到 800 万美元。但是事实上，为了能继续持有亏损的棉花头寸，我却卖掉了能够再赚大钱的小麦而去买进了更多的棉花！

至今我都无法忘怀，当时不停买进棉花的情景。回想一下，当时不断买进的理由是什么呢？就是一厢情愿地支撑价格不让它下跌。在交易上，你还见过比这更愚蠢的行为吗？是的，毋庸置疑的超级傻瓜！我不断投入资金一意孤行地想摊平成本，现在看来是一个多么难以理解的错误！

我的好友和经纪人当时对我都无法理解，直到今天他们对我当时的做法也百思不得其解。当然话说回来，如果那笔棉花交易的结果不是那样的话，我可能就成为他们眼中的交易奇才了！其实，当时很多人都在提醒我，不要被托马斯那些看似精彩的分析所蒙蔽，也不要给予过多的信赖。但我依然像着了魔一样，继续买进棉花以阻挡价格下跌，甚至还在利物浦市场买进棉花。直到最后买进了 44 万包时，才幡然醒悟。但大势已去，为时已晚，最后，我不得不出卖了所有的头寸。

此次棉花交易几乎清光了我十几年来在股票和商品交易中所赚得的利润。在认识那位聪明绝顶的托马斯之前，我已拥有几百万美元的资产，到如今虽然还没有山穷水尽，但仅剩下了 10 万美元了。我违反了自己十几年交易所创设的交易经验以及成功法则，还有什么能比这再愚蠢的呢?

我花了几百万美元才买到一个宝贵的教训。我认识到交易人的另一个最危险的敌人，就是如果你面对一个思维敏捷、能言善辩、魅力十足的人，你很容易就为他说动而跟随他行动。然而，如果这个教训只花 100 万美元，我倒认为是物有所值的。但是，为此要付出多少学费并不由自己说了算，命运之神会给你沉痛的教训，然后把账单递给你。因为她知道，无论账单金额多大，你都必须为自己所犯过的错误埋单。等我清醒了自己的愚蠢行为之后，我坚决地了却了这件事情。从此以后，波西·托马斯也就从我的生活中永远地消失了!

就像吉姆·菲斯科（Jim Fsk）所说的，我九成的本金已经化为尘埃，又一次到了几乎山穷水尽的地步。成为百万富翁不到一年之后，我靠着自己的头脑和聪明才智及好的运气让自己的资产增大到几百万美元。然而，由于接下来的一次愚蠢的反向操作，一切又回到了原点。不得已，我卖掉了两艘游艇，开始回归到简朴的生活。

远航精解 抱牢获利头寸，出清亏损头寸，是显而易见的正确操作原则。但反其道而行之的低级错误却也发生在大作手利弗莫尔身上，这就是人性的弱点。过往的成就会使人思维懒惰，或是以往的盈利会使现在的他抱有一丝侥幸。钱来得太快，用这些钱去填补自己不愿承认错误的后果。但市场不允许侥幸，也不会轻易放过你每次犯的错误。

投机市场就是这样，无论你此前多风光无限，回到原点，就只需要一次违反原则或情绪失控。当然，这里还潜藏着利弗莫尔每次都是重仓操作带来的影响。成也萧何，败也萧何。重仓在原始财富积累过程中，有利的方面显而易见。当做对时，财富呈几何级数增长。但一旦做错，财富将一夜之间归零。这也是利弗莫尔的性格，以及操盘方式。

在美国当时那个年代，由于信息不透明以及投机技术传播率还是很低。所以行情的波动巨大，而且市场的抢购高潮和极度恐慌场面很多，造就单边市很多。所以只要抓住一波行情重仓，就能快速积累可观的财富。但在现代市场中，单边市相对较少，大多数情况是震荡市。那么个人投资者的中小资金如果重仓，在这里就容易被左右打脸，造成连续止损，最终被扫地出门。**所以有效的资金管理才是比买卖模式更重要的有效投资工具。**

12.6 奢望股市埋单只会令人倾家荡产

福无双至，祸不单行。在棉花交易上赔掉几百万美元以后，我又突然病倒了。那时需要支付 20 万美元的现金，要是在几个月之前，这些钱对我来说根本就是小菜一碟，但现在对我来说，在财富被风卷残云以后这就是我目前仅有的全部现金。我不得不尽快拿出这笔钱来，但这么多钱到哪儿去弄呢？那时，我并不想把存在经纪人账户中的保证金取出来，否则的话，我将失去足够的保证金用来交易，况且要想把失去的几百万从交易中再挣回来还需要投入更多的本金。当时的情形对我来讲，除了想办法尽快从股市中把钱赚回来，几乎已别无选择了。

你想想看，如果你对券商的客户多少有一些了解，也会同意我的办法。投机客在华尔街各种亏损的众多原因之中，希望股市帮你支付眼下的账单，应该算是首当其冲的原因了。如果你在交易时抱定这样的想法，那有可能让你的资金肉包子打狗有去无回！

这并非危言耸听，事实上也确实如此。为了说明这一点，我给你讲一个真实的故事，这事就发生在哈丁营业厅。

一年冬天，几个自恃才高的投机客想花三四万美元为自己添置一件裘皮大衣，最后的结果却是，这几个人没有一个能在活着的时候穿上它！

事情的详细经过我讲给你听。有一天，他们在哈丁营业厅碰巧遇到一位场内交易员，这个人后来成为名人，就是那种每年只领取 1 美元象征性薪资的名人。

而这个人当时就穿着一件镶着海貂皮的大衣。其实，这件大衣在皮草价格大涨之前也就值 1 万美元。当时有一位小伙子名叫鲍勃·凯恩，就想拥有一件产自俄国的黑貂大衣，后来他在上城的一家皮草商店发现了那样的一件，其卖价差不多也就 1 万美元。

“太贵了吧！”其中一位朋友反对。

“价格还算公道，挺合理的！”鲍勃·凯恩侃侃而谈，“各位仁兄，作为对办公室里最优秀人士敬献的礼物，谁能送我一件这样的大衣，也就大约一星期的薪水吧，有谁乐意捐献吗，没有是吗？那就让股市给我买吧！”

这时埃德·哈丁走上前来问道：“你为什么非要买那件大衣？”

鲍勃边说边比画着：“我这样标致的身材，最配那样的衣服！”

“你刚才说支付大衣的钱从哪里来？”吉姆·莫非问道。他是整个交易大厅里最八卦的人。

“很简单，詹姆斯。那就是漂亮的短线交易。”鲍勃回答说。他知道莫非只是凑个热闹，打听有趣的消息而已。

“朋友，你又错了不是？现在不是做多股票的时候，我计划做空 5000 股美国钢铁，看样子它至少会下跌 10 个点，只要我能在其中赚 2.5 个点就足以，我这样说够保守的了吧，你说呢？”

这时莫非有点儿按捺不住：“你得到什么消息了吗？”他一头黑发、面黄肌瘦，因为他担心一顿午饭的时间可能会错过一些市场的好消息，所以他从来不出去吃午饭。

“谁都知道那件大衣特别适合我，我决定要买了。”鲍勃转过头来对哈丁说：“埃德先生，请帮我市价做空 5000 股美国钢铁，就现在，亲爱的！”

作为一个投机者，鲍勃是属于那种冒险而又鲁莽的人，他诙谐幽默，说话爱逗趣，他常常用这样的方式让人相信他意志坚定。但在他做空美国钢铁 5000 股之后，价格就立即涨起来，此时鲍勃的表现一点儿不像他所说的那样满不在乎了，赔了 1.5 个点之后，他认赔止损出场。然后他就对办公室里的人说，纽约的天气有些反常地暖和了，皮草大衣已经不适合，他还说穿皮草大衣太高调，而且还不健康。人们听过之后都在背后偷偷地笑话他。但是在鲍勃之后不久，又有一个人为了买貂皮大衣在联合太平洋铁路的股票上赔了 1800 美元，然后他也给自己找个台阶，说貂皮大衣适合女士，而对一个谦虚而有气质的男士，却怎么也不适合。

故事还没有完，后来又有一个接着一个的小伙子也试图从股市中赚钱去实现那件貂皮大衣的愿望。终有一天我忍不住了，我说我要将那件大衣买下来，免得营业厅有更多的人因此而破产。但他们却说，这样做并不明智，如果我要买那件大衣，就应该让股市给埋单。但那时唯有哈丁强烈支持我这种想法。当天下午，等我到达那家皮草店的时候，才知道那件大衣上周已经被一个来自芝加哥的人买走了。

上面只是其中的一个例子而已。在华尔街，经常有人会因为要市场出钱帮他来买汽车、手镯、游艇或者油画收藏品等，但最后几乎都没有好结果，往往都因此而亏钱。

其实，股票市场是非常吝啬的，它几乎从来不愿意为任何人的生日礼物去埋单。如果我们把这些因为想买礼物而亏损的资金累加起来的话，应该可以买下一家大型医院了。

实际上，在华尔街的各种诱惑中，那些企图希望股市像菩萨一样乐善好施的妄想，是经常出现的，也是出现频率最高的。

远航精解 **妄想在投机市场上普遍存在，这也是投资者人性的弱点之一。**尤其是当投资者有一定盈利之时，会认为自己是最有能力的人，很快将拥有全世界。市场将是他的提款机，在这里可以给他所有的欲望埋单，而且这种欲望会越来越大，越来越强烈，最后导致甘愿冒更大的风险，采取更激进的方式，导致失控。最后一旦遇到震荡，或市场走势与预期不符，由于此前存在脑海里的欲望，使自己产生犹豫，无法第一时间反应，及时从风险中抽离出来，最终导致灾难的发生。

来到股市投机的人大多都怀揣着希望。很多人进入股市都会有一段时间操作顺利，感觉钱很容易赚。因此，贪婪之心逐步点燃，过高地估计自己的能力，对未来拥有很高的憧憬，其实这些都是幻想。投机市场赚钱的难度，不亚于任何一个职业。实体投资都要经过很多的调研，可行性分析，然后很多准备工作，到具体实施时又要有很多应对策略，遇到突发情况也要及时沟通和处理，应对大环境变化，产品也要及时转型。而投机虽然看起来就是一买一卖很简单的过程，但其真正要成功，里面要付出的心血绝不亚于实体企业投资。只不过这个投资过程给你反馈的结果显得更直接，就是你的账户金额的增减。

当人受欲望支配时，人的思维是绷紧的，思维是僵硬的，会对操作产生两方面的重要负面影响。首先是开仓，由于心里有尽快得到某种物品的欲望，会迫使自己看待市场的机会时极大地降低标准，以前看不上的一些小波动，都如获至宝，产生立马进场的冲动；其次就是进场后，眼睛死盯着账户，心情不断跟着账户资金的增减而大喜大悲，起起落落之后，会使自己逐渐迷失了方向，忘记了当初的策略。一旦盈利，就有马上了结的冲动，过早下车。而当行情不及预期时，账户产生了亏损，则极不情愿止损，因为此时，脑海中想要买的物品正在离自己渐行渐远，产生极大的逆反心理，一定要等到市场把他的损失给还回来。这在交易中是极其危险的。我们知道，当小亏损没有止住，后面会迅速吞噬本金，更大的窟窿产生后，就会使人产生破罐子破摔的想法。反正都已经亏成这样了，干脆就把股票长期持有，留给自己的儿子、孙子。这是太多初入市场的散户干的事，殊不知，被市场抛弃的股票大多数是不会回到你的成本价的，还有些垃圾股会被强制退市，你手上的股票将变成废纸，一文不值。而导致这些危险处境的源头就是当初入市的时候，给自己莫大的期许，想想自己给市场付出过什么？能否读懂市场的语言，与之有效地沟通和交流？如果没有，又何德何能让市场把钞票送到你口袋，给你的欲望埋单呢？

12.7 救命稻草被折断

想来，市场里每一种诱惑都有其存在的理由。当一个人想让股市为他突如其来的开支埋单时，你想一想他会怎么做呢？

此时对他来说，他需要做的就是去股市上放手一搏，这样一来，他需要承担的风险比他理智的时候所面临的风险要放大好多倍。

在理智的情况下，进场之前他会对市场的基本情势做冷静的分析和研究，那时，进场的风险就小了很多。而现在的情况是，他急于在市场上得到回报，即使当时市场对他非常不利，但是他也无暇顾及了，因为他已经没有时间去等待。在此情况之下，他很可能会认为自己不过是在进行一场输赢对等的游戏而已，因为之前他已经充分做好了短线进出的打算，比如亏损两个点就止损，盈利两个点就收手。他此时已经掉入非理性的陷阱，误认为输赢的概率大致对半，但实际上，在我认识的人当中，在此情形之下进场交易，往往让他们损失成千上万美元。而更糟的情况就是，当时如果正好买在了高点，只要市场稍稍回调一下，他就会被打个人仰马翻。所以，这种急功近利的交易方式是绝对不可取的！

正是这种愚蠢的妄想和交易方式，成为压垮我这个作为股票作手交易生涯的最后一根稻草。在棉花交易失败亏损几百万美元之后，我仅存的一点现金也正因为这种急功近利的短线交易而几乎全部断送给了股市。而这种急功近利的操作带来的更为糟糕的结果是，不断交易中的不断亏损越发激起急躁和失去理性，然后恶性循环。我固执地坚信，一定能短期内在股市上赚到钱，但最后等待我的结果却是山穷水尽，没办法，我只得四处借钱，这不仅让我欠下了几个经纪人的钱，也让我因此对那些不必缴纳足额保证金的经纪商们欠下了不少债务。从此我便因债务缠身，被压得几年都没喘过气来。

远航精解 **一个人与别人相处，无欲则刚。和市场交流也是一样的道理。当对市场有所求，而且很急迫，必将受制于市场。**自身的弱点将暴露无遗，会被市场先生无情地抓住。利弗莫尔此时的状态有些急功近利，想尽快地挽回之前拥有过的财富。这就是投资者的心态已经发生了变化。此前钱不在你口袋时，你会想着一点一滴地积累，逐步赚到更多的钱。一旦钱到你的口袋，再被别人拿走时，此时的心态将比之前没有时，更加沮丧、懊悔、急迫。幻想着还能再通过之前的方式，拥有之前的好运气，能够在短时间内回到此前最高点。殊不知，此时市场节点已不是此前的市场，过多地留恋和高频地在市场搏杀，尤其迫使自己在不对的时间点进入，将使自己处于极度的风险当中。最要命的一点是，自己情绪上其实一直在和市场作斗争，企图通过自己的努力去征服这个市场，让市场听你的指挥，顺着你的意图去行进。但事与愿违，过多地挣扎，只能使已经失血过多的人加速死亡而已。后期想要翻身将更加艰难。

因此，**当我们在实战当中的某个阶段亏损一大笔，或一段时间内连续亏损时，一**

定要采取慢、轻、停的策略，即降低操作频率，逐步减轻仓位，直至停止操作。休息一段时间，平复心情，调整好状态。同时也是在等待市场的环境变得适合你的操作策略时，此时入场无疑具有更好的盈亏比，逐步回到正确的道路上来，积累自己的财富。正如我们驾驶车辆在高速行驶时，突然看到前面有障碍物，或者不明原因突然爆胎，驾驶员立马要做的就是尽量把握好方向盘，逐步踩刹车，使车子停下来。找出爆胎的原因，经过一段时间换胎后，确认好前方无障碍，再慢慢开动车子往前继续行驶。倘若发生爆胎的时候心态不稳，乱打方向盘，甚至还踩油门，无疑会造成车毁人亡的结果。

第十三章

心怀感恩进入“股托”圈套，错失翻本良机

13.1 屋漏偏逢连夜雨

听信他人的忽悠，使得我在交易中成了托马斯的替身，在一路错误中做空棉花，赔光了资产。

失去自我操作的主张，当然是糟糕透顶，错得毫无章法、惨不忍睹。或许是受这种错乱压力的折磨，我病倒了。那时，神经紧张、焦躁不安，几乎无法进行冷静的推理和思考。当时的精神状态，已经达到了对任何一个交易人来说都不应该呈现的情形。我感到乾坤颠倒，一切都没了头绪。我甚至开始怀疑，自己再也不可能恢复之前的判断能力了，再也不可能把之前赔掉的钱重新赚回来了。

之前资金充沛，我已习惯了每次超出 10 万股那样的大手笔操作，而现在因为钱赔光了，不得不改为小额操作。因此，我开始担心进行这样的小额操作，我还能不能做出精准的判断。假设仅仅能交易 100 股，我感觉即使做得再正确，好像也没有多大的意义。如今捉襟见肘，若不得不将之前大手笔操作、赚取大额利润改为小额操作，我怀疑自己还能不能对什么时间获利了结出场做出正确判断。

我手上几乎毫无资金可支配的窘迫和无助之感，不知道你能不能体会得到，但是我当时的境地已非常糟糕，几乎无法自拔。

破产以后，我已无力大笔交易。我的判断发生严重扭曲，使我负债累累。之前历经了多年的成功，尽管那期间也犯了不少错误，但那也只不过是为成功打基础而已。而现在的情形，起比年少时在对赌行起步时还要糟糕很多。

在股票投机游戏中，我已经学到了很多知识和技巧，但如何正确地掌握和运用人性的弱点这一课，我学得还很不够。没有任何一个人能够具有那么强大的定力，就如同机器那般可靠，在任何时间、任何地点都能高效地运转。我现在终于体会到，面对周遭的人和霉运，一个人永远都无法只用同一种方法处置，以使自己免遭影响。

远航精解 利弗莫尔真实地描述了在大起又大落之后的那种失落的心态和窘迫的处境。此时的他已经经历了数次成功，数次破产。从几百美元到数百万美元的盈利，从普通人的粗茶淡饭到贵族的奢侈生活，甚至从当初的不名一文，到世人皆知的“棉花大王”。名利双收，但仅仅一年之差，轻信他人逆势操作，迫使他一切又回到原点，甚至负债累累。犹如把他送到云端，然后重重地摔到地上。纵使他是钢铁之躯，拥有超人般的意志，拥有百般武艺的大作手，在这种巨大的落差面前，也显得力不从心。沮丧、懊悔充斥着内心，落魄的外部环境也折磨着他。最关键的是这次由于没有足够的本金去操作，他以前赖以生存、绝地反击的自信心也逐渐被磨灭。因为翻身的希望渺茫，他此时心理承受能力也接近极限，随时会崩溃的状态。

人活一世，大部分时间都是在经历痛苦。**交易也是一样。无论在现实生活中居于何种社会地位，市场对待所有参与者都一视同仁。**交易依靠的就是个人对市场资讯的深度解读、盘中临场的反应速度、心态的快速调节能力等的综合能力。无论你自己如何修炼，在某一时期多么优秀，然而，在下一场竞赛来临时，大家又都处于同一起跑线。前进的道路充满荆棘，栽跟头是常有的事，而且很多突发状况都是以前没有遇到过的，对于市场参与者来说都很公平。需要运用自身的综合能力去化解艰难险阻。所谓劳其筋骨、饿其体肤，其实只是前菜而已，投机最难的就是经受住市场对心灵的摧残与折磨，历经千锤百炼，才能真正拥有百折不挠的钢铁之躯，成为最后的赢家。

13.2 反省错误，换地疗伤

金钱上的损失向来都不会让我太过忧虑，但其他的问题给我带来的烦恼似乎更甚，而且是实实在在地已经发生了。我仔细地回顾了自己的操作，认真分析和研究了亏钱的原因，从中我很快找到了自己的错误根源，也找到了自己犯错的位置和时间节点。一个交易人，必须得深刻了解自己，才能在投机市场中有好的收获。

要想了解自己究竟能做出什么样的蠢事行为，这个接受教育的过程是漫长的。有时候我觉得，如果能让投机客学会如何避免自大与骄傲的错误，即使付出多高的代价，我认为都是值得的。许多优秀的交易者，往往都在骄傲自大上栽了大跟头。对任何人来说，无论他在哪里犯下自大的错误，都是一种代价昂贵的毛病，尤其对于华尔街的投机客来讲，这一点更加突出。

由于一直沉溺于之前行为的自责中，在纽约我无法让自己过得舒心。在这样的情绪下，我没有办法让自己调整到良好的状态进行操作，所以我就停手了。就这样，我决定离开此地去其他地方赚回些本钱，希望换个环境能让我把感觉找回来。于是，我这个被投机游戏打败的人，选择再次离开纽约。我当时的处境比破产还要难受，在几家经纪商那里，我就欠下了十多万美元的债务。

离开纽约，我去了芝加哥。还好，在那里找到了一些资金，尽管这笔资金数目不是太大，但起码让我增添了再把失去的财富赚回来的希望。曾经和我有过往来的一家经纪商，信任我的交易能力，愿意接受我在他们的营业厅进行小额交易，以证明他们并没有看错人。

当然，在这里我做得十分保守。我不知道我会在芝加哥碰到什么样的事情，但之后我确实遇到了整个交易生涯中最令我难忘的经历。为此，我在芝加哥停留的时间被压缩了很多，这个故事令人难以置信，而又让人刻骨铭心！

远航精解 **人生跌至谷底，要在谷底时反省自己，但一定要保持那份自信。**正如我们盈利时，只要我们还在市场上搏杀，风险就如影随行。那么，这些盈利只能算是浮盈，钱只是暂时寄存在我们的口袋里而已。此时更需要警醒的是：不能骄傲自满，仍需客观谨慎对待，注意防控回撤风险。而与之相对的是，此时跌入谷底的交易员最需要的却是自信。坚信自己此前损失的只是钱而已，并没有失去全部。**通过此前失败后体会到的这种彻骨的痛，所积累的是常人难以触及的经验。坚信自己给市场交的学费早晚能通过自己的努力加倍拿回来。**

毕竟，能从低谷中爬出来的人，在交易市场中是极少数。但这些极少数人具有异于常人的坚韧不屈的精神，再加上缜密的逻辑思维能力，很快能从失败中总结经验教训，通过观察市场走势的细节，能敏锐从中捕捉到机会，从而东山再起。

13.3 会晤神秘人物

一天，一个名叫卢修斯·塔克（Lucius Tucker）的人，给我发来一份电报。此人之前在一家证券交易所的会员公司担任经理，我和他就是在那个时候相识的。当时我们还发生过几笔生意来往，但已经很久没有联系了。电报很简短，上面写着：

“速来纽约，塔克顿首。”

我知道有关我的近况，他是从我们共同的朋友那里了解到的，所以我认为，他既然找我，肯定是有相关的事情要和我聊。但我当时连去一趟纽约的旅行费用都很难拿出，所以我没像他说的直接去纽约，还是先给他打了一个长途电话。

“卢修斯，你的电报我收到了。”我说，“是有什么急事吗？”

“有个大银行家想见你。”他告诉我。

“是哪个银行家？”我实在想不出有哪个银行会找我。

“别多说了，来纽约你就知道了。”

“你是说他真的想见我！”

“是的。”

“他找我会是什么事呢？”

“你来了，他就会亲口告诉你的。”

“能不能写信告诉我？”

“那不能！”

“既然不能写信，那就直接告诉我吧。”

“这事儿不能在电话里讲。”

“好吧，卢修斯。”我告诉他，“我只要你坦诚相告，我会不会傻乎乎地白跑一趟。”

“那当然不会！请你来，自然有好事等着你。”

“到底什么事，能不能提前透露一下？”

“我不能那样做，因为那样对他不公平，况且我也不知道他会怎么帮助你。不过你最好还是听我的尽快来纽约。”

“你确定他要见的人就是我吗？”

“那还有错，就是你。最好能快点来纽约，你要坐哪一班火车，请电报告诉我，我会去火车站接你。”

“好的卢修斯。”说完我就挂了电话。

我并不喜欢这样神神乎乎的事情，不过我想卢修斯是善意的，他之所以这样做，肯定有他的道理。另外，我在芝加哥的交易收获并没有想象中那么好，所以，离开此地，也并没有让我感觉到有什么割舍不得。从眼下操作获利的进展来看，要恢复到之前的操作规模，那需要相当长的时间来积累资金。

就这样，我在不知道纽约会有什么事情等着我的情况之下回到了纽约。在返回途中，我一直在担忧除了浪费车钱和时间以外，可能什么结果也得不到。尽管有各种各样的怀疑和担忧，但这次回纽约最终的结果，是我万没有想到的，这段经历带给了我永生难忘的人生体验。

我在毫不知情的情况之下回到了纽约，我一到车站就看到了前来接站的卢修斯。他说是丹尼尔·威廉森（Daniel Williamson）委托他来找我的。这个丹尼尔·威廉森是威廉森—布朗公司的资深合伙人，这家公司是纽约证券交易所知名的会员公司。他请卢修斯转告我说，他有一个非常不错的提议，我一定不会拒绝的。因为对我来说，这是一个相当不错的机会。至于这提议的内容，卢修斯发誓说他一无所知，但如果单从这家公司的声誉来看，丹尼尔·威廉森的提议内容一定不会要求我去做那些不正当的事情。

威廉森·布朗公司，是由艾伯特·威廉森（Egbert Williamson）于1870年创建的，公司创立时，合伙人里并没有布朗其人，布朗是在公司运行多年之后才加入的。到丹尼尔的父亲执掌公司的时候，经营大获成功，丹尼尔接手的时候，从父亲那里继承了大笔的财富。但在他的手里，公司的业务并没有得到继续扩展。

有一个名叫艾文·马奎德（Alvin Marquand）的人，是公司的大户。他非常有实力，仅他一个人的交易量就可以胜过几百个普通客户交易量的总和。马奎德是个颇有影响的人物，他是威廉森的妹夫，还是齐撒比克大西洋铁路系统（Chesapeake and Atlantic Railroad System）的总裁，此外，还是十几家银行和信托公司的董事。在铁路界，他是继詹姆斯·希尔（James J.Hill）之后最有影响力的人物了。他同时还是那个著名的银行集团的主要成员兼发言人，这个实力雄厚的银行集团就是福特·道森（Fort Dawson）。马奎德的资产保守估计有5000万到5亿美元，在其过世后，公开的财产有2亿5000万美元，这些都是他从华尔街赚来的。相信你从这里已经看出来，作为公司的大客户，丹尼尔·威廉森的这个妹夫，是不是大有来头？

卢修斯说，威廉森·布朗公司刚刚设立了一个职位，而这个职位是特别为他而设立的，公司要拓展一般的经纪业务，专门负责业务拓展。根据卢修斯的建议，威廉森准备开设两家分公司，一家就在上城的大饭店里，另一家则开设在芝加哥。卢修斯说到这里，我推测他们请我来有可能让我担任芝加哥分公司的经理，如果是这样的话，我是不会答应的。我并没有告诉卢修斯，我不会接受这个差事。因为我觉得不管怎么说，也得等到对方讲明之后，再回绝不迟。

我跟着卢修斯去了威廉森先生的私人办公室，他介绍我们双方认识后就匆匆走开了，那神情就好像不愿意出庭做证一样。我当时已做好了先听他讲然后再拒绝他的充分准备。

威廉森先生举止优雅，风度翩翩，时常面带微笑，是个标准的绅士。从他的外表一看便知他善于交际，而且应该拥有很多朋友，而且是那种能够长期维持友谊的朋友。他看起来强壮而健康，心情愉悦。他很富有，不会有人怀疑他的动机，良好的教育和丰富的社会阅历，使他看起来和善可亲而又礼貌有加。他应该是那种为人友善、乐于助人的一类。

因为当时心里一直在想着拒绝他的事，所以我什么也没说，而且也没什么好说的。我总是要等到对方讲完之后才表达自己的想法。有人说那个已故的国家城市银行的总裁詹姆斯·史帝曼（James Stillman）（顺便说明一下，此人是威廉森的朋友）也是这种风格，若人对他有提议时，他总是先静静地聆听，直到那人说完之后，史帝曼还在继续注视着他。那情形看起来就好像那人还没有讲完似的，这会给提议者带来无形的压力，觉得自己应该再说些什么才好，于是他又接着说了许多。史帝曼这种注目和聆听的交流方式，使得不少提议者在史帝曼没有开口之前就已经开出了超出史帝曼所想要的更利于银行的条件。

当然，我保持沉默，并不是想让人开出更有利于我的条件。我之所以不说话，是想让对方先讲完，好弄清楚事情的来龙去脉，然后再迅速做出决定，这样既可以节省很多时间，也可以避免徒劳无益的争论。一般情况而言，当别人提出一个提议之后，等我开始讲话时，就只剩下是或者否这么简单的判断了。当然啦，前提是我必须要听完他整个提议之后才能回复是或者否。

远航精解 人生亦如此，和交易一样。在拥有众多资源从而面对众多选择时，我们可以比较从容。但当境况不佳，没有多少资源时，将变得身不由己，一些以前看不上眼的机会，在此刻也显得格外珍惜。

选择的多与寡，对自己究竟是好事还是坏事，和自身的驾驭能力相关。面对众多选择，对于有分辨能力和执行力的人来说，可以迅速进行比较和评估，从中选择最适合自己的方案去执行，结果是更加积极的。但当一个人能力没达到，面对选择时，却表现出选择恐惧症，鱼和熊掌都想兼得，最终可能是丢了西瓜捡了芝麻，远不如只面对一条路可走，义无反顾地走下去收获更多。

好的交易习惯来自于生活，需懂得倾听，谋定而后动。即使利弗莫尔此时境遇很糟糕，但依然保持思路清晰，知道来这的目的是寻找可能的机会，但也需要提前有个预判。如果后期走势和预判相符，则立即执行。此处体现出他的一个优点，就是先完整倾听，而不是贸然地先做决定。交易中也是如此，尤其是进场下单时，多看一会儿，等待市场多几个向下测试无果时，告诉你怎么砸盘都无法向下了，此时下单才是风险最小，盈亏比将更大的时机。值得一提的是，**我们在实战中要面对止损时，和下单不同，要迅速果断做决定，离场观望。犹如在战场上，面对敌方进攻时，必须尽快找一个掩体躲避或撤退，让自己风险敞口迅速降至最低，不至于把自己的生命置于危险之中。**

13.4 受邀做“股托”

丹尼尔·威廉森滔滔不绝地说着，我在一旁洗耳恭听。他告诉我，对于我的操作他已经耳熟能详，他对我离开自己最擅长的领域转战到棉花市场遭受重挫深感遗憾。不过，如果不是我运气差而倒霉，恐怕他也没机会和我会面了，他认为我在股市上是个交易天才，我就是为做这一行而生的，不应该离开最擅长的股票市场。

他略显兴奋地说："莱文斯顿先生，希望和你做生意的理由就是这样。"

"做生意，"我问他，"做什么生意？"

他回答说："做你的经纪人，我们希望你能在这里交易。"

"如果能在这里交易，我当然乐意。"我说，"但我不能。"

"为什么？"他问道。

"我没有资金。"我回答他。

"这不是什么问题。"他微笑着回答我，"我能为你提供资金。"说着他拿出了支票簿，开出了一张25000美元的支票。他在上面添上了我的名字，把它交给了我。

"这张支票用来做什么？"我问他。

"将它存入你的账户，你就可以随时领取了。我并不在乎你的盈亏，只希望你能在我们公司交易。假设你把这笔钱输光了，我会立马给你开另外一张支票。所以，在使用这张支票的现金资金时，你尽管放手去做，不必太过谨小慎微，您听明白了吗？"

这家公司实力雄厚，说实在的，他们根本不需要勉强与任何人做生意，更不用说送钱给客户当保证金了，但他却那么友善地为我提供了这一切。要知道，他为我提供的不是经纪商的信用额度，而是货真价实的现金，他对我提出的唯一要求就是在他们公司交易。而有关这笔钱的来历，只有他本人知道。另外，他还对我承诺，如果这笔钱亏光了，他会另外再给我一笔。这样看来，他之所以这么做，背后一定有我还不知道的原因。

"你们这样对我，究竟想要什么？"

"其实很简单的，我们就是要找一名活跃且有名的作手在我们这里进行交易。你是一个非常有名的大空头，所有的人都知道这一点，这就是我们特别看重你的地方。我们要找的名扬天下的投机者，就非你莫属了！"

"我还是有些不明白。"

"那就跟你直说吧，我们这里有两三位资金非常雄厚的大客户，他们买卖股票经常都是大手笔。当他们每次卖出一两万股的时候，我们并不希望华尔街就此怀疑他们卖出了正在做多的头寸。但是，如果你来了，情况就不一样了，因为有你在这里做交易，那样一来，华尔街就弄不清楚究竟是你在做空，还是其他的客户在卖出持有的股票了。”

听他这么一说，我立刻就明白了，他们只是利用我远播在外的名声，来为他妹夫的操作做掩护。

的确，就在一年半前，我就是因为做空股市和期货才赚到了交易生涯中最大的一笔利润。正因为如此，才让那些华尔街的人们只要一看到股价下跌，就会把矛头指向我。一直到今天，每当他们看到市场快速下跌时，就会理所当然地认为，是我莱文斯顿在打压市场了。

很明显，我无须再多考虑，如今我就要有一个快速东山再起的机会，而这个机会是丹尼尔·威廉森给我的。我把支票存入银行，在他们的公司开了账户，正式开始了交易。恰逢那时候市场表现良好，成交量充分，且波幅巨大，机会很多，交易不必局限于一两只股票。之前我还一直担心是否能找回正确操作的感觉，但现在看起来那样的想法有些多虑了。仅仅三个星期，我靠着丹尼尔·威廉森资助的 25000 美元，就赚了 112000 美元。

于是，我去找了威廉森，并告诉他：“威廉森先生，非常感谢！我来找您，就是为了还您那 25000 美元的。”

“不，不着急。”他一边挥手一边对我说，“不必，不急还，兄弟。你才刚开始赚了一点小钱，等你的账户赚到了足够的资金再说吧。”

此时，我正要犯下在华尔街生涯中让我后悔终生的错误，正是这个错误，后来把我拖进了漫长而痛苦的艰难岁月。

我应该坚持把钱还给他的。那时，我正在走向一条能赚到比我失去的还要多的财富之路。并且行进速度非常快，三个礼拜以来，我的获利率高达每周 150%。这使我相信，我的交易规模正要进入稳定成长期。但问题是，我听了威廉森的话，没有坚持让他收下那 25000 美元，以至于没有摆脱身上的束缚。因为他没收下那 25000 美元，才使得我不好意思抽走我赚到的利润。我对他十分感谢，但是我感觉被束缚了手脚，因为我不喜欢欠别人的钱和人情。当然，欠的钱可以偿还，但好意和恩德你必须拿同样的东西去偿还，这是一种道义上的责任，而偿还起来是没有上限的，这常常需要付出非常昂贵的代价。

虽然威廉森没有收下这笔钱，但我已经把它们搁置一旁，不再动它。我又开始交易了，那时运气不错，交易很顺利，这让我又重拾自信，而且我感觉不用多久就能恢复到1907年的巅峰状态，在当时那样良好的市场状况下，一旦我进入状态，我确保能够很快收复失地。

但是，赚钱并不是让我最高兴的事，让我欣慰的是我正在摆脱那种失去自我、不停犯错的境遇，那种错误令我在过去的一个月里深陷迷茫，并且也为此付出了沉重的代价。

远航精解 这次看似机会的机会已经呈现在利弗莫尔面前，等待他的就是思考，逐步剖析对方的目的是什么，对于自己是否有利，自己的优势是什么，是否符合自己目前的诉求。最坏的情况是什么，自己是否能接受。最后再下决定是否入局。

善于独立思考的交易员，不仅能在瞬息万变的市场中表现出出色的辨识能力。在现实生活中，通常也能快速从眼前发生的事，从与对方的交流中，快速提取出自己想要的信息。通过逻辑思维将这些讯息串联起来，得到对方潜在的意图。在对方表达完之前，心里已经有一个预判，对方接下来将要说什么，做什么，且更不容易受骗。而不是仅仅从对方所说的表层信息做判断。这种深度的考察能力是优秀交易员想要在市场中生存、避免被市场另一端的“聪明钱”收割所必备的本领。

利弗莫尔的自信一直有，虽然在还没有取得成果之时对自己会有怀疑，并且执行过程中会承担很大压力。但技术过硬，能坚持自己原则的交易员，只要市场给一波机会，很快就能东山再起。迅速积累资金是一回事，但更重要的是重新找回更强大的交易自信，而且比以前更坚定地去执行自己的交易策略。

13.5 被感恩“绑架”丧失独立操作权

那时，市场正往空头发展，我也转而看空，并且在交易上已经做空了几只铁路股票，其中就有齐撒比克大西洋铁路，记得这只股票我当时做空了8000股。

一天早上，我到了市中心。在开盘之前，丹尼尔·威廉森把我叫到了他的办公室。他说：“拉瑞，齐撒比克大西洋铁路这只股票，你现在不要动它。你在它上面做空了8000股，这并不是一笔划算的交易。就在今天早晨，我已在伦敦替你平仓，并且反手做多了。”

齐撒比克大西洋铁路这只股票必将下跌，我非常确定。报价纸带上显示的信息，真真切切地告诉了我这一点。不仅如此，当时我已对整个市场看空，虽然当时还没有达到极度迫切的程度，但市场的转空已经足以让我坚定持有空头头寸了。于是，我对威廉森说：“你怎么能这样做？整个市场已在走空，而且所有的股票都将下跌。”

他摇着头说：“之所以要这样做，是因为我恰好知道了一些齐撒比克大西洋铁路的内幕，而这些消息外人包括你是无法知道的。我建议你不要做空这只股票，除非到我告诉你这样做是安全的时候才可以。”

这还能让我怎么说呢？他说的这可不是一般的小道消息，而是来自于董事长妹夫的。丹尼尔·威廉森不仅是马奎德的好友，对我也很慷慨而友善，他用行动表示了对我的信任，除了感恩，我还能做些什么呢？

就这样，我的理智又一次被情感所控制，这使得我的判断屈从于他，对我来说，这是我再次毁灭的开端。

一个正直的人，总是把别人的恩德放在首位，但是要做一个合格的交易人，就应该力避这种情感的影响。其结果可想而知，我不仅把所有的利润输了回去，还欠了他们公司 15 万美元。为此，我深感沮丧，但丹尼尔却安慰我说，不必为那种小事担心。

“你放心，这难关我会帮你渡过的。”他对我说，“但是有一点，你必须与我配合，停止你的独立交易，别到最后我这边在帮你，你那边却因为出了问题而前功尽弃。接下来，市场的事你就别管了，把它交给我，让我为你赚点钱好吗？”

我不禁要重复那句话——除了感激他，我还能做什么呢？我不是一个忘恩负义的人，对他的相助，我越来越充满感恩。他对我说的全是勉励之词，并向我承诺一切都没有问题。

半年之后，他满脸笑容地过来找我，并且给了我几张支票：“我答应过你，你的难关我会帮你。”他说，“你看，我做到了！”果然，他把我的债务一笔勾销，并且还给我留下了一笔资金。

我日夜期盼着东山再起的愿望，本指望靠着这笔钱可以轻松实现。因为那个时候正赶上市场的好行情。他却对我说：“拉瑞，那只南大西洋铁路我替你买进了一万股。”我知道这只股票正被他的妹夫艾文·马奎德控制，这样一来，我的命运也等于控制在他的手里。

如果是你碰到了像丹尼尔·威廉森那样对待你，除了对他感恩戴德以外，还能说些什么呢？这时，不管你怎么看待市场，即使你完全正确，那又怎么样？就像老朋友派特·郝恩常说的那样：“你下注之前，一切都是不确定的。”而目前，这个威廉森正拿自己的钱为我下注。

后来的事情显而易见，南大西洋铁路一路下行，一蹶不振。威廉森为我买的那一万股也理所当然地出现了亏损，具体亏了多少我也记不清楚。后来，等他卖掉之后，我为此欠了他更多的钱。但像他那样有耐心、对欠债人从不纠缠的人，我还从来没有见过。在我面前，他从来不提及我欠款的事，相反，他还劝我不要担心，总是说些鼓励的话。到最后，他还是不声不响地替我填平了亏损。

整个交易的细节他从来不向我透露，能看到的只是账面上的亏损数字。他只是对我说：“你放心，你在南大西洋上的亏损我会通过其他的交易给你弥补。”他还告诉我，他在其他股票上为我买了7500股，并从中获得了不少的利润。说老实话，当我的债务被威廉森一笔勾销之后，我才知道，真的会有这种好事落在我的头上。

远航精解 世间熙熙皆为利来，世间攘攘皆为利往；世间没有无缘无故的爱，也没有无缘无故的恨。任何好事降临在你头上时，要考虑其真正的用意，自己是否要付出的隐形代价。尤其在交易场上，**任何人都不能带着感情来做事，有的只是客观地观察和判断市场，严格执行既定的交易策略，风险来临时，毫不犹豫地止盈止损出局。**

市场上有很多事情让你迅速止损，需要提高警惕。与市场打交道其实是更容易的，市场有情绪，但都表现在这些价格的波动里了。与市场打交道简单明了。你能和市场交流，符合市场规律你就赚钱，否则就亏钱。但和人打交道不一样，有很多粉饰的成分，把其真正的目的隐藏得更深，而且会根据你的情况处境、需求等量身定制一个陷阱给你。所以我们无论在交易中还是在生活中，都需更加提高警惕，**最关键的就是不要让自己过度依赖于别人，那样会丧失主动性、决策权，更难有一番作为。**

此时的利弗莫尔，钻进老到的威廉森设计的局，被他当成牵线的木偶。他利用利弗莫尔当时所处的窘境以及情感的弱点，给他提供“免费的午餐”，之后为他的市场操纵打掩护。客观来讲，这也是操纵的另一种手法，利用人性的弱点，但对于被操纵者来说，这个经典案例无疑是后人的前车之鉴，为后人觉察自己，反操纵思维提供很好的素材和警示作用。苍蝇不叮无缝的蛋，当发现自身被操纵时，一定不能首先怨环境或他人，首先需要反省自己，第一时间勇敢地抽脱出来，找到最佳的解决途径。

在实战中，主力操盘手也会给公众一些蝇头小利，驯化公众的思想与行为。待到群体行为趋向一致时，择机再杀。这就是市场的残酷性。因此，专业投资者一定要在交易中，不断反思自己行为与公众行为是否存在趋同，这就是危险信号。**当观察市场中公众的群体行为时，一旦出现消息面、情绪面都一边倒的情况，就是我们启动风控离场的时候了。**

13.6 错失翻盘良机

这样的事情接连发生几次之后，我便冷静下来，从各种不同的角度重新审视自己目前所处的境遇，我终于透过迷雾看清楚了，是丹尼尔·威廉森在利用我。一想到这儿，我就气愤不已，被人利用这么久，竟然没有及早发现。

搞清楚整个事件的来龙去脉之后，我找到丹尼尔·威廉森，告诉他说我不干了。之后，我就离开了他的办公室。对他和他的合伙人，我没有表示出来半句怨言，因为即使讲了，对我也已没什么用处。但此时，我怨恨自己远超过怨恨威廉森本人和他的公司。

赔钱并不能让我耿耿于怀，但之前每一次赔钱之后，我认为都会从中学会一些东西。也就是说，如果赔钱我认，但一定要从中学到某种经验，赔出去的钱就权当学费了。一个人要想在交易中取得大成就，必须有丰富的经验，而要具备这些经验，就必须为此付出代价。但在丹尼尔·威廉森公司的经历，真正让我痛心的并不是亏钱那么简单，让我悲愤的是错失了一次大行情的机会。在交易中，亏欠是正常的，也没什么大不了的。因为，钱亏了以后可以再赚回来，但是当时那种极好的行情机会一旦失去了，就再也追不回来了！

如你所见，当时的行情非常易于赚钱。当时我的判断是正确的，赚几百万都会轻轻松松。但碍于感恩的心理干扰了我的正常操作，我的手脚被这种情感所羁绊，整个过程其实都是按照丹尼尔·威廉森的主张在做，那种感觉比与亲戚合伙做生意还难受，糟糕之极！

其实，这还不算最糟糕的，因为在此之后，市场上再也没出现过能让我赚大钱的机会。市场处于阴跌之中，情势越来越难，除了输掉了自己所有的钱以外，还再次债台高筑，欠债比以前更多了。接下来的几年，简直就是漫漫长夜，从1911年、1912年、1913年到1914年，市场上根本找不到赚钱的机会，我的日子也愈加难挨了。

这段时间我对赔钱这件事耿耿于怀，因为自己在看对的情况下，却赔了钱，这样的情绪让我难以平静。我从过去的错误和经历中，找到了自己容易犯错的地方。如果从一个普通人的眼光来看，我在丹尼尔·威廉森公司的所作所为，并没有太多可挑剔的，但如果作为一个投机者，却任由外界的因素来控制自己，以致失去判断的能力和独立交易权，这实在是不该发生的事情！

感恩，本是一种高尚的品德，但如果把它放在股市上则是大错特错，因为报价带的数据不会跟你讲义气，更不会因为你的忠诚而偏爱于你。我明白自己当时不可能进行决断，但万不该只是为了能在股市中交易而不顾坚守自己的信念！经营之道在于正确的投机，而正确投机的首要条件便是，永远遵从自己的意愿和判断进行操作！

远航精解 幸好，利弗莫尔能及时反应过来，发现自己被人利用的处境。当发现自己一段时间一直在原地打转，没有任何进展的时候，要学会觉察和审视自己的状态。和交易一样，**当自己下单过后，市场长时间并没有按照预判的轨迹走时，要复盘研究当前的背景是否改变，或者当初的判断是否正确。**如果拨开云雾，发现自己错了，则应立即止损出局。并且不要过多去抱怨，从错误中汲取营养。

利弗莫尔实际行动就是这么做的，他并没有过多言语上的抱怨，而是把这个当成自己成长路上的一道坎，一次失败的人生经历，为其后期的腾飞，又增添了一块坚实的垫脚石。

生活中人类具有不同情感的表达，使人类区别于别的动物，具有更高层次的社会交流。但在市场上最好的交易状态是不带有任何情感去做交易。不需要对人感恩，也不要留恋某一只个股，甚至一直会纠结和着迷在一只股票上。一只股票和人一样，会有婴幼儿时期、青春期、中年，以及迟暮之年。它的股价走势，就能反映其所处的状态。我们只需参与它青壮年的高速成长期就足矣。至于后期股价已经表现没有活力或震荡盘跌时，则已来到它的衰老阶段。切记不要和某只股票谈上恋爱，一直坚守。最后会发现爱有多深，受伤就会有多深。毕竟，**投资者要不忘初心，目的是来市场赚钱的，而不是来谈感情的。**

13.7 翻身延迟五年

这段经历简直是不可思议，接下来我将告诉你这期间究竟发生了什么事情。第一次和丹尼尔·威廉森见面时，他告诉我的其实都是实话，当时在他的公司交易中，一旦某只股票发生几千股的卖单，就会被华尔街认为那是艾文·马奎德在做交易。马奎德是他们公司唯一的大户，也是华尔街最富实力的优秀作手，他们找我来就是为了给他做掩护而已，特别是当他大量卖出的时候。

那个艾文·马奎德在我来到这家公司不久便病倒了，他患上了不治之症，其实这在很早以前就被诊断出来了，丹尼尔·威廉森则更早于他的妹夫知道此事。这也正是丹尼尔当初要平仓我的齐撒比克大西洋铁路股票空头仓位的原因，当时他正在忙于将他妹夫的持股卖出变现。

在马奎德去世以后，他的财产管理人必须把他的持股变成现金。但那时市场已经进入空头，而丹尼尔·威廉森控制住我的操作，变空为多，这样就可以很好地保护他妹夫的遗产数目。

不是我自吹，我的交易量常常很大，并且对股市的情势也看得比较准。威廉森当时一定非常清楚地了解我在 1907 年的空头市场中大获成功，他为了保障他妹夫的股票能够成功兑现，便不会任由我继续做空，否则的话，等马奎德的个人资产变现时，就会因为我手上的大笔空头头寸而难以在大幅缩水的状态下兑现。威廉森知道我是那种主动攻击型的空头，这难免会让马奎德的遗产造成几百万美元的损失，而马奎德遗留下的总资产也就几亿美元而已。

对他们而言，他们让我的户头发生亏损，然后再替我还债，这与任我在其他营业处大力做空所花费的成本相比，确实少了很多。他们很清楚，如果不是碍于威廉森的人情，我是不会停止持续大力做空的。

这段经历在我的股票作手生涯中算得上最不幸的一段，我为此付出了极大的代价，使得我东山再起的时间被生生地拖延了好几年。

我还很年轻，赔掉的钱可以再赚回来。但五年的岁月，对一个穷困潦倒的年轻人来说，实在是太漫长了！无论你多大年龄，落魄的滋味都会令人味如嚼蜡。

没了游艇，我生活依旧，但没了行情，何以东山再起？我当时面对的可是一段难得一见的大好行情，我失掉了这个难得的机会，就好像摆在面前的钞票，而无法伸手去拿。

威廉森真是一个狠角色，他精明果断、富有远见，他擅长思考、富有想象。另一方面，他却圆滑老练、老奸巨猾，对人性的弱点能够深刻挖掘并毫不留情地加以利用，经过一番研究之后，他迅速找到了利用我的方法，使得我在市场里不再具有任何威胁力。

他处心积虑地利用我，本质上并不想让我亏钱，相反，为了达到目的，他在金钱方面对我非常慷慨。我想他深爱着他的妹妹马奎德夫人，作为哥哥，他完美地尽到了自己的责任！

远航精解 人与人之间常常是利用与被利用的关系。只是当我们有被利用价值之时，很多机会会找上门。有的是机会，但有的却是实实在在的风险。当我们无欲无求时，我们的防护力是很强的，也很谨慎。但当我们有诉求和欲望时，则会更倾向于冒风险，去抓住一些机会，此时我们的防御就会被撕开一角。

我们是否能清楚地识别哪个是机会，哪个是陷阱。这些判断的前提是你自己的识别力和判断力。在生活中要做出准确判断和你之前的人生阅历有很大关系。利弗莫尔此时还很年轻，在交易场上算是个老手，**但在人生道路上，遇到一些波折，也是必然。这就是一个成功的交易员，伟大的作手，必须经历的部分。**

只有人生的阅历足够，才能够具有更大的格局。在交易中，当面对很多看似诱人的机会时，我们反而不会为之所动。只有等到真正大的机会来临时，我们才会下重手去做。**这些都需要依靠人生的积累，市场实战交易中的积累，积淀到一定程度时，才会形成。**

利弗莫尔的过人之处，在于即便经历此等磨难，没有自暴自弃，而是依旧对其钟情的事业初心不改，依旧有信心熬过这些没有行情的岁月。市场只要存在，不会一直没有行情，总会在一段时间内有巨幅波动。**在无行情时能自我调整、积累、积极准备，等待真正行情到来时，才能一把抓住，东山再起，乘风破浪。**

第十四章

历经五年淡市和债务缠身，东山再起

14.1 投机交易要摒弃人情压力

离开威廉森的公司之后，股票市场最佳的赚钱时机已经过去了，这让我非常郁闷而无法释怀。在那之后的漫长岁月，市场死气沉沉没有明显的趋势，苦哈哈地等待四年之久，没有丝毫的赚钱机会，连一块钱也赚不到，就像比里·亨利杰（Billy Henriquez）说的那样："这个市场连臭鼬也释放不出来任何气味了！"

那时，我感觉命运好像成心在捉弄我，或许是天意要让我受尽折磨。然而，再怎么说，我过去的行为也不应当受到如此的报复。在一般投资者常犯的错误之中，我并没有触犯任何一条，也没像一些典型的冤大头那样进行过愚蠢的操作，我所做的或者说没做到的，在纽约金融区本该是受到赞美而不是受到责罚。在华尔街，那些明摆着该去做而没做的事情，被认为是荒唐可笑的，而且往往会为此付出极高的代价。

这段不堪回首的经历，给我留下了一个深刻的教训——不能把道德和情感带入股票市场。也就是说，当你进入股票市场的投机游戏时，应该尽一切所能地摒弃人情压力。

从威廉森·布朗公司离开之后，我就到了其他经纪商的营业处去试试运气。但没有想到的是，不管走到哪一家都会亏钱。实际上，这是我咎由自取，也是应该受到的惩罚。因为我总是强迫市场给我机会，总想从那里得到它无法提供的东西——赚钱的机会。

对我来说，融资并不是问题，因为那些了解我的人都对我充满信心。如果你问他们对我的信心究竟有多么强大，那我可以告诉你，当我决定不再进行信用交易时，我对经纪商们欠下的债务已经超出了百万美元。

我持续亏钱的原因，并不在于没有能力把握市场机会，而关键在于长达四年的岁月之中市场惨淡无比，根本就没有赚钱的机会。但是，由于债务压头，想尽快赚回本金，我急于频繁进场交易，反而使债务越欠越多。

后来我干脆放弃独立操作，我已无法忍受越来越多的欠债。就这样，我开始了另一种谋生——代客操作。很多人认为我精通股票交易，即使在这沉闷的市场中也可以稳获盈利，那样我便可从操作的盈利中抽取一定比例的佣金，这成了我当时主要的生活方式，也是我赖以维生的手段。

当然，我的操作有赔有赚。问题是，即使赚了钱，也不够大幅度降低债务所用，最后在这种看起来越来越糟的状况下，实在看不到什么光明的前景，我开始身心疲惫、心灰意冷，而这种沮丧，让我感觉人生第一次进入灰色地带。

远航精解 利弗莫尔痛定思痛，已经找出了失败的根源——受累于人与人之间的道德和情感，这和市场投机是相悖的。**市场是无情的，而带着这些包袱和枷锁去无情的市场上行走时，无异于增加自己在战场上死亡的概率。**

此时，利弗莫尔进入人生低谷中的低谷，为了生计强迫自己去交易。尤其在没有行情时，去寻找机会，无疑更增大了自己的风险，在这个泥沼中陷得更深。尤其是在债务缠身极端压迫时，不得已就会着急，想利用眼前看到的一切机会，导致盈利率不高，对于其摆脱现在的处境同样会收效甚微。

现代市场中存在一种委托交易的形式。一类是拥有资金但时间和能力有限，想委托他人操作的投资者。

而另一类是有能力和时间精力，但手上资金有限的交易员。双方各取所需，由于简便，私下签订一项合同，就交由交易员去操盘。**代客理财，帮别人操作。**好处是拿别人的资金操作，自己不用承担本金的损失。盈利时采用分成的方式获取利润。对于自身没有本金的操盘手来说，**是一种不得已而为之的过渡时期采用的方式。但这种方式存在很大风险和隐患。**首先，对于投资者来说，资金最好放在自己账户中，保证资金的安全性；由于交易员水平的参差不齐，应对突发状况的经验等也不一致，一旦遇到极端行情，如果仓位过重，则容易有爆仓的风险。而对于交易员来说，虽然对方提供资金，但如果投资理念不一致，也会产生一定的干扰和压力。在盈利阶段不会暴露出来，但当回撤阶段或突发状况时，对方的不理解，会给自己造成极大的困扰与压力，不利于自己既定操盘策略的实施，更影响投资心态的稳定性。迫于盈利的压力，会更倾向于重仓操作，这会使自己暴露在更大的风险当中。而极端情况，一旦爆仓，甚至穿仓，将面临对方的追偿，甚至牢狱之灾。得不偿失。同时也存在盈利后对方不给的情况。或者操盘一段时间后，由于资金周转用于其他用途，中途随时中止的情况也时有发生，对于交易员前期投入精力的付出也没有足够的保障。

因此，最好的合作方式是采取正规渠道发私募产品，基金经理和交易员的资质也经过考核，且私募产品也在基金行业协会备案，**资金由第三方银行托管**。此外，整体产品也设置清盘线，把总体风险控制在可接受范围内。对于操盘者来说，其对于合格投资者也有一个严格的筛选，包括资金体量（目前国内合格投资者资金要求100万元起），能够承受损失，且投资过程中不会进行窗口指导，只需按规定一定时期内给投资者报告即可。公募私募基金也是目前国家提倡、政策支持和大力发展的一种投资方式之一。**投资是一项非常专业也需非常谨慎对待的事，并不是赌博中的买大买小。专业的事就得交给专业的人去做，这样省时省力，投资者也有更多的时间精力专注于自己的生活和自己具有优势的领域。**

14.2 欠债搅乱心境

那时，感觉每一件事都做不对，但我并没有就此忧伤。从坐拥游艇和几百万美元，沦落到如今债台高筑而不得不过节俭的生活，尽管当时的处境令我难以承受，但还不至于自怨自怜。我不能指望耐心等候就幸得上天的垂怜，从此结束难挨的苦难。因此，我开始仔细琢磨自己的问题所在，但无论怎么说，有一条是肯定的——赚钱是我摆脱目前困境的不二之法。要赚到钱就必须进行成功的操作，过去我曾经多次成功过，但现在我必须像过去做的一样好。过去何止一次，我手捏着少得可怜的本金就快速赚到了十几万甚至几十万美元，我坚信这样的机会，市场早晚会再次赏赐于我。

我相信如果赚不到钱，那不是市场的责任，问题都出在自己身上，但我自身的问题究竟在哪里呢？我回顾各个交易阶段所出现的问题，冷静思考所犯错误的原因，最后我发现是欠债搅乱了我的心境。这件事始终困扰着我，扰乱了我的思绪和判断，我不得不说，欠债的感觉之于我的影响已远超欠债本身。在开展正常业务的过程中，任何生意人都难免负债，这样的负债大部分都属于普通商业债务，是不利的业务环境带来的，这和生意人在长期不景气的环境中所欠下的债务并无二致。

时间在一天天过去，而我的债务数目并没有减少。这样，在对待债务的问题上，我的理性越来越受到挑战。为什么会出现这种情况呢？我有必要在这里解释一下，请记住，我之前欠下了100多万美元的债务，而它们全部来自投资股票产生的亏损。在这些债权人当中，绝大多数对我都很友善，没有做出为难我的事情。但这其中有两个比较难缠，他们时刻盯着我不放。只要我赚一点钱，哪怕是一点小钱，他们也会立马出现，要求我告知他们赚钱的数目，并且让我立刻把钱还给他们。特别是其中一个小债权人，我仅欠他800美元，这个人不依不饶，甚至扬言要把我告上法庭，冻结我的资产。当时我不知道他为什么固执地认为我隐瞒了自己的资产，难道我当时的窘迫形象还不像一个就要被穷困缠死的流浪汉吗？

远航精解 此时的债务像嗜血的爬虫，一旦有一定的盈利，将被迫将这些种子用于还债。对后期的操作将是一种无形的巨大压力。具体到操作层面上有两种显著的影响：

首先，心态着急想扳回本金，着急找机会入场，不想错失任何一个机会，以致更倾向于频繁交易。在市场中会存在一段时间的蜜月期，就是怎么交易都赚钱，快速盈利放大本金规模。但市场是不断变化着的，这种蜜月期是极不稳定的，时间长短不确定，盈利多少也不确定。你是不知道什么时候该收手。收手早了，会为后期错过的盈利而烦恼，导致去追，但往往会迎接更大的亏损；收手晚了，就会承担短期内巨额的回撤。着急赚钱者在重大盈利损失后，头脑是不清晰的，迫于生活压力，更多会选择侥幸心理去死扛，最后的结果就是爆仓。因此，频繁交易是交易者的死局，无解的。

其次，容易重仓，而且头寸加仓过快形成重仓，放大风险导致本金折损风险。市场是波动的，盘中一个回调或反向测试，就容易将原本顺趋势的单子给打出来，造成看对了但没做对；还有一些极端波动情况，由于一些重大经济事件，甚至近期的新冠疫情，对全球市场的冲击，美股的数次熔断，A股市场的千股跌停，其惨烈程度是有目共睹的，一旦赶上这次没有提前离场，对于重仓则会遭受重大损失。中行2020年4月原油宝事件，由于WTI原油5月合约跌至创造历史的负值，致使投资者不仅亏光本金，还倒欠银行2倍的本金，对自己不懂的市场没有敬畏之心是一方面，而这也是重仓埋下的地雷之一。

最后，就是心态把控上容易脱轨。着急、犹豫、不甘、贪婪、恐惧等，都会由于对于债务的解脱冲动，被无限放大。当入场有了盈利以后，会非常担心盘中的回撤，促使自己过早获利了结，错失后续一大段行情。当有了一大波盈利后，由于贪婪的心理，会去寻找任何关于自己继续持仓的理由，就会产生对风险视而不见的冲动，盈利大幅回撤或巨亏。

因此，投资者如果因为还清债务来市场淘金，尽量打消这个念头，因为你将面对的是比你强大的资金实力、研究团队、更聪明头脑的对手。

14.3 被迫宣告破产

我对目前所处的现状进行冷静的分析之后，得出一个结论——我的问题并不出在研判报价带的数据上，而是跟来自外界的压力有关。只要心绪不能调整到宁静的状态，我就不可能有什么作为。也就是说，只要背负的债务不能有所减轻，我的心情就不能回归宁静。只要债权人中任何一个人跳出来，坚持让我在赚到足够的本金之前就要还清他们的债务，否则就会不断来找我的麻烦，在这种外在因素的直接干扰下，我已无法让自己的心沉静下来进行理智的判断，从而也就无法实现东山再起。只要冷静地想一想，这种情况再明显不过了。于是我决定，必须宣告破产，除此之外，我实在想不出什么办法能让我静下心来进行冷静的操作。

当时我感觉，这是能让我快速恢复平静最简单有效的方法，难道不是吗？但是我要说，这确实也是让我最感不快的一种方法，我实在不愿遭人误解、被人轻视，所以我并不喜欢那样做。一方面，在金钱上，我一向不是太在意，也不会看得很重，从来没想过要为金钱而撒谎，因为我觉得那样很不值得。但并不是每个人都会这样想，这我是知道的。但另一方面，我也十分确信，一旦在市场上重获新生，我会还清每一分钱。因为那种还钱的义务，无论在法律上和道德上，都深深地根植于我的内心。但目前对于我来说，如果不宣布破产，让自己的心境达到宁静的状态，我就无法恢复到原来正常的操作状态，也就没办法偿还目前的这100万美元债务。

于是，我鼓起了天大的勇气，挨个拜见那些债权人。不知道你能否理解，这对我来说是一个非常艰难的决定，因为这几乎让我无颜面对这些老朋友、老相识。

我毫不避讳地向他们坦言我目前所处的状态，面对他们我解释说："走向这一步实属无奈，本意并不是要逃避你们的债务，为了能重回正确赚钱的交易状态，我不得不这样做。因为这样无论对我还是对你们都有好处。其实，要不要用这个办法来解决问题，两年来一直在我的脑海中困扰着我，但我一直碍于情面和责任而无法鼓足勇气向你们坦白。如果我能早一点有勇气这样做，那么现在的情况已经扭转好多了。简单地说吧，债务带给我的重重压力使得我心神不宁，在这样的心境之下，我无法找回昔日的操盘感觉。现在我来请求你们，我要做一件一年前就想做的事。以上就是我要宣布破产的原因，请你们谅解，没有其他的了。"

第一个听到我说这番话的债权人，其实他的心声和其他人是一样的，他代表他们公司发表了他的意见。

"莱文斯顿，"他说，"我们已经完全明白你的意思，也知道你目前的处境。我告诉你，我们会满足你的愿望，给你翻盘的时间，请你的律师准备好相关文件，我们会在上面签字的。"

大多数的债权人也都同意这么做，这也是华尔街善行的一面，这充分体现了善良敦厚和相互扶持的商业精神。其实对债权人来说，这也是最明智的决定，因为对他们来说，这样做是比较划算的。对他们的这份好意和信任，我表示万分感谢！

就这样，我超过100万美元的债务被免去。但其中有两个人比较难缠，他们一直不肯签字。一位就是那个借给我800美元的人，另一个是我欠了他6万美元的一家公司。这家经纪公司已经破产，接管该公司的人根本就不认识我，所以派人一天到晚地跟着我。即使他们有意免去我的债务，我也没奢望过法院会让他们在文件上签字。总的来说，当时我的破产资金只有区区10万美元，但我当时所欠的债务已经超过 100 万美元。

我破产的消息见报以后，让我深感十分难堪。以前我也曾几次欠下过债，但每一次都能全额还清，而这次让我感到如此羞愧难当。尽管我十分明了，只要一息尚存，我早晚会还清所有的债务，但看到这个消息的人却未必这样想。

【译者注：1915 年 2 月，《纽约时报》头版刊登了《棉花大王破产了！》的文章。由于 1913 年至 1914 年的股票交易损失，利弗莫尔因 102474 美元的债务而申请破产】

还好，这种感觉很快就消失了。我知道接下来要想操作成功，就必须全力以赴、全身心地投入其中。我几乎没有办法告诉你，那种从重重债务下被松绑出来的感觉是何等的解脱！从此，再也不必理会那些不了解此理的人的异样眼光！

我的心境从债务中解脱出来，终于可以实现不受拘束的操作了。因为不必再被债务缠扰，这让我看到了成功的希望。从 1914 年 7 月 31 日起至当年的 12 月中旬为止，证券交易所关闭期间，华尔街一片萧条，有相当长的一段时间，市场上根本没有任何交易。对身边的朋友，我已经欠下了那么多钱，哪好意思再次张口请求他们的帮助，因为他们已经厚爱于我，也可以说完全做到了仁至义尽了！

【译者注：在经历了 1913 年的严重经济衰退之后，1914 年受欧洲第一次世界大战爆发的影响，美国的金融市场在 1914 年经历了短暂而痛苦的时日。那些来自国外的投资者快速地抛售美国证券，并把资金汇回本国，因而导致了黄金外流和货币紧缩。同时，因为联邦储备系统的新国库券也没有得以及时释出，使问题更加复杂。为了避免股市发生灾难，美国于 1914 年 7 月至 12 月关闭了纽约证券交易所。】

当时的境况对任何一个交易者来说，要想积累到足够的本金实在是太难了，因为那个时候证券交易所已经处于关闭状态，你几乎没有办法找到任何一家经纪商为你下单，我尝试了好几次，结果都是无功而返。

远航精解 破产清算，这是不得已而为之，但也需要壮士断腕的魄力和勇气。在当时的境遇下，对于负债累累，心境糟糕的利弗莫尔来说是明智的决定。就像被人困住石块沉入海底，当挣脱束缚后努力游上海面。**丢下思想的包袱和实际的债务束缚，随着心境的转变，心态放平和，逐步从黑暗中走出来。**

将自己的状态按下重置键。但并不是一无所有，目前他所拥有的是一道道伤疤，这些都是成长过程中，由于自己犯错市场给予的一次次惩罚，伤愈后结痂而成。

这些都将在后续的前行过程中，给他一次又一次的提示，不要再重蹈覆辙。这些对于一位优秀交易员来说，是必须经历的。没有置之死地而后生的经历，是不能称其为优秀交易员的，体现了其极限抗压能力。**一旦突破自身的极限，日后在市场中碰到类似状况，心里就有底，会更加镇定自若，冷静应对。**

很多企业家，和交易员爆仓一样，在投资的重大亏损后，宣告破产。但并不是他们投资生涯的结束。有能力者，又会在若干年后，或者是另一领域重新站立起来，甚至会走向更辉煌的人生高光时刻。**最重要的就是不要轻言放弃，拥有自信和意志力，懂得如何利用自己仅剩的优势，发现和抓住为数不多的机会。**

14.4 破釜沉舟

最后，实在没办法，我不得不去找丹尼尔·威廉森。那时已是 1915 年 2 月，我告诉他，我已从债务缠身的梦魇之中挣脱出来，可以恢复像往日一样的正确交易了。你应该还没忘记，他曾在我需要帮助的时候，并没等我开口就主动给我提供过 25000 美元的资助。

现在我又非常需要他了，他对我承诺说：“如果你看到有把握的股票，500 股以内你尽管去做，我这儿没有任何问题。”

谢过威廉森之后我就离开了。他曾害我白白错失过能够赚取巨额利润的大好时机，而且我还给他的公司贡献了大笔的佣金，但如今他们公司连一笔像样的资金也不愿意借给我，这委实让我有点儿窝心。对我来说，500 股的交易规模实在是太少了，如果能再多一点本钱的话，赚钱的速度就会更快、更容易一些。但是，说良心话，这 500 股对我来说已是十分珍贵了。我打算保守一点、谨慎一些使用它们。不管过去发生过什么，但毕竟都已经发生过，而且不可改变。而目前，我终于有了一个东山再起的机会，虽然可交易数量还很不够。

从丹尼尔·威廉森的办公室出来之后，我就开始认真地研究整个市场的情势，并且就自身的问题进行了客观的分析。当时，多头市场已十分明确，在这一点上，成千上万的交易人都看得非常明白。威廉森只给了我 500 股的交易权限，几乎没有什么回旋的空间，只要股价往相反的方向轻轻一回档，我就会狼狈出局。所以，为了积累资本资金，我必须一开始就能赚钱，不能有任何闪失。

我一定要利用好这500股的权限，为自己赢得机会，我太需要赚钱了！我非常清楚，如果没有充足的资金，我就无法把自己正确的判断发挥到极致，没有充足的资金作为保证金，也不可能在这场投机游戏中保持冷静的心态。这种平静的心态，必须具有承担小损失的资金能力才能得以保障，就像我以前在建立大量仓位之前，必须有个试仓的过程，而这个过程中出现一点小小的损失是再平常不过的事了。

当时，我的处境在整个投机生涯中，可谓是生死存亡的危急关头！假如这次不能获得成功，那我真的不知道去哪里再募集资金卷土重来了，所以这一次我必须耐住性子等待，直到确认万无一失才可以进场交易。

为做到一下手就能把钱赚到，我必须保持高度的忍耐和克制，而坚持不去威廉森·布朗经纪公司。我故意远离他们的交易营业厅，专心致志地研究报价带长达六周。我之所以克制自己不去威廉森·布朗公司的营业厅，就是担心万一经不住诱惑，在错误的时间买进了错误的股票，那就前功尽弃了。

一个成功的交易者，必须做到内圣外王。对外，要认真研究基本的情势，牢记市场过往的走势，评价大众的投资心理及其经纪人加在他们身上的限制；对内，要充分地了解自己，严防自己的人性弱点坏了大事。

你不必对自己的人性弱点太抱成见甚至生气。这就是说，解读市场、解读报价带数据与了解自己对交易同等重要。很多人对于研究农作物收成或者分析收益报告，能做到十分认真和客观分析，但对自己的人性分析，就未必能保持这样的态度和心境了。应当把两者看得同等重要。我尤其重视研究和思考自己的某种冲动，当面对活跃的市场遇到那些难以抵挡或者说不可避免的诱惑时的真实反应，在研究自身弱点上，我确实下了不少功夫。

作为一个已经破产急需交易的人，我就这样一天一天在另一家经纪商的营业厅认真研究着报价带的行情，尽管在那里无法进行交易，但这并没有让我放松对报价带上每一丝细微变化的研究。那时，我全身心投入了市场的研究，等待着那个进场的最佳时机对我发出总攻的信号。

远航精解 现在是利弗莫尔按下人生重启键的初始阶段，仅剩最后一笔启动资金，没有任何退路，必须破釜沉舟。正因为这是最后一笔资金，无法承受任何的损失，因此就需要对机会进行筛选再筛选。在决战来临之际，一定要做到知己知彼。

知彼的过程就是对市场细心观察的过程，耐心甄别和等待机会的出现，而不能盲动，要有一定的战略部署，采取试仓等。而知己的过程更重要，承认自己身上人性的弱点，**尽力去克服内心的冲动，心无旁骛，全身心投入市场的研究中。**

在这个研究和等待的过程中会比较枯燥和痛苦，但不经历痛苦，哪能见彩虹。不付出哪能有真正的回报。在湖边钓鱼，大部分时间都需要耐心等待，等待鱼试探咬钩后再收竿，才能把鱼钓上来。

14.5 抓住关键点一举翻身

1915 年年初，全世界的经济情况已经好转。在那些对我非常关键的日子里，伯利恒钢铁是我最看好的股票，我觉得它会有大幅上涨。但为了我一出手交易就能保证万无一失，我决定一定要等到它突破 100 美元面值的整数关口时，才进场交易。

【译者注：随着第一次世界大战的展开，由于枪炮和战舰的大量建造，钢才的需求在市场上大大地增加。在这样的大环境下，钢铁股势必大涨。而总部设在宾西法尼亚州东部的伯利恒钢铁公司，成了上涨行列中的一只耀眼的股票】

记得之前我已经告诉过你，我有个很好的交易经验，也就是当股票突破整数关口时，比如 100、200、300 美元时，它就会连续上涨 30 至 50 点。而且突破整数关口时的股价越高，它上涨的速度就越凶猛。也就是说，突破 300 美元之后的上涨速度和幅度会比突破 100 美元、200 美元时更迅猛。用这样的方法，让我首次大获全胜的股票是安纳康达，当它突破 200 美元时我果断买进，第二天它就迅速涨到了 260 美元，此时我卖出获利了结。这种突破整数关口的交易方法，最早可以追溯到我在对赌行就开始使用了，而且据我的经验，这种方法长期有效。

不知道你能不能想象出来，我对尽快地能够恢复到过去的交易规模的盼望有多么热切！我太需要开始操作，除了与市场和交易有关的事外，其他任何事情我几乎都不再关心。我如此执着，但并没有迷失自我。

那时，伯利恒钢铁每天都在上涨。我眼睁睁地看着股价一路攀升，而且越涨越高。但是我一定要按计划行事，必须要极力克制自己，把握住最佳的关键进场时机，严格控制住自己的冲动，免得跑到威廉森·布朗营业厅在未到达最佳时机前过早买进500股。这一次，我要保证一出手就能实现万无一失的成功！

其实当时对我来说，保持理性的克制也是不容易做到的。因为当时在股价突破100美元之前，伯利恒钢铁每上涨一点，我就会错过500美元的利润。如果在它一开始上涨之初就动手买进，等它上涨十点之后，对我来说就意味着，持股已经不仅仅限于500股，而是可能已经加到了1000股了，那样的话，之后每上涨一点，我就可以赚1000美元了。但即使是那样，我依然保持高度的克制，稳如泰山、不为所动，完全不理会心中贪念在声嘶力竭地呐喊，心中只允许一种声音存在，那就是基于经验和常识给我的谆谆忠告。

只有手中掌握了大笔资金以后才能承受为抓住时机而必须承担的小额亏损，但目前我没有那样的资金量，承受不起任何损失。即使出现小幅的机会也只能眼睁睁地放弃掉。就这样，我战胜了自己的贪婪和非理性成分，经过了六个星期的等待，我终于迎来了重要关口的来临。

其实，在伯利恒钢铁突破90美元的时候，我就有一点急不可耐了。但是理性仍控制着我，那时真觉得心在流血。在我极力看涨的情况之下，到目前竟然还没有买进一股。等它涨到98美元时，我心里在默念："伯利恒钢铁就要突破100美元了。一旦它突破这个关口将会继续迅速上涨。"那时，报价带显示的数据是再清楚不过了，它好像正在用高音喇叭向全世界宣告——突破就在眼前。那时，当报价带打出98美元时，我的眼睛里已经看到100美元了，而且我知道这并非是我希望的一厢情愿，而是报价带上的数据事实告诉我的。可是我冷静地对自己说："不用等到它突破100美元了，现在就可进场，此时它和突破100美元已经没有任何分别了，我必须尽快动手！"

就这样，我迅速赶到威廉森·布朗营业厅，买进了500股伯利恒钢铁。当时报价带显示的价格是98美元，而我买进时的成交价格介于98至99美元。果然，在我买进之后，它开始迅速飙升，当天的收盘价大致是114或115美元，于是我又加码跟进了500股。

第二天，伯利恒钢铁上涨到145美元，我获利了结。筹措大笔资金的计划，显然已经成功实现。这样的奖赏是我应该得到的报酬。为此，我精心计划并且苦苦地等待了六个星期。这段时间是我此生最难熬甚至是让我心力交瘁的日子，然而，这样的克制换来了预期的成功，不管怎么说，这都非常值得！如果仅仅能交易500股的资金，那我很难有所作为。但是现在不同了，我靠着这500股赚进了大笔资金，现在已经具备进行大规模交易的资格了。

无论你做什么事，一开始就做对步入正轨是非常重要的。伯利恒钢铁之后，我其他的操作也都非常成功，好得连我自己都难以相信竟出自同一个人的手笔。实际上，我的确已经变成了另外一个人。在这之前的我，焦虑疲惫、错误重重，而如今的我，一身轻松，头脑清醒，战无不胜。现在我终于有重获解放的感觉，既没了债权人的骚扰，也没了资金匮乏的烦恼，我的心境再也不受这些事的烦扰，我的视听也变得真实可靠，这让我一路向前，无往而不利！

远航精解 克制，耐心，促成了利弗莫尔人生低谷的触底反弹。这是一个正面的实例，告诉投资者执行自己既定策略的重要性。

造就利弗莫尔具有超强克制力和耐心的原因，也是因为此前犯的错误，且代价太大，强化了其因为犯错而承担后果，在脑海中的记忆。所以这就是实战当中受伤，才能根深蒂固地植入到自己的脑海里，融入自己的血液里，成为自己的交易本能。

伟大的人不是生来就伟大，而是在不断的挫折中汲取能量，不断成长壮大，把每次一次的挫败都变成其通往成功道路的铺路石，最终成就其伟大。

14.6 遭遇黑天鹅事件

就在我的交易一路顺畅之时，突然发生了“露西塔尼亚号”被击沉的事件，市场因此而受到重创。每隔一段时间，那些突如其来的黑天鹅事件就会往人们的心窝捅上一刀，仿佛在提醒人们，没有谁能做到对市场的判断永远正确，也没有人能做到当这些意外事件发生时置身事外。等“露西塔尼亚号”被击沉的消息传来之后，有人说，那些专业投机客早在华尔街知道这事之前就已经提前获悉了，他们的交易不会因此而受到重创。但我可没有那么聪明，未能提前得知消息躲过一劫，我只能像已经发生过的那样告诉你，我未能预料这个事件的影响，加上在其他一两次偶然事件上也没表现出应有的聪明，使我未能提前预料市场反转，也就未能躲过由此造成的损失。因此至1915年年底，我的经纪商账户上的资金也就只剩下14万美元了。尽管这一年的绝大部分时间，我对市场的判断是正确的，但是到最后也就只赚了这么多。

远航精解 在投机市场中，由于基本面的突然变化，与原本的趋势相反的极端事件时有发生。对于重仓持有的投资者会造成严重打击。尤其是像利弗莫尔这样的重仓性投资者。

既然黑天鹅事件无法避免，所以建议不能将所有鸡蛋放在同一个篮子里。尤其是国内的A股市场，除了股市自身波动的属性之外，股东质押爆仓、业绩地雷、股东违法等风险较大。对于买个股的股票投资者要谨慎，不能将自己的仓位全部放在同一只个股里。对于中小资金来讲，购买指数ETF可以有效分散投资风险。

14.7 美国大繁荣步入大多头时代

到了第二年，我的操作成果明显好多了。我很幸运，在那个狂热的多头市场里，我顺应市场全力做多，而市场的行情确实也符合我的预判，所以除了赚钱之外，我实在没有别的什么事可做。这让我想起了已故的罗杰斯的一句名言：“等财运来临时，挡都挡不住。就像大雨天没带伞，不被淋透都很难。”

这波多头市场是有史以来趋势最明显的市场，所有的人都看出来了，美国生产的所有物品都供不应求。协约国争先恐后地买进，这造就了美国的空前繁荣。美国所有的出口物资都是全世界奇缺的，这使得全世界的黄金从世界各地源源不断地流进美国。

当然话说回来，通货膨胀也再所难免。这意味着所有物品的价格都会上涨。

这个大多头市场一开始信号就十分明显，几乎根本不需要人为操作就会自然上涨，这就使得在这样的多头市场投入的研究工作比其他多头市场要少得多。这就是所谓的“战争新气象”，这种气象比其他形式的繁荣来得更快更容易也更自然，也给大众带来了空前的获利机会。这就是说，在1915年从股市里赚到大钱的人要胜过华尔街历史上任何一个多头市场。但很多的投资大众依然没有把他们的账面利润兑现成现金，也就是说，他们并没有落袋为安。这样的结果，以前发生过，以后也会再次重演。在所有历史能够重演的场合，华尔街的表现是最突出的，或者可以说，历史总是惊人地相似。所有发生的有关繁荣和恐慌的事件，如今发生在股票或者股票交易人身上的事情，和过去的那些并没有什么新鲜之处，因为人性还是一如既往没有变化，而这种游戏也就随之而来不会有任何改变。

远航精解 这种基本面助推的市场繁荣是几十年一见的。**投资者在此阶段就是要顺势而为，去享受牛市给自己带来的财富快速增值。**在这个市场中，有灵敏嗅觉的专业投资者都早已在底部或牛市初期入场，当公众反应过来时，就已经积累到一定盈利了。

此时公众还有犹豫的，等到最后阶段市场开始狂热时，人们砸锅卖铁，掏尽口袋里最后一分钱冲进股市，享受发财梦时，此时市场就见顶了。因为，**场外没有可以进场的资金再把股价往上推。此时就是专业投资者离场的时候。**

此时大资金也分批离场，同时散布牛市做多氛围的消息，鼓舞公众。普通公众刚入场，在顶部进场后还幻想着能涨更高。而此时市场实际上无论多努力，却举步维艰。因为看似上涨的市场，此时内部却暗藏大量供应。无论多少买单入场，都能有相对应的卖单提供，市场变得饱和。当主力筹码大部分出清之后，市场就转入降价也卖的过程。价格开始快速下跌，市场正式转入熊市。而可怜的公众还在做着黄粱一梦，被套在山顶上，没有自救的能力，只能看着财富一步一步地缩水。最后在底部急速震仓时，卖掉筹码，选择结束自己的痛苦。

投机市场就是这样，割一波一波的韭菜，剪一茬一茬的羊毛，如此循环往复。**只有成为专业投资者或专业交易员，看清市场本质，抓住主力正确的节奏，才能逃脱出这个死循环，从中获取利润。**

14.8 要站在正确的一面

1916 年的大多头市场里，我自始至终都“甲不离身”，亲身经历了这其中的每一个环节。

和许多人一样，我当然非常看好股市。但有一个基本的常识——所有的辉煌都将走向终结。在积极看多的同时，我也时刻警觉着行情的发展，留意那些危险信号的出现。但我也不会像许多人那样疑神疑鬼猜测着突然从哪里冒出来的消息，我对此从不感兴趣。因此，我的眼睛也不会仅仅盯着某个局部点不放。不管是多头市场里账户资金的猛增，还是空头市场里财富的高歌猛进，我都会欣然接受。所以当市场发出警示信号时，我从来都不会紧抱着多头或空头的一方死不放手。因为市场总是在时间轴上在空头和多头之间来回切换，所以一个交易人，一定要顺应市场的这种切换，不能只站在空头一边或者多头一边，而应该跟随市场，永远站在正确的一边。

当然，市场的转换过程并非是非此即彼的断崖式发展。通常地，市场不会在荣光万丈的上涨中戛然而止，也不会在势如破竹的狂泻之中突然反转。无论是空头还是多头市场，情势接近终点之前，表现在众多个股上，价格早已发出提示信号。如果你留意就会发现，当市场的领头股的价格从最高点下跌几个点之后，几个月来第一次再没回升到原来的位置，这就表明市场的头部信号已经出现。也就是说，上涨行情已经结束。接下来，我的操作策略和方向也要顺应它随之改变。

在多头市场里，价格的趋势是昂扬向上的。所以，当你发现一只股票的走势与大盘的方向相反时，你基本上可以推断出这只股票应该是哪里出了问题。这对于一个经验丰富的交易员来说已经足以觉察它某些地方的不对劲。而此时，对他来说，要做的只有一件事——出场，而不是等待报价带像个老师一样为他解释明白这现象背后的原因和逻辑。否则的话，就会因为迟疑或者愚钝，而被吞并大部分利润或者直接陷入大幅亏损。

其实，我当时已经注意到大多数的领头股已经失去了上涨的势能，它们下跌六七点之后停滞在那里。与此同时，市场上依然有众多股票跟随着新的指标股而继续上涨，这些领涨股的股价虽然下跌了，但是他们公司本身并没有出现什么问题，那一定是其他原因导致了它们的下跌。这些股票在上涨的趋势中已经向前大踏步地走了好几个月，等它们停滞不前时，尽管大盘依然表现出来多头的强盛气势，但对这些领涨股而言，牛市显然已结束。当然，其他的股票还继续表现为明显的上涨势头。

这时候，你无须迷茫或者停手交易。因为大势并没有反转，只是领头股和一般股发生了分歧。面对这样的情势，我并没有立刻转而看空，因为我要遵从报价带显示出的事实，它并没有告诉我要这样做。虽然多头市场还在继续。但目前的信号告诉我，它已经在逐渐地接近终点。在多头市场发生反转之前，你仍然可以利用多头趋势做多赚钱。

所以，这个时候我的策略便是，一边在卖出股票，而另一边又在买进股票。卖出的是那些停止上涨的股票，买进的是那些仍然有强劲上涨势头的股票。

之前那些领涨的领头羊已经停止上涨，我便顺势将它们卖出，并反手做空5000股，另外，我又买进了一些新的领头股。我做空的一些股票没有出现太多的跌幅，而我做多的那些股票还在继续上涨。当这些股票也出现滞涨的时候，我就将它们全盘出脱，并且反手做空。像之前一样，每只股票也做空5000股。此时我对整个市场行情看空已多于看多。那时我预料到下一波的大幅利润显然只能在下跌行情中赚取。虽然我当时在多头市场还没有真正结束之前，已经感觉到了空头正式登场，但我非常清楚，大举做空的时机还没到来，因为我们没必要做到比国王还要效忠国家。如果此时全力做空，既没有多少实际意义，也可能因过早进场而犯下大错。报价带上显示的信息只是告诉我空头即将大军压境，但现在只能是为大举做空做好准备，而不是立刻就放手一搏。

远航精解 此处利弗莫尔介绍了**几个关键实战操盘技巧**:

多头趋势持仓。在大牛市的氛围里，你要做的就是坚定持仓，享受牛市带来的财富快速增值。不能在大趋势上涨的回调过程中，轻易丢掉自身的筹码。最大限度地获取利润，只有等到真正风险来临时，再获利了结。

顺势而为，多空思维转换要快。我们不需要有太多的留恋，市场往哪边走，我们的仓位就偏向于哪边。当多方力度强时，我们就做多，而当空头力量主控市场时，我们就做空，要顺着市场大背景做单。

多空转换是需要一个过程的。从上涨到下跌需要一个转换的过程，反过来也是一样，不要提前做空，等待测试，努力无果之后，更为稳妥。因为此前利弗莫尔提前市场做空而付出了惨痛的代价，我们需要通过观察一些市场的细节，捕捉到其内在转变动向，如放量滞涨，向上努力无果等现象。而且经过多次冲高无果之后，此时布局做空的时机已经到来。

另外，**个股与大盘强弱比较**，当大盘向好时，我们挑选龙头个股做多，爆发力强，盈利高；而当个股与大盘比转弱时，可以转为卖出甚至做空。当然只是尝试小仓位做空而不是全面做空，另一仓位则是挑选相对强势品种做多，这样就有一个很好的对冲。市场依旧向上，整体仓位大部分还是多单，而小部分是空单，所以整体上还是盈利的。当这小部分空单也开始盈利，而多单部分开始乏力之时，则是卖出多单获利了结之时。此时，已经过渡到空头主控的市场。

14.9 市场转向，全力做空

我就这样持续在买进和卖出中转换着，一个月之后，我总共在12只股票上做空了6万股，每一只股票各做空了5000股。这些股票在之前的多头市场中都是深受大众喜爱的，它们大多都是大多头市场里的领涨股。那时，我的空头仓位并不算很重。请记住，当时的空头情势并没有完全确立起来。

直到有一天，整个市场全部进入疲软状态，所有的股票都一并出现齐头并进的下跌，我做空的12万股也平均出现了四点的浮盈。这表明我已经做对了，此时报价单的数据告诉我是时候了，于是我便听从它的召唤，继续加码做空。

之前当市场开始下跌时，我已建立了空头仓位，现在我在确定的空头市场中又加码做空，根本用不着为它助力，市场就沿着我的预期方向推进。这时，对我来说，就是耐心地等待更大下跌空间的出现。在我大力做空之后的很长一段时间，我都没再进行过任何的交易操作。

在我建好仓位之后的第七个星期，市场爆出了著名的“泄密事件”，市场里的整个股价应声暴跌。据说有人在华尔街提前得到了消息，说威尔逊总统即将发表能为欧洲带来和平的声明。别忘了，美国的“战争新气象”全赖于世界大战所赐。因此，和平的到来对市场将是一个巨大的利空因素。当时有一位非常精明的场内交易员被指控靠提前获知消息获利，但他只是淡然地回应说，他做空股票是因为他看到多头市场已经走到了尽头。我本人也是在七个星期之前就已经大举做空了。

远航精解 **当此前空头仓位已经开始获利时，是市场实实在在对此前的试仓头寸进行正反馈。此时盈利后再加码才更加安全。**等市场真正加速下跌时，再入场则为时已晚，错失大部分利润，还有可能卖在了地板价上。

而后期消息面上的体现，则是为股价下跌找到合适的理由。但此时股价已经下跌，其实很多后期报道的事件，精明的主力资金会提前获知，并且早已有了布局。而市场的聪明者要做的不仅是分析基本情势，也是通过市场博弈的力量和价格关系，**找出其中的内在力量变化细节，提前入场和出场，才能有效地规避风险和更多地获取利润。**

利弗莫尔最大的特点就是能提前预判趋势的转折，料敌于先才能出奇制胜。这是他从毛头小伙时的短线客成长为拥有大资金作手的重要标志。**视野、能力和资金量都达到更高一层次，这也是中小投资者和专业交易员完成自我进化的重要参考案例。**

14.10 多空行情中赚进了 300 万美元

泄密消息一传出，市场立刻就应声暴跌。当然，对我来说，这是一个极佳的平仓空头持仓的机会，这是我唯一能选择的正确操作。等预期的大事件突然发生之时，你理所当然地不能错过命运之神对你的巨大恩赐，面对这样的快速崩盘，你才能在瞬间获得足够大的市场，使你能轻松自如地反向冲销掉自己的空单仓。对任何一个提前布仓的空头交易者来说，谁都不会放过这个将账面利润兑现的绝佳良机。你知道的，即使处在绝对的空头，要想在不推高股价的情况下，将 12 万股的空头仓安全出脱，那也是一件非常难的事情。你必须耐心等待才能找到机会卖出如此大量的股票，同时还保证账面利润不致受损。

在这里我必须说明，我并没有未卜先知的能力，我从未料到过股市会因为这种原因在这个时候出现崩盘暴跌。但是我可以告诉你的是，长达30年的操作经验告诉我，这样的巨大意外，往往只是沿着最小阻力线推进的表现而已，而我建仓的依据完全来自于最小阻力线。还有一点值得每一个交易人永远牢记：永远不要企图卖在最高点。也永远不要尝试在高点做空的禁果，这显然是不明智的。应该是在回档之后没有出现反弹迹象的时候再做空。

我在1916年的多边市场里持续做多，然后当它空头迹象明显时我又反手做空。这时的我，在那一年的市场转换中，赚进了300万美元的净盈利。正如我之前强调过的，作为一个交易人，不要永远选边站，死守一方，聪明的选择应该是多方得势时就站多方，空方得势时就站空方。

远航精解 此时的多空双杀，是利弗莫尔打了漂亮的一仗，并非幸运之神多眷顾他，而是源自于他多年来的交易经验和交易心态的积累。这波多空趋势所赚到的300万美元，也是市场对他坚持自己原则，有效资金管理，尤其是避免自己犯以前的错误的一个巨大的奖赏，这是他应该得到的。同时这也是对于初学者在交易场中如何坚持做正确的事的一个非常有力的例证。

在此他也提出了，**永远不要试图卖在最高点，要有一个再次测试的过程。这是一个很重要的技巧。**也就是人们常看到的双顶和双底。第一波如果上冲到最高点，是买盘蜂拥而上推高的结果，此时并不代表空头占优势，有可能仅仅是买盘需要一定时间休息而已，当随之而来的卖盘无力打压的时候，买盘就会回来再次推高价格。如果在真正的顶部主力已经开始派发时，那么二次冲高时，主力不会冲过之前高点，给前期套在顶部的公众解套。具体表现就是二次冲高变成次高点，此时市场已表明主力的确切意图了，这时再开空单，风险明显比猜那个顶部是不是最高点要小得多。因为，此时的供应增强，已经是事实。当然，反过来在底部抄底时，向下二次测试时所形成的高支撑，也是非常重要的买点之一。

利弗莫尔此时操盘不是趋势做多或趋势空单，而是震荡市的操盘方式。结合本人实战操盘，**在震荡市的操作和注意事项有以下几点建议供参考：**第一，都有一个明显的交易区间，上沿有压力，而下沿有支撑。第二，不能重仓交易，不能采取倒金字塔的加仓方式。第三，基本策略是在下沿买入，上沿卖出，在区间中部不做任何操作，此时的盈亏比不高，不值得操作。第四，在下沿区域买入也可能盘中破支撑线后拉回，因此，等日线收盘确认后再处理仓位可过滤掉一些震仓的干扰，此时由于仓位不重整体风险可控。第五，在操作过程中建议不要加仓，一旦加仓，则成本线抬高，一旦遭遇盘中的回测，则可能由盈利转亏损。第六，无论区间震荡持续多久，终有一时刻突破当前区间，此时必须承受一次止损成本，正常情况下，前期的区间操作的盈利可以覆盖这次的止损成本，这波操作就是成功的，如若无法覆盖，也坚决离场观望，并根据具体情势，转换到新的趋势策略。

14.11 棕榈滩度假

1916 年那年冬天，我照常南下佛罗里达棕榈滩度假，因为有空闲我就想去海钓。那时我做空股票和小麦，这两种交易都给我带来了丰厚的利润。那时候我一身轻松，没有任何烦心事，悠闲地享受着生活。当然，若非去欧洲度假，我是不可能脱离股票或者商品市场的。那时，我在纽约州北部阿迪朗达克山区的房子里，就将电报线直接接通了经纪商的办公室。

在棕榈滩度假期间，我常常会定期去交易营业厅。那时，棉花市场正在强劲上涨，而我的手上并没有任何棉花头寸。其时，正值 1917 年威尔逊总统谋求和平的消息刮遍整个市场。这个消息以新闻快报和大家奔走相告的方式从华盛顿迅速传遍全国。当然，这个消息在棕榈滩也被传开了。这时我意识到，威尔逊先生已经成功俘获了大家对他即将成功的信心，而这种信心毕竟会在股市得到发酵。

当时在人们看来，和平已经触手可及。反映到市场里，股票和小麦都应该下跌，而棉花则要上涨。我先前已在股票和小麦上建好了仓，但在棉花上我已经空仓许久了。

远航精解 投机交易是一份相对自由的职业。但也是需要短时间内精力集中的一项职业。短时间内承受较大的压力，尤其在仓位较重的时候。因此，在交易员获取利润后，都会选择去度假，而放松心情，释放积聚的压力，从而以更饱满的状态从容应对下一场战斗。

但此时的利弗莫尔不仅把交易当作一个事业，更是其人生中不可或缺的部分，交易已经融入到利弗莫尔的骨子里。在度假的时候也不忘观察行情。毕竟，市场不会依据其个人的休假期而选择休假等待，其中的机会更不会原地不动地等他休假回来。

大多数成功的交易员的度假方式，喜欢独处，如海边，田野，安静且自然的环境。成功的交易员每天面对自己账户的涨跌，远超普通生活花费。即使对于度假等高端消费也不敏感。高端消费只有小部分精英群体才能消费得起，因此，适合喜欢独处、静静思考的交易员。但一定要有网络的环境，获取外界信息。**因为交易员永远无法真正离开市场，就算是在偏僻的海岛，也必须要确保网络畅通，随时和市场能联系，即便是暂时不交易，也要随时获取市场实时资讯，做到心中有数。**

14.12 遭遇黑天鹅

直到那天下午 2 点 20 分之前，我手上还没一包棉花，但在和平信息的驱使下，到 2 点 25 分的时候，我开始买进 15000 包棉花。我打算用老办法分批建仓进行交易。

但不幸的事情发生了。当天下午收盘以后，德国发布了无限制战争的宣言。听到这个消息，我无可奈何，什么事也做不了，只能坐等第二天开盘。记得那天晚上在格力莱俱乐部有一位重量级的工业巨头要以低于当天收盘价 5 点的价格全部卖出持有的美国钢铁公司的股票。当天有好几位来自匹兹堡的百万富翁，但当时并没有任何人愿意出头买进这些股票，因为大家都不傻，第二天一开盘股市必将出现大跌。

果不其然，第二天早上股票市场和商品市场的情形任谁都可以想象得到，有些股票比前日低开 8 点。但幸运的是，对我来说，这是上天赐给我的大好时机，我趁机将获利的空头仓位一律清仓。正如我以前所说过的，在空头市场中，如果突然发生意外大事件，平仓自己的空头头寸是绝对正确的明智之举。如果你的仓位足够大，这样的意外事件，所带来的短时间的绝对空头，就是你把账面利润快速兑现又不缩水的唯一方法。我当初在美国钢铁上就做空了 5 万股。当然，同时也做空了其他股票。当这样能让我平仓的时机出现时，我所做的就是快速平仓，当时立马就兑现了150万美元的利润。这是一个难得一见的机会，绝不容许错过。

前一天，最后闭市前的半小时我买进了15000包棉花。令人担忧的事情，如期而至，今天一开盘就下跌了500点，那跌幅真是令人发指。这对我来说就意味着，我一夜之间在棉花上蒸发了375000美元。我清楚，在股票和小麦上最明智的做法就是趁着市场大跌让我的空单平仓。但说实在的，在对待棉花上，我却一头雾水，让这突如其来的“黑天鹅”给搞蒙了。如果按照以前的习惯做法，一旦我发现自己犯错，二话不说，立马认赔出场。但那天早晨不知道怎么了，我却不愿意这么做。但转而又想，我来到棕榈滩是享受钓鱼之乐的，不应该让自己受困在棉花上；另外，我在股票和小麦上已经获利。因此，我又决定把棉花卖出认赔。最后盈亏相抵之后，我就剩下了100万美元的利润，而不是原来的150万美元了。

历史不能假设，但是在这里我还是要说一下，如果前一天收盘半小时没有发生买进棉花这事，我就不会因此而失掉50万美元。这就是说，一旦你操作失误，就会在短时间内遭受重大损失。

虽然当时发生的重大意外让我在小麦和股票上的空单轻易脱手，但由此而获得的收获并不是意外所得。因为我建仓的位置和时机完全正确，赚钱是理所当然的，只是如果没有这次意外事件的发生，只能让交易过程变得没有那么轻松而已。

请您高度注意，沿着最小阻力线交易的操作法则，再一次展示了它无穷的魅力和价值。假设没有出现德国宣言那样不可预测的事件，股价还是会一如既往地按照我预判的那样行进。不过，话又说回来，如果真的没有发生德国宣言那样的意外事件，我的股票、小麦、棉花三种交易都是100%的正确了。因为随着和平的临近，股票和小麦一定会下跌，而棉花也会因此大涨，这样一来，三种交易就都会赚大钱了。退一步说，如果不考虑战争及和平的因素，我在股票和小麦建立的空仓依然是正确的，只不过是这个意外事件助了我一臂之力而已。而至于棉花的操作我就不是建立在最小阻力线的交易原则之上，也就是说，不是基于市场本身将要发生的事实进行操作，而是把赌注押在了威尔逊先生和平谈判获得成功上。是德军的战争宣言这样的黑天鹅事件，让我在棉花交易上栽了跟头。

远航精解 市场就是如此，其不确定性正是它的魅力所在。**能力再强，嗅觉再灵敏，也不可能每笔单子都能赚钱，再伟大的作手也是如此。**正如此前所说的，一旦市场反向，我们所要做的就是第一时间认错，截断自己的亏损。

好在此时利弗莫尔整体的仓位管理比较到位。做对的仓位更大，做错的仓位更小。因此，盈亏相抵，最后还是体面地出局，还获利不少。

此时利弗莫尔提到了很关键的点，就是依据最小阻力线操作。这是他对此次操盘的详细复盘分析得出的结论。

一个成功的单子和失败的单子的区别在于：一个是按照市场实际的内部博弈力量关系下的单，而另一个是依据可能的消息面的预测下的单子，因此，又印证了交易的本质。**应该依据市场本身存在的事实为依据，而不是根据预测的基本面事件为依据。**

黑天鹅事件在投资市场中经常会发生，因此，凸显资金管理的重要性。**永远在场外留一份备用金，或是在每波盈利后，都取出一部分盈利。这是对抗极端意外事件后，不被彻底打垮，能够再次回到市场的保障。**

14.13 偿清债务，东山再起

1917 年年初，当我结束度假返回纽约的时候，所有的债务业已还清。这总数超过 100 万美元的债务还清之后，对我来说是人生的一大快事。其实早在几个月之前，我就具备了这样的偿还能力。之所以没有急着那么做，就是因为那时的操作非常顺利，接连成功，因此，我就集中了所有的资金用于交易。面对 1915 年至 1916 年那样难得一见的市场大行情，不论是对我自己还是那些债权人，我都有责任完全正确地把握住这次行情。我确信我能利用这些资金大赚，所以我根本不用担心什么。况且他们已不再指望我能把钱还给他们，我这样做只不过是让他们多等了几个月而已。现在好了，我偿清了所有的债务，就可以动用我所能调动的全部资源，进行大规模的操作了。

我坚持要付给他们利息，但是那些在破产同意书上签字的债权人全都不肯接受。有一点你应该能猜得出，我最后偿还债务的那个人是谁，就是我欠债最少的那个家伙，仅仅欠他 800 美元的那个人。他让我正常的生活和交易平添了重大的心理负担，让我情绪紊乱，难以正常操作。当然，我在偿还债务的时候，肯定是首先把他晾在一边，直到他听说所有人的钱我都还清之后，那家伙才找上门来，最后我一分不少地把钱给了他。我之所以这样做，并不是因为我心胸狭隘，我是想借机给他一个小小的惩罚，让他懂得，以后对他那些欠下小钱的人要厚道些，尽量体会一下别人的难处，别那么苦苦相逼！

这就是我整个东山再起的经过。

远航精解 三十年河东，三十年河西。此前说，对于有能力的交易员，**在人生低谷时，只要有那份自信和坚忍不拔的精神，依靠正确的交易习惯和市场机遇捕捉能力，总有一天能够翻身。**如同当今世界很多商业大佬一样，都有当初创业时不被认可，人生低谷找不到方向，想要放弃的时候。但只有坚持下来的人，才取得了令人瞩目的成就。

利弗莫尔此次东山再起，算是跌入谷底最深的一次，也是时间最长的一次。但即便如此，他也完成了他人生中的逆袭，打了一场漂亮的翻身仗。履行他的承诺，并还清了他的债务，他的信用体系是他最宝贵的财富，即便在没有钱的时候，那么多人还能宽容他，甚至帮助他。因此，**为人正直，讲原则，同样是专业交易员的必修课之一。**

14.14 设置年金信托永解后顾之忧

偿清了所有的债务之后，我专门划拨出了一大笔钱为自己设置了年金。我发誓，无论以后发生什么样的变故，我再也不能让自己重蹈穷困潦倒、万般拮据的生活。当然，结婚以后我也为妻子专门做了一份信托，儿子出世后，我也为他拿出来一笔钱放在了信托里。

我之所以这么做，出于两方面的考虑，一是从此不用再担心因为股市会把我的钱卷跑而再次陷入穷困潦倒的境地；二是如果不这样做，钱可能就会被花光。这样做，至少可以保证我的妻儿不会为我所累。

在我认识的人中，有好几位也对妻儿做了这样的信托安排，但当他们急需用钱的时候，往往就会说服妻子取消信托，最终把钱输光。不过，这样的事情不会在我身上发生。我已做好了铁定的安排，无论是我本人或者是我妻子不管想做什么都不能从信托中动用一分一毫，我对这些资金做了绝对安全的保障，绝不会被我本人或者我妻子挪作他用。我发誓，绝不会因为交易的需要或者妻子出于对我的挚爱而动用这笔钱。而实际上，我根本就没有机会去动用这笔资金。

远航精解 交易员是属于一个高风险的职业。赚钱时意气风发，感觉全世界都在自己脚下，银行都是自己家开的。但亏钱的时候会更加迅速。尤其是负面情绪的爆发，将人推向万劫不复的境地。而一些突发事件也可能将现有有序的盈利状态给瞬间击垮。所以无论如何都要在场外有一定量的备用金，以防意外事件发生。

此外，交易员在交易之外有自己的生活，需要开支。而家庭的供养也需要稳定的经济来源。因此，**当盈利时，逐步兑现出一部分利润放入安全的领域是明智之举。**利弗莫尔此时设立信托基金是对家人的保护，尤其是交易员的家庭和孩子。是对以前错误做法的纠正，也是对未来不确定性的多一份思考，如同买了一份保险，受到法律保护。也是对家庭承担责任的体现。

风险投资市场只是市场的一个种类，专业交易员也是投资者中所承受风险及压力更高的一类，而投资市场也存在很多低风险匹配低收益的投资品种。风险收益端虽然可以提高潜在的盈利预期，但不可能时时刻刻保持高速行驶，一定会有慢速甚至倒退的时刻。**所以作为专业投资者，一定要意识到搭配低风险投资组合的重要性。**对于中小投资者来说，大多数人资产没有达到像利弗莫尔一样能够做家族信托的量级。但可选择的方式是将家庭可投资资金一定比例做风险投资的同时，购买一些重疾险、健康险、子女教育险等，兼具一部分强制储蓄功能的同时，解决自己和家人的后顾之忧。这是对于一个长期处于压力状态下交易员及其家庭的重要保障，同时也是保证自己投资心态稳定的重要方式。**分散投资，取出利润，降低总风险，是市场能长远走下去的一种必要手段。**

第十五章

咖啡商求助政府出面
抑价咖啡豆一役劳而无功

15.1 提防意外事件和欺诈行为

各种各样的投机风险之中，排名靠前的是那些突发的意外事件和卑劣的欺诈行为，除此之外，还有一种风险是所有想在商场上有所作为的人，哪怕他再保守也要必须承受的。一般情况下，我们在商场所遇到的风险并不一定比出门逛街或乘坐火车所遇到的风险更多。如果因为那些无法预料的意外事件而赔钱，即使因此心生愤恨，那也未必比外出办事恰遇暴风雨所感受的烦恼更多。其实，从生到死，人生本身就是一种赌博。既然我们不能未卜先知，那么，对于发生在自己身上的任何事都应该坦然接受。但是在我的投机生涯中，有时也会意外地遭人算计，即使我完全正确，并且做得正大光明，但最终还是遭到那些心理阴暗的人运用卑鄙龌龊的下三滥手段将我的获利全部掠走。

商场上的生意人，必须富有远见，时刻保持敏捷的思维和警觉，才能对付得了那些恶棍、懦夫和乌合之众令人作呕的行径。我曾在对赌行遇到过欺诈的背信行为，但也就仅仅发生过一两次。我认为，即使在对赌行那样的地方，诚实仍属于上品。无论要赚大钱、小钱，都用光明正大的方法，不能靠无赖的欺诈。当我在某个地方进行交易时，我往往会时刻警惕经纪商的手法，以免自己在疏忽大意时被骗。如果那样的话，在我看来，这种地方绝对不会是个好的交易场所。现实生活中，君子往往斗不过小人，面对他们使出的那些卑鄙手段，正人君子简直毫无应对之策。交易本来就应该是公平公正的，有关因相信“正人君子”的承诺而深受其害的例子，我可以轻易举出十几个来。因为轻易相信了君子约定，最终吃尽了苦头的例子并不鲜见。不过我不会把相关的人和事都抖搂出来，因为我觉得那样其实于事无补。

远航精解 由于当时美国的制度尚处于发展之中，人为操纵的迹象明显。如果碰到一个恶庄，则很可能使用一些卑劣的手段。正人君子往往斗不过小人，但我们会选择放弃市场。但从长远来看，走旁门左道的小人，在这个市场上更加难以存活。市场会惩罚他们的小人行径。只需要一次，就可能让他们倾家荡产。**我们需要提防，但不应惧怕这类小人行径。**毕竟，随着市场信息化，更加透明，投资者依靠头脑交易，也将更趋于公平。一些违反规则的小人行径也会越来越少，此方面的风险就会逐步降低。所以**专业交易员还是要回归到正道上来**。

15.2 市场是研判能力的较量

证券交易市场在小说家的笔下和教士与妇女们的眼中，俨然是一个尔虞我诈的无烟战场，在他们的眼中，华尔街每天的交易实际上是一场恶斗。这样的比喻富有戏剧色彩，但大众却因此而受到了误导。在我看来，交易并不是与别人争斗或较量，我从来没有和某个人或者投机机构发生过钩心斗角的事。我认为，只是大家的观点不同而已，也就是说，各人对基本情势的研判有所不同。我一向坚持，所有的行动都必须以事实为依据，这也正是伯纳德·巴鲁克（Bernard M.Baruch）的财富秘诀。我交易亏钱往往都是因为没有完全看清事实或没有及早发现事实，也就无法做出完全合乎逻辑的判断，这样的事情只要一发生，我就会亏钱。每次判断错误，都会让我付出代价。

每个人都必须为自己所犯下的错误而付出代价，我想这一点任何讲道理的人，对此都不会产生异议。犯了错就要付出代价，没有人例外或者被法外开恩。但在做对了还会赔钱上，我有自己不同的见解。我认为，自己亏钱并不是因为某项交易规则突然改变所致。我无时无刻不在提醒自己，无论账面获利有多么丰厚，只要还没有获利了结把钱存入银行，那么投机风险就没有离开我半步！

远航精解 此处回到了问题的本质，**市场博弈其实是头脑与头脑的较量，体现在操作层面，就是研判能力的较量。**谁能够提前读出市场传递出来的信息，并正确执行，谁就能抢先一步，占先机，成本更优，且最终获利更多。大多投机市场是零和游戏，钱的总量不会增多，甚至由于手续费等消耗处于净流出状态。因此，钱只是从一群人的口袋转移到另一群人的口袋。

在场内的交易员，无论盈亏多少，只要还在场内进行着交易，哪怕是空仓，但目光还停留在这个市场，就不算真正的上岸，依然处于风险的境地之中。只有带着利润，彻底离开这个市场，才能说自己是最终的赢家。

15.3 判断咖啡豆价格上涨

欧洲爆发世界大战以后，市场上所有商品的价格都开始上涨，这其实是不言而喻的事情。战争将会引起通货膨胀，这是所有人的共识。当然，随着战争的拖延和升级，物价也会越来越高。也许你还没有忘记，战事紧张的 1915 年，我正忙于重振旗鼓，那时股市正值大多头市场，我工作的全部重心，就是能够好好把握好这段行情。我以最安全、最快速、最容易得手的方式持续在股市里进行着大规模的操作。你知道的，那时候我运气的确不错！

到了 1917 年 7 月，在偿清了所有的债务之后，我手里还存留了一大笔资金。这对我来说，除了操作股票以外，我也有时间和本钱介入商品操作了。多年来，研究市场已成了我的铁定习惯。所有商品的价格都比战前上涨了 1 ~ 4 倍，但唯独一种商品例外，对了，就是咖啡豆。

咖啡豆的价格原地踏步，当然有它的原因，这让我产生了浓厚的兴趣。战争爆发以后，欧洲很多咖啡豆市场因战争而被割断，这才使得大量的咖啡豆转而运来了美国。那时，美国成了咖啡豆唯一安全的大市场。日子一长，美国市场上的咖啡豆越积越多，显然，供给严重超多，这直接导致美国咖啡豆市场价格的低落。当我开始考虑着手操作咖啡豆时，其价格已经低于战前水平。当你理解了这种反常现象的原因之后，那么接下来的情况就更加明显了。当时，协约国的货船不断遭到德国、奥地利潜艇的攻击，这意味着能够顺利通过海上的船只将会大幅减少，这导致能够进口到美国的咖啡豆数量会迅速减少。在消费量没有减少的情况下，等之前过多的库存被慢慢消化之后，咖啡豆的价格必将和其他商品的价格一样，自然而然地上涨。

远航精解 当利弗莫尔翻身后，有了资金储备时，就开始涉猎到商品期货领域。这个领域有更多的机会。而且这些机会和商品的基本面有很大关系。对于大资金来说，再合适不过。当然这里也正是能够展示利弗莫尔能力的更大的舞台。毕竟，赚钱只是一个附加的礼物，他真正需要的是能够实现控制市场，当市场之王。

通过他的细心观察，同时消息面也非常灵通，并且有能力发现其他人无法发现的线索和机会，为其后续的成功做很好的铺垫。

股票、期货、黄金、外汇等投资投机市场都是人与人之间的博弈，都是遵循同一种套路在运行。物竞天择，适者生存。大鱼吃小鱼，小鱼吃虾米。拿个人投资者参与度高的商品期货市场和股票市场来做比较。**相同之处**：对期货品种的选择和股票同理，内在逻辑都是研究此品种的基本情势，内在量价关系，最重要的就是洞悉主力操盘的内在逻辑。从表层K线的信息，到后续行为对此前行为的验证；都有吸筹和派发，主力操盘都会根据公众的行为习惯，人性弱点去攻击、诱骗；目的都是合理合法地把钱从公众口袋转移到主力口袋当中。**不同之处**：期货可以视为浓缩的股票，期货运行速度更快；期货带高杠杆，需要严格的资金管理；期货通过保证金进行操作，如果行情逆向，保证金不足以覆盖风险时，就需要增加保证金，甚至直接爆仓和穿仓；期货品种数量相对较小，不像A股市场的股票有几千种，通盘浏览所花的精力更少。期货可以设置止损线，划线开仓等半自动化操作；**对于中小投资者来说，期货需具备更强的能力和心理素质才能驾驭。**

期货和股票市场只是不同的战场，所掌握的武器不一样。给专业投资者提供多元化的选择。有多种战场经验的投资者，其实更容易在市场立足。当股票市场没有明显的趋势时，可以一小部分资金投入在期货市场中，而当期货市场无机会时，又可切换至股票市场。当然，**对于初入市场者，当一个市场都做不明白时，建议还是不要同时踏足其他市场。**

15.4 首次买进咖啡豆亏损

根本用不着福尔摩斯的智慧，我一眼便看穿了这一点——供给减少必然导致价格上涨。当时我并不知道为什么没有人买进咖啡豆，但说实在的，当我决定买进它时，并没有把它看成投机性商品，而更多地偏向于它的投资属性。我知道这样的投资需要一些时间之后才能得到回报，但我同时也清楚地知道，那利润一定会相当可观。所以，我便采取了较为保守的投资方式——像银行家那样谨慎行动，而不是像赌徒般盲动操作。

按照计划，1917 年冬天，我开始囤积咖啡，那时，已经买进的数量不少。然而，咖啡豆的价格并没有如我所预判的那样如期上涨，市场的表现平平淡淡。这样我持仓长达九个月的时间还是一无所获，后来没有办法不得不平仓，因为合约的交割期已到，我必须卖掉所有的期权。这样一来，我在这次交易上出现了巨额亏损，但我依然坚信自己的判断并没有错，只不过是进场时机选错了。我坚信在其他所有商品的价格都大幅上涨之后，咖啡豆价格肯定不能置身事外。基于这个判断，我在卖出所有头寸之后，接着又把它们买了进来。

上一次是一个让人失望的交易，等待了九个月，不仅没有赚钱，而且还产生了巨额亏损。而这次我买进了更多，在数量上则是上次的三倍。当然，接受上次的教训，这次买进的都是远期期权合约——尽量往远了买，这样才能有更多的持仓时间。

可喜的是，这次看得非常准，买进之后价格就开始上涨。突然之间，人们对于咖啡豆市场的看法鬼使神差地取得了高度一致，似乎所有的人都已明白，未来咖啡豆市场将会是怎样的方式上涨。看来这次交易定会不负我心，大笔利润似乎就要唾手可得了。

我手里所持有的那些合约，都是从烘焙商那里接手的，这些卖方大多都是德国人或者是德裔美国人。他们从巴西进口咖啡豆，原以为能够顺利运抵美国，但因为找不到商船让他们处境非常尴尬。一方面，这些来自南美的咖啡豆源源不断地到货；另一方面，他们又把这些咖啡豆合约卖给了我。

你一定还记得，当初我看多咖啡豆市场时，价格还停留在战前的水平。首次买进持仓半年之多，最后由于合约到期而产生大量的损失。赔钱是对犯错的惩罚，而赚钱则是对做对的奖赏。现在我的操作显然是做对了，而且我持有的仓位也很重，可以预见，将有一大笔赚头。其实，价格并不需要很大的涨幅，我都能赚取大笔利润。因为当时的持仓数量已经达到了几十万包，这个数字听起来好像是已经很庞大，或许有的人会认为我在吹牛。而事实上，我的持仓是由我的资金量决定的，我还给我自己留有了充分的回旋余地，我已经做得相当保守了。当时我大举买进远期合约，我当时根本找不出赔钱的理由。市场的情势对我非常有利，我在正确判断之后，耐心等待，谨慎操作，这个过程快一年了，现在眼看就要到收割期了。顺便说一下，这个交易并不是什么太高明的交易，我只是不那么盲动行事罢了。

远航精解 利弗莫尔在此案例中操盘的首笔仓位发生了亏损，这个是常见的现象。如同他自己所感悟一样，发现潜在机会后进早了。在操作层面上犯的错误是买入了近期合约。由于商品期货实施的是交割制度，到期多空双方无论亏损都得了结。因此，必须平仓出局，由账面浮亏变成实亏。好在他此次买入的仓位占其资金总量的比重不大，没有伤及根本。此后他吸取教训，认识到咖啡豆合约买入后并不一定能立马上涨获利，因此，买入远期合约，并且仓位加大，但并未全部满仓。因此，此操作可以让他可进可退，有较强的主动性。

首仓进场浮亏时，只要坚定方向，容忍度需要适当的提高。作为大资金更有选择继续加仓的权利。但对于中小投资者而言，最好的方式是不要立刻加仓。等股价真正回到当初预判的正轨上来，才能把控总风险。**实战中，永远不要将自己的仓位打满。犹如在战场上，不要将自己的子弹一梭子全打光，那样会感觉到不寒而栗，没有底气继续战斗，身上永远要保留一个备用弹夹。**

15.5 空头咖啡烘焙商求助政府

我耐心等待着，眼看就要收获几百万美元的利润了。但它们最终在我眼前晃了一晃就飘走了，煮熟的鸭子飞了！导致这个结果发生的原因，并不是由于市场情势发生突然改变，市场还在按照原来的方向前行，并没有改变或者反转，咖啡豆也并没有大量涌入美国。那么，到底是怎么回事呢？说起来这事，我感觉无论是谁都难预料到，无论你有多么丰富的市场经验，也很难预料到，这样的意外事件竟然发生在我的身上！

这次发生的风险防不胜防，也无从防起。最后，我不得不在我那张列有一长串需要时刻防范的投机风险清单中，再赫然醒目地加上一个新条目。

简单来说，事情的经过是这样的。那些持有空头避险头寸的咖啡商把咖啡豆卖给我之后，他们已经清楚自己将要面临的问题，所以他们想尽办法从困境中挣脱出来。还别说，他们人多智慧大，终于想出了一个无赖的办法——他们竟然跑去华盛顿寻求政府的出面相助。但问题是，他们的“阴谋”居然得逞了！

当时，政府确实出台了不少政策，以防民生必需品遭人操控从中牟利。政府这些政策的成效如何，你也是清楚的。哎！空头咖啡商们来到战时工业局（War Industries Bord）价格管制委员会（Price Fixing Committee）（没记错的话，应该是这个名称）。他们以爱国的名义，请求该委员会出面保障美国大众早餐喝咖啡的权利。他们众口一词地咬定，就是那个名叫拉瑞·莱文斯顿专业投机客囤积了数额庞大的咖啡豆，并正打算开始操控咖啡豆市场。如果他的投机“阴谋”不能得到政府的有效控制，那他就如愿发了战争财。一旦他得逞的话，美国大众就会为每天早餐不可缺少的咖啡不得不支付昂贵的埋单。这些自诩爱国的咖啡商，给政府的理由是多么的冠冕堂皇！他们卖给了我大量的咖啡豆，却找不到商船运达美国，那结果便是，他们使一亿美国人为买到咖啡不得不付出更高的价钱。如今，他们却反咬一口，说美国人民那些多付出来的钱都进了那个没良心的投机客莱文斯顿的腰包，而他们却把自己摘得干干净净。他们装可怜，声称自己也只是咖啡从业者，并不是有意炒作咖啡的赌徒，所以，他们愿意全力协助和配合政府惩治来自投机客的囤积行为或者可能的囤积行为。

就这样，我被那一众家伙们栽了赃，一大堆人开始围着我抱怨。我的意思是，对于市场上那些牟取暴利的浪费行为，我并没有说是因为价格委员会没有尽职才没有受到应有的抑制。但在这里我必须说，关于咖啡市场的特殊问题，价格委员会不可能有深入的了解。他们对咖啡豆设了一个最高限价，并对所有未平仓的合约设定了一个最后的平仓期限。他们这样做实际上是关闭了咖啡豆交易所，而留给我能做的和必须做的就是卖掉所有的咖啡豆合约，我原本以为能够轻易到手的几百万美元利润就这样被化为了泡影！其实，我和其他的任何人一样，无论是过去还是现在，我都一如既往地强烈反对有人利用民生必需品牟取暴利。现在我要告诉你，价格管制委员会出台那样的政策时，咖啡豆当时的价格比战前数年的平均价格还要低。而放眼望去，其他商品的价格，已经高出战前250% ~ 400%了。

其实，无论咖啡豆在谁的手上，都已不是问题的重点，价格上涨是阻挡不了的，这其中的道理非常简单，也是显而易见的。直接原因来自于进口锐减导致供给迅速下降，而进口锐减的原因来自于德国潜艇大肆攻击世界各国的货船，这与那些“没有良知的投机客操控市场”没有直接关系。令人不解的是，价格管制委员会在咖啡豆价格还没有上涨之前，就对它开始抑价了。

远航精解 **投机市场上，会出现多种形式的黑天鹅事件。**尤其是利弗莫尔所处时代整个金融市场的信息透明度和法制化程度都不高，游戏规则被临时改变，这场游戏由于对手耍赖诬告而被裁判员鸣哨叫停了。这也是政策的风险之一，尤其是大资金所要考虑的。在现代市场里，尤其是涉及民生问题的商品种类的囤积居奇，国家都会抑制其过度投机，这是政策底线。因此，主力想要操控难度较大，而且面临政策风险。在商品投机市场，也要优先考虑国家政策等外力因素。

当然最终的原因还是落脚在钱的问题上，毕竟这一单如果成功，意味着这些无赖咖啡商将赔得倾家荡产，这是其耍无赖的主观原因。对于利弗莫尔来说，虽然花了一年的时间精力，最后没赚到钱，但也是其通往成功道路上，又经历的一道坎，让他意识到政策变化带来的不确定性，也要考虑在他的投资体系之内，经验无疑又增长一层级。

15.6 几百万利润化为浮云

我也清楚，价格委员会出台抑价政策关闭咖啡豆交易所，只是个权宜之计，也是个错误的决策。如果没有价格委员会的干预，由于我刚才所说的原因，咖啡豆的价格会毫无疑问地上涨，这和所谓的人为操作没有半毛钱关系。如果那样的话反倒好了，那倒有利于美国大众了。因为随着价格上涨，市场无形的手就会发挥它自动的调节作用，在价格还没有涨到离谱的时候，就会吸引更多的咖啡豆进入市场，如此一来，咖啡豆的价格便会受到市场的自动抑制。后来听说伯纳德·巴鲁克先生宣称，为了保障供应无虞，战时工业局在设定价格上限时已经将这个因素考虑进去了。因此，在他看来，如果有人出来抱怨某些商品的价格受到限制，那就是一种不公平的指控行为。后来的情形，如你所见，咖啡豆交易所恢复正常交易之后，价格猛蹿到每磅 23 美分。美国大众之所以必须支付如此的高价，主要原因归结于市场供给太少。那么，供给怎么变得如此少了呢？受那些好心的空头咖啡商的影响，价格委员会给咖啡豆定了过低的价格，以致无法承受高昂的海运费用，导致咖啡的进口量断崖式下跌。

当初我做多咖啡豆并不是为了投机，而是把它看成了投资。至今我依然认为，这次咖啡豆的交易是我商品操作中最具正当性的。我持仓的时间超过一年，明眼人一看就知道这其中没有什么赌性存在。如果说到赌性有人要放手一赌的话，就应该是那帮所谓爱国的咖啡烘焙商了！令人称奇的是，价格管制委员会竟然出面把唯一一个没有上涨的商品价格给限制住了。他们本意是要在没有人从中获取暴利之前保护民众利益，但最后的结果却恰恰相反，他们并没有保护民众免受价格上涨的影响，反而使他们受到了更大的伤害。不仅如此，谁都知道当时咖啡豆的价格并没有上涨，而是一直在每磅 9 美分徘徊，而烘培咖啡的价格却跟随其他商品不停地上涨了。最后，从中获取高利的只有那些烘焙商。话再说回来，如果咖啡豆的价格没有遭到抑制，每磅上涨两三美分我当然能从中赚到几百万美元，而民众也可以从中受益，就不会像后来价格上涨如此之高，他们必须为消费付出更高的价格。

无法预测的风险刮走我几百万利润，我还成了“打压市场”的众矢之的。

在投机交易中，事后诸葛亮毫无意义，但总结这次的操作具有一定的教育意义。这次交易和我之前做过的任何一笔赚钱的交易同样完美，涨势明确又合乎市场逻辑，当时估算至少可以赚到几百万美元，但最后却灰飞烟灭了。

此外，在没有任何警示的情况下，价格委员会改变了交易所的交易规则，我因此曾两次蒙受过重大损失。在那两次交易中，我的操作从技巧而言几乎无懈可击，但也比不上这次咖啡豆操作那样确定。在投机交易中，不管你计划得多么周密和完美，都无法做到百分之百的肯定。正如我之前说过的，最后，我把那一条“无法预测的风险”赫然加进了那一长串的风险清单里。

咖啡豆风波之后，在其他商品和做空股票的交易中，我都取得了非常满意的成功。结果，我却招来了周围很多流言的攻击。只要市场价格一出现大幅下跌，华尔街的那些专家和新闻记者们就把矛头无端地指向我，他们毫不留情地指责我打压市场，更有甚者，他们把我的卖出行为解读成不爱国的交易，而不管这个卖出行为是不是真的出自我手。我的操作规模及其由此造成的影响被他们无限夸大，只是为了满足那些投资大众的好奇心而已，也是为每次的价格波动找出一个所谓的合理原因。

远航精解 利弗莫尔的此套分析逻辑非常正确。理性的分析市场如果没有外力干预，按原路径走应该是什么样子。对于自己和对于民众都受益。但时光无法倒回，事情也没有如果，已经发生的事情无法挽回，只能当作一次教训。政府也将意识到这一点，在出台政策和手段时，会更慎重一些。这就是成长应付的代价，只不过这次代价的牺牲方是利弗莫尔和民众。

招来这种无端指责，甚至无中生有的指控，这些都是名声大了之后的副产品。尤其是在该投机领域，大部分人都是亏钱的。所以，枪打出头鸟以及仇富心理，在这些亏货当中显得格外盛行。这些失败者要为自己的失败找到借口，并且还见不得别人比自己成功。因此，这些不愿意承认自己错误的弱者将永远是失败者；**而那些能认识到自己错误，能从失败中总结教训，迅速调整自己的交易员，才能成为真正的成功者。**在交易上做到卓越的利弗莫尔，此时成了众矢之的，名誉上的损失，这也是成功带来的副作用，暂且也只能承受。

15.7 操控市场需顺势而为

我曾经多次强调，任何所谓高明的操作手段，都不能真正实现对股价的长久打压，并能持续将股价压制在低位。这里面并没有什么高深的道理，只要稍稍动一下脑筋，任何人都能够看透。假设有这么一位作手打压一只股票，就是说他要把价格持续压制在真实的价值之下，你想一下，接下来必然会发生什么事呢？这个作手很快就会遇到内部精明的人士大举买进，因为当价格被持续压在很低廉的位置时，总有那些知道这只股票真实价值的人蜂拥买进。如果真的没有内部人士买进，那就说明原因来自整体市场情势，而这样的情势不利于他们调配资金，当然也就不利于多头行情的展开。

通常人们议论空头打压的时候，往往都会视之为不正当的甚至是犯罪的行为。但内行人都知道，如果将一只股票的价格打压到远低于其真实价值的位置时，那样对这个所谓的操纵者来说是非常危险的！作为一个交易者，一定要谨记，如果被打压的股票没有真正的反弹，就表明内部人士买盘支撑力度不强。一旦股价被不正当地做空打压之后，通常会引来内部人士大举买进，这样一来，价格就不可能长期停留在底部。我可以肯定地说，所谓的打压行为，百分之九十九从根本上就是合理的下跌。无论职业作手操作的规模有多大，操作的技巧有多高，充其量也只能算是为下跌加速助力。打压行为并不是价格下跌的根本原因，所谓的打压顶多是一种顺势而为，根本不能实现对市场的真正操控。

很多人都不认为，市场大部分的突然下跌或者是那些暴跌的走势，都是那些作手操控的结果。这样的认知之所以能一直存在于市场，很有可能是那些投机者想为下跌找到一个唬人的合理理由而发明出来的。但实际上，这些投机者往往都是盲目的赌徒，他们根本不愿意动脑筋思考，而宁愿相信别人的说辞。经纪商大多都以空头打压这个理由安慰那些运气不佳遭受亏损的投机客，而出自经纪商的这种理由其本质就是另一种反向的小道消息，这和真正的小道消息的区别在于，利空的小道消息的目的重点是做空建议，而反向的小道消息只是为了让你在不明智的情况下做空。当股价出现暴跌时，自然而然就应该采取卖出行为，任何股价的暴跌都是有原因的，只是你不知道内理而已，但必定有其合理的原因。因此，你能做的就是抓紧时间卖出。但如果股价大跌是来自于作手的打压，那么此时出场正中了他们的“圈套”，因为只要他一停手，价格就会立马大幅反弹。以上就是关于反向小道消息的解析。

远航精解 此处，利弗莫尔解释了空头打压股价的本质。主力大资金打压的真正目的是把股价压低到一定范围内，用来在低价区域吸收筹码，而无法绝对地控制整个市场。而真正引发下跌的，是股票自身基本面的变化，以及市场本身的趋势。大资金也要遵循市场的趋势而操作。逆趋势操作将带来更高的成本和更大的风险。

而作为中小投资者的小资金，更需要看对市场的供需背景，迎合市场的趋势进行操作。就像大海里无论航行的是一叶小舟还是巨型舰艇，**顺着海浪方向航行才能事半功倍**；如果逆着浪走，甚至遇到海啸，就算是航空母舰也同样会被掀翻。

另外，消息面在主力打压股价过程中，可以起到很好的助推作用。在底部的利空消息可以加剧公众恐慌，从而割肉抛出筹码。人首先通过视觉看到股价在急速下跌，看到自己账户的资金在急剧减少，本身就会高度紧张、处于痛苦的思维状态中，害怕再继续损失。而不会客观考虑股价是否在底部，对方是打压的行为还是无奈的抛盘。

对于大资金而言，由于资金实力雄厚，在底部价值区域逐步低吸就不用多言。而对于中小投资者而言，面对在底部区域疯狂下跌时，在场外的最好选择是继续观望。但已经在场内深套的，该如何自救？比较容易实现的方式是底部继续下跌开始之时，将自己股票分为两部分，一部分作为底仓继续持有，应对后续突然的底部反转。而另一部分仓位则可以先平仓。原因是既然股价已经创新低，则下跌至少还有一部分惯性，这部分平仓出局后，总体需要承受的急速亏损将减少一半。而当急速下跌且放巨量之时，可以在更低的价格将之前抛出的筹码买回来，做了一个短差。且主力做低会持续一段时间，在底部区域用一半筹码做几次高抛低吸，能有效降低综合成本。这种方式是非常有效的积极自救的方式。主力在底部区域的诱骗手法，通常是通过视觉呈现的。交易员此时操作需要注意的心法就是，一定要逆视觉操作。当看到即将又要向下突破时，或突破很短的距离时停住了，这就是很好的介入买点，因为这是大多受新手止损的点位。而当股价震荡攀升，急速突破时，就是短线仓位卖出的时候。因为，这很可能是主力制造的一次诱多陷阱，这种场景发生在新低出现不久的阶段。而当底部运行了一段时间后，尤其是屡次向下砸，反而低点在逐步抬高，这就说明主力无法在前期的低点吸收到筹码，必须主动抬高价格。此时，我们得知道，这是**真正的底部区域，把首仓进入就相对比较安全了**。下一次加仓的机会，则是在有效向上突破底部交易区间之时。**有了部分盈利垫，非常有助于后期的坚定持仓，拿稳整个大的上升趋势。**

第十六章

小道消息往往是圈套，独立调研才是赚钱之道

16.1 小道消息的魔力

提及小道消息，想必很多人津津乐道。人们乐意通过各种途径打探消息，同时也很乐意把这些小道消息再传播出去。之前说过，这是贪念、虚荣心还有不劳而获之心在共同作祟。不光是普通人在打探这些消息，就连那些看起来聪明绝顶的人也积极参与其中，这不免让人感觉有点好笑。那些喜欢传播小道消息的人，一般都不会太在意消息的好坏，因为那些爱打探的人兼收并蓄，只要是小道消息，他们都感兴趣。如果小道消息灵验了，那么皆大欢喜；如果小道消息不灵验，他们也不会气馁，他们总觉得下次运气就会更好一些。

说到这里，我倒想起来经纪公司里的那些客户。有些人，专门从事小道消息的传播和炒作。他们都坚信小道消息的运动模式，他们认为只要把握好传播途径，就能达到公开宣传的最高境界，那是一种非常有效的促销手段。因为那些打听和传播小道消息的人，都会不遗余力地将它们散布出去。因此，小道消息就能达到几何倍数的增长，它成了一种快速传播的广告。他们之所以这么努力地传播小道消息，是因为他们相信所有的小道消息对活在社会上的人都具有无穷的魔力，这让他们把小道消息的传播当成一种艺术来不遗余力地大肆研究。

远航精解 小道消息是什么，被人们认为是足以大幅影响股票价格波动的内幕消息，包括股票公司内部的重大投资运作、财务状况变化、重大风险等。其实这些都是上市公司在日后要发布或者公开披露的，但那都是在股价应声见顶或见底的时候才发布的。所以大多数人都想在其公开发布之前，通过各种途径打探消息，以获得信息不对称的优势，从而提前布局，从中获利。

真正有价值的内幕消息不会提前传播到公众耳朵里，因为受到法律限制。而

主力机构在提前布好局之后，就利用人们急切打探小道消息的心理，去设计陷阱，让公众去钻入。并且文中提到，主力花大量时间精力去研究小道消息传播的艺术，包括如何粉饰、传播途径、如何更有效地研究等，都已经系统化。所以这正好折射出小道消息对于主力获取利益的巨大效能，对于公众的诱惑是多么大。

当然目前来讲，A股市场政府监管越来越严厉，信息披露制度也越来越完善，此种误导公众的直接报道会越来越少。但真正影响公众决策的就是公开的消息，如降息等利好。在释放前，主力机构已提前布局，导致股价已经有一段涨幅。等真正公布的时候，主力就趁机派发筹码给公众。公众听闻利好抱着很大的期望入市，殊不知被套在了阶段性顶部。

16.2 发行集团蓄意拉抬股价

每天从我耳边飞过的各种小道消息数以百计。现在，我要把一个真实小道消息的故事告诉你，这是关于婆罗洲锡业公司（Borneo Tin）的故事。这只股票正是在股市最狂热的时候酝酿上市的，一位银行家提醒他们，取消承销公司的发行方式，而采取公开上市的方式发行。对市场和交易人来说，这是个不错的主意，但由于他们缺乏发行经验，所以注定他们会犯下大错。他们并不知道在目前如此狂热的市况下，公开发行会有什么样的结果，贪心促使他们在发行股票的时候，价格就要往上累加，但最初上市发行的价格确实令投机者和交易人内心不安。

其实通常来说，这种情况会让发行集团身处两难境地，但当时疯狂的市场却掩盖了他们的贪婪，让人们失去理性，还让他们略显得保守一些。如果有合适的小道消息，那些投资大众不管什么股票都愿意买进。那时候人们想的不是投资，而是如何轻松地赚钱，并且可以做到每赌必赢。因为那时美国的军用物资正疯狂地流向全世界，而黄金也由此不断涌入美国。在那样的情况之下，该公司的发行集团也被狂热的市场冲昏头脑，他们在拟订股票上市计划的时候，曾经三次大幅提高开盘价，以致投资大众在能够买进时股价已被拉高许多。

这只股票挂牌上市的过程十分成功。事实上，发行集团看到市场上购买股票的需求非常旺盛，所以他们决定不能过早地将手中的股票出手，他们想等到拉高赚取了巨额利润之后再出手，否则，就会为失掉这个大好的圈钱时机而后悔！

其实，当初我也曾受邀加入婆罗洲锡业公司的发行集团，但我一贯坚持在股票交易的策略和行动上独立研判和操作，所以我就拒绝了他们的邀请。后来当婆罗洲锡业股票上市首日的第一个小时我就买进了 10000 股，因为当时我非常清楚发行集团手上所掌握的筹码以及他们的操作计划，我也知道在当下的狂热市场中投资大众会怎么做。

后来我买的这 10000 股被他们发现，当时他们认定即使把股价再拉高 25 点至 30 点，他们手中的股票也能轻易脱手，这样一来，我那 10000 股的利润实在太大了，就好像白捡的一样。而对他们而言，我所获得的利润本来就应该是他们的，他们决定要把我清洗出场，于是就停止了拉高操作。但是，我对他们的这些行为并不理会。看出实在没办法把我清除出场，他们也就没再理会我了。因为他们不想因为我一个人的原因而让他们失去对整个市场的控制，接着他们又开始拉抬股价了。婆罗洲锡业的股票被拉升到 120 美元时，我就把手上的 10000 股平仓了，因此大赚了一笔。

远航精解 市场的狂热是因为大多数参与者的贪婪。股票发行方也是市场的参与者之一，也体现着贪婪。在贪婪和欲望的驱使下，就会丧失理性的分析和判断。目光都聚焦在可能获得的巨额利润上，而忽视了其中潜在的流动性风险。为后期的失败埋下诱因。

利弗莫尔的高明之处就是能通过观察市场，找准主力机构内在的操盘逻辑，适时地过去咬上一口。因此，他是独立交易员中的典范，他聪明、果敢、执行力强，并且经验老到，能用独特的视角观察市场。

16.3 高位派发未能成功

当股价再创新高时，他们难掩心中的喜悦，盼望着会有数十亿美元的进账。上面刚刚交代过，当股价涨到120美元时，我把手上的10000股全部卖给了他们，而这 10000 股的卖单压制了股价的上涨态势，使得发行集团不得不暂缓拉升的速度。接下来他们趁着大势的上涨，又继续拉抬该股股价。在此过程中，他们进行了大量的倒仓动作。然而，令他们没有想到的是，这样的拉抬动作耗费了他们很高的成本，最后，他们最高拉到 150 美元。

然而，这个时候市场的狂热和鼎盛已经趋缓和降温，股价也大幅回落。在股价下跌的过程中，他们把股票卖给那些喜欢在回调中买入的交易者。这些交易者对大势看不太明白，他们错误地认为，如果一只股票从 150 美元跌到 130 美元，应该是非常便宜了，如果能够回到 120 美元，那将是捡大漏的好时机。

除了以上的技术操作以外，发行集团还曾利用小道消息派发手中的筹码。他们对场内的交易员散布消息，利用这些人再把消息传递给经纪商。这些小伎俩对他们有一定的帮助，但是发行集团尽力地运作了他们所能掌握的一切伎俩之后，并没有取得如期的效果。这其中根本的原因就在于，做股票的大势已经过去，冤大头们都已经在股市中被套牢。但婆罗洲锡业那帮发行人，并没有意识到这个问题，也不愿意承认这个已经发生了而很难改变的事实。

远航精解 在投资领域任何操作都要顺势而为，适时而动，发行集团的这波操作，其实违背了大趋势，正因为他们的贪婪因而错过了市场最好的派发时间节点。尤其是对大资金来讲，他们一定要在公众疯狂抢购之时，或者是大势见顶之前的左手边就要不断地派发筹码，而他们却把大量的筹码一直握在自己手中，总期望市场会更加狂热，没有在大势上升、前期公众承载力强的时候派发出去，所以他们后来只能采取低位派发的手段。

造成他们被动的结果：第一，他们所能派发的筹码已经大幅减少；第二，他们只能降价，在低位进行派发。

另外，文中提到了股票价格从 150 到 120 下降过程中，公众喜欢捡便宜，让主力能够在相对低位进行有效派发。这也是公众常见的错误交易习惯之一。公众的记忆力都是短暂的。只要股票价格来一波急速的上涨，过去的痛都会瞬间忘记，只关注目前视觉所看到的繁荣景象。而此前股票到达 150 的价格高位，会让公众产生错觉：它就值这个价，而且还会涨得更高，价格此前觉得太贵了不敢买，现在终于打了个八折回到 120 了，是时候出手了。但却忘记了关键因素，现在市场运行的阶段。目前大势已经疲软或者转入了熊市下跌阶段。后面的价格上涨的可能性已经很小，无疑后续价格还会下降，此时接盘无疑将被套在半山腰上。

16.4 夫人陷入圈套

那时我和夫人南下佛罗里达棕榈滩度假。一天，我在格力莱俱乐部赢了500美元的吃红，到家后我把这笔钱给了夫人。说来巧得很，在当天的晚宴上，夫人遇到了一个大人物——威森斯坦（Wisenstein）先生。这个人是婆罗洲锡业公司的总裁，正是该公司股票发行集团的管理人。一段时日之后我才知道，当天的晚宴上，我的夫人被安排在这位先生的旁边落座，是他们刻意而为的。

当天晚上，总裁先生对夫人大献殷勤，极尽讨好之能事。邻近晚宴结束时，他还故作神秘地对夫人说："莱文斯顿夫人，有一件事我从来没做过，但今天我乐意为之。明白为什么吗？"说到这儿，他停顿了一下，盯着夫人看，好像要确认他就是那种机敏而又聪明的人。夫人当然能从他的神情中看出这一点，那意思几乎都写在了他的脸上。夫人说："那您请说吧。"

"莱文斯顿夫人，很荣幸能结识您和您的先生。我想说的是，我的一片赤诚日月可鉴，真希望以后能够常常见到您二位。不用我说，您一定会知道，我告诉你的都是绝对的机密！"然后他小声悄悄对夫人说，"如果您现在能买进我们公司的股票，也就是婆罗洲锡业，保证会赚到大钱！"

她有些吃惊地问道："是吗，是真的吗？"

"在就要离开饭店之前，我收到了几封电报。"他说，"上面的消息最早也要后天才能公布于世。这只股票我要全力收购，如果明天开盘时，你要能买一些，那么我们就能以几乎相同的价格买进了。我保证，它一定会上涨到200美元不止。我只告诉了您一个人，这个消息到目前为止，您是唯一的知情人！"

夫人向他致谢，并告诉他，她对股票一窍不通。总裁向她保证说不懂没关系，只要按他说的做就行了。为了确认夫人真的听懂了，他又把刚才的话重复了一遍。

"明天早晨一开盘就买进婆罗洲锡业，买多少都可以，我向您保证，买这只股票绝对会赚钱。此生，我从来没有告诉过别人去操作什么股票。告诉您，这只股票至少要上涨到200美元，无论如何我一个人都不能把市场的股票都买光，所以我也希望您能从中赚钱。如果除我之外，还有人能够从这只股票中赚到钱，那么我希望那个人就是您。我深信您不会把这个消息再告诉给别人，所以我才把这个消息告诉您的。莱文斯顿夫人，请记住买进波罗洲锡业！”

他的诚恳打动了夫人的心。这样，她立马感觉到，我之前给她那500美元就要派上用场了。这点钱对我来说算不了什么，但对夫人来说，是一笔意外之财。换种说法就是，如果夫人的运气不好，其实输光了也没什么，更何况总裁保障她会稳赚不赔。她当时在想，如果凭自己能力能赚钱，那是一件美事，等赚了钱之后再告诉我也不迟。

就这样，第二天一大早，开盘之前夫人就到了哈丁营业厅。她对经理说：“哈丁先生，请给我买一些股票。但请不要用我原来常用的那个账户交易，因为在我赚到钱之前，不希望我先生知道此事。拜托你，可以吗？”

哈丁干脆地回答说：“当然没问题，莱文斯顿夫人。请放心，我给你安排一个特别的账户。你要买什么股，买多少？”她递给经理500美元，并对他说：“我可不想让我的亏损超过这个数目，万一亏了，请别让我倒欠你们。另外，请对我的这次交易保密，我不想让我先生知道这件事。等开盘以后，看这些钱能买多少股婆罗洲锡业。”

哈丁接过钱告诉她，他绝对不会让别人知道此事。开盘以后，他帮她买进了100股。我想，当时的成交价应该是108美元。当天这只股票成交非常活跃，截至收盘上涨了三点。夫人对此非常高兴，她费了好大的劲才忍住没有告诉我。

这事说起来也赶巧了，我那时已整体看空市场，我注意到了婆罗洲锡业的异常走势。那时我判断，在那样的时候，不管什么股票，都不应该再上涨，更别说这只婆罗洲锡业了。那天，我决定做空这只股票，而且第一笔空单就做空了1万股。我感到，如果我没做空这只股票的话，它可能会上涨5至6点，而不是仅仅3点。

第二天一开盘，我就再次做空2000股，临近收盘前又加码了2000股。那天，它的股价已经跌到了102美元。

第三天早上，棕榈滩哈丁兄弟营业处的经理哈丁先生在等待夫人的到来，她通常都会在 11 点左右散步到达营业厅。除了也在关注市场行情之外，她也顺便来看看我。

一看到我夫人，哈丁就把她拉到一旁说："莱文斯顿夫人，你那 100 股婆罗洲锡业已经亏损，如果你还想继续持有它，就得补充更多的保证金了！"

"但是，我已经没有钱了。"

"你也可以考虑把它转到普通账户里面去。"

"那绝对不行，这样我先生就知道了。"

"但是，您这个特别账户已经亏光了，并且已经变成负数了！"

夫人急了："当初就清楚地告诉过你们，我的亏损不能超过 500 美元，不要亏了钱后还倒欠你们。"

"是的，莱文斯顿夫人，但是，我在卖出的时候必须征得你的同意，除非您授权我继续持有，否则的话我不得不卖出了！"

"那天刚买进的时候，这只股票表现得非常好，对吗？怎么一转眼的工夫就跌成了这个样子，太难以置信了！"

"是的，我也纳闷它为什么下跌了。"哈丁回答说。抚慰客户是经纪公司的人必备的本领。

"哈丁先生，这只股票出了什么问题？"

这其中的缘由我是知道的，但他又不能把内情告诉她，否则的话，他就必须把我给说出来，这样就等于把客户的交易情况泄密了。所以，他就敷衍她说："我也不知道发生了什么事，也不清楚它下跌的原因。你瞧，又创新低了。"他指着报价板说。

夫人眼睁睁看着股票下跌，一脸苦笑地说："天呐，哈丁先生，我的 500 美元就这样打了水漂吗，你说该怎么办？"

"莱文斯顿夫人，其实我也不知道该怎么办。但是如果我是你的话，我就会找莱文斯顿先生问个明白。"

"那可不行，他不希望我做投机交易，如果我要做的话，他会帮我买卖的。但是在他不知情的情况下，我从来没有做过这样的交易，我不想让他知道。"

"我觉得没什么。"哈丁安慰她说，"谁都知道莱文斯顿先生是个很厉害的作手，应该怎么做，他会很清楚的。"看着夫人在摇头，他又加了一句，"要不您就再拿出一两千美元来保住你的股票。”

一听说要保住股票必须拿出更多的钱，她当场就傻眼了。她在营业厅转了一会儿，看到股价越来越低，她只好到我看报价的地方找我，说有话要跟我说。我们一同走进了那间专门的私人办公室，她把事情的前前后后告诉了我。我听完告诉她：“傻太太，这只股票就交给我吧，你就不用管了。”

她说她保证不会再管了。我从兜里又掏出了500元给她，她高兴地离开了营业厅。这时，婆罗洲锡业的股价已经跌破100美元。

远航精解 投机这行，需要专业的人做专业的事情，并不是人人都适合进入，尤其是没有任何投机知识，甚至不知道投机是什么，市场是什么，把它当作赌场里买大和买小的赌博而已，注定要亏损。

其实一些骗局都是从一些看似可信的人嘴里说出来的，但又符合你自己占便宜或不劳而获的诉求。这些人通常会以短期巨额利润作为诱饵，让你从事你根本不懂的投资投机领域。而此时哈丁的对象就是利弗莫尔太太，没有任何的投资知识，也没有任何的防范，容易轻信别人。所以，**作为普通人来讲，一定不要轻易涉足投机领域。而有一定经验的投资者，一定要不断提高自身的防范意识和识别力。**

尤其不能用其他的资金去弥补目前现有的窟窿，而应及时止损出局。利弗莫尔夫人还好及时告诉了他，要不然后续将陷入这个旋涡，造成更大的灾难。

16.5 对小道消息天然免疫

至此，我才搞清楚了整个事件。威森斯坦很聪明，他以为夫人一定会把此事告诉我，而我也会进而研究这只股票。他知道，我时刻关注着市场动态，而且交易的手笔非常大，他料定我会买进2万股。

在我说听说过的小道消息中，这个算是最能体现精心布局、谋划下套的了，但是设局者并没能如愿，而且注定了要出差错。

首先，夫人那天刚巧手里有了500美元闲钱，这让她比平常有更多的勇气去冒险。她抗拒不了稳赚不赔的赚钱诱惑，而且希望靠自己的能力赚一些钱。因此，她就相信了这个精心布局的小道消息。我对外行人从事投机股票的看法她是非常了解的，所以她不敢对我提起此事。威森斯坦最终失败的原因，也就在于他并不了解夫人这样的内心。

其次，他一点也不了解我的交易秉性，就这点上确定他的布局必然失败。对小道消息我从来都是不听、不信的，而且我当时已经看空整个市场，他想利用拉高 3 点婆罗洲锡业吸引我买进，其实他这样做得到的结果恰恰相反，正是因为我看到了它被反常拉高，才让我决定对它开始做空的。

夫人讲的这个故事，使得我做空婆罗洲锡业的心情更加坚定而迫切。我有个交易习惯，每天早上开盘后和下午收盘前，我都会习惯性地做空卖出一些股票。直到有一天，我发现了一个出脱良机，趁机平仓了空单，而且从其中赚到了大笔的利润。

远航精解 专业交易员对小道消息具有天然的免疫，因为会通过细致的分析其来源、目的，观察其指向性、发生时间等，对其进行反向操作，甚至可以从中获取不少利润。此项实例中，威森斯坦布局失败的原因，最重要的是对象分析失败。所针对的对象是完全不听信小道消息操作的利弗莫尔。所以做投资，入场前的风控非常重要，标的物的选择是入场前必须要慎重分析和考虑的，且这个模块是重中之重，是决定你后期能否成功的关键因素。

因此，后期利弗莫尔反而是利用异常拉高这种主力操控的行为做判断，辅以小道消息的传播，反向解读，执行做空计划而最终获利，体现出利弗莫尔独立、坚定、高明的一面。

16.6 热衷小道消息是人性不劳而获的体现

我认为，靠道听途说的小道消息进行交易操作是非常愚蠢的行为，所以对小道消息我通常都置之不理。那些追求小道消息的人，在我看来就如同酒鬼，对其中的诱惑他们无法抗拒，总想寄托于此来个痛快。

获取小道消息是很容易的事情，甚至你都不用竖起耳朵，它就会向你扑来。

靠自己的研判进行操作永远都比靠消息更靠谱、更快乐。要实现依靠操作赚钱，首先要做的就是交易完全借由自己的判断进行。从人性的角度来看，追求依靠小道消息操作这件事，与其说出于贪心，倒不如说总想不劳而获。

听信小道消息，并据此操作交易的做法，并不是只有那些投资大众才有这样的冤大头，就连纽约证券交易所的很多交易员也有这样的坏毛病。我非常清楚，他们中的很多人都对我怀恨在心，原因就是我从来不给他们任何小道消息。假如我说出“赶快卖出5000股美国钢铁”。我相信，他们一定会照做。但如果我说我看空整个市场，而且要把详细理由解释给他们听，我相信他们肯定没有耐心去听，而且还嫌我浪费他们时间。因为我只愿意分享整体情势，而从来不告知他们具体买卖哪只股票，也就是从来不直截了当地告诉他们想要知道的小道消息。也许在他们的眼里，我并不像华尔街上的许多慈善家心甘情愿地把上百万美元给予熟人、朋友或者根本不相识的人。

几乎所有的人都相信奇迹总会发生，因为人们总是依赖希望而生存。有些人，每隔一段时间就会满怀希望，众所周知，长期生活在过高希望中的人们是典型的乐观主义者，而那些热衷于小道消息的人士就属于这种人。

我认识一位纽约证券交易所的会员，因为我从来不给他任何小道消息，所以在他的眼中，我就是那种自私自利的冷血动物。

下面我要说的就是好几年前发生在他身上的事情。一天，他和一位报社的朋友聊天，那位朋友好像不经意间提到了一个小道消息，他从一个可靠的人士那里获悉J.O.H股票就要上涨了。这位经纪人朋友毫不犹豫地买进了1000股，等他买到之后没看到上涨，反而看到了快速下跌，他不得不停损出场，为此付出了3500美元的亏损代价。几天之后，他又碰到了那位报社的朋友，他一肚子的怨气并没有平消。

他抱怨那位报社的朋友说：“你给我的那个消息简直就是要人下地狱的！”

“什么消息？”报社的朋友问他，好像他已经忘了那件事。

“J.O.H股票，当时你说它就要上涨，而且消息很可靠。”

“是的，我确实说过。告诉我消息的人是那家公司的董事，也是公司财务委员会的核心成员。”

经纪人朋友很气愤地问道：“到底是哪一位？”

“如果你非想知道的话，那我就告诉你。”报社的朋友回答他，“就是你的岳父，韦斯雷（Westlake）先生。”

“见鬼，那你为什么不早点告诉我。”这位经纪人朋友大声嚷着，“你让我亏了3500美元。”这位经纪人朋友之所以这样说，是因为他从来不相信亲戚给的小道消息。在他看来，他似乎更相信那些源头离他更远的消息。

远航精解 **小道消息能得逞，是主力利用普通公众的专业知识不强、懒惰、投机的心理，人为地制造陷阱，供这些人跳入。**这些公众之所以会反复上钩，反映了其如下心理：

不劳而获的心态：省去了中间烦琐的分析和反复论证的过程，只需要听到一句内幕消息，便和打了鸡血一样，奋不顾身倾尽所有的资金去下单。

赌徒的心态：不需要过程，只需要最后的结果，对了觉得自己运气不错沾沾自喜；而如果错了，就怪罪传递消息的人，把所有责任往别人身上推。

依赖的心理：这些人不自信，尤其是对于自己分析的，无法做决定，一旦此时消息出现，则视为神明；但反过来，在面临重大转折中，尤其是风险来临时，没有获得任何消息，或获得虚假消息，非常容易错失逃跑机会，造成重大亏损。

这类听信消息盲目操作导致亏损的案例屡见不鲜。其实怪不得他人，客观来说，是当事人不假思索就选择相信，自然将为自己的错误承担相应的后果，抱怨只能再次证明当事人的情绪化、见识上的浅薄和内心的狭隘（无法从容地接受失败）。这是大多数听信小道消息人面对失败时所表现出来的丑态。把所有责任往别人身上推，也是一种对市场无知的体现。但正因为市场上有这些人的存在，才有让聪明钱割这些人韭菜的土壤。市场上1赚2平7亏的话，九成参与者都是那一成聪明头脑的配角，为这些人不知不觉的作者奉献。**而优秀交易员，则要努力摆脱这些失败者的思维习惯，逐步进入那一成少数派的行列。**

16.7 大炒家利用消息反向操作

作为一名成功的银行家，韦斯雷非常富有，同时他也热衷于传播小道消息。有一天，他和约翰·盖茨相遇，盖茨问他有什么好消息，韦斯雷一脸不高兴地回答他："如果你根据消息采取行动，我就会告诉你。不然的话，如果你只是打听打听，那我告诉你，我没必要浪费口舌了！"

盖茨好像要讨好他："我当然会行动的。"

韦斯雷坚定说："那就做空雷丁（Reading）股票，至少会有25点赚头，也许会更多，但至少25点是手拿把攥的。"

那个以一掷百万而豪赌闻名的盖茨说："非常感谢！"他们俩握手告别以后，就去了经纪人办公室。

刚才提到的雷丁股票，韦斯雷是专门操作这只股票的行家，大家都知道他对这家公司的方方面面了如指掌，和雷丁公司的内部人员关系甚密。因此，这只股票的走势他心中完全有数，现在他对这位号称西部投机人的作手提议坚定做空这只股票。

而实际上，雷丁公司的股票不仅没有大跌，而且还在持续地上涨。只用几个星期就上涨了100点。一天韦斯雷在华尔街上又碰巧遇到了约翰·盖茨，他径直往前走，假装没看见。盖茨开始快步走上前去，笑容满面地和他握手，搞得韦斯雷一脸茫然。

盖茨说："谢谢你给我雷丁股票的消息！"

韦斯雷假装并不知情："我没有给过你什么消息啊！"

"是真的，而且那消息很棒，它让我赚了6万美元。"

"还赚了6万美元？"

"是的，难道你不记得了？是您告诉我做空雷丁，所以我之后就买进了一些。只要对您的消息反向操作，每次都能赚到钱。"盖茨兴奋地说。看着这位粗犷的西部佬，韦斯雷羡慕地说："如果我有你那样的脑筋，天知道我能赚多少钱！"

远航精解 这是利用小道消息反向操作的成功案例。市场上利用消息面反向操作，虽然看起来很离奇，甚至不能理解。但仔细分析，这种策略其实就是和大众站在对立面。由于大众大多数情况下是亏损的，所以与其站在对立面，那么盈利的概率就大大增加了。**但在我们的实战操作中，也要做好资金管理，用一部分资金进行测试，以防小概率事件发生。**

此大炒家能够利用消息反向操作有以下几方面因素支撑：第一，已经看透了事件的本质就是上市公司利用小道消息进行市场操纵；第二，对规律的观察与总结，反向操作总能获利，反向操作策略是建立在此前成功的经验之上的；第三，就是执行力源于交易自信，敢于逆着大众思维，脱离羊群队伍，站在少数派队伍里。

16.8 经纪人被多空交织的消息所困，一顶帽子帮他解围

前几日，我偶遇那位大名鼎鼎的漫画家罗杰斯（W.A.Rogers）先生，此人的漫画主题以华尔街的内容为主，在华尔街深受喜爱。他在《纽约先锋报》上开有每日漫画专栏，令成千上万的读者爱不释手。他曾告诉过我一个很好的故事，故事就发生在美西战争的前夕。一天晚上，一个经纪人朋友和他聚会，临走时那人把自己的圆顶礼帽从衣帽架上取下来，当时他一定认为那就是自己的帽子，因为看起来和自己的一模一样，并且也正合适。

那个时候的华尔街人，大家谈论的全是有关美西战争的事情，大家都在谈论这两个国家会不会打起来，一旦战争爆发，股市一定会下跌，到时候卖出股票的人不光是美国人了，连那些持有美国国债的欧洲人也会因为压力所迫而卖出。但是如果两国相安无事的话，股市则会因为买盘强劲而大涨。之前，股市已经大幅下挫了一段。这个完整的故事漫画家罗杰斯是这样讲的：

"那位经纪人朋友前一天晚上和我相聚之后，第二天早晨在证券交易所营业大厅里，他神情恍惚地站在那里，多空交织的消息在他的脑子里打着架，他无法判断市场究竟会走向哪一边。他又把那些消息反复过了几遍，但哪些是事实、哪些是谣言他根本无法分辨清楚。他找不出准确可靠的消息，一会儿觉得根本不可

能发生战争，一会儿又感到战争迫在眉睫、无法避免。这让他陷入极度焦虑之中，情急之下，他随手摘下帽子擦了擦那满脑门的汗，并用帽子扇扇风，但是到底是买进还是卖出，他还是无法决定。

“说来也巧，这时他不经意间往帽子里面瞧了一眼，他看到了三个金色的英文字母WAR（这是罗杰斯名字的缩写）。那英文的意思正好是战争，天哪，难道这是天意！这给了他灵感，他相信是上天通过帽子里边的英文字母告诉他了小道消息，于是，他有了行动依据，开始大举做空股票。不久之后，两个国家还真的打起来了，在股价大幅下跌之后，他平仓了空头仓位，赚了一大笔钱。”在故事的结尾，罗杰斯说：“而从此之后，我再也没能从经纪人朋友手里把帽子要回来！”

远航精解 这个故事也只是当作一个故事来听，并不具有实际操作意义。但很鲜明地道出了依靠小道消息操作的人，在面临重大抉择时的无助。无助源于无知。虽然最后的结局是赚了钱，但相信当事人自己也是心惊肉跳。这就是过度依靠消息，没有交易自信，没有具体的判断依据，只能听天由命地赌一把。甚至把决策依赖于帽子上写的字，这确实是把投机市场的风险掩盖了。

运气有时会好，但不会一直好下去。仅凭运气在市场操作的人，早已把市场当作赌场，买大买小，压庄压闲而已。就像扔硬币决定输赢。盈亏比理论上是1:1，再加上高昂的手续费，实际获利概率是低于1:1的。**而值得我们入场的机会，至少要保持在3：1，即盈利空间和可能止损的空间比例应该在3：1以上，这样才能保证我们在市场上最终获利。**否则就成为市场的炮灰，别人的陪练而已。

16.9 反复受害死不悔改

在我听到过的小道消息中，最可笑的是跟一位纽约证券交易所著名会员有关的故事，这个人叫胡德（J.T. Hood）。一天，一位名叫波特·沃克（Bert Walker）的场内交易员跑过来告诉胡德，大西洋南方铁路公司声名显赫的董事因为受了他的帮忙而感谢他，告诉他让他尽量多买一些大西洋南方铁路股票。这个董事给出买进的理由是，因为董事会即将做出的行动会让这只股票至少上涨 25 点。尽管并非全体董事都会参与此事，但有一点是肯定的，绝大部分董事都会投票赞成。

听了那位董事的话，波特·沃克猜测他们的行动可能会提高配股比例，于是他把这个消息分享给了胡德。他们对那只大西洋南方铁路的股票各自买进了 2000 股。他们买进这只股票之后，其表现和之前一样疲软，但胡德推断，这是为了方便让内部人士加码买进而有意为之。

到下星期四股市收盘以后，大西洋南方铁路公司的董事会通过了一个股利发放的方案，随之而来的是第二天早上一开盘该公司的股票仅用了 6 分钟就快速下跌了 6 个点。

波特·沃克被激怒了，他去找那位董事给个说法，而那位董事也表示了歉意，很后悔。他说他很抱歉，忘记告诉过沃克买进股票这件事，所以董事会计划的变化也忘记通知沃克了。不过，那位董事为了弥补自己的过失，又告诉了沃克另一个小道消息。他解释说，公司之前通过的那个方案其实是他们的内部人士为买进更便宜一点的股价而不顾他的反对使出的一个小伎俩，而他为了获得他们的投票支持也不得不做出了让步。但现在好了，他们的内部人士都如愿以偿地满仓了，所以股价的上涨也就没有了任何阻力。现在如果加码买进大西洋南方铁路，那一定是稳赚不赔的事情。

就这样，沃克不仅原谅了那位身居要职的金融家董事，还和他热情地握手告别了。当然了，这个好消息他不会让那个与他患难与共的胡德错过，他跑过去把这个消息告诉了胡德。他们欣喜地等待着，就要发大财了！之前他们买进这只股票是因为他们听说股价要上涨，而现在如果买进比原来还便宜了 15 个点。既然上涨已确定无疑，那么现在肯定是加码买进的好时机，于是他们合伙买进了 5000 股。

他们的买进动作好像启动了下跌门铃或者下跌开关一样，股价应声暴跌，两位场内交易员怀疑，这样的结果肯定是内部人士大举卖出所致，他们的怀疑很快就得到了证实。于是，胡德将他们共同持有的那 5000 股迅速卖出。事后，沃克愤怒地骂道：“等我见了那个该死的浑蛋，我非要把他扒皮抽筋，我一定能做到，你等着！可惜这个家伙前几天去了佛罗里达，但他无论如何也跑不掉，你跟我来。”

“沃克，我们要去哪里？”胡德问。

“去电报局，我想给那个浑蛋发个电报痛骂他一顿，让他此生都忘不了。我们走吧。”

沃克带着胡德去了电报局。5000股给他们造成了不小的损失，沃克怒气正旺，一定要在电报上把那位董事骂个狗血喷头。他把内容念给胡德听后说：“我想说的都在这上面了。”

沃克就要把电报稿交给发报员时，胡德突然对他说：“等等，沃克。”

“怎么了，胡德？”

胡德劝他说：“还是算了吧。”

沃克不解，高声地说：“凭什么？”

“如果这样的话，会让他颜面扫尽的！”

沃克大为不解地看着胡德：“这不正是我们想要的吗？”

胡德摇了摇头对沃克严肃地说：“一旦这电报发出，我们从此以后再也不能从他那里得到消息了！”

天哪！你很难相信，这样的话是出自一个专业的交易员之口，更别说那些市面上热衷于小道消息的冤大头了。人们乐意听信小道消息，并不是说他有多么愚蠢，还是就像我前面已经讲过的，他们的希望是能得到意外之喜。

而老罗斯柴尔德公爵（Baron Rothschld）获得财富的秘诀就来自希望，曾经有人问他在股市上赚钱一定很难吧，而他回答说恰恰相反，他觉得在股市上赚钱是一件很容易的事情。

请教他的人当然不相信，接着说：“你之所以这么说，是因为你太不缺钱了！”

“事实上并非像你说的那样，我找到了一个非常简单的方法，而且坚持按此方法操作，不赚钱都很难！告诉你这个秘密也没什么，那就是——坚持不在底部买进，而且该卖出的时候快速卖出！”

远航精解 这个案例很讽刺，也详细刻画出对消息依赖者的心理状态。由第一次的满怀希望到失望，至埋怨；第二次小道消息的安抚，到选择再次相信，并且在头寸亏损后还选择加码，到市场验证错误后的愤怒；最后到要去指责的时候，又割舍不了最后的希望，毕竟已经对小道消息过度依赖。

对于消息传递者而言，主要就是达到让人接盘的目的。当然还有一种情况是自己没有辨识力的情况下，出于好心去告诉自己的亲戚朋友，这种是比较不负责任的，同时也会给自己带来风险，毕竟，如果赚了钱大家都还能相安无事，但如果消息错误，失去的就是别人的信任，甚至遭到别人埋怨和自己的内疚。因此，**在这个尔虞我诈的风险投资市场，选择独立操作，不去依赖和传播小道消息，这是每个投资者都应该谨记的。**

16.10 独立调研小道消息受益颇丰

投资人的偏好各有所长，五花八门。但是大多数人都钟情于各种各样的数据，比如存货、盈余等。在他们的眼中，这些数据仿佛就是真相和事实，但是有一点最重要的他们却忽略了，这就是他们没有考量与人性相关的因素。喜欢独自操作或者独自去拜访企业的投资人少之又少。然而，我很有幸认识这么一位非常聪明的投资人，他是德裔人士，来自宾夕法尼亚州。他凭借自己的聪明才智和不懈努力，在华尔街获得巨额财富，其成就可以媲美罗素·赛格（Russell Sage）。

他凡事都要追根问底，调查研究是他一贯的作风，别人即使再伟大的想法他也不会直接拿来为我所用，他只相信自己调查得来的事实。有一件事发生在几年前，当时他持有大量的艾吉森公司（Atchison）的股票，但他突然听到一些关于该公司管理层不好的消息，据说这家公司的总裁雷恩·哈特（Reinhart）先生为人轻率鲁莽，做事铺张浪费，没有什么经营才能，管理被他搞得一团糟，公司到最后就会面临无法收拾的局面而付出惨重的代价。

这样的坏消息令这个德国佬寝食难安，对他来说，这也是生死攸关的重大事件。于是，他放下手中所有的工作，赶往波斯顿去拜访那位爱奇森—托皮卡—圣塔菲铁路公司（Atchison，Topeka & Santa Fe Railroad）的总裁雷恩·哈特先生。他向总裁提出了几个问题，并且也提到了社会上有关他的传言，并请总裁回答是否真有其事。

总裁先生立刻直接否认了那些社会上的传言。为了证明那些骗子是别有用心，他还提供了一些数据，应这个德国佬索要详尽资料的要求，总裁还给了他一份近期的财报，以便了解公司的财务及经营状况，借此安抚这位德国佬的疑心。

谢过总裁回到纽约之后，这位德国佬做了一个决定，立即卖出所有艾吉森的股票。一周之后，他大量买进了另一家铁路公司的股票，那家公司就是得拉瓦—啦卡湾拿—西部铁路。几年之后，当我们一起谈论调仓换股的策略时，这个德国佬就谈了自己的案例，并且对他的决定做了一个比较充分的解释。

“实不相瞒，”他说，“有一个细节，令我非常难忘。当那个雷恩·哈特总裁要为我写下数据的时候，他从办公桌上的文件格里抽出了几张信纸。请注意，他的办公桌是桃花木的，他用的信纸是那种重磅克数的高级亚麻纸制作的，纸上的公司抬头印有双色的精美浮雕。要知道这些纸价值不菲。他为我写下的数据是为了说明公司各个部门的经营和盈利情况，同时也为表明公司已经为如何节约成本、降低运营费用而努力着。但在我看来非常糟糕的是，他只在纸上写下了几个数字就把那张高级的信笺扔进废纸篓里了。

“总裁的这个行为令我目瞪口呆，我感觉到他这样做简直就是睁着眼说瞎话，那么贵重的信笺被他毫不留情地浪费掉，还说自己正在为节约成本而努力着。这样的人怎么能够推行和奖励节约开支的措施呢？这样的情况，让我不得不相信之前所听到的传言，我所见的事实证实了公司管理层奢侈浪费的说法。正因为如此，我才卖掉了全部的艾吉森股票。

“有时候真是无巧不成书，几天之后，我有事到得拉瓦—啦卡湾拿—西部铁路（Delaware，Lackawanna & Western）公司的办公室。公司的总裁是山姆·史隆（Sam Sloan），他个人的办公室正处在公司入门处。也就是说，他的办公室离公司入口最近，而且整个办公室都是开放式的，所以每个到该公司的人，只要一进公司大门就能看到总裁坐在他的办公室办公呢。不管任何人，只要有需要就可以直接进他的办公室面谈。据一些财经记者透露，山姆·史隆讲话从来都是直截了当，公司的其他董事如果在股市上遇到了任何紧急情况，他从来都是有问必答，而且都是简明扼要地直接给予肯定的答复。

“当我走进他的办公室时，总裁正在忙活着。最初，我还以为他是在拆信看，但等到了近处我才看清楚。后来得知，这是他很多年以来保有的工作习惯，按照他的要求，信件拆开分类之后，信封绝不能扔掉，由专人收集起来送到他的办公室来，等他不忙的时候就会把这些信封拆开。之后你也该明白了，一个信封就变成了两张各有一面空白的纸。他把这些空白的信封纸，作为便笺分到各个部门去。就这样，闲暇的时间没有白白浪费，同时这些信封也得到了合理的利用。

“这让我想到，有这么一位懂得节约开支的总裁，这家铁路公司的所有部门一定会被管理得高效而井井有条。当然，我知道，这家公司拥有不少的资产，会定期发放股利。所以，我就尽自己所能大量买进了这家公司的股票。在那之后，该公司的市值很快就翻了一番，不久又翻了一倍。现在，我每年从该公司分到的股利已经和当初投入的本金差不多一样多了，目前我手里仍然持有这些股票。

“至于之前的那个艾吉森公司，我亲眼看到他们公司的总裁，只是为了向我说明他们并没有奢侈浪费，就把那张仅仅写了几个数字的印有双色精美浮雕的高级亚麻信笺随便丢进了废纸篓里。那件事发生后没几个月，我告诉你那个公司的下场，公司给别人接管了。”

告诉你，这个故事确有其事，它的精彩之处在于，后来事实证明了在这位德国佬所买的所有股票之中，就数这只得拉瓦—啦卡湾拿—西部铁路公司给他带来的利润最为丰厚。

远航精解 这是一个正面案例，说明了独立调研的重要性。股市、期市等投机市场，很多消息面、小道消息、传言等，有真有假。**当我们决定是否要投资于其中的时候，要有更详细的调研，甚至像这位投资家有机会接触到其总裁办公室实地调研。**如今很多公募私募、股权投资基金都有专门的调研部门，在重大决策之前，都有一轮到上市公司实地调研的过程。但其中也存在一定的不足之处，上市公司拿出的一些财务报表之类的数据，都有可能是事先准备好的搪塞或经过粉饰后的数据。而且也存在于扎堆调研、调研报告趋于一致的情况，大家都对表面看得到的公司状况予以评价。**所以对于投资机构而言，真正需要的是深入调研，甚至去询问基层员工对公司领导层的看法和工作的积极性，这个能直接反映公司后期的发展动力。**

对于个人投资者而言，到每家上市公司去调研不现实。所能接触的也仅仅是公布的新闻等。但个人投资者**可以分析其资金面上的状况，去判断其股价所处的状态。**对于消息面上不要过分相信。公布的消息大部分情况都是利好消息见顶，利空消息见底。所以我们在听到消息后，**需要观察市场对消息公布后的实际走势，如果利好不涨，则马上出局，利空后不跌，反而是可以考虑的买入机会。**

第十七章

经验是获利之源，观察分析是发现标的之本

17.1 来自黑猫的“神秘预感”

我有一位朋友，是那种非常要好的朋友，有关我预感的话题和故事，是他最津津乐道的。在他看来，该怎么操作，我常常都有着强烈的预感。按他的说法，我的预感实际上就是一种神秘的力量，只要遵循它去做，没有一次不能从股市成功脱身的。他最喜欢讲给人听的就是那只黑猫的故事，一天早晨我在用早餐，一旁的黑猫发出信号，要我将手中持有的大量股票卖出。收到黑猫发出的警示信号以后，我就心神不宁、焦躁不安起来，直至将手中的股票全部卖出，才重新恢复到气定神闲的状态。而实际上，在那波涨势中，我几乎卖到了最高点，这点更成了“铁证”，使我的朋友更加坚信他有关预感的论断。

其实，那个黑猫的故事是这样的。那时，我去华盛顿拜见几位国会议员，我想表明的是对华尔街狠命的征税是不明智的，并试图说服他们放弃这一举动。对股市行情，我当时并没有太在意，其实，那个将持股卖出的决定，是突然从脑子里冒出来的，这才使那位朋友更加坚定了他的预感之说。

有一点我必须承认，我的一些操作行动有时候确实来自无法抑制的冲动，这种冲动和做多或者做空股票市场无关，那是一种直觉，是一种让你必须退场的直觉。当这种冲动的直觉发生之后，如果不就此采取行动，就会感觉到浑身不舒服。这个问题我是这么看的，可能周遭发生了一些事情，而这些事情在别人眼里可能微不足道，但是对我来说，它可能已经提供了很多的警示信号，或许这样的信号并不那么清晰，也没那么强大，并不能显现十分充足的理由，让我突然想去做那些一定要做的事。这可能就是人们通常所说的“直觉反应”。听老一辈的作手说，詹姆斯·吉恩先生及其他几位老前辈都有这样令人羡慕的杰出本能。

还别说，通常这样的信号不仅十分可靠，而且来得恰逢其时。在上面那个黑猫的例子中，其实并不存在所谓的预感，而且我的这次操作与黑猫根本没有什么关系。我的那位朋友四处宣讲说，我那天早晨突然焦躁不安起来，我想那样的焦虑应该跟国会议员有关。因为我与他们会晤之后，并没有说服他们，而且关于对股市征税我们之间有着截然不同的看法。我反对国会对华尔街征收重税，并不是说我有意要阻挠或者逃避在股票交易中交税，而是就一个多年从事股票交易的作手来看，我觉得这个征税方案既不公平也不明智。我并不想看到美国政府打着公平正义的幌子干了一件杀鸡取卵的蠢事。可能是因为我没能将他们成功说服而感到心中气闷，而且又大失所望。而且一想到即将被征重税，确实也让我为股市的前景担忧。

远航精解 黑猫在其做决定的作用，其实是一种心理暗示，或者说是一种心理借口。其实他内心早就有这么做的冲动，只不过找到了这个借口去做而已，最后做成功了，则把这个成功的因素，归结于这个现象。况且，别人讲故事的时候，还可以有具体的闪光点可以说。

真正支持其做出卖空判断的，还是基于对市场的持续观察，基于以往的经验和自身建立起的操作系统。只不过经过长期的交易生涯，这些已经植入利弗莫尔的脑子里，变成自己的条件反射一样。看到市场到了自己该动手的状态，就准确执行而已。

直觉的形成是众多经验的汇集和积累过程，“直觉反应”也是高度的专业修炼对市场信息的条件反射。在交易生涯中，很多成功的案例汇集成正的反馈，帮你前进，为你开仓、持仓指引方向；而经历的很多失败的案例则凝结成伤痛的记忆，在你后续的操作中，帮你纠偏和风控，告诉你哪些你不应该做，哪些要谨慎，哪些要立刻止损出局。

此处，利弗莫尔描述的是对风险直觉的形成。**在投机市场中，这种嗅觉的敏锐能够很好地保护我们，使我们能够在风险来临之前逃脱。**这是使你在市场中能够活得更久的保障，其重要性甚至高于对机会的敏感度。毕竟，没有把握住机会不会亏钱，但一旦风险来临时，没有及时出场，则意味着灾难和毁灭。

17.2 基于经验判断而非预感

下面我要告诉你整个事件的完整经过。

在这次多头市场之初，我看好钢铁业和铜矿市场。因此，我也钟情于这两类股票。于是，我就开始买进其中的一些股票。当初到买进了 5000 股犹他铜业之后，就没再行动了，因为我看它的走势有些不对劲，也就是说，我买进之后的走势并没有证明我的买进动作是聪明的操作。记得当初买进的价格是 114 美元，那时我买进美国钢铁股的价格也差不多就是这样。我买进之后美国钢铁的表现，非常符合我的预期，所以在第一天买进时，我就以分笔加码的方式进场，当天就买进了 20000 股。

美国钢铁表现突出，它之后的股价反映了其应有的涨势，所以我连续加码，最后加到了 72000 股。但是，我的另外一只犹他铜业股票，在我第一笔买进之后，再也没加过仓，总共持有的也不超过 5000 股，因为它的表现并没有给我继续加码的理由。

那时几乎所有的人都知道，那是一个难得的大多头市场，市场的整体情势非常好，股票的上涨是情理之中的事。随着股价的上涨，我的账面利润也随之芝麻开花节节高。那时，报价带的信息告诉我“涨势还在继续”。当我抵达华盛顿之后，报价带依然发出这样的强烈信号。那时对后市我依然看好，但也感觉多头行情已经走到了最后疯涨的末段。在这样的判断之下，我肯定就不会再加码持股了。此时，市场依然运行在对我有利的方向，因此我也没有必要整日紧盯着报价板，时刻提防着出场的信号。除非大出所料发生天灾人祸，通常情况下，大撤退的号角吹响之前，市场总会出现停滞不前、不能再创出新高或者其他的警示信号，让我接受走势反转的征兆。这就是我心那么大，不管不顾股票，而跑到华盛顿去游说国会议员的原因。

那时，股价还在继续上涨，这意味着从时间和位置上，多头市场的结束越来越临近了，我并不知道这样的多头市场哪一天会结束，因为我并没有如此精准的判断能力。但是不用说你也一定知道，我时刻在关注着市场发出的离场信号，我向来都是这样做的，因为这种行为已经成了我操作习惯的重要组成部分。

卖出股票的前一天，看到股价已经到了如此高的位置，不免让我想起我那账面的巨大利润以及当时的持仓规模，但同时又想起自己试图说服国会议员公平对待华尔街的努力已付之东流。我不太清楚是不是在那种情况下发生的那些事，让我心中突然产生了离场的念头，我确信当时在潜意识里整晚都在思考这件事。第二天早上，我还在盘算股市接下来会怎么走，之后在经纪公司的营业厅里，我看到的画面是，继续上涨的股票已经寥寥无几了，况且对自己账面的丰厚利润已经心满意足。同时我也看到目前的这个庞大市场，依然具有强大的能力消化卖单，面对这样的市况，任何数量庞大的股票都可以随意卖出。在这里我要强调一下，当你手中握有数量庞大的股票，而且账面出现巨额利润的时候，你要时刻留意寻找那种能让你胜利大逃亡的时机，将账面的利润数字转化为实实在在的现金，而且还要做到在出脱的过程中尽可能地降低或者避免利润缩水。而多年的操作经验告诉我，市场总能给你兑现利润的机会，而这个机会通常就出现在市场走势的末端，这跟预感或者研读报价带没有多大关系。

那天早晨，我发现将手中的全部股票出脱没有丝毫困难，我当然没有理由不那样做了。在当时那样的市况之下，卖出 50 万股并不比卖出 5 万股需要更多的智慧和勇气。但如果在交投不活跃的沉闷市场中，两种量级的操作对市场造成的影响则大为不同，那时卖出 5 万股或许相对容易，可是要卖出 50 万股有可能会导致市场股价的大幅下跌。当时，我手上持有 72000 股的美国钢铁，尽管这场规模上还不算庞大，但话说回来，既要安全出脱又不损害账面利润，这样的机会在市场上并不是随处可见、轻易便能找到的。如果因为卖出股票时账面利润缩水，那感觉跟放在银行里的钱被人抢走没什么两样，都同样让人心如刀割！

这次的操作利润大约是 150 万美元，我趁着市场有强大的能力消化我的卖单时将账面利润兑换成了现金。但让我感到高兴的并不是因为成功出脱了手中的股票，而是因为我的预判得到了市场的印证。当时的情形是这样的，我当天成功卖出 72000 股美国钢铁的平均价格仅仅比当天的最高价，也就是这一波大行情的最高点低了一点，卖出之后的市场走势，证明了我当时选择卖出的时机恰逢其时得几乎无可挑剔。但另一笔卖单就没有那么好运，就在当天的同一时间，我还将 5000 股的犹他铜业一并卖出，但这笔卖单使得该股的价格下挫了五点。你一定还没忘记，当初同时买进这两只股票时，我非常明智地把美国钢铁的持仓从 20000 股持续加码到 72000 股，而犹他铜业在买进 5000 股之后再没加过一次仓。

之所以没有早点卖出犹他铜业，是因为我当时看好铜业市场，况且股市也正处在大多头的行情之中，即使犹他铜业不能给我带来巨额利润，但至少也不会给我带来什么损失。从上面所述的整个过程来看，你是不是也看出了，这次交易和预感并没有什么关系。

远航精解 此则经典案例着重体现了经验的重要性，同时是利弗莫尔交易系统完善的表现。从以下两个方面可以看出：首先，是只有盈利后的品种才能加仓，没有盈利的品种不加仓。当他买入后两只股票的走势不一样。美国钢铁是盈利一路加仓至72000股，而犹他铜业的仓位还停留在第一笔的5000股上，这显示了他的系统和执行的一致性。其次，是要顺大盘背景坚定持仓，当他的美国钢铁仓位建好之后，一直持有，让利润奔跑，直至市场转势，显示了他持仓的稳定性。

有预感只是一方面，更要以市场发生的事实为依据从而采取行动。虽然利弗莫尔有强烈的预感要卖出，但确实是观察到市场发生的一些重要事实。其中说服国会议员不成功是起因；而当日早盘看到市场股票上涨数由之前的绝大部分上涨到当时的寥寥无几，这是市场开始停滞的重要表现；而内生性需求就是自身整体仓位较大，对于市场承接力有一定要求，有流动性短缺的风险——滑点。因此，他必须在市场没有完全开始下跌时提前平仓出局，保住既有利润。

17.3 作手的自我成长与培养名医同理

打个比方，训练和培养一名股票作手其道理和过程与培养一名医生一样。一名医生的成长，要花费很多年的时间去学习解剖学、生理学、药理学及其他各种相关的学科，等他刻苦努力地学习了这些理论之后，还要用他一生的时间在这个行业里去践行和丰富他的理论。他需要对各种各样的病理现象仔细观察、分门别类，他还要学习并实践诊断。如果能凭记忆准确地观察给予正确的诊断，他就能预知下一步病情的发展。当然，他必须时刻谨记，人都难免犯错，总会发生一些出人意料的状况让他无法保证诊断百分之百正确。接下来，随着时间的延伸和经验的累积，他不仅要练就正确判断的能力，还要练就迅速判断的能力。在很多人看来，他这样做是完全出于本能，而事实上，这并不是完全出自本能，而是凭借经验，是基于他多年以来对分门别类的病例的观察才做出的诊断。

在做出诊断之后，接下来他还是只能根据他已有的经验告诉他的适合的方案给予治疗，那些来源于事实资料或者理论都可以作为知识传授下去，但是你很难去传授经验。

我说这话的意思你可能已经明白，即使你非常清楚自己应该如何做，但如果不能在实践中快速采取应有的行动，还是无法避免亏损的结局。

远航精解 这种良好交易直觉的形成需要长期经验的积累，而交易系统也需要长时间的打磨和完善。文中提到了医生的培养过程，非常形象地体现了一个专业交易员所应具备的各方面素质，以及成长需要经历的过程。

对于疾病的认识和治疗方法都是在不断变化的。所以需要根据最新行情特征，予以不断优化。另外，医生能看病，并不是光靠看很多本书或者通过几个考试拿了证就能看好病的，关键是实践能力。通过多年跟着年长的医生在临床上面对众多患者的实践而得来的宝贵经验。尤其是一些疑难的病例，诊断准确，而且还需要有针对性的用药。这和股市交易员的成长是非常契合的。交易员的成长过程，也同样不是看几本交易技术的书籍就能成功的，而是依靠长期观察市场，真金白银参与市场中的搏杀，体会市场的涨跌节奏。在极端行情下，考验自己在极限压力下的承受力和自我控制能力，是否在这种状态下依然能够从容地正确处理已有的仓位。尤其是面对失败，遭受大幅损失时，如何去调节自己的心态，总结经验，逐步东山再起。利弗莫尔的前期经历已经具体地描绘了其心路历程。

17.4 预感来自知识经验、观察分析的高度融合

一个成功的交易者，必须具备观察、经验、记忆和数学这样的综合能力。除了观察准确以外，他还要把所观察的事实能够牢牢地记在心上，他还要保证任何时候都不能在不合理或者出乎意料的情况之下勉强行动，这不管他对人类不理性

行为的认知有多强，也不管他怎么确信意外事件会经常发生。他要做的，就是保证投机的正确概率——观察分析研判的正确律。他必须长期从这种游戏的练习中不断探索，时刻保持清晰的记忆，才能使得交易者无论意外正在发生之时还是预测意外事情将要发生时，都能够果断地采取正确的行动。

但话又说回来，即使你具备了非常敏锐的观察能力，也具备了非常超高的数学能力，但是如果你没有丰富的经验和超常的记忆，依然会让你在操作过程中一败涂地。这就好比医生要时刻关注最新的医学科技动态一样，一个聪明的交易者，眼界绝不能仅仅限定在整个事上，还要时时关注着那些发生在世界各地影响市场走势的所有事件。在从事多年的市场交易之后，他必须养成随时掌握影响市场走势的最新资讯的习惯，而且他必须练就那种将他的操作行为内化为潜意识之下的自发本能的条件反射。同时，他还要拥有异于常人的专业精神，这才能保证他在投机游戏中常战常胜。其实，专业人士和业余人士之间存在着天壤之别。在此强调这种差别，我感觉一点都不过分。例如，记忆和数学方面的特长对我的交易成功助力颇多，而数学才能是华尔街赚钱的基础能力，也就是说，华尔街靠分析整理数据与事实资料赚钱。

我强调说，一个交易人必须时时掌握那些影响市场方向的最新资讯，还要从专业的精神和态度分析判断市场及所有情势的发展。我这样强调的用意，只是用事实来说明，所谓的预感或者直觉本能，与成功没有太直接的关系。当然，如果你看到一个经验丰富的交易人，对市场或者突发事件反应迅速，在你的眼中或许他的行动没有经过深思熟虑而略显草率。而实际上，他的心里完全有了定数，他这个看似鲁莽的快速行动实际上完全建立在事实之上，那是他以一个专业人士的素养对所观察收集的事实资料快速地融合整理分析判断而给出的行动上的迅速回应。而所有的这些事实，都是之前已经深深地烙在他的脑海里的，所以他才能迅速地做出反应、采取行动。

下面让我来跟你说一说什么才是专业素养。

跟踪记录商品市场的走向，是我多年来一直保留的习惯。就像你知道的，来自官方的报告显示，在麦子的收成上，冬小麦和去年差不多，而春小麦则比1921年有所增加；从栽种情况来看，春小麦比前几年好很多，而且今年很有可能提前收割。

而根据种植状况的数据，大致可以测算出收成状况，而当时煤矿和铁路工人正在举行大罢工，这些问题综合起来，很快就让我发生联想。综合思考影响市场情势的所有因素，我立刻做出判断，罢工的后果肯定会影响各地的货物运输，这必然对小麦的价格造成不利的影响。

当时我是这样判断的：工人的罢公会大大延迟冬小麦运达市场的时间，因为罢工可能造成运输系统的瘫痪，到罢工快结束的时候，春小麦也就该准备上市了。这对小麦市场可能会造成如下的影响——等铁路能够恢复正常运行时，延迟到达市场的冬小麦和提早收割的春小麦，就可能会同时运达市场。这样一来，两种小麦将会同时大量涌入市场。面对这样的状况，如果一个交易者，能够像我一样了解情况并加以正确思考，那他在短时间内就不会买进小麦，只有当价格充分下跌之后，使得买进小麦变成了一个不错的投资时机时，才会有人考虑买进小麦。没有买盘支撑的市场，必然会导致价格大幅下跌。

做出了这样的判断之后，我就要想办法去市场上证明自己的研判是否正确，就像我的老朋友，派特·郝恩所说“在你下注之前，一切都不确定”。就这样，在我看空小麦市场之后，没用多长时间，我就开始对它做空了。

市场的经验告诉我们，对交易人来说，判断市场的最佳指标，不是来自于想象，而是来自市场所表现出来的实际走势。交易人对市场行为的判断，就像一个医生对病人的观察，要通过量体温、测脉搏、看眼球和舌苔的颜色而诊断一样，他要对发生在市场中的各种事实给予综合的理性分析，才可能得出符合市场的正确判断。

在小麦市场，正常情况下，在 1/4 美分的波动范围内，将 100 万蒲式耳的小麦买进和卖出，对任何人来说都是轻而易举的事情。那天，为了测试市场，我做空了 25 万蒲式耳小麦，结果这导致了价格下跌了 1/4 美分，虽然小麦市场对这笔卖单在价格上做出了如此反应，但我还没有借此得到自己确信的答案，于是我又做空了 25 万蒲式耳测试市场，这时我观察到，这笔空单并不是一下子成交了，而是被一点一点地消化的。也就是说，这笔 25 万蒲式耳小麦，大多都是被每笔 1 万或者 1.5 万蒲式耳的小单子给买掉的。这次测试的表现不像通常那样两三笔就全给吃掉了。

在成交上，除了表现出来零星的买盘之外，这笔测试卖单，还把价格压低了

1/4 美分。从市场对我那笔卖单的成交方式来看，这笔不大的卖单，与其造成的价格跌幅很不成比例。从这两种综合情况来看，市场给我透露出的消息是，买盘力道相当薄弱。

既然判断和测试获得了高度一致，眼下我唯一能做的除了大举做空之外，已经别无选择。

远航精解 上述对交易的直觉其实是观察、经验、记忆和数学这些能力的综合体。要达到这些能力的协同运作，首先自身在各个模块都需要得到相应的锻炼和加强。其中，**更为重要的是对之前犯的错误需要仔细分析，并且牢牢地记在脑子里，下次遇到同样或类似情况时，能够及时从脑海里调取当时的情况做比对，并依据此记忆快速做决策。**而不是着急忙慌地去查当时的笔记，贻误战机。

实际案例证明，**判断需要市场实际走势为依据。要对发生在市场中的各种事实给予综合的理性分析，才可能得出符合市场的正确判断。**利弗莫尔从种植到运输等影响商品价格的具体因素来进行综合分析，得出具体结论。然后形成操盘计划，在什么时候做空，在什么时间平空单，之后再做多。这些轮廓已经勾勒出来。

而结论形成后，又需要后续先在场内试仓，来加以验证。他的验证方式很巧妙也更直接。下空单去测试买单承接的情况，从成交时间、买单大小、价格向下波动幅度来判断，都足以证明买盘薄弱，对其之前的判断得以验证。所有上述一切，都足以证明利弗莫尔从推理到执行都有着一套非常缜密的思维和严丝合缝的操作系统。

17.5 经验是保障成功概率的重要支撑

尊崇经验操作，有时也会让你出错，但违背常识和经验去操作，往往会造成惨重的损失。在测试得到验证之后，我又做空了 200 万蒲式耳的小麦，当卖出之后，价格上的反应当然是下挫了更多。几天之后，弱势的市场表现使得我再次做空了 200 万蒲式耳。这样一来，价格越跌越深，仅仅过了几天，小麦价格开始大跌，每蒲式耳骤然下跌了 6 美分，而且至此市场上还没出现任何止跌信号。就这样，小麦的价格几乎以一泻千里的方式倾泻而下，整个下跌期间仅仅出现了几次短暂的小反弹。

你也看到了，至此，在小麦市场上，从判断到操作的全过程，我没有依靠任何人给我小道消息，也没有依靠所谓的预感，而从这笔小麦交易中赚取的巨额利润全部来自于我对商品市场轻车熟路的专业研判，这种行云流水的专业能力来自我多年投机事业中的经验积累。我下足功夫探索研究，是因为操作交易就是我的事业，如果报价带的信息告知我站在了市场正确的那一方，那么接下来要做的就是不断加码，我照着这样做了，最后所得到的结果也就如期发生了。

总结多年以来的投机游戏我发现，稳定获利来源于丰富的经验，而选择标的的最佳依据来自于专业的观察和正确的判断，无论什么时候，你需要时刻注意的唯一事情，就是观察股票所表现出来的价格行为，而经验要做的就是怎样才能在异于常态的走势中赚钱，也就是通常所说的靠概率获利。

举例来说，众所周知，在一波行情中，并非所有的股票都表现出齐涨齐跌，但是这个游戏里也有一个通则——同类的股票在多头市场中往往表现为共同上涨，而在空头市场里表现为共同下跌，只不过是涨跌的幅度大小不同而已。这个通则也是我们最常惯用的方法。这个道理经纪商们最清楚，他们就是根据这个方法来找出标的推荐给他们那些不通此理的客户，也就是说，他们会将那些落后于同类领头羊的其他股票推荐给他的客户。举例来说，如果美国钢铁上涨了，那么按照常理就可以推断共和钢铁或者伯利恒钢铁早晚都会跟着涨上来。从产业的前景和交易状况来看，同一类的股票往往在一波的行情中都能有所表现，而且产业繁荣会使得同类的股票基本上都能雨露均沾。从理论上来讲，一个好的产业前景，会使得同类的股票在市场上表现为风水轮流转，每只同类的股票都能在市场上得到表现的机会，这点多次被经验和市场所证明。对投资大众而言，他们之所以会买进A、B钢铁公司的股票，那是因为之前C、D钢铁公司和X、Y钢铁公司都已经上涨了，而A、B钢铁公司还没有开始表现。

远航精解 经验能在对的事情上做得更好，能够在错误的事情上立刻停止。此案例体现利弗莫尔在盈利加码这个原则上执行得非常彻底，也带来了大幅盈利。其中很重要的原因就是来自于他专业的研判，使他在重仓持有过程中十分清楚他的股票在做什么，稳如泰山。并且在做空过程中随时观察盘面上对手盘（埋单）的情况，如果买盘依旧弱势，那么对原趋势没有任何威胁，则继续持有。

他指出**同板块间个股的齐涨齐跌效应，各个行业都有其景气周期**，在整个行业都被外界关注甚至开始概念炒作的时候，龙头股率先领涨，且涨幅超过行业平均水平至少一倍。此时会带动板块其他个股轮番表现。这也是他总结出的非常具有实战意义的经验之一，在当今市场也同样适用。

17.6 标的选择原则——买进领涨股，抛弃落后股

在多头市场中，在那种凌厉的上涨趋势中，如果一只股票在价格上并没有表现出它应有的特征时，我绝不沾手，也不会买进它。有那么几次，在一个多头市场里，我已经确立了买进某一只股票，后来的事实表明，它并不是带动其他同类股票上涨的那种，这时我做出的决定就会将它卖出，为什么要这样做呢？让我来告诉你，如果某只个股与同类股的趋势不符，那么至少在同一个方向上关注这只股票是不明智的。在一个市场上，我们要做的，必须是依据概率取胜。推断市场的可能性，眼睛不能只盯着那些确定的因素。有一位老经纪人曾经对我说："如果你走在铁轨上，看到迎面飞速跑过来一辆火车，那么，接下来你该怎么办呢？是继续行走，还是躲闪到一旁？这时候你会觉得即使那些聪明人的精明做法，在此也没什么值得嘉奖的。

在这波大多头行情中，当初大盘走势展开一段时间之后，我发现有一只股票特立独行，并没有跟随同类的股票一同上涨，与它同类的其他股票都已经随着大盘和领涨股大幅上扬了。当时我手中重仓持有布莱克伍德汽车，这家公司的生意做得很大，这是众所周知的，所以当它每天上涨 1 点至 3 点时，就有越来越多的人跟进了。无疑，布莱克伍德汽车在汽车股中成了备受关注的明星，而其他的汽车股，也都在陆续上涨了。但那时切斯特汽车公司的股票，就趴在原地纹丝不动，被其他的汽车股远远甩在后面，这也使得它成为当时大家所谈论的话题。切斯特汽车的股票价格偏低，始终没有展开，它于那些交易活跃的汽车股对比起来，形成了强烈的反差。在这样的情况下，那些大众投资者，就理所当然地听从

了那些消息灵通人士或者自以为聪明人的话，开始纷纷买进切斯特汽车。这其中的理由很简单，其他股都已经上涨了，而不久之后它也一定会跟从整个汽车板块上涨。

大众投资的买盘肯定是温和的，在他们进场之后，切斯特汽车的股价出乎众人意料不涨反跌。在当时的多头市场中，要拉升这只股票的价格其实并不难，因为汽车板块中的布莱克伍德汽车不仅是汽车板块的领涨股，同时也是带动大盘整体上涨的领头羊之一，而且除了切斯特汽车以外，汽车板块的其他股票都已经跟随布莱克伍德整体上涨了，况且那时市场上的各种汽车需求正旺，产量也不断创出新高。

在一个多头市场中，公司内部人士往往没有不做多自家公司的理由，然而，这样的事情却发生在了切斯特汽车公司身上。一个公司的内部人士，没有做他通常应该做的事，原因不外乎有两个。没有拉升股价，可能是他们想等到吸纳更多的筹码之后再拉升价格，但从它之前的成交量和交易状况来看，这个理由并不充分，也站不住脚。内部人士之所以没有拉升股价的另一个原因可能是，他们担心即使大盘和整个汽车板块都在整体上涨了，万一他们拉高股价而不能如愿以偿，那就会把更多的筹码砸在自己手里而卖不出去。

按常理说，这些内部人士首先应该拥有自家的股票，然而如果连他们都不要，这是为什么呢？那时我在判断，其他汽车公司的前景无论多好其实都与切斯特汽车无关，在那样的市场中做空切斯特汽车，保准不会有啥差错。

所以，经验告知我们，对那些不追随同板块中领涨股的个股，最好不要沾手。

远航精解 这也是经验的一部分，**买龙头股**。原因在于：首先，龙头个股是最先领涨的，主力早有布局，且吸足了筹码。而且主力在拉升过程中，成本不断抬高，所以一定要继续拉升到更高的涨幅，才能够获取利润出局。其次，龙头个股的换手率通常很高，也就是流动性很好，适合大资金进出。所以主力更愿意进入炒作。另外，龙头股通常是大家认同度非常高的，因此在上行的过程中，内在阻力更小，上升速度更快。尤其是龙头股通常都会创出历史新高，无套牢盘压力，向上空间打开，后续有更大的想象空间。

而跟涨品种则相反，由于大多数散户都是后知后觉的，尤其不敢去追龙头股，抱着捡便宜的心理，习惯于去买还没有上涨的个股。由于此类股没有主力介入，散户无法形成合力进行拉升，因此涨幅有限。当市场不好的时候，散户不断止损，形成踩踏行为，且没有主力的护盘，反而跌幅更深。因此，介入此类品种风险反而更大。

17.7 选择做空内部人士都在卖出的股票

切斯特汽车公司的股票不涨反跌的原因没费什么劲儿我就已经确定了。这只股票不仅仅内部人士没有买进，相反地，很多内部人士却在大大肆卖出。只凭它的走势与同板块不一致这一点就足以提醒我绝对不能买进这只股票了，更别说当时还出现了其他更多的警示信号。那时，报价带的信号告诉我，是时候要做空这只股票了，而我决定听从这些信号，对切斯特汽车开始做空。

不久之后的一天，切斯特汽车一开盘就出现大跌。后来据官方正式公布的消息，我们终于知道，由于公司内部人士十分清楚其糟糕的运营状况，导致他们都在卖出这只股票。一般而言，都是股票出现大幅下跌之后，大家才会了解其中的原因，而这只股票也不例外。但其警示信号却早于在股价大跌之前就出现了，当初我可并不知晓股价为什么会大跌，但报价带的信号却早已把这个秘密告诉了我。至于切斯特汽车出了什么问题我也不知道，我的交易行动也没有依照什么预感，然而，我确信它哪里一定有问题！

为了说明不要买进被内部人士抛售的股票，我再给你举个实例。

前几天报纸上的新闻披露，盖亚纳金矿的走势出现异常。就在这只股票挂牌上市之前，它在场外市场的交易价格已经上涨到接近 50 美元的价位，然而，挂牌上市第一天，其股价就跌到了 35 美元，随后持续地一路下跌，到最后跌破了 20 美元。

我从来不觉得这种下跌是什么异常，因为这完全合乎情理。如果你怀疑某只股票有问题，最简单的办法就是去研究一下它的历史。

其实该公司的发展过程，很多人都非常清楚，我知晓的情况大概是这样子的：

盖亚纳金矿公司有七方投资人，这个集团由六位名声显赫的资本家和一家大名鼎鼎的银行组成。他们其中的一位成员就是贝尔岛勘探公司的老板。该公司对盖亚纳金矿公司投资了 1000 万美元现金，拥有盖亚纳金矿公司的债券和 25 万股的股票买权（当时盖亚纳金矿公司的总股本为 100 万股）。后来这家公司配股了，而配股的事被人拿来蓄意地大肆炒作。当时这家贝尔岛公司打算把其持股兑换成现金。于是，公司将所持有的 25 万股的股票买权转让给银行家，然后请银行家想办法将这一批股票连同他们手握的另一批股票一并出脱。为此，他们还专门请来了一位职业作手为他们操盘，答应这位作手每股价格超过 36 美元部分的 1/3 为他应得的报酬。就在他们的委托协议已经写好并准备签约的最后时刻，银行家为节省这笔费用改变了主意，决定亲自操刀，于是他们自己临时组织了一个资金集团。银行家从贝尔岛公司所得到股票买权的执行价为 36 美元，但银行家将这 25 万股转给内部资金集团的价格是 41 美元。也就是说，银行家一开始就从内部资金集团每股赚到了 5 美元。我不清楚这个内部集团是否知道这一事实。

这个交易对银行家来说，当然十分划算，是一笔稳赚不赔的买卖。当时的市场正处于大多头的行情，而盖亚纳金矿所述的板块又是这波大行情的领头板块。当时盖亚纳金矿的盈利非常丰厚，并且按时发放股利，加之其发起人具有很高的威望。这一切的因素加起来，使得投资大众坚信盖亚纳金矿的股票非常值得投资。据说，他们成功地将股价拉到了 47 美元，投资大众买进了其中的 40 万股。

当时市场上黄金板块的股票走势非常强劲。但没多久，盖亚纳金矿的股价下跌了 10 个点，其怯相就显露出来。在当时的情况下，如果他们那个内部资金集团还继续行销这只股票，那么股价的下跌将会延续下去。屋漏偏逢连夜雨，此时，华尔街开始流传令人失望的消息，承销商当初过分赞誉了该公司的资产状况。当然，等股价下跌的真正原因浮出水面的时候，那肯定是之后一段时间的事情了。然而，这个股价下跌的原因被大众知晓之前，我早就看到了警示信号，并且已经开始对它进行价格反应的测试了。当然，它的价格反应和切斯特汽车非常贴近。于是，我毫不犹豫地做空了盖亚纳金矿，随后其股价就一路下跌。之后，我又加码做空，价格也继续下跌。这只股票与切斯特汽车及其他十几只股票的状况十分相似，至今我还清晰地记得它们当时的走势。

报价带上的信息清清楚楚地告诉我，一定是出了什么问题。当然，其内部人士十分清楚问题所在，所以即使当时处在大多头的市场行情，他们也不愿意把钱花在买进自家公司的股票上。另外，那些毫不知情的外部人士却不断地承接着这个下跌中的股票，因为这只一度超过 45 美元以上的股票，现在已经跌到不到 35 美元，价格看起来是便宜了不少，况且，那时公司依然持续地按时配发股利，这让投资大众感觉到这只股票现在真是太便宜了！

不久，内情被曝光。就像之前发生在市场上的类似消息一样，我总能先于投资大众获知消息。其实，盖亚纳金矿公司并没有挖到什么大量黄金，挖到的却是一堆乱石，这个报道后来得以证实。这才让我恍然明白，其内部人士先前卖出股票的真正原因。

我做空这只股票，并不是得到了什么消息，而且很早之前我就根据它的走势开始对它做空了。我所关心的事情，根本谈不上蕴含着什么高深的哲理。作为一个交易人，我非常留意一件事——内部人士的买盘。很显然，这只股票几乎没有什么内部买盘。我根本不需要知道他们的内部人士为什么在股票价格下跌之后还不愿意买进自家的股票，但仅就他们的出货计划这一点，就足够说明他们根本无意拉升这只股票。在这样的情况之下，除了对它进行做空以外，还有别的选择吗？将近 50 万股的盖亚纳金矿的股票已被投资大众接盘。至此，从这只股票脱身的唯一可能，只能发生在那些无知的投资大众之间的来回倒仓了。也就是说，一批想从这只股票上赚钱的无知人士去接盘另一批想止损离场的无知人士的出货。

说了这么多，我的意思并不是要说明我是如何从做空这只股票中赚到了钱，也不是说投资大众为什么盲目买进盖亚纳金矿而深受损失，我的真正用意在于提醒人们，在投资交易上研究同板块股票的走势十分重要，而那些见识浅显的交易者因为忽视了这方面的研究而蒙受损失，该是一个怎样深刻的教训！在此我也说明一点，报价带上发出的警示信号具有普适性，它不仅适用于股票市场，也适用于商品市场。

远航精解 同板块走势，是对龙头个股的一个验证和依托。一般情况下，大势上涨，而个股不涨反跌，一定有其内在原因。内部因素对于公众来讲无法知晓。

但外在盘面上会体现得很清楚，内部供应大，造成的抛压很大。大盘对它的托举非常艰难，反而大盘休息时，它的地心引力拽着它往下砸。这类品种是空头的最佳标的，因为它反而是空头的龙头品种。多单就要做最先上涨的，空单就要做最先下跌的。

通常准备入市做多时，选股要注意三个方面： 首先，大盘整体背景是向上的牛市；其次，选取最强势的板块；最后，就是选取最强势板块中的龙头品种。当然，此处提示的是，要在龙头品种日线或日内回调阶段分批进入才更安全。

17.8 凭经验使百万美元失而复得

在棉花交易中，我曾有那么一段经历，说来十分有趣。那时我看空整个股票市，并且已经建立了一些空头仓位。与此同时，我还做空了 5 万包棉花。那时，我在股票上已经有了很不错的赚头，这让我忽略了对棉花市场的关注。但当我将注意力转回到棉花市场时，我之前做空的那 5 万包棉花的亏损面已经达到了 25 万美元。正如我刚才所说的，我的股票操作非常成功，已经获得了相当丰厚的利润，这让我根本无法把注意力分散到别的地方去。每次想到那 5 万包棉花，我就会安慰自己说："等回档一出现，我立刻就平仓。"那时候棉花价格还真是出现了回档，但每次在我就要认赔平仓的时候，价格又再次上涨，并且还创了新高。就这样，我不得不再等一等，又把注意力拉回到股票上了。到最后，等我将所有的股票全部平仓获得了巨额的利润之后，我就到温泉城度假去了。

此时我才真正地开始思考棉花交易出现亏损的问题。很明显，这笔交易做错了方向，当时的市场对我已构成非常不利之局。其实之前有好几次机会，我都可以全身而退，但因为注意力并不在此，也就一直没有脱身。那时我注意到，一旦市场上出现大量卖单，就会很快被人接盘，同时棉花的价格又再次立即上涨。随着涨势越来越凶悍，价格也就屡创新高。我到达温泉城没有几天的时间，棉花的亏损面就达到百万美元，而且不幸的是，棉花价格还在持续上涨。那时我对自己说："这次我彻底错了。"按照我的交易习惯和规则，既然已经知道自己错了，接下来要做的就是尽快出场。对我来说，认识到操作的错误和决定出场可以说是同一件事。于是，我把那 5 万包棉花空单平了仓，认赔了 100 万美元的损失。

第二天早上，因为去打高尔夫球，我就把交易的事情完全抛在了脑后。我已接受了在棉花交易上犯了一个方向性的错误，为此也付出了代价，那一纸薄薄的收据就“沉甸甸”地压在我的口袋里。那个时候，我感觉整个棉花市场已没有什么值得我关注的了。在回饭店吃午餐的路上，我在经纪商营业处停下来，进去看了一眼行情报价。那时，我发现棉花的价格已经下跌了 50 点。这还不是关键，关键的是，棉花的交易表现已经一改过去几周以来的常态，那种卖压稍微一缓和价格就立即上涨的局面已经烟消云散了。对我来说，这样的情形就意味着最小阻力线的方向已经不再坚挺向上了，我之前就是忽略了最小阻力线的方向，才付出了 100 万美元的惨重代价。

但是现在来说，那个当初让我不惜巨额代价而平仓的理由已经不复存在了，现在的棉花市场已不见了过去那般快速上涨的身影，于是我重打鼓另开张，放空了 1 万包棉花，然后静观其变。之后不久，棉花的价格又下跌了 50 点，我等了它一会儿，并没有看到价格反弹。此时，我的肚子已经饿得咕咕叫了，就到餐厅点了一份午餐。在服务生还没有把餐点送上来之前，我忍不住地又跑到了营业厅，看到当时的棉花价格依旧没有反弹迹象，于是我又做空了 1 万包。仅过了一会儿的工夫，我很高兴地看到了棉花价格又下跌了 40 点。这充分表明了我的操作是正确无误的，于是，我安心地回到餐厅吃完午餐又返回了营业厅。当日的棉花市场，一整天都没有出现任何反弹。当晚我离开了温泉城回华盛顿去了。

打高尔夫球固然能够放松心情，但我并没有忘记在上一次的棉花交易中我在做空和平仓的操作上都挨了耳光。因此，为扳回这一局，我必须回到那个能够让我安心操作的工作场所。当时市场上消化我第一笔 1 万包卖单的成交方式，让我坚定了再放空第二笔1万包的决定。而市场消化我第二笔1万包卖单的成交方式，让我更加确信，棉花市场的走势已经从根本上反转了。

到达华盛顿之后，我即刻前往经纪商的营业厅，那儿的主管塔克先生是我的老朋友。等我到达那里的时候，棉花的价格又下跌了一些。前一次的错误，至今依然让我耿耿于怀。但这一次不同了，我对自己正确无误的操作已经充满了自信，于是，我又加码放空了 4 万包，而价格也很快下跌了 75 点。很显然，棉花市场严重缺乏价格的支撑力道，那天晚上收盘时，棉花的价格收在了最低点。很明显，之前强劲的买盘力量此时已经完全消失殆尽。我当时真的不知道，像之前那样的买盘力量何时才会重现市场。那时，我确信自己建仓的做法是非常明智的。次日一早，我离开了华盛顿，前往纽约。我对当时的市场已经充满定数，所以在整个旅途中，我不慌不忙，心里一点也不着急。

路过费城的时候，我顺路到了一家经纪商的营业处。我发现棉花市场大势不妙，价格突发暴跌，整个市场可以说处于小小的恐慌气息的笼罩之下。必须马上进行操作，已经来不及等到回纽约再操作了。于是，我给经纪人打长途电话请他把我的空头头寸全部平仓。等成交回执单到手后，我欣喜地发现，之前的亏损已经给弥补过来了。于是，我安心地开车回纽约了，中途再没停下来看一眼报价。

一直到今天，我从餐桌上起身跑过去做空第二笔 1 万包棉花的事情还被那些和我同去温泉度假城的朋友当作茶余饭后的谈资津津乐道。但这次很明显，我的那个做空动作和预感没有半毛钱关系。当时的情形让我感觉到，不管我之前的操作错得多么离谱，但这次我绝不会放弃任何一个做空棉花的时机，在如此坚定信心的推动之下，我才从餐桌跑过去做了那一次放空交易。我内心坚定地认为，一定要好好地把握住这次机会。我在华盛顿对棉花市场做出的放空决定，是基于自己的观察事实。据我多年的交易经验来看，棉花市场的最小阻力线已经由向上反转向下了。

我毫不讳言因为在棉花市场之前的那次错误交易而让我损失掉 100 万美元的事情，也不会因为那次犯下如此离谱的错误而自哀自怨。同样地，我在回华盛顿的途中在费城平仓空单又把亏损的钱赚回来，也不觉得有什么值得骄傲的地方。在操作期间，我满脑子思考的都是如何处理在交易中所发生的任何问题。

我很有理由认定，通过这次棉花交易，我把之前的亏损完全弥补回来，全是仰仗了我丰富的经验和超强的记忆。

远航精解 此处再次强调了经验的重要性。这个案例体现了利弗莫尔两方面的操盘素质：一方面，及时止损，发现自己错误后，亏损再大也要止损。因为背景看错，这时最重要的是坚守交易原则。而另一方面，**当行情转向，又摒弃前嫌，以事实为依据，敢于把仓位加回来。**

心态方面：第一，当面对错误时，勇于承认，而不是看到巨额损失因舍不得而犹豫；第二，刚平完仓看到行情又掉头时，不会遗憾、内疚，尤其当看到比当初平仓的点位更低时，没有放弃操作；第三，当再次盈利时，能保持平常心，不会过度炫耀。

操作技巧方面，秉持了一贯的作风：在公众恐慌时，正是他平稳平仓出局的时候，不带一丝贪婪，按规则操作。自然盈利，不过多留恋战场。

经验和知识不一样，知识从书本上可以学习到，但经验只能从实战中获得。纸上谈兵终觉浅，绝知此事要躬行。尤其对于交易这门学科而言，经验的价值远比知识的价值更高。但所花费的时间和试错成本也要高很多。只有通过了层层考验，长时间积淀，才能拥有高于常人的操盘技巧与能力。

第十八章

做空热带贸易，重施“围魏救赵”，完胜获利百万

18.1 热带贸易异常走势有违逻辑

历史总能惊人相似地在华尔街重演。你应该还记得，当初在史崔顿垄断的玉米市场上，我所持有空头头寸最终得以安全平仓的故事。是的，同样的手法，我曾在股票市场也用过。那只股票就是热带贸易，在这只股票上做多和做空，我都赚了不少钱。它交易活跃，所以备受那些喜欢冒险的交易人所爱。该公司经常受到报端的指责，说该公司的内部人士急功近利，眼睛仅盯着股价的波动，而不是设法留住公众长期持有。一次，我所认识的一位非常有能力的经纪人对我说，热带贸易公司被他的总裁穆里根及其伙伴操作得出神入化，他们的操作手法和完美绝技即使大名鼎鼎伊利铁路的丹尼尔·德鲁或者美国糖业的哈维梅尔也远不能比。他们曾经多次引诱空头上钩做空热带贸易，然后按计划实施逼空绝杀之技，赤裸裸地将空头们一网打尽，绝不留情。

理所当然地，热带贸易交易过程中的那些“罪恶勾当”，常在市场上被人提起。不过，我倒是觉得这些批评的声音，大多是来自那些饱受逼空之苦的人。请你想一想，在这场持续的投机游戏中，那些备受内部人士洗劫的场内交易员为什么还那么乐此不疲地陪着他们玩呢？其中一个重要的原因就是，热带贸易能满足这些人的交易乐趣，因为这些人喜欢频繁地进出操作，而热带贸易交投活跃的股性正好能够满足他们持续不断地行动和频繁地操作交易。这只股票几乎就没有过那种交易疲惫、股价疲软的时候。其实你根本不用过问为什么它的股价能够如此持续地大幅度波动，这其中的原因也没人能告诉你。总之，这只股票不会在交易上浪费你的时间，你也不必担心在这只股票上让你必须耐着性子等待走势的启动，每分钟都有人在做它的交易，时刻都有充足的筹码供应市场的买卖。当然了，有时候也会发生因为空单头寸太大而一时找不到买盘的情形。

做空热带贸易之前正值冬季，我一如往常地到佛罗里达度假。那时，我正在这儿尽情享受着钓鱼的乐趣，将市场行情完全抛在脑后，只是在收到的报纸上偶尔看一下行情。一天早上，我收到了那封半周一次的邮件，我扫了一眼股票市场的报价，一只股票映入眼帘，那就是热带贸易。记得上一次看到它的报价是140 美元，而今天却变成了 155 美元，根据对市场的整体判断，我认为当时整体市场就要进入空头，我那时正在等待着做空的时机。但是我非常清楚，等待需要耐心，不能操之过急，这也就是我不天天守着报价带而跑到佛罗里达度假钓鱼的原因。你要知道，只要市场向我发出转空的提示信号，我就会立刻放弃度假赶回去。而在此之前的等待时期，无论如何做或者没做什么，都不会对市场行情的变化起到任何加速作用。

从那天早上报纸上的报道我了解到，那时的热门话题，是有关热带贸易的市场走势。这件事使我更加强烈地看空后市，因为在我看来，面对整体市场环境欠佳的情况，热带贸易的内部人士试图拉升它实在是愚蠢至极。根据市场环境的变化，有时候炒作行为也需要做调整而暂缓。大多数交易人通常都不会把股价的异常走势作为一个推断后市的重要因素而考量，但是根据我的推断，热带贸易内部人士在这种时候拉抬这只股票的价格应该是大错特错。犯下这样的大错，没有人能躲过，必将自食其果，至少在股票市场上一直都是这样的。

远航精解 在当时，有资金实力的集团通过股票操纵，制造大幅波动，吸引公众参与其炒作，从而收割公众资金。而这种波动较大的股票，也是日内或高频交易者的最爱。所谓炒股，股票就是用来炒的。如果股票没有波动，则无法低买高卖赚取差价收益，也失去了炒股的意义。而做股票，就要选择那些有更多人参与的股票。这样，才具备更大的投机盈利空间，符合人的赌性。有人气的股票，通常换手率较高，入场和出场的滑点都很低，尤其对于大资金来讲，更适合其进出。当然对于操盘者的技术功底则提高了要求。否则，将是两面挨打，迅速被扫地出门。

此时操纵者对散户多次引诱其做空，并进行绞杀。而此时，螳螂捕蝉，黄雀在后。在股票操纵者猎食散户的同时，利弗莫尔作为大鳄，正在寻找出手的时机。这里利弗莫尔的分析思路非常清晰明确。正如他爱好钓鱼一样。**钓鱼者首先**

是判断池塘的哪个地方有鱼，然后大多数时间都在等待时机。

与国外股票市场不同，A股市场股票是不能做空的，但很多投资者在做股指期货以及商品期货。在实战当中，**有部分投资者选择高位做空，却经常空在了半山腰上，被多头暴击，短时间内产生巨额亏损。究其原因以及做空单的注意事项如下：**第一，视觉的高位，什么才能算是高位？当我们在山脚下时，发现这座山很高，但当我们爬到山顶时，往往会看到山后面还有更高的高山。视野的不同，只看到局部，是造成我们误判的根源。第二，很多人认为涨得多了，量能在萎缩涨不动了，就认为已经见顶了。大多头趋势中，有行进的时候也伴有休息的节奏，真正的趋势反转不是观察多头是否用力，而是看对方空头是否逐渐变强势。第三，不要去猜顶，不要妄想空在最高点，而是在多头多次向上努力无果后，再开仓和加仓，风险更小，且收益率更高。第四，中小资金做空头，必须要有试仓单，看试仓单是否能盈利和盈利的速度。第五，一旦连续两次空单试仓都没有结果，止损出局，则证明目前仍在大的多头趋势中，只是暂时洗盘而已。第六，在操作过程中要切换到更大的K线周期，以更大的视野去判断更大的趋势，小趋势服从大趋势，不要逆大趋势做单。

18.2 瞄准时机做空

匆匆看完报纸，我就去钓鱼了。但是我满脑子里想的都是热带贸易的内部人士在这样的市场形势下拉高股价到底想要做什么，他们这样的行动注定是要失败的，这就好比一个不带降落伞的人从 20 层高的楼上纵身跳下必然被摔成肉泥一样。你想，除了这样糟糕的结果外，还会是别的什么呢？想到这里，我迅速收起了鱼竿，给我的经纪人发了一通电报，告诉他们热带贸易这只股票以市价做空 2000 股。这事完了以后我就安心地回去钓鱼了，那天钓鱼的成果很不错，让我非常满意。

那天下午，我的经纪人就通过电报向我报告说，他们已经为我成交了 2000 股热带贸易，成交的价格是 153 美元。至此，一切都在顺利进行，在下跌的市场行情中做空股票本来就是理所当然的事。但我此时已经觉得无法再安心钓鱼了，我在反复琢磨着，本来热带贸易应随着市场和其他股票一样下跌，而不应该发生由内部人士操纵而使股价独立上涨的状况。我越想越觉得自己现在离报价板有点儿过远了。那时人在钓鱼的小屋，心却跑向了市场，这样对操作并没有什么用处，于是我离开了钓鱼营地也就是那个钓鱼的小屋，回到了棕榈滩，更准确地说，是回到了那个能用电报直通纽约的工作场地。

我回到这里就看到，热带贸易的内部人士在不顾一切地将股价往上生拉硬拽，我随即又对它做空了 2000 股，等接到成交回报以后我又加码做空了 2000 股。我的空单使其价格屡屡下挫。这样的结果太令我满意了，所以我便离开营业厅开车去兜风了。但接下来我的心情并没有感到舒展很多，并且变得越来越不开心。我感觉应该再多做空一些，于是我迅速返回营业厅又做空了 2000 股。那时候，仿佛只有做空热带贸易才能给我带来快乐，到目前为止，我已经做空了 1 万股。接下来，我觉得应该正而八经地做生意了，钓鱼的事以后再说，于是我决定回纽约。

回到纽约，有关热带贸易公司的经营情况我还特意去了解了一下，用以研究它的现状及其未来的趋势。研究的结果表明，无论从市场整体情势，还是公司的经营盈利状况，都无法支撑起目前股价的涨势，这使我更加坚决地认定他们此时拉升股价实在是太莽撞了。

虽然热带贸易公司这波涨势不合时宜，也没有违反逻辑，但还是吸引了不少场外人士跟进。而这更刺激了那些内部人士继续他们不明智的拉升。在此情形之下，我又做空了更多的股票。这期间有几次，他们曾经停止过那种不明智的行为，我也时时根据对方的变化调整着操作策略，对市场进行过多次的测探。等最后我拥有了 3 万股热带贸易的空头头寸时，它的价格已经跌到了 133 美元。

远航精解 利弗莫尔对股市的大背景已经确定，个股的异常行为也已了然于胸。剩下的就是怎么执行的问题了。在执行做空的过程中，利弗莫尔的头寸分批进场。就算主力庄家再怎么拉抬，他也不改初心，继续加码做空。其坚定程度不是短时间的反向异常行为所能撼动的。况且他的卖单资金量较大，对股价向上的力量也造成重挫。我们注意到，他做空最重要的心理支柱是整个市场处在下跌背景当中，所以他敢于继续加大他的头寸。

值得注意的是，他的操作手法是机构大资金的做法，并不适合中小投资者效仿。通常在市场中的强势股，在底部时是先于大盘启动的。而在大盘见顶时，最强势的龙头股是后于大盘见顶的。在大盘疲弱即将见顶的阶段，龙头股还会急速向上冲一段，吸引追高的买家。如果提前做空，则很容易造成头寸的大幅浮亏。中小投资者由于受资金量所限，需要承担账户的损失较大。做期货的投资者也是同理。当同一板块中的龙头品种通常积聚了大幅做多动能，需要将空头打爆仓后才能转势。如果提前空了，看似高位，但却被多头主力再拉升 10% 以上。对于本身就拥有 10 倍杠杆的期货来说，就直接爆仓了，就算后续的下跌和你无关了，也根本没有重来的可能性。因此，**中小投资者一定等到空头主控市场时再做空，风险才最小。**

18.3 面对逼空坚定持有

显而易见，当价格从 153 美元跌到 133 美元时，这期间积累起来未平仓的空头头寸越来越多。然而，当时在回荡中买进的那些投资大众是这样想的，之前当这只股票在 150 美元的价位时，都已经被人们视为理想的做多标的了，而它现在已经下跌了 20 个点，显然比以前更合适了。同样的一只股票，未曾改变的配息，未曾改变的业务和同样的管理人，现在买进真是难得的便宜货了！

公众的买进使得市场上的浮筹减了不少，而那帮内部人士深知有许多场内交易人员都在做空热带贸易，所以他们认为已经到了榨干那些空头的好时机，于是他们把价格迅速拉到了 150 美元。可以肯定地说，当股价到了 150 美元的时候，市场上的很多空单已经被逼迫平仓了，而我依然坚守阵地，不予理会。那么，我坚持不平仓的定力来自哪里呢？

公众的做多买进，导致市场上的浮筹减少，而内部人士甚至许多场内交易员在做空热带贸易，所以他们认为已到了压榨空头的最好时机。当价格被拉高到 150 美元时，我断定那时有很多空仓都被逼平了仓。但是我依然坚定地守住阵地而不予理会。我为什么会那么做呢？当时我猜想那帮内部人士或许知道，市场上还有 3 万股的空头头寸没有平仓，但我对此并不十分担忧。当初，我从 153 美元时就开始做空，一路做空到 133 美元，到现在为止，我那个做空的理由依然坚挺地存在，而且还变得比之前更加强烈。他们试图逼迫我平仓，但又拿不出强有力的理由。当时的基本情势对我有利，我要保持镇定、稳定如山并没有多少困难。一个出色的投机者，必须要坚信自己的判断，并且对自己充满信心。《投机艺术》的作者，纽约棉花交易所已故前主席，赫赫有名的迪克逊·华德曾经这样说过："一个投机客的勇气，往往表现在他会根据自己的判断做出行动，并对自己的判断满怀信心。"对我来说，我当时根本不担心自己的判断会出现错误，因为在事实证明我错误之前，我从来都不会承认在判断方面的错误。而实际上，如果不是因为丰富的经验来支持我的行动，否则那样的情况会令我坐立不安。仅仅一段时间的市场变化，并不能证明我确实错了，我建立的头寸是否正确，只能依靠上涨和下跌的趋势为我确定。在市场上，我的胜利只能依靠自己的判断，如果我失败了，那一定是我的判断出了问题。

真的，在内部人士的操纵之下，股价从 133 美元反弹到 150 美元，其间我们并没有看到什么异常走势，也没能让我深感恐慌而将空头头寸平仓，更何况它并没有偏离我原来的预判。再次进入下跌途中，在股价跌破 140 美元时，那帮内部人士开始大力护盘，他们在买进的同时还大量放出利多消息以助拉抬股价。消息说，公司的盈余状况良好，既然如此，那么股利也会随之提高。此外，当时未平仓的空单总量也变得非常庞大，好像一场"世纪大逼空"行情就要展开。这些传闻在发酵的过程之中，股价又被他们拉高 10 个点。也就是说，在他们将股价拉高 10 个点的这段时间，我已经没有办法再告诉你市井上流传的谣言多到数不胜数了。

他们操纵股价的行为并没有让我感觉特别危险，但等股价到达 149 美元的位置时，我感觉到，如果任凭那些几乎可以蒙蔽华尔街的利多传言肆意传播，对我来说也不是什么好事。很显然，无论是我还是其他任何一个外部人士，其话语的力量都不足以安抚那些已经陷入恐惧的空头，也不可能说服那些最易听信小道消息的冤大头们。我想，对他们这种操纵股价的行为，最好的反击办法就是让报价带上的数字说话，而且也只有这些数字才能向公众澄清事情的真相。道理很简单，任何人信誓旦旦的空口白牙都比不上那些白纸黑字有说服力，那个做空 3 万股的家伙的什么话语也不会取得公众的信任。在这样的情况之下，我必须要使出自己的撒手锏，就像当初我应对史崔顿垄断玉米市场时那样，用卖出燕麦做引子引发大众做空玉米。这次我对付热带贸易的手法，再次验证了我的胜利来自于丰富的经验和记忆。

远航精解 坚定信念，尤其是面对强大的外部阻力，以及市场上消息面的蛊惑。这时都需要强大的心脏和定力。此时，如果经验欠缺，或者心态不稳，很可能会乱了阵脚，丢失掉此前的优势，甚至迷失方向。

在实战操作中，很多时候都会遇到这种情况。在高位做空后，头寸刚开始有盈利，价格又再次反向，向上再次测试的状况。这个时候对操盘者来说是一个很大的考验。此时对于背景的判断是不是改变，没有改变就继续持仓。**承受一定的浮亏，但信念坚定，只有提高自己的容忍度，才能抓住这个单子，取得最后的胜利。**

18.4 重施“围魏救赵”

当热带贸易内部人士拉抬股价绞杀空头的时候，我并没有试图用再次做空的办法去阻止它的上涨。之前，我的空头头寸数量已相当庞大，达到了 3 万股，在它的流通筹码盘中已占了很大的比重，如果再对它进行放空，我感觉已经不是什么明智之举了。无论如何，对他们为我精心设计的圈套我可不想栽进去，其实他们第二次拉升股价的目的就是要伏击我。

所以，当股价被他们再次拉到 149 美元时，我再一次把当初打败史崔顿的那个“围魏救赵”的锦囊妙计拿出来对付热带贸易的炒作者们。我对赤道商业公司做空了 1 万股。要知道，热带贸易公司是赤道商业的大股东，赤道商业的大量股份就掌握在热带贸易公司之手。

从股性上来说，赤道商业可不像热带贸易那么活跃，我那 1 万股的空单一到市场，它果然如我所料地应声大跌，而这样的结果，正是我所需要的。当经纪公司里那些听信利多消息做多热带贸易的顾客（交易人）看到，虽然热带贸易在上涨，而赤道商业却因为大量的卖压下跌时，他们就会想，既然赤道商业是热带贸易最大的股东，赤道商业的大跌一定是内部人士卖出所导致的，不然的话，谁敢在热带贸易大涨的时候，如此重头寸地做空赤道商业？所以，他们就会认为拉升热带贸易的股价只是为内部人士的撤退做掩护罢了。这样一来，那些聪明的交易人只要一看到赤道商业的内部人士的大量空单，自然就会想到赶紧卖出手中的热带贸易。

这一招果然好使，热带贸易的涨势很快就停滞不前了。这时，热带贸易的内部人士打死也不敢大量吃进来自公众蜂拥而出的平仓多单，随着内部人士支撑力道的越来越弱，热带贸易的价格很快就大幅下跌了。此外，当时很多交易人和主要的经纪公司也都加入了做空赤道商业的队伍，而我也趁机平仓了我的空头头寸，从中还赚了一小笔。当时做空赤道商业，并不是为了赚钱，而是为了将热带贸易从高位拉下来。

热带贸易的内部人士及其有公关人员，经过自己的不懈努力把各种各样的利多题材抛向华尔街，意图将股价再次拉高。但只要他们一这样做，我就在赤道商业上实施做空动作，并且在热带贸易股价被赤道商业将价格拉下的时候，趁着赤道商业的回档我就将赤道商业的空头头寸平仓。这样一来，我大量地消耗了热带贸易的操作力量，使得他们的企图无法得逞。最后，热带贸易的股价一路跌到了125 美元。到了这个时候，市场上未平仓的空头头寸的数量已经非常庞大，热带贸易内部人士可以轻松地将股价推高 20 至 25 点。因为当时市场上的空头头寸数量过大，使得这次反弹多杀空的逼空行动效果显著。虽然这波反弹行情早在预料之中，但我并没有平仓空单，因为我担心那样会失去我的空头头寸。为了化解热带贸易的反弹力道，就在赤道商业有可能追随热带贸易反弹之前，我再一次大举做空赤道商业。这次较量取得了和之前一样的效果，这实际上等于向市场宣告，热带贸易的利多消息全都是骗人的人为炒作。

与此同时，大盘的整体走势也越来越疲软。之前我就说过，因为从大势上来看已经进入空头市场，我放弃佛罗里达钓鱼，开始做空了热带贸易。那时，我还同时做空了其他几只股票，但是热带贸易是我最偏爱的一只。最终，热带贸易的内部人士在整体大势的压力之下服软了，他们终于弹尽粮绝，股价出现了急速下跌。先是将多年以来的最低点 120 美元跌破，随后就到了 110 美元，然后很快就跌破面值。到了这个时候，我依然没有平仓。终于有一天，市场整体疲软，热带贸易的股价跌破了 90 美元，趁着市场的悲观混乱局面我平仓了做空的股票。之所以在当时平仓，就是基于以下几点考虑：市场整体疲软，买盘远小于卖盘，市场消化能力还足够大。

即使你认为我在吹牛，但我还是要告诉你，我那3万股热带贸易的空头头寸在平仓的时候几乎成交在这波跌势的最低点。但这里我要说明一下，我从来都不追求在最低点平仓空单，我只是在寻找一个较好的时机将账面的利润转化为现金，同时又要避开在此过程中可能会产生的利润缩水。

在跌势中，我之所以能够稳稳地坚守阵地，是因为我确信自己的判断是正确的。从一开始，我便是顺应市场趋势，而没有与大势作对，这也恰恰是我坚决地认定热带贸易的内部人士必败无疑的原因所在。他们对市场的那些操纵，是别人早就做过了的，而且注定以失败收场。至于在这个过程中反复出现的反弹，这是大家共知不可避免的，所以那样的反弹根本吓不倒我。我非常清楚，只要紧紧守住头寸，就必然能赚到更大的利润，而无须试图先平仓等它到更高的位置上再度做空。始终坚守我正确的原始头寸，让我赚到了100万美元。

这次大获全胜，并非来自于什么预感，也不是因为研读报价带数据的娴熟技巧，更不是因为自己有超人的勇气。这次的胜利，完全来自我始终对自己的判断充满信心，与虚荣心和小聪明也没有任何关系。力量源于知识，有了知识，就不惧怕谎言——哪怕这个谎言已经体现在报价带上也不必惊慌，因为很快价格就会回归到它应走的路径之上。

远航精解 从上述描述可以看出，利弗莫尔是一位有勇有谋的战略家。之前看空且坚定做空，但与此同时，他遇到了强有力的对抗和阻力。这时作为墙头草的公众则成了关键的一方。这时他采用了“围魏救赵”的方法，巧妙地通过打压标的股票的关联股票，引导公众站在自己这方，帮助自己，消耗对方的实力。

因为他最大的帮手，是整体市场的大势。由于他入场前，就站对了方向，任何人和机构都无法与市场主趋势抗衡。所以，他持仓的稳定性和最终的胜利本就属于他。而他需要坚持到胜利来临的那一刻。他按照交易系统，将持仓坚持到了最后，实现利润最大化。

这段是对其交易的总结，其中提到了交易信心、经验，尤其是前期有过坚定持仓经验，对他能够稳定持仓有很大帮助。而一些投资者以前没有亲身经历过，有的只在书上看到。那么在遇到这种重大抉择时就会感到犹豫和害怕，可能丢失自己的这部分即将盈利的头寸，甚至贪心地做反向多单。造成的后果已不必多言。

一个成熟的交易员，要经历各种极限高压时刻，才能在临场时，逐渐淡化压力对自身心理的干扰。经历的次数越多，稳定性越高，阈值也越高，一般的波动，无法撼动自身的信念，资深交易员其实不缺技术，对市场的研究能力，为什么没有取得应有的成绩，**关键点要集中在敢于自我挑战，承担压力，在高压中磨炼自己意志，坦然面对变幻莫测的市场。**

18.5 再度进军热带贸易

一年之后，热带贸易的股价再次上升到 150 美元，而且在这个价位上坚挺了几个星期。这个时候，整体市场已经到了应该出现大幅回档的时候，但它却一直在上涨，不过已经是强弩之末了。

之所以这么说，是因为我对市场进行了测试。那时，热带贸易集团及其所属的板块业绩并不理想。真的，没有什么理由可以支撑做多这些股票，也没什么方法可以助力这些股票继续上涨。所以，对热带贸易我又开始做空，计划先做空 1 万股。我的空单一进入市场，价格就应声下跌，这期间看不到任何支撑。但接下来突然之间，买盘就改变了它之前的属性。

根据多年的交易经验，我可以向你保证，支撑的买盘是逃不过我的眼睛的。也就是说，等支撑成功的买盘一出现，我立刻就能知道。我这样说并非有意想要显摆自己，而是说，对于内部人士来讲，他们在整体大势都下跌的过程中买进了这只股票，其中必有内在的原因，所以他们有义务维持股价的上升势头。要知道，他们不是慈善家，也并非愚蠢无知之人，也不是为推销更多的股票来维持股价的银行家。我以及其他人的做空行为并没有使得热带贸易的价格下跌，相反，它强势上涨了。于是，我将我那 1 万股空头头寸在 153 美元的价位平了仓，之后在它走到 156 美元的时候，我开始反手做多。因为我从报价带上已经研判出，它的最小阻力线已经转而向上了。虽然那时候我依然整体上看空后市，但我不能机械地用一般的投机理论来研判这一只与众不同的特殊股票。后来，其股价一飞冲天，一举突破 200 美元。在那一整年里，它是整个市场上表现最好的热门股。

那时候，据报端对我的报道说，我在热带贸易的逼空行情中惨遭失败，损失了八九百万美元。但实际上，我并没有对它做空，反而顺着热带贸易的涨势坚定地做多。但是因为我持有的时间过长了一些，最后损失了一些账面利润。你知道为什么吗？因为我当时犯了一个小错——站在热带贸易内部人士的角度考量了一下他们应该怎么做。其实，我根本没必要考虑此事，因为操作交易才是我的职责。就是说，我不应该猜测别人会怎么做，而只应该依据已经发生的事实来进行操作。

远航精解 利弗莫尔的这个操盘案例告诉我们：**无论个股以前是什么状态，自己在上面赚钱与否，都已成过去式。关键是观察股票现在状态，预判将来走势。**依据就是整体市场大背景和个股自身强弱状态。中间操作层面他考虑了重要的一点就是：市场大背景下跌，这只股票却不跌，显示出其内在真正动力。大盘下跌，而个股不跌时，首仓空单进入后，中小投资者切记不要着急继续加仓空单，摊薄成本，头寸的变大，个股的不示弱，会加剧自身的压力，放大风险敞口。

他的多空思维能及时转换，当试空单无果时，立马止损转向开多单。体现他思维转换的快速和操盘的灵活性。

虽然后来他自述总体利润没有最大化，有点不完美，但瑕不掩瑜。**人在市场上不可能做到百分之百成功。只要最后在市场上是盈利出局的，其实就是市场的赢家。**市场上有一部分人属于完美主义者，会纠结于一定要在哪个最低的点位买进，最高的点位卖出。这个是有点痴心妄想。主力大资金的操盘手都无法做到，何况中小散户。**市场并不是非黑即白的，而是灰色的。**我们只能做到买在一个低风险区域内，在上涨达到一个高风险区域后卖出，后面即便再上涨，也与自己无关，毕竟避免了潜在利润缩水的风险。尤其注意**不要因为没有抓住最后一点利润而感到后悔，从而改变既有的盈利操作策略，否则会让自己的操作飘浮不定，坠向毁灭的深渊。**

第十九章

囤积垄断与逼空市场上著名的操纵作手

19.1 市场充斥大量做空与操纵

没有人知道，最初开始于什么时候和什么人，将市场上大量卖出行为与“操纵”这两个字等同混淆。而实际上，大量卖出行为与操纵并非一回事。大量卖出，只不过是正常的交易而已，而操纵则是指那种为大量低价买进筹码，而通过各种方式影响市场压低价格的操作行为，所以大量卖出与操纵是完全不同的两种行为，不能将它们混为一谈。大量卖出股票并不是非法的操作行为，只是在大量卖出时比较容易被别人误解为不正当的操作。

在多头市场行情中，想要大量买进一只股票而又要做到不让自己的买单就此抬高股价，那么应该怎么做呢？这的确是个棘手的问题，因为这涉及了太多层面的问题，很难有一个比较完美的通用法则。如果你说可以通过非常娴熟的操作手段来解决，但问题是有这样的案例吗？要解决这个问题，似乎有一种更贴切的回答——那就是具体问题具体分析，也就是视具体情况而定。

我的操作生涯经历过多个学习阶段。在每个学期阶段，我都保持着强烈的学习愿望。一方面，要从自己的经验中不断总结提炼出新的东西；另一方面，还要从他人的经验及操作中学习。但在现今的市场状况下，要想在下午收盘之后从流传在经纪商中的故事里，学习操纵或者操作股票的经验，如今已变得越来越难。我是说那些故事里隐含的一些手段、技巧或者绝招，都已是老生常谈，大部分都已经过时，在如今的市场已经用不上了，甚至其中的一些技巧被列入了非法的范畴为市场所禁用。证券交易的规则和状况也与之前大不相同。

发生于 50 年前或者 75 年前关于丹尼尔·德鲁（Daniel Drew）、雅格·里特（Jacob Lttle）或者杰伊·古尔德（Jay Gould）这些作手的传奇故事，即使有人能将它们清晰再现，也于现今的市场没有多少参考意义了。现在的市场，对于一个操盘手来说，已经不需要再过多借鉴那些很久之前的先辈们的做法了，这就好比现代西点军校的学生为提升自己的弹道学应用知识，而不必再研究古人的造箭射箭技术了。

远航精解 大量卖空只是出于出货或者看空市场的目的，是通过自身行为，对市场走势的判断而跟随，不以影响市场走势为目的。而操纵指的是通过强大资金资源去左右标的物的价格朝着他们预定的方向行进，**主力通常通过急速下跌打压或急速上涨诱骗等方式，使公众成为其对手盘，达到从公众手中赚取盈利的行为。**常见的就是在底部的吸筹与上涨过后顶部的派发。

时过境迁，市场的规则在不断地演化和完善。符合市场的技术也在不断更新。尤其是当今信息化程度较高，主力和公众无论对于基本面还是消息面以及具体盘面细节获取将更快速也更直观。例如，以前是用纸带记录行情数据，现场喊价或经纪商报价再执行买卖操作。而现在个人终端都非常发达，获取资讯、接收行情数据和进行交易都可以在手机上全部完成。因此，参与群体更加广泛。由于众多参与者主观因素和客观因素等众多因素的不确定性，将使得盘面的变化更为复杂。当然，在国内A股市场，由于有政府这个隐形且强有力的手，以及国家队参与对股市涨跌节奏的调控，使得目前市场上出现利弗莫尔当时那种倾泻下来的跌势的可能性微乎其微。当时由于缺乏流动性造成的短期暴跌，在如今，**由于参与方更多元，在危机来临时还有政府注入一定的流动性。因此，即使是在熊市中，也不太可能出现一两天做空股市暴赚1个亿的盛景了。**

总体来说，市场参与者主要包括主力机构和公众，以及介于两者之间的聪明钱。不变的是主力机构大资金是市场主导，由于其资金优势，能够引领大趋势，而散户由于资金相对较少，众多主体对市场认识的深度不够、技能薄弱、专业性较低等方面的限制，造成行动不一致，无法主控市场，常常处于弱势和被动的地位。所以，**在这个零和博弈的市场，你要通过头脑赚取其他聪明人的钱，必须对市场本质有深刻的认识、过硬的技术功底和强大的心理素质，才有可能成为市场的赢家。**

19.2 一切操纵行为都离不开人性

不妨转换一下角度，如果从人性方面着手研究，这效果依然是可期的。比如为什么对那些自己希望成为事实的事情，人们就会轻易地相信？为什么人们容易受自己贪念的影响控制，而难以对自己进行有效的克制？或者可以这样说，为什么往往会为自己的粗心大意或者斤斤计较而付出代价？

恐惧和希望总是交替着占据人们的内心，从来都是这样，没有改变过。因此，投机中最有价值的课题，就是有关投机者心理的研究。从战略上讲，从来没有什么根本的改变，所不同的是武器早已更换了。在这一点上，纽约证券交易所与战场上的道理是同样的。

我感觉到，抓住人性，也就抓住了整个事物的关键，这个精辟的总结，就像托马斯·伍德洛克（Thomas F.Woodlock）所说的那样："整个股票投机成功的基础是建立在一个基本的假设之上——过去人们所犯的错误，会在未来得到不断重复的再现。"

通常来说，市场的繁荣时期也正是投资公众大力参与股市的高涨期，此时根本没有必要大动聪明的脑筋，因为在这样的时候，不管是探讨股市操纵还是投机，都分明是毫无意义的浪费光阴。那样做无异于下雨天试图要找出同时落在对面屋顶上面的雨滴有何不同一样，没有意义。市场上那些冤大头总希望能够不劳而获，在每一次的市场繁荣时期，所有人的贪婪本性就会很轻易地被勾起来，那时，仿佛市场上到处都充满着财富，随手可抓似的。但是事实上，那些想轻松赚钱的人，到最后无不付出了沉重的代价。

当人们谈起在过去那个时代，那些为人念念不忘的交易案例和操作手段时，总是错误地以为，1860 年代和 1870 年代的人要远比 1900 年代的人更容易上当受骗。而事实上呢？现在在报端几乎每天都能看到此类的报道，比如最近出现的庞氏骗局，或者是某个对赌行突然倒闭，使得那些几百万美元的储蓄顷刻间消失得无影无踪。

远航精解 正如文中所说的一样，**时代在变，各种技术手段都在变。但唯一不变的就是人性。**人性的贪婪与恐惧促使行情顺着某一方向走到极端。但盛极而衰，行情往往到达极端后，又悄然转势。因为行情总是和人们的情绪是反向运行的。行情下跌走到低谷时，人们就会产生恐慌，慌忙割肉。而在顶部急速上涨过程中，由于害怕错过机会的心理，迫不及待地追高买入，最终高位被套。在每次行情的潮起潮落中，都有大量的公众资金转移至少部分机构和聪明钱的口袋中。**如何成为这部分少数人，克服自身人性上的弱点，学会客观地思考、判断、做决策、执行，是每个来到市场上的投资者必须首先考虑的事情。**

就好比上战场，一定要知道敌人是谁，自己有没有防弹衣和头盔，身上最有效的武器是什么，在什么时间和地点能够击杀敌人，以及遇到危险时的应急预案等。如果没有这些，或者头脑中这些方面没有想明白或准备充分的话，直接上战场无异于去送死，基本不可能走出这种没有硝烟、杀人不见血的投机市场。

19.3 多种方式操纵市场

最初我来纽约时，洗筹和对倒的行为虽然已为证券交易所禁止，但这个话题还是被人们热烈地讨论着。那时在洗筹交易上，一般都是赤裸裸、毫不掩饰地进行，经纪人面对那些试图洗盘拉升股票的行为会毫不犹豫地应付说:“盘面洗得太厉害了！”我之前就说过，他们就曾多次被揭露进行“对赌行偷袭”的伎俩，他们大量卖出的空单使股价迅速下跌 2 至 3 点，目的就是要将那些只有少量保证金的客户一网扫尽。

但是对倒行为进行得不会那么顺利。因为经纪人之间的行动和实际操作不能完全同步，这样的差异，便会使得对倒操作经常有差错，而且这种操作也完全触犯了证券交易的规则。就在几年前，因为很有名的股票作手在对倒交易中取消卖单的同时，忘记取消买单，结果导致一位不知就里的经纪人仅用了几分钟就把股价拉高了 25 点。当然啦，等这笔买单交易完成之后，价格又迅速回到了原点。

对倒交易的做法，是要制造交易活跃的市场假象。但是很显然，这种做法并不牢靠。你是知道的，即使是最优秀的经纪人，也不能对他们太过信任。除此之外，现在的交易税比过去提高了不少，也使得那种买空卖空的交易成本大大提高了。

操纵一词在字典里还有另外一个意思，那就是通过大量买进而垄断市场的行为。垄断，可能是由于竞相买进所致，也可能是源于操纵的结果。就比如北太平洋铁路在 1901 年 5 月 9 日因要实施逼空操作而大量买进的案例，就显然不属于操纵之列。在司徒兹（Stutz）的案例中，他的大量买进使得所有相关人士都付出了惨重的代价，名声和金钱双双受损。但是，这个案例中的大量买进交易，其实并不属于蓄意垄断。

实际上，垄断市场的行为确实发生过，但实施垄断的主导人获利的却不多。船队司令范德比尔特（Commodore Vanderbilt）就曾两次垄断过哈林铁路（Harlem），但每一次都让他付出了惨重的代价。尽管如此，他还是赚了上百万美元，同时还将那些出卖、欺骗他的市场空头以及国会议员和市政官员中不诚实的家伙们痛快地修理了一番。另外一个著名的案例，便是杰伊·古尔德（Jay Gould）操作垄断西北铁路遭遇滑铁卢，祭司怀特（Deacon S.V.White）垄断操作拉卡瓦纳铁路，从中赚了 100 万美元。但是吉姆·吉恩（Jim Keene）垄断操作汉尼拔—圣乔伊（Hannbat & St.Joe）亏损了 100 万美元。

有一点是肯定的，要取得垄断操作的成功，必须持续不断地以更高的价格买进更多的股票。垄断操作的逼空策略，必须是在市场上未平仓的空单达到一定规模的持仓量才容易成功的。

远航精解 垄断是主力操盘的一种极端方式。以绝对资金优势，吸收市场上大部分流动性筹码，不断推着价格朝既定的方向走。当然其一定要借着基本面的利好操作才容易成功。但垄断带来的问题也是流动性问题。既然买了那么多筹码，账面上的浮盈没有任何意义，只有真正在高位把筹码脱手后变成实盈才是最后的成功。那么应该怎么出货呢？所以大部分的逼空行情，都是在有足够量对手盘的情况下展开的。或提前获知一些重大利好，提前布局拉升。等利好消息兑现时，借着公众涌入的买单或者空头的平仓单，卖出自身的筹码，从而平仓获利了结。

这类对倒交易是利弗莫尔所处那个证券交易刚起步或法制不健全的时代的产物。因为当时没有完善的法律法规限制和违规成本。因此，具有更大资金量的庄家就通过这种原始的方式，来回洗劫散户的资金。但是到目前来讲，随着证券法的不断完善，违法违规成本越来越高，这种赤裸裸地幕后操纵股价的现象将会越来越少。当然这种极端操纵手段，在目前来看，只是当作故事来听。在以前法制不完善的情况下，有很多庄股的出现。但现在相关条例的实施，在当下A股市场，由于有持仓比例限制，且监管更加严格，因此不太可能正确实施。

19.4 作手们以逼空操作为荣

对半个世纪前的那些大作手们为什么会热衷于逼空操作，我有些好奇，这些人从能力、经验和头脑来看都是非常强盛的，即使他们再幼稚也不会相信，同行的作手是慈善家。然而事实上，他们频频陷于失败之经历不得不令人震惊。

听一位非常精明的老经纪人说，那些1860年代和1870年代的大作手们，都怀揣着一个梦想——那就是逼空操作赚一大票。也就是说，如果能成功地对一只股票进行逼空操作了，那就是对他的智力、勇气和财力的最好证明，这是一个作手引以为傲的事情。人们竭尽全力地去实现逼空操作，并不仅仅是因为能获得金钱的利益，更主要的是能满足这些作手的虚荣心。

当年那些作手们竞争激烈，常常自相残杀，不断上演着狗咬狗的好戏。之前曾告诉过你，我有几次成功地从逼空中逃脱，并不是因为我有着神秘的本能，而是从市场的买单异常等现象读出的信息，使我觉得不应该再持有空头仓位了。那时，我靠的是下单测试经验的累积，我想这样的办法，他们当年肯定都用过。很多年轻的操盘手都曾饱受过老丹尼尔·德鲁的多次逼空操作，使他们在做空伊利铁路股票中付出了惨重代价。但德鲁本人在伊利铁路上也曾被船队司令范德比尔特轧空。那时，无奈之下老德鲁曾恳求范德比尔特手下留情，而这位船队司令就冷酷无情地用大熊德鲁自己的不朽名言回敬他：“如果你卖掉了不属于自己的东西，最终要么把它买回来，要么去坐牢。”

德鲁是华尔街少有的大作手，几个世纪以来，他的丰功伟绩一直在流传着。他之所以能够被一直铭记，就是因为“参水股”这个名词是出自他的创造。

爱迪生·杰罗姆（Addison G.Jerome）是1863年春季为世人公认的公开交易所之王，有人说他的消息如同银行里的现金一样有效。无论从哪一方面讲，他都是一位伟大的作手，他赚了几百万美元，视金钱如粪土，在华尔街拥有一大群追随者，但后来他的几百万美元资产在蓄意的轧空中损失殆尽。那个作手名叫亨利·吉普（Henry Keep），人称沉默的威廉，就是他在对老南方铁路垄断操作中使吉姆一夜回到解放前的。顺便说一下，这位吉普是罗斯威尔·弗劳沃尔（Roswell P.Flower）州长的姻亲兄弟。

几乎所有的垄断操作的股票，都需要一个关键的条件——要杜绝对方知道你在操作这只股票，并且在这个过程中还要持续诱空。因为一般的投资大众都不喜欢做空，所以在一般的垄断操作中，职业交易者才是被轧空的对象。

让这些职业交易者做空的原因其实与今天放空的原因没有什么两样。一般来说，职业交易者做空大多都是因为股价太高了。另外的原因也有，比如我所知道的，船队司令在垄断操作哈林铁路（Harlem）的过程中因政府的不守信义，使得他们备受刺激而做空股票。让这些职业交易者们认为股价太高，就是因为这只股票从来还没有出现过如此高的价格，当股价高得不能下手买进，那么接下来正常的操作就应该是做空了。这样的理由乍听起来很合乎逻辑，这是一般人的所为，他们考虑的是价格，然而，价值才是船队司令考虑的主要因素。所以很多年以后，据前辈们说，当一个人穷困潦倒的时候，人们就会形象地比喻说："他做空哈林了嘛！"

很多年以前，一次与杰伊·古尔德的老经纪人偶遇。当时他很确定地对我说，古尔德先生是个非常之人，他是史上无人匹敌的操作高手，只要是他所操纵的，任何与之作对的必死无疑，无人能幸免。他肯定是一个金融奇才，这一点毫无疑问，不然的话就不可能取得那样的成就。这么多年过去了，最近我依然能看到他所具有的迅速调整到位的天才能力，这是一个交易者最有价值的天赋异禀，他早已跳出股票投机的层面，专心从事资产操纵，所以能在攻守之间毫不费力地来回转换。他高瞻远瞩，早就判断要赚大钱必须拥有铁路，而非操纵其他股票。但是利用股票市场赚钱，他也不会放过。但我总怀疑与其说他利用股票赚钱，倒不如说他利用股票筹资更恰当些。对他来说，股市是个能够快速、轻松赚钱的好地方，而他常常需要快速筹资好几百万美元，他经常缺钱，就像克里斯·亨廷顿（Collis P.Huntington）那样常常需要两三千万美元。然而，这个巨大的额度往往会超越银行家们愿意借给他的上限。如果你看到了一个非常好的市场先机，但是却没有钱实施，那会让人非常心痛。只有拥有了大量的资金，才能够成就你；而成功也意味着实力的增强，实力的本身也就意味着有钱；有了钱，就意味着能够取得更大的成就。时机、金钱、成就，它们之间就这样持续地循环着。

远航精解 成也萧何，败也萧何。在作手们为名利追求的时候，风险也随之而来。在市场上的投机者，永远行走在路上，永远有风险相伴。无论以前多么成功，都有可能在接下来的行情当中遭遇滑铁卢。**所以投资者在市场中应且行且珍惜，一定要不断完善、修正自己内心的贪念，多关注风险，而不是过分关注如何扩大自己的名与利。**

操纵股票价格，目的是让对手方上当。因此会设下各种各样的陷阱。最常见的，也是公众最容易上当的，产生对手盘的区域就是在高位。有很多大牛行情，在趋势还没结束时，其幅度往往会突破人们的想象。但在上升的整个过程中是曲折的，途中会有很多回调，甚至是急速震仓。这样，就给懂一些技术的投资者造成了一个视觉上的做空“机会”。觉得已经涨得这么高了，应该回调，不想错过这么好的一个“机会”，想通过做空让自己快速获得巨额利润。其实风险往往随之而来，就像利弗莫尔此前的经历一样，**过早做空是投资者快速丢失此前积累利润的错误操作方式。**

从心理层面上讲，部分投资者在趋势行情大幅上涨过程中踏空，一直沉浸在后悔当中，找到了一个相对高点，就想进去赚取利润。殊不知，这只是上涨中继。在视觉上出现了一次回调，以缩量下跌或急速下跌震仓的形式，诱骗投资者开始卖空。待这些人空单进入之后，发现价格并没有继续下跌，反而有股内在的力量，一直在控制价格，逐步往上吸收。此时，就是大趋势在起作用，而且反映出主力的真正意图并不是出货，而是洗盘。此时做空者的资金将成为主力的盘中餐，后期会以急速上涨的方式，逼迫这些空头交出筹码或爆仓出局。

19.5 小规模的操纵与道德

当然，这里所说的操纵，并不仅仅指当年那些大规模的操纵，一些小规模的操纵也比比皆是。有一则发生在1860年代初的故事，是有关操纵手法与道德的，这是一位老经纪人告诉我的。他说：

“华尔街给我最初的印象，是来自于首次拜访金融区的情景。那时，父亲有一些事要去那里办理，记不得是什么原因了，当时他带我一起去了。我们走过百老汇，拐个弯就到了华尔街。顺着华尔街走，我们到了百老街（Broad Street）也可能是拿梭街（Nassau Street），那个位置也就是现在的信孚银行（Bankers Trust Company）大厦。当时我看到有两个人被一群人尾随着，最前面的那个人，试图摆脱后面尾随的人群向东走去。紧跟着他后面是一位满脸通红的人，那人拼命地挥舞着帽子，另一只手则在空中胡乱地挥舞着拳头，他嘶哑的声音竭力地吼叫着：‘天杀的吸血鬼，金钱的代价是什么呢！十足的吸血鬼。’那时候还没有摩天大楼，我看到街两旁很多人从窗户探出头来张望着，二楼和三楼一定也有好多人探出头来看热闹。

“父亲好奇地向旁边的人打听着眼下的状况，他得到了一些回应，但是我没听清是什么。那时，我只知道紧紧地抓住父亲的手，以防拥挤的人群把我们挤散了。参加进来的人越来越多，这让我感觉有些不安，那时，从百老街和华尔街东西两旁不断拥进来愤怒的人群。父亲说，那个大喊吸血鬼的人是某某，我已经记不清他的名字，只知道他是纽约某个操纵集团最大的作手。据说，在整个华尔街，他所赚到和亏掉的钱超过任何一个人，当然，雅格·里特（Jacob Little）除外。雅格·里特这个名字，因为觉得很有趣，所以我就记住了。那个被称作吸血鬼的人，臭名昭著，但我忘记了他的名字，他是一个锁集筹码与操纵资金的行家，他身材高瘦，脸色苍白。

“那时，一些操纵集团经常用融资的方式绑锁资金，准确地说，就是用融资的方式减少证券交易所对于大众投资贷放资金量。他们通过融资取得保护支票，但又不把这些钱拿出来实际使用。这就是一种非法操纵，而在我看来，这是另一种形式的操纵，也就是通过操纵资金控制市场。”

我觉得这位老经纪人说的没错，但如今那样的操作方式根本就看不见影了。

远航精解 此处介绍了另一种操纵方式，其实就是控制市场流动性的一个变种。只不过此处将控制股票流动性，改为控制市场资金的流动性。但这是符合当时市场逻辑的。毕竟，在极端情况下，市场上的参与者为了在上涨过程中获取更大的利润，都想各种方法融资去买股票。

类似情形也在2015年的A股市场发生过。当时由于市场行情火爆，市场的融资规模创新高，包括各种场外高杠杆配资等，都使得市场的风险再进一步积累、加剧，当越过那个临界点的时候，就会突然爆发。因为此时，场外要入市的风险偏好的资金已经接近枯竭，没有什么方式能够融到资金去维持股市的当前价格，那么只要有利空消息，或者股市自身的回调节奏。一旦启动，那么就像蝴蝶效应，引发大面积的崩塌，股市就倾泻而下，资金踩踏，造成了后续股灾。**这些案例都给投资者在日后的实战中很好的警示作用，投资者应该从多种维度去考量市场风险，提前预警，可以避免自己资金免遭重大损失。**

第二十章

解析作手们操纵股票完整过程

20.1 当时最杰出的作手——吉恩

华尔街那些为世人称颂的伟大操纵者，到目前为止，我还都没有与他们中的任何一位交谈过。这里所说的操纵者，并不是企业里那些能够掌握公司命运的主导者，而是指在股票市场能够操纵股价的人士。这些大人物，都是我那个时代之前的。当初我刚来纽约时，詹姆斯·吉恩就是最了不起的操纵者，他当时的名声如日中天，正操纵着美国钢铁的股票，这在他的操作生涯中是一个了不起的杰作。但那时在市场上我顶多算一个毛头小伙子，正在全心全意地寻找一家可靠的券商，以便把自己在老家对赌行里的成功模式在此复制。当时对于操纵股价，既没有概念，更谈不上经验。其实连操纵的价值和意义也不清楚。所以，那时对于操纵的知识，并没有什么迫切的需要。也许那时脑子里闪出过操纵的概念，但以当时的情形来看，也只不过认为那是一种堂而皇之的骗术，仅仅比当年我在对赌行里经历的那些伎俩高明一点而已。那时所听到的与操纵有关的话题，大多只是猜测，而少有精辟客观的分析。

不止一位熟悉吉恩的人告诉我，历年来华尔街最勇敢最杰出的作手非吉恩莫属，这个很高的赞誉具有重大的意义，因为华尔街历来都不缺伟大的交易者，而现在那些人全被遗忘掉了。不过当年在他们气数正旺的时候，就如国王一般，至少他们中的任何一个人都曾当过一天的国王。仅仅依靠着对报价带的研读能力，他们从当初的无名小辈，慢慢成长为金融圈里万众瞩目的人物。然而，这个小小的报价纸带并没有足够的魅力使他们名声远扬，并在金融史册上留下浓重的一笔。总之，在那个时代，吉恩被认为是最杰出的操纵者，而且他一直能使大家长久地保持亢奋和激动。

远航精解 市场上不缺伟大，在不同时期，都会有一批代表性的人物涌现。但这个投机市场似乎暗藏着一种魔咒——你要么只要名，要么只要利；想要名利双收，而且长时间能够在市场上存活，这个可能性微乎其微。因为市场持续在变化，游戏规则也不断在变。此前成功的模式由于自身的名气会为更多人所熟知，因此，这种方式再在市场上应用时，有效性将大打折扣，甚至无效而面临重大失败。所谓盛极而衰即是如此。

过度的名望会让自己产生过度的自信，继而会逐步演变成自大，再演变成独裁、自负等，这是最危险的。当一个人无法正确客观地认识自己时，会使现在的自己与当初的自己发生偏离，忘了初心。原来有效的赚钱方式，将变得无效。这也是名望给这些伟大的人的一种枷锁。因此，**在市场上低调、默默地赚钱，才是能够在这个市场上存活更久的有效方式。**

20.2 吉恩的杰作

糖业公司的总裁哈维尔兄弟，曾邀请吉恩为他们公司股票造势。吉恩利用对股票市场的掌握，靠他身为大作手的经验和天赋异禀，为哈维尔兄弟在股市上赚进了大笔财富。当时的吉恩正面临破产，不然的话，他一定会为自己做交易，毕竟他是华尔街伟大的投机者。在他的操纵下，糖业公司的股票成了交易者的宠爱，这样一来，也使得这只股票能够得以轻易脱手，他也因此获得了巨大成功。

之后，他常常被一些集团请去操作大量资金。据说，他受邀为这些集团操控股票时，从不主动要求酬劳，也不接受任何酬金。当然，这些股票在市场上也完全掌控在他一个人之手。那时，他经常处于风口浪尖，常常被传出背叛合伙人的流言蜚语，当然也有人说是他的合伙人背叛了他，他和惠特尼·莱恩那伙人的是是非非就源于这些流言。实际上，股票操纵者与合作伙伴之间很容易产生误会，因为当他们的立场不一致时，合伙人往往无法理解作手的手段、动机和做事风格，这一点我深有体会。

非常遗憾，吉恩在 1901 年春天对美国钢铁股票所操纵的这个最成功的杰作中，并没有留下任何可查的记录。据我所知，这件事情吉恩也从来没有跟摩根先生谈论过。摩根公司与吉恩之间的交往是通过卡波特·泰勒公司（吉恩与卡波特·泰勒其实是翁婿关系）实现的，这家公司其实也是吉恩的大本营。毋庸置疑，在股票操纵中，吉恩获得了丰厚的报酬，也收获了无比的乐趣。就在那年春天，在他操纵的那只股票中，他为自己赚到了几百万美元，这是众所周知的事情。我的一位朋友说，吉恩告诉他，他当时正为一家股票承销商做事，仅用了几个星期的时间，他就为这家公司卖出了超过 75 万股的股票。在当时来说，这样的成绩非常了不起，因为那时吉恩面临着以下两种市场状况：第一，该公司是首次发行新股，而且发行的资本总额甚至超过了美国政府的公债量；第二，当吉恩在竭尽全力造势的时候，一批钢铁业的巨头，比如雷德、利兹、莫尔兄弟、亨利·菲普斯、H.C.福利科他们也在公开的市场里同时卖出了几十万股的股票。

当然，取得如此的成功也离不开大环境的支持。那时市场大势对他极为有利，这不仅仅是指市场的趋势向上，还包括当时旺盛的人气以及巨大的财力后盾。这一切促使他大获成功。当时的市场正赶上难得一遇的大多头行情，人们狂热的投机热情正值爆发性的上涨，如此空前的盛况恐怕以后不可能再出现。不过，市场在经过极度膨胀之后必然会发生令人窒息的恐慌。在吉恩的操纵下，美国钢铁普通股在 1901 年最高飙升至 55 美元，然后至 1903 年的大恐慌时期，美国钢铁的股价跌到了 10 美元，1904 年最低跌到了 87/8 美元。

由于吉恩并没有留下什么著作，也没留下什么交易记录，所以对他的操盘手法，我们无从分析。如果能了解他如何操控联合铜业的过程，我想那一定很有趣。比如罗杰斯和威廉·洛克菲勒一开始想把他们手里多余的股票在市场上出脱，结果铩羽而归。后来他们请吉恩来帮忙，吉恩同意帮他们造势。

请你一定要注意上面两个人的影响力，罗杰斯是整个华尔街中响当当的人物，是那种数一数二的。而那个威廉·洛克菲勒是标准石油集团公司最担当的投机手。他们拥有多年的市场经验，在金融圈内享有显赫的声望，而且可以调动巨量的资金，即使是这样厉害的两个人，也不得不前来请求吉恩帮忙。

我在这如此地强调吉恩的作用，就是想让你明白，有些重要的操作必须由行业的专家操作才能顺利实施。联合铜业股票得益于美国最厉害的资本家的支持，曾经在市场上被大力吹捧。但在当时的市场环境下，如果想把他们手中的巨量股票卖出去，非要损失一大笔的资金和名声不可。像罗杰斯和洛克菲勒那样智慧和聪明的人，知道只有吉恩才能帮他们获得成功。

他们对吉恩发出了邀请，吉恩也欣然接受并开始工作。那时的市场正处于大多头行情，所以22万股的联合铜业，他在近似面值的价格轻易脱手。那时，投资大众的热情高涨，当吉恩把内部人士的持股全部卖出之后，股价又继续上涨了10个点。当时，那些内部人看到市场上的买盘如此积极，他们也开始看多联合铜业。不过那时候市场上也流行另一种说法——罗杰斯为了把持仓倒给吉恩，所以才建议吉恩做多联合铜业。不过，在我看来，这样的说法显得很牵强，因为以罗杰斯那样的智慧和精明，怎么会不知道吉恩并不是一只任人宰割的羔羊？

吉恩采用了与过去一样的交易模式，那就是在股价大幅上涨并出现回档时，大量出脱手中持股。当然，他的战术是灵活机动的，他会随着自己的总体要求，观察市场上的短线变化，随时做适当的调整。大宗的股票交易就像行军打仗一样，作为一个交易者或者操纵者，他必须时刻分清楚战术与策略之间的关系。

有一个优秀的飞线钓鱼高手最受吉恩的信任，据他说在联合铜业操作的战役中，有一天吉恩发现手中几乎没有可操作的股票了——先前为推高股价不得不大量买进股票，所以在第二天他又不得不从市场买回了几千股。按照吉恩的做法，为了推高股价造势，他会买进股票，然后再全盘出脱，次日他会再买进几千股，隔日再获利卖出，然后，他就会不予理会而放任市场自行发展。就像我之前所告诉你的那样，他在股价一路下跌中压低股价，一路卖出，而大众投资者总是习惯于抢市场反弹，而那些做空的人也往往在此时平仓空头持仓。

吉恩的亲信告诉我，等吉恩帮罗杰斯和洛克菲勒成功地卖出他们的手中持股之后，大约给他们套现了2000万至2500万美元的现金。作为报酬，罗杰斯给吉恩开了一张20万美元的支票。罗杰斯的这个举动，让人感觉好像是一位百万富翁的夫人在大都会歌剧院丢失了一条价值10万美元的珍珠项链，剧院的清扫女工找到这根项链之后完璧归赵，而这位妇人仅用了50美分就把清扫女工打发走了。吉恩婉言谢绝，退回了支票。并附上了一张纸条，非常客套地说他并不是股票经纪人，但也很荣幸能有机会为他们效劳。罗杰斯收下了支票，并给吉恩回了一封信，表示他们非常期待将来有机会再度与吉恩合作。而不久之后，罗杰斯就用一条内部消息回敬了吉恩，他建议吉恩在130美元上下买进联合铜业。

远航精解 **主力在操纵股票时，大环境的优势是必须考虑的。**要不然，成功率低，且费时费力，失败的可能性也大。此处介绍了吉恩作为大作手角色的操盘业绩，确实在当时市场上是独一无二的。依托大牛市背景，也取得了巨大的成功。所以在投机市场上参与的任何群体，都不能忽视当时的大背景，顺大势而为，将使得原本可以取得的成功有效放大，成为交易人生当中浓墨重彩的一笔。

吉恩的操作从整体的战略部署到执行是一气呵成的，打了一场漂亮的战役，这是他的爱好，这种操作让他当上市场的王者，极大地满足了掌控市场的心理需求。因此，对于罗杰斯的一些报酬，没有看在眼里，因为他的目的很明确，从名和利中选择了前者。

文中提到吉恩出货的阶段是**拉高后回调的阶段，属于典型的低位派发**，在如今的A股市场中也较为常见。利用此前公众踏空，看到股价已经飞涨，但不敢去追。但不断上涨的价格，给这些公众带来一种该股票本就应该值这么多钱的假象。因此，一旦有一定幅度的回调，公众就认为这是一个很好的上车机会，因而就会不假思索地买入。但买入后就会发现，股价已经失去了原有上涨的动力，变成不断阴跌，盘中偶尔的几次反抽，也过不了前期的高点。这是为什么呢？因为在公众追高买入的过程中，主力却在暗中出货，把价格维持在一个区间，公众要多少货就给多少货，等主力筹码都派发完毕之后，最后进入甩货阶段，不计成本地往下砸盘，股价则向下加速下跌。捡便宜的投资者此时就只能忍痛割肉或高位站岗了。**这是很多投资者在市场内亏损的原因和错误操作习惯。**

20.3 天生的王者吉恩

詹姆斯·吉恩，一个多么了不起的卓越作手！据他的私人秘书说，当市场的发展符合他的预期时，他那霸气的个性就会显露无遗。那些了解他的人表示，吉恩的霸气个性，常常表现于他那冷嘲热讽的言辞之中，听者无不记忆深刻，即使事过多日也难以忘怀。然而，当他处于亏损状态时，情绪上却表现出极度的冷静与沉着，一派十足的绅士风度，语气亲切，谈吐风趣幽默。

作为一个作手，他拥有最杰出的素质，这是每一个成功的投机者都必须拥有的特质。很显然，像他这么优秀的人，不会与报价带作对，他胆大但绝不鲁莽，一旦他发现自己错了，就能够在极短的时间内把自己调整到正确的状态。

从吉恩的时代到现在，证券交易所的规则已经过多次修改而发生了重大变化，现在所推行的交易规则比过去严厉了很多。在股票交易和盈利所得也增加了很多新税种，这使得股票交易的游戏比之过去已发生了很大的改变。当年，吉恩运用自如而且为他带来巨额利润的那些技巧，如今已变得一无用处。此外，整个华尔街的商业道德水准也提高了一个大台阶。到今天，虽然市场已发生了重大变化，但把吉恩放在美国金融的任何一个时期，他都称得上是当之无愧的伟大作手。这是因为，他是一个超越了时代的杰出股票作手，他对股票市场的投机游戏已精通至极。他之所以能够取得如此伟大的成就，是因为当时的市场规则允许他那样一如既往地操作，他在 1922 年的操作取得了和 1901 年或者 1876 年同样的成功。当初他在 1876 年从加州来到纽约时，仅仅用了两年的时间就赚到了 900 万美元。有些人的步伐天生就快于芸芸众生，不管一般的投资大众发生了怎样的变化，他们天生注定就是领导者。

就操纵市场而言，现在与过去相比，其变化绝对没你想象的那样大，操纵的回报也没有原来那么丰厚。因为从前那种开创性的初期如今早已过去了，回报理所当然地就没有开创期那样丰厚。然而，在操纵市场上，相比于吉恩那个时代，某些方面似乎更容易些，而其他方面的操纵难度又比吉恩那个时代大得多。

远航精解 伟大的作手之所以成就伟大，是因为他的独一无二。另外，他们创造了超于时代的思维和操盘方式。虽然有可能不被当时所接受，但实战证明确实非常有效，且引领了当时时代前进的步伐。

不仅是吉恩，利弗莫尔同样也是他那个时代独一无二的伟大作手。其看盘理念与操盘方式在当时已经非常超前，而且经过其自身不断历练和完善，形成一套非常完整的操盘体系。以至于一百多年后，现今高度信息化时代的我们，仍然将其视为经典进行研究，并不断衍生和优化，使其更符合当前的市场。

20.4 操纵市场成功的关键

毋庸置疑，广告推销确实是一门艺术，而市场操作也算是以报价带为媒介的广告宣传艺术。利用报价带为媒介，就是要让它说出操纵者希望研读报价带的人所看到的市场情形。故事制造得越逼真，则越具有说服力，广告宣传的效果也就越好。

比如现在的操纵者，不仅要让股价看起来非常强劲，而且还要确实做到真的让股票强劲起来。这也就是说，现在的操纵必须遵循健全的交易原则才能保障操纵者的成功。吉恩之所以能够成为一个非常卓越的操纵者，在于他首先是一位杰出的交易者。

“操纵”一词，带有浓厚的贬义色彩，所以它需要一个别称以正视听。如果操纵股价的目的只是将手中的大量股票卖掉，并且整个操作过程不含有误导的成分，那么我认为这样的操纵，既没有什么神秘感，也不存在不正当的行为。

很显然，为了能将手中的大量股票卖掉，操纵者必须在大众投资客中找到买主。他要寻找的目标就是那些想为自己谋取更大利益的投资大众，这些人显然比一般的人更具有风险承担能力。尽管这一点为很多人所共知，但是他们其中的一些人，还是因为没有赚到钱而把责任推卸给别人。对于这样的人，我从来都不会报一丝一毫的同情。这种人赚钱的时候大多会沾沾自喜，而赔钱的时候就把罪责推给别人，指责他人操纵市场和股价，采用了不正当的伎俩，责骂别人是个十足的操纵者。在此情形下，“操纵”一词，从这些人的嘴里说出，所隐含的贬义的情感色彩不言而喻，但实际上却并非如此。

一般而言，操纵的目的只是激活市场交易的活跃度或者称为流动性，以便能在理想的价格大量地卖出股票。然而，当市场大势气数反转，交投低迷，集合资金的管理者们就会发现，如果不在价格上做出一定的让步，要将手里大量的持股卖出则万难成功。这时，那些出名的管理者可能会想到聘请一位操纵专家，他们相信以专家的技术和经验，一定能够帮助他们实现胜利大逃亡，而不至于为此而承受价格大幅让步的巨额损失。

或许你已经注意到，在谈论操纵的时候，我并没有谈到那种以尽可能低廉的价格收集筹码的操纵方法，就比如那种通过大量买进股票来取得控制的操作，那样的事情现在也很难再实行了。

一天，那个多年以来都未现身证券交易大厅的华盛顿·康纳突然间出现在西联电讯公司的交易柜台，当杰伊·古尔德计划要控制西联电讯公司的股票时，他决定大量买进该股。当他要出手买进西联电讯股票时，招致了那些场内交易员的讥笑。他们认为他如此做非常愚蠢，居然把其他人都想得那么单纯，于是那些场内交易员把他所有买的西联电讯股票一股脑地都卖给了他。他这种操作，实在是太不专业了，他只是一厢情愿地认为，只要假装古尔德先生买进西联电讯就能将其价格推高，你说这算是操纵吗？我想，这很难定论，说它是也算是，说它不是那也不算是。

如我所说，一般而言，操纵的目的只是尽可能在接近最高的价格上将股票卖给大众，这会牵扯到两个问题：一个便是卖出的价格问题；另一个便是如何化整为零地卖给大众的问题。无论从哪个角度说，一只股票被一个人独揽远没有被1000个人持有更好，因为那样的话，操纵的时候遇到的对抗力量就比较分散，就可以避免来自比较集中对抗的力量。所以，对于一个操纵者来说，要取得操纵的成功，不仅仅要考虑卖个好价钱，还要考虑如何把股票尽量地分散到一般投资大众之手。

话说回来，如果你不能成功地诱导投资大众接盘你手中的股票，那么，即使把价格拉得很高也没有什么实际操作意义。当那些缺少经验的操纵者要在头部出货失败的时候，那些经验老到的操作人就会摆出一副长者的样子对你说：你可以把马牵到水槽旁边，但你没有办法强迫它饮水。说实话，姜还是老的辣，这些经验老到的人的言语非常有道理。而事实上，你只要记住一个原则，就能保证你的操纵顺利完成——那就是要像吉恩和那些经验丰富的前辈们所做的那样，在尽可能地把股价拉高之后，就可以在回档的过程中把股票分散地卖给大家了。

远航精解 操纵的目的是吸引被操纵者反向操作，作为对手盘。被操纵者之所以沦为鱼肉，是有其自身特质的，像一些喜欢听小道消息、一心想不劳而获的公众投资者，又怨天尤人，注定了是市场的失败者。正因为这类人群的存在，才成就了大作手的伟大。A股股民俗称为韭菜，正因为有众多的韭菜存在，且被收割一茬又一茬，才能哺育少数的主力机构财富的不断壮大。当然，也是促使真正优秀交易员施展拳脚的地方。国外大多数都是以机构投资者为主，而国内则是以散户为主。大部分投资者不具备成熟的投资理念和专业的投资技巧。所以，**为了避免自己沦为韭菜被收割，投资者应通过不断地学习和实践总结，有朝一日能够站在少部分群体中。实现稳定盈利，是每一位踏入市场的投资者的终极目标。**

文中提到的对手方，判断多空双方力量强弱是关键。当我们在市场中决定干一番事业或执行一项操作的时候，要知道对手方是谁，对方实力的强弱，甚至对方的一些操作风格都得尽可能地了解，才能站在更大的盈利面上。实力对等的两股力量很难分高下，实际情况是当主力操纵一只股票获取到足够筹码后，如果此时另一个主力也开始或已经在吸收筹码，就要分析对方是谁，资金实力和操盘意愿是什么。如果不一致，则可能放弃此次操纵。**而对手方是公众则好办得多，因为公众无法形成一致的态度，力量非常分散，关键是群体效应明显，这样就使得操纵的成功率极大地提高。因此，即使是个人投资者操盘中小资金，也需要把自己的思维定位为主力思维，如何才能收割散户，散户如何才能上当，市场的狂热或恐慌情绪是否被渲染或放大，观察公众的反应，逆向思维，才能站在盈利的一面。**

20.5 再现完整操纵过程

让我从头说给你听。如果某个承销机构或者某个资金管理集团希望将手中大量持有的股票以最好的价格卖出，当然了，这只股票应该是正式在纽约证券交易所上市的股票。那么对他们来说，股票出场的最佳场所应该是在公共市场，首选的买家应该是市场上的一般投资大众。负责出货的人则是他们之中的一个现任或者前任合伙人，此人已经尝试在证券交易所出货，但未获成功。尽管他此时已经或者即将十分熟悉股票市场。在操作上他分明已经感觉到，这样专业的工作应该由更有经验和能力的人才可以胜任。于是，他找到了在这方面已经取得过成功的人，并利用他们的专业技能和经验，此时他希望一位经验丰富的作手，就如同他在生病时需要一位好医生一样，或者像当他解决工程方面的问题而需要借助一位内行的工程专家。

如果他所打听到的那位精通股票操纵的人就是我，那么他们就会对我进行比较详细的了解，随后再安排会面，等时机一到他们就会到我的办公室来拜访。

或许我对这只股票也很熟悉，并且了解它的背景，因为这本身就是我的工作，我就是干这个的。而来访者告诉我他及他的合伙人想要达到的目标，并且诚恳地指望我能接受这个委托。

接下来就该我出场说话了。我会要求他们提供我所需要的信息，以便我对他们的委托有一个清晰的了解和认知。接下来，我会对这种股票进行专业的评估，并预估它在市场上出错的可能性。除此之外，我还要对目前大势做出判断，以增加我对这只股票成功操作的可能性。

如果他们提供的信息让我能看到预期的好结果，那么我会考虑接下这个委托。如果他们满足我要求的条件，比如酬金多少之类，那么接下来我就会由此开展我的工作了。

一般而言，我所提出的报酬要求，便是大量的股票买入期权，而且我会通常坚持逐步提高买入期权的执行价格。因为只有这样，对双方才都是公平的。执行买入期权的价格，从略低当前市场的价格开始，然后随行就市，逐步提高。假设我获得了十万股的买入期权，而且现行的价格为 40 美元，那么我会要求我的买入期权以 35 美元的价格开始，然后随着股价的提高，而逐步提高到 37 美元、40 美元、45 美元，以至 50 美元，再继续攀升到 75 美元或者 80 美元。

假设我的操作交易达到了操纵效果，也就是说使股价得以上涨，而且最后涨到了最高点。而此时，如果市场对卖压还有很强的消化能力，我就会要求执行买入期权，并且将这些买入期权全部出售。这样一来，我和我的客户都同时赚到了钱，这对于我们双方都是理所当然的事，因为我用我的专业技能为他们赚了钱，而我也应该拿到自己应该得到的报酬。当然了，任何事情都没有 100% 的把握，偶尔我也会因为集团亏损而拿不到报酬。但话说回来，这种情况极少发生，因为在看不到前景和有利可图的时候，我是不会接下这样的任务的。就在今年，运气不好的买卖，我就遇上了一两次，没有从中赚到钱。

发生亏损自然有其内在的原因，但这已经是另外一个故事了，如果有机会的话，我以后会告诉你的。

远航精解 从此文中我们可以看出操纵股票是一件极为专业的事情。利弗莫尔从股票质地的评估、大势背景进行专业判断，决定是否接受此项合作。这些都是专业性的体现。

对于报酬取得的方式也非常具有建设性和合理性。期权这个方式对于合作双方都是一种约束与激励。只有当利弗莫尔把股价推至高位，并且那时还得市场造势，获得足够的流动性，才能以行权的方式获得股票，再抛售给公众才能获得报酬，体现双方合作的公平。与此同时，自己拥有期权，也防范了此前吉恩操盘成功后，合作方不给或少给的情况。这方面体现了利弗莫尔在其事业中，思维缜密，有条不紊的行事风格，为他日后能取得更大的成功，奠定扎实的基础。

20.6 宣传的重要性及形式要求

要推动一只股票上涨，首先就要用广告宣传的形式告知大家多头行情即将展开。这样做，乍听起来好像是很蠢，但是如果你静下来细品一下，这其实并没有你想象的那么蠢。而实际上，对一个股票最好的宣传方式，就是要让它变得活跃而且强势起来。等你把这些必须要做的事情做完之后，那些活跃的投资大众就会成为这只股票最好的宣传员，而报价单显示的数据也就自然成了最好的宣传媒介。其实你根本不用给客户宣传，也不用让记者知道该股票的投资价值，更不需要去做那种买通财经评论去大肆鼓吹该股票公司前景的勾当，你甚至也不需要鼓动这次的参与者，只要做到让股票活跃起来，你的愿望就能够自然而然地达成。只要股票一活跃，大家就会自然而然地为这个活跃而找理由，而这个理由全部都由他们自动发掘，而无须我再去费心地做宣传。

对于场内交易员来说，他们需要的是交易活跃。在一个自由交易的市场，他们会在任何价位任何时候交易任何股票，只要是活跃的股票他们就会成千上万股地交易，其交易量非常可观。

也就是说，操纵者的第一批买盘就来自这些场内的交易员，他们会紧随你的步伐大量地买进股票而把股价一路推高。因此，无论在你操作的哪一个阶段，他们都是你最得力的助手。据说，詹姆斯·吉恩深知这一点，所以他常常雇用这些场内最活跃的交易员为他的操纵做掩护，同时也让他们充当了最好的推销员和消息传播者。为了让这些人能为他拼命地助力，他常常给他们承诺，允许他们执行的价格高于市价的买入期权，以保障他们逃离的时候，能够获得一个好的价钱，从中为自己多赚一些利润。

远航精解 此前的吸筹、拉抬股价等花式打法，就像足球场上，带球、传球、攻入禁区等都是为最后射门那一刻做准备。操纵过程中的宣传如临门一脚之前的准备，显得格外重要。在实际市场运行过程中，有很多真假难辨的消息。一方面，制造热度。炒股炒股，炒的就是热度。有热度的股票，总会吸引众人关注，从而产生很好的流动性，其溢价水平就更高。所以我们看到市场上刚上市的新股，或者犹如科创板的整体溢价就很高，而创业板中的很多老股票，经过多年的炒作，很多已经过气。另一方面，套牢盘众多，除非有重大潜在利好或题材，要不然主力不会去做解放军。这类股票平时走势枯燥，也没有太多人关注，走自身熊市阴跌的通道不断下行。投资者如果拿着这类股票的话，会长时间亏损的折磨，应尽快止损出局。

大作手都深知宣传的重要性，毕竟，股票也是一种商品，要卖个好价钱，就要有一定的势头。一般主力在吸筹阶段会有很多负面消息进行打压，而在主力拉升阶段就有很多利多和利空的消息、模棱两可的消息交替出现，制造朦胧的氛围。比如某个媒体报道利好，上市公司马上出来澄清，然后大家看到的是股价还在不断上涨，甚至加速。这就是宣传的重要性，会加速抢购者的疯狂，让他们确信，后面还有一大段涨幅等着他，只要买进，可以不费吹灰之力地赚取一大笔钱。这样就勾起了公众的贪婪。等利好消息释放，并且坐实，此时股票就到了顶端，放出巨量。筹码在短时间内巨量换手，从主力转移至公众手中，达到了作手当初的目的，行情也随之结束了。

20.7 操纵股价的独到之处

我操纵的时候则有我自身的做法，当我要取得这些专业交易人的支持的时候，其实我无须做太多的事，只需要让股票的交投活跃起来即可，他们也不会有太多的要求。当然，我时刻没有忘记这些场内的交易员买进股票的目的是获利，他们手里所持有的头寸不会为获得高额利润而一直坚持到最高的价格，他们追求的是快速实现利润，所以往往是快进快出。

请记住，我让股票活跃起来的目的是吸引投机客的关注，这内里的原因我之前已经说过。在我的一买一卖的过程中，这些交易员会紧随进出。你看，这有那么多的参与者，他们的目的是投机而来，而绝非是持股。而我所持有的是大量的买入期权，这样一来，我面临的卖压通常不会太大，所以在操作中买盘总能战胜卖盘。请注意，投资人众跟随的是场内交易员的交易行动，而不是操纵者的步伐。所以这些人自然就成了进场的买方，而这正是我所需要的。也就是说，我可以把自己的持股卖给他们了。

如果遇到投资大众的买盘非常强劲，以至于能消化掉我早期为了推高股价不得不大批买进的股票，这个时候我会对这只股票进行技术性的做空动作。一方面，对我来说，这样做其实是相当安全的，因为我的手上还持有大量的买入期权。但是另一方面，如果大众的买盘需求没有那么强劲，这时股票就会停止上涨的势头，我也会就此耐心等待。

远航精解 每一位操盘手的风格都不一样，所处的时代和操作的股票标的物不一样，因此，实际操作中，又会产生很多变化和更新，来适应市场。在实战操作中，一定要细致观察标的物品种的走势细节，常用的诱骗手段，主力操盘手的风格。就像骑马，骑手要懂得马的脾气，骑行时要懂得和马走的节奏贴合。慢走时如何控制身体重心，而奔跑时如何控制身姿，双腿夹紧马身，臀部抬起，重心前倾等。**只有平时在实战中多观察和掌握这些细节，才能使自己站在更大的盈利面上，尤其能增强自己执行策略的信心，策马奔腾时，不会轻易从马背上摔下来。**

利弗莫尔在此介绍的就是利用做空动作打压股价，这是针对操纵过程中，公众跟风的问题。原因是，这些公众如果提前进入，则后面拉升过程中就会面临更大的抛压，反而在自己出货时，没有足够的接盘者。**通过打压股价，使得一些短线客能够被震出局，达到清洗浮筹的效果，目的也是为后续上涨扫清障碍。**

另外，他提到买盘需求不强，也就是市场上的帮手不多，则拉升的时机还不成熟，耐心等待就是很好的一种方式，不要强行拉升，那样成本会高很多。**等到**

合适的时机再点火让股价起飞，则事半而功倍。

20.8 我如何完成高位出货

现在我们假设这只股票的涨势已经陷入停滞，整整一天交易非常疲软，可能是因为市场整体出现回档。这时，会有那么几个敏感的交易员，发现这只股票根本就没有买单，于是他们就会接二连三地卖出，而其他更多的交易者也相继在卖出。但是不管什么原因，现在的情况反正是我的股票开始出现下跌。接下来，为了使我的股票价格得到支撑，我开始买进股票，就像一只股票得到内部人士支持那样，在我的买盘力道的支撑下股票出现了它力挺的表现，而且我要告诉你这里边更奇妙的是，我根本不需额外地买进股票就能使股价获得支撑。换句话说，也就是我没有必要增加持股总量，以免将来卖出股票时给自己增加麻烦。

请你注意，当我这样撑起股价时，并不会因此耗损我的财力。你还记得吗？由于之前投资大众或者较强的买盘需求，使得我在高价位得以放空，而现在我要做的只不过是将我从前以较低价位买进的头寸平仓而已。我要做的就是让交易员和投资大众明白，即使这只股票在下跌过程中同样有巨大的买盘需求，这样才能避免场内的那些专家做出鲁莽的卖空行为，又能防止那些持股者因为恐慌而一走了之。

当一只股票的走势越来越弱的时候，我刚才说的那一幕你就能经常看到，特别是当股票缺乏明显支撑的时候更是如此。我刚才所说，平仓回档的过程，就是我所提到的稳定操作程序中的重要一环。

当股价越来越高时，我也当然会顺势而为地卖出股票，但卖出的数量从来都不会太多，以免破坏上涨的态势。我这样的行为，完全是按计划严格行事。有一点是肯定的，在一个合理有序的涨势行情中，我卖得越多就越能激励那些保守的投机者进场交易。这些人的数量远远多于场内那些鲁莽的交易员，有了这些人的跟进，就会使这只股票在将来无可避免地出现疲软的时候，获得强有力的支撑。我一直在做空，所以我一定要在不危及自己利益的情形下保有通常情况下对股价足够的支撑能力。我开始卖出股票的时候，通常要让自己能够获利，但一般而言，我的卖出行为只是为了增加无风险的买进力量而已，并不是为了能直接给我带来利润。我的整个操作工作并不仅仅为了抬高股价，或者帮我的客户出脱大量的股票，我要考虑的是在拉高股价的同时也能为自己赚钱，这就是我不要求客户为我持续地提供足够的资金支持的原因。我的报酬来自于成功的操作，很显然，操作得越成功，获得的报酬也就越多。

当然，我所描述的整个过程，在现实操作中并非一成不变。我从来没有指定过，也没有一味地坚持过某些所谓一成不变的通则，通常我会具体情况具体分析，根据具体情况来调整我的整个操作要求和实现条件。

想要将一只股票卖给投资大众，就一定要先把股价操作到尽可能的高度，然后再高价卖出。我多次反复强调这一点，因为，一来这是一个操作的基本原则；二来所有的投资大众都认为股票的卖压一般都出现在头部。通常，股票在涨不动的时候就是你卖出的时机。当然，股价也会因为你的大量卖而出现下跌，而且那跌幅往往会超出你的预期。但一般情况下，你都可以再把它重新拉起来。

通常我有自己的判断依据——如果我操作的股票在我的买盘推动之下，能够持续上涨，我大体就可以知道这只股票基本上还在我的掌控之中，那时只要需要，我会满怀信心地用自己的资金买进股票，就像买进其他的股票一样，我一点都不会为此担心，因为这正符合我的最小阻力线原则。不知你是否还记得我的最小阻力线的操作原理？一旦价格的最小阻力线得以确立，我就会顺它的趋势进行操作。当然，这并不是因为我当时正在操纵这只股票，而是因为我时刻都清楚我是一个股票作手。

一旦我的买进动作并不能拉动股价上涨，我就会停止买进，然后就会在股价的下跌中一路卖出。即使这只股票并不是为我操纵，我也会这么做。正如我之前所说的，大量出脱一只股票的方法，就是要在下跌的途中一路卖出。而在下跌途中出脱的股票数量通常能够达到惊人的巨量。

我必须再次强调，在整个操纵股票的过程中，我时刻都在铭记着自己是一个股票作手。很显然，一个股票操纵者和一个股票作手所遇到的问题是完全不相同的，一旦操纵者无法让股票按照自己的意志表现，就意味着所有的操纵马上就要结束了。如果你操作的股票并没有表现出你所预期的走势，那就请马上退出。你能做的就是不要和报价带的数据抗辩，也不要期望在这种情况下还能赚回利润。

而应该在退出的时机果断退出，这样才能把损失降至最小限度。

远航精解 此处利弗莫尔阐述的股票操控原理主要有以下几个方面：

顺大势，会使得操作起来更容易，可有效地降低成本。在大势回调时，主力操盘手可以通过较少的成本吸收掉市场涌入的卖单。因为这些卖单大部分是短线投机客的单子。如果标的股票的跌幅扩大或者相对大盘表现弱势，公众则会跟风卖出，那时抛压会加大。所以他维持股价，使其坚挺，让大众认为这只股票依然强势，暂缓卖出。待到大势转好时，这只股票将脱颖而出，以更快的速度和力度上涨，就会有跟风的公众把股价炒起来。那时利弗莫尔将不费吹灰之力就能达到目的。并且在上涨的过程中，由于买盘不断地涌入，可以逐步地派发自己手中的筹码。

市场一直都在变化，注意内在动力的变化。这种内在动力体现在两个方面：首先，涨得多了，有人恐高，则把筹码卖了，锁定利润。当然也有人提前做空。其次，当大部分股票进行调整时，由于有传播效应，标的股票的内在买盘也会停止买入，此时筹码就容易松动。

综上所述，此章节用了几个例证完整地展现了大作手操盘的整体脉络，包括大作手吉恩和利弗莫尔自己的操作手法。从准备工作、环境背景、操作思路、操盘策略、宣传的重要性、时机选择、操盘手风格、注意事项等多维度向我们展示了操盘这门艺术的专业性。虽然他是从操纵者角度进行描述的，对于普通投资者有一定距离，但**让我们对主力作手操盘有了更深刻的理解，有助于读者更清楚地理解市场本质，从而给自身多一些防护，减少进入这些典型的诱骗圈套当中。**

第二十一章

通则和常识的力量

21.1 帝国钢铁上市遇冷

有一点我非常清楚，关于通则，我感觉一般人都不会太在意。我想如果能列举一个非常具体的例子，或许可以加深对它的印象。在此我想告诉你，我是怎么做到——仅仅买进7000股就可以把一只股票的价格拉抬30点，并且还要创造出一个几乎可以消化任何大量卖单的市场。

我说的这只股票就是帝国钢铁，其发行人是几位业内赫赫有名的人士。当初这只股票的发行宣传做得特别好，很被市场看好，人们普遍认为这是一只有投资价值的潜力股。

他们通过华尔街的几家承销公司，把股本中30%的股票卖给了投资大众。但这只股票挂牌上市以后，并没有表现出之前预想的交易活跃的场面。有人对这只股票产生疑惑的时候，那些内部人士，也就是之前的承销公司的成员，会搪塞大家说公司的经营良好，盈余状况也好于预期，公司未来前景美好。其实他们说的并没错，从公司的经营业绩来看，他们说的确实是实情，但这些并不能让投机客感到兴奋，它的市场表现对投机客来说，不具备任何吸引力。但是若从长期投资的角度来看，其持续的配股能力和价格的稳定度，还没有被市场所证实。这只股票从根本上就缺少投机的诱因，从挂牌上市以来，它从来没有出现过大幅度的波动，就连内部人士所公布的业绩报告，也未能带动它的股价大涨。当然啦，它也没有大跌过。

就这样，帝国钢铁保持着它的未被认可、交易清淡、不为人重视的状态。这样的股票的价格不会下跌，那是因为没有人卖出。而没人卖出，是因为面对内部人士大量持股而筹码高度集中的这样一只股票，没有人愿意做空。因为你一旦沾上这样的股票，作为一个做空者，你的命运将完全掌握在那些大量持有该股的内部人士之手。

同样的道理，因为没有什么明显的诱因能引起人们买进帝国钢铁股票，对于投资者来说，它仍属于投机股。另外，对于投机者来说它又是那样死气沉沉，如果你买进它，就会陷入一种像僵尸一般动弹不得的套牢之中，完全无法实现投资利润。持有这样的股票，就好像一两年内被一具僵尸拖累，在这样的漫长过程中，你会发现你的成本慢慢被消耗而损失。因为即使你看见其他好的股票时，也因为自己的资金被套在这只股票里而无法动弹。

远航精解 从股性角度来讲，这只股票属于白马股，业绩不错，虽然可以作为长线持有股票，但在当时市场内大多数都是投机者，对股票盈利的预期更大，因此期望的回报也很高。所以对于不活跃的股票，受市场的关注也很少，无法形成大的波动和炒作氛围。

就好比一潭死水，没有足够的氧气，是养不了鱼的。需要引入活水（流动性），重新带来生机。需要从增加公众对该股的关注度着手，充分挖掘该上市公司的潜在热点和题材，通过各种宣传方式去造势。有公众去参与买卖，才能提高流动性，他们手中大量的货物，才有可能脱销。

21.2 接受邀请，帮人造势

一天，帝国钢铁集团的首席领导过来找我，当然，他是代表全体成员的。他此行的目的就是希望我能为他们的股票造势，希望我以最合适的价格帮他们出脱手里所持有的70%的股份，让他们至少能拿到比公开市场出售所得到的更多的资金。同时他们也想了解，接受这样的工作，我会提出什么样的条件。

我告诉那人，几天之后我会给他答复，然后我便展开了对这只股票的全面研究。我请了几个专家前往这个公司的各个部门去了解情况，包括生产部门、业务部门和财务等其他部门。这些专家在调查访问之后，给我带来了一份公正中立的报告。我要他们做的，并不是要找这家公司的优点或者缺点，而是要全面地了解他们的整体状况。

从这些专家们给我的报告中显示出，帝国钢铁是一只不错的股票，其前景相当不错。只要投资者耐心等待，如果以目前的市价买进这只股票，它的未来一定会让投资者得到理想的回报。在此情形之下，很显然，这只股票的价格，目前是被市场低估了。

所以对于这种股票来讲，最合理的走势就是促进其上涨，所以无论是从良心方面，还是从公司状况方面，操纵帝国钢铁的任务我都没有理由不接受。

我把自己的想法告诉了对方，那位首席再次前来我的办公室，商谈具体的落实细节。我提出了我的条件，在报酬上我不要求任何现金，而是要求 10 万股帝国钢铁股票的买入期权。这个期权的执行价从 70 美元一直到 100 美元。乍一看，这笔费用好像是很高，但他们也非常清楚，那些人别说以 70 美元的价格卖出 10 万股，甚至他们连 5 万股也卖不出去。如果这样规模的卖单市场不能得以消化，那么其他的一切都是白扯。至于公司的利润如何好，前景如何好如此等，都很难吸引买家的眼球，当然也就无法吸引大量的买盘出现。再说了，如果不能先让我的客户赚上几百万美元，我所提出的买入期权其实是换不来任何报酬的。所以我要求的报酬并没有乍看起来那么高得离谱，而我觉得这样相当公平，因为我能拿多少，完全取决于任务完成的程度。也就是说，结果越好，我所得到的报酬就会越高，否则，如果内部人士没有盈利，那么我也就得不到任何回报。

那时这只股票的市价与它的真实价值之间还有一定的上涨空间，而且当时市场整体处于多头，这将有利于所有绩优股的上涨，因此，我认为我完全可以胜任这项任务。我把我的想法告诉了客户，他们被我的理由所打动，接受了我提出的条件。就这样，我们的合作在一派祥和的气氛中开始了。

远航精解 这也是利弗莫尔展示成功的案例之一。在接受股价操纵任务之前，还是谨慎地先进行全面调查与评估，并和对方达成有效协议，这对双方都有利。

这类模式也同样是国内A股市场上盛行的套路之一。就是大股东减持时，为了卖高价，所以和操盘手达成协议，操纵股价把股价抬高，再发布相关利好，高位出货。但近几年，随着证券法的出台，以及证券监管机构执法力度的加大，有很多此类操纵市场的违法案例浮出水面，相关责任人也被依法判刑并没收非法所得且处 3 倍罚金。所以违法成本很高，因此，此类操纵案例就少了很多，市场主力的玩法也将随之改变。

21.3 预估风险，做好自我保护

该集团的内部人士拥有和控制了70%的股票，为了尽可能地保护我自己，我要求他们把这70%的股份存放到信托公司的信托账号里，这样一来，大部分的股份就被稳稳地锁住了。这样就可以防止那些大股东们把我的拉升变成他们出货的工具。那么接下来我重点考虑的就是流通在市场中的那30%，而这其中的风险是我必须要承担的。要知道，作为一个有经验的投机者，对那种毫无风险的交易，他从来都不会指望会送上门来的。而实际上，正如人寿保险公司的投保人不可能同时死亡一样，那些市场上的流通盘也不可能一下子全部都涌进市场抛售。预估股票市场可能发生风险的概率，就如同保险公司精算投保人死亡的概率一样。

在预设了操作过程中事先可以规避掉的风险的保护措施之后，我就开始着手行动了。当然，我的最终目标是要让我的买入期权变得非常有价值，为了实现这个目标，我必须拉抬股价，并且要创造出一个庞大的市场空间，好让我出脱那10万股买入期权的股票。

首先，我要搞清楚，当股票上涨的时候会涌现出多少卖盘。这事倒不难办到，只要委托我的经纪人查一下，就可大体知道在当前的价格或高于当前价位的价格究竟有多少卖单了。实际上，他们怎么查出的，我也不知道，我想大概是场内的交易员把场内买卖委托单告诉了他们。当时的股价是70美元，但那时几乎没有什么买盘，在这个价位上，连1000股都卖不出去，甚至以低于70美元的价格卖出，也不会出现较大的买盘。接下来我要依据经纪人告知我的信息而行动，但这些信息真的还不足以让我知道那些正在等待卖出的股票到底有多少，需求量究竟小到什么程度。

远航精解 投机市场上利润和风险是两个孪生兄弟，任何可能带来利润的机会，背后都伴随着风险。专业投资者要做的就是事前评估，做到知己知彼，通过有效的方式保护自己。当然还包括利弗莫尔后续雇人调研市场卖盘的信息，将后续可能发生的风险降至最低。他还将大股东的股票锁在信托账户里，就是有效防范内部人为风险的非常有效的手段，也体现出他操作这些案例的经验老到之处。

21.4 少量吸筹启动市场

大致了解以后，所有挂在70美元以及以上的卖单，都被我悄悄吃进了。你应该清楚，这里所说的“我”，实际上就是指我的经纪人。这些卖单，都来自于一些小散户，因为我的客户——也就是帝国钢铁的内部人士——所持股已被信托锁住，他们在被锁之前所挂出的那些委托卖单也早就被取消了。

我知道，我并不需要买进太多股票，只要涨势得以确立，其他的买单就会被吸引进场，当然同时也会引来卖单。

我并没有在市场上散布任何关于帝国钢铁的利多消息，因为我不需要这样做。最好的宣传手段，莫过于直接影响市场人气，我只要将人气哄起来就可以了。我并不是说利多消息在市场上完全没有什么作用。其实，宣传一只股票的价值就如同宣传服装、鞋帽、汽车的价值一样，是一种合乎心理的销售方法，而且确实有这样的必要。不过，我认为真正有效的消息，应该借由大众之口说出，这就是说，我希望大众所了解的所有信息都是通过报价带告知市场的。我之前已经说过，等股价大幅波动的时候，一些财经报纸就会对此做出解释。大众想要了解的，除了市场已经发生了什么外，还要知道这其中的原因。因此，利多消息的宣传，用不着操纵者亲自动手，那些财经记者们会尽其所能地把搜罗到的消息甚至连流言蜚语都刊登在报纸上。此外，他们还会将盈利报告、目前市场的交易状况，以及产业的发展前景等一并呈上。总之，任何能够助推股价上涨的原因，在报纸上都能看得到。

如果有熟人或新闻记者问我有关某只股票的观点，如果我恰好又持有该股，那我一定会不假思索地全部告诉他们。但我从来不主动提出什么建议，也不提供任何内部消息。我知道用所谓的秘密方式操作，并没有什么好处，报价带才是最佳的消息提供者，也是最有说服力的推销员。

远航精解 股票本来就是一种商品，需要以更高的价格推销给公众才能获利。利弗莫尔此处其实利用了更高级的推销方式。**主力通常利用成交量，波动幅度，也就是制造股票的活跃度来给公众带来直观的影响。**股价的波动幅度和人们的心理波动是呈正相关的。股价波动幅度越大，越容易吸引人们的眼球，博得更多的关注。甚至有些人还脑补了自己从波谷的最低点买入，在波峰最高点卖出，幻想自己利润最大化后数钱的样子。

成交量是资金参与程度最直接的证据，主力通常用对倒的方式去制造他们所需要的成交量。通常也会被主力利用，因此，成交量只能做一个参考，**不能单纯只凭成交量去做买卖决策，要结合大势，标的物前期的行为，以及将主力所讲故事的逻辑主线给梳理出来，才能找到更低风险的潜在盈利时机出手。**

利弗莫尔利用媒体的方式也很巧妙，因为当时的媒体都是捕捉热点，去烘托气氛。自然也不会放过一直活跃的股票并会赋予其故事，尤其对于这只基本面都不错的白马股。

21.5 交替买卖推高股价

当我把市场上那些挂在 70 美元或略高于 70 美元价位的卖单全部吃进之后，市场的卖压解除了，而此时帝国钢铁的最小阻力线也越来越清晰了，它的趋势已经明显向上进发，场内交易员中那些观察敏锐者，看到这种情形之后，就会认为这只股票已经进入温和的上涨阶段。虽然他们并不知道股价会涨到哪里结束，但是他们所知道的这些已经足以激发他们买进了。他们对帝国钢铁的买进需求，完全来自于显而易见的上涨趋势，而这一多头信息则是由永不出错的报价带所透露和传递出去的。

至于说到上涨趋势是怎样形成的，这当然是由我激发所形成的。此时，我把刚刚从第一批小散户手中买进的股票，卖给了那些看到最小阻力线形成时而买进的场内交易员。当然，我在操作卖出的时候，必须十分谨慎，因为我的手中持有大量的股票，我并没有对这些股票采取强烈的推销措施，也不希望它的涨势来得太猛、太快。如果在涨势发动的初级阶段，我已经将手中的 10 万股的一半都卖掉了，那可不是什么好事。我的目标是创造一个足够巨大的市场，以便我出脱手中全部的股票。

不过当交易员急于想买进时，即使我仅仅卖出他们所需要的数量，也会使市场因缺少我的买盘而暂时失去支撑力道。到目前为止，这种买盘我一直都在稳定地维持着，因为到了某个时候，交易员就会停止买进，到那个时候，价格也会停止上涨，一旦出现这样的情形，多头们就会因为失望而卖出。因为只要涨势一停止，买进的理由也随之消失，交易员也就会将股票卖出。

但对此卖压，我早有对策——跟随股价的下跌一路买进，把之前卖给交易员的股票再以低几个点的价格买回来。我知道，这些买进来的股票过些时候还是要卖掉的，我也更清楚，只有这样买回股票才可以阻止跌势的蔓延，而如果股价停止下跌，那么接下来买单也就会再次涌进市场。

然后，我会再次依利而行。在股价下跌的过程中吃进所有的委卖单——其实那些卖单的数量并不大，之后，就会进入第二次上涨。而这一次起涨的价格应该稍微高于 70 美元。在第一次下跌中令很多持股人懊悔的是，没有在头部出脱股票，但当股价回落三四点之后，他们却不愿意卖出了。他们总是发狠地表示，等下一次反弹，一定要把股票卖掉。虽然他们在涨势中挂出了卖单，但等看到价格趋势发生了重大变化时，他们又改变了原来的主意。当然，对一些短线投机者来说，他们会在涨势中获利了结，因为在他们看来，只有那些装进口袋里的钱才能称为利润。

在这之后，我所做的事情，只不过是对刚才过程的重复而已，运用交替买卖最终总能把股票拉到理想的价位。

远航精解 利弗莫尔在此详细地介绍了股票启动后，如何稳步地推高股价，又不造成筹码松动的技巧。

他首先激发股票的活跃度，制造了该股图形上显而易见的上涨趋势，这是作手操盘的最直接且有效的策略，让公众及一些短线客能够清晰地看到这个股的未来趋势，跟风买入。与此同时，又要对于股价进行严格的控制，不让其过快上涨。对于短线炒家的控制方面，他提到了来回对倒。既在稍低价买入，稍高价卖出头寸，以摊低一部分成本，制造股票活跃度，又能不动声色地把股价逐步抬高。

在此过程中，普通公众很容易陷入追涨杀跌的旋涡当中——看到股价上涨后追入即被套，股价被打压下跌后，立马恐慌卖出。所以作为专业投资者应该熟谙此道，在回调节奏中买入，而在相对高位抛出，才能正确踩准节奏，跟着主力享受更多的利润。

我们都知道，股价运行过程中，不可能是一根直线上去。途中会经过很多回调再上行。犹如人体的肠道。肠道是人体最大的消化器官，人体的吸收、免疫、废物排泄都在这进行。成人肠道全长 8~9 米，完全伸展后总面积有 400 平方米，相当于一个篮球场的面积。如果我们掌握好节奏，不仅能在上行趋势时赚到更多的利润，而且能够将风险始终控制在较小范围内。这是为什么有些短线炒家能在短时间内将本金翻至数倍。当然，这也因人而异，并不是所有人都适合做短线，而且能做到这种业绩，需要多种因素叠加，才有可能达到。**需根据自身资金和时间资源、仓位和心态控制能力、对行情的敏感度等综合判断。对于初入市场的投资者来说，轻仓，做大周期是更为稳妥的操盘策略。**

21.6 利用急涨哄抬市场人气

有时候，当你快速吃尽所有委托卖单后，会引发股价的急速上涨，这会在市场上造成一定的抢买效应。这样一来，会带来另一个更大的效应——成了一种绝佳的宣传效应。因为急速上涨不仅能引发坊间热议这只股票，还能够吸引那些专业的交易者和喜欢交易活跃的投资大众进场，我感觉这样的投机客数量众多。这样的一种不错的操作手法，我把它用在了帝国钢铁上，而且每当这样的急涨激发出短期大量需求，我就会拿来我的全部筹码供应市场，无论是在涨幅上，还是在涨速上，我的这些卖单都能使涨势受到一定的限制，我不断地交替买进，下跌时买进，上涨时卖出。这样，不仅使股价得以拉升，还使得交易规模得以有效地扩大。

从我介入帝国钢铁之后，在任何投机客身上也没有发生过那种不能随心所欲地买进和卖出情形。我这里说的是，只要买进和卖出的数量比较适宜合理，并不会招致股价的过分波动。之前那种一买进就套，一卖出就被轧空的阴霾，从此一扫而空。因为那时帝国钢铁的市场会持续下去的信念已经深入每一位参与交易者的内心。那时股票已经转手到专业交易者和投资大众的手中，而无论专业的交易者还是投资大众，都对帝国钢铁的市场表现充满了信心，这将对股价的上涨产生巨大的助推力。当然，在股票交易活跃之后，其他的诸多障碍也就烟消云散了。

最终通过交替买卖，交易了成千上万股的帝国钢铁之后，我成功地将它的股价拉到了面值，帝国钢铁的股价已经达到了 100 美元。那时人人都想拥有它，难道不是这样吗？现在每个人都确信这是一只好股票，一只这样的股票，股价可以从 70 美元涨到 100 美元，那它一定可以继续上涨，从 100 美元到再上涨 30 美元，这是当时很多人的理想想法，他们都在盘算着一定能在这只股票上赚大钱。

在股价被一路拉上 30 点的过程之中，我仅仅囤积了 7000 股，其平均成本价是 85 美元，这意味着这批股票每股的利润已经有了 15 美元。那时从账面上看，我的整体利润比这还要大得多，而且可以说是十分安稳，因为那个时候我已创造出了一个足以消化我所有持股的巨大市场。如果我再谨慎一点操作，股价还能进一步拉升，而那时我手上还握有 10 万股累进执行价的买入期权，执行的价格从 70 美元到 100 美元不等。

后来情况有所变化。是的，我没能按原计划将买入期权在市场上转化为现金利润。我并不是自吹自擂，这一次操纵堪称完美，而且是完全合法的成功操纵。

这家公司的资产颇具投资价值，股价即使在高位也显得相对便宜。但是，当初承销集团中的成员之一突然产生了一个要确保自己能够掌握这家公司控制权的念头，这个成员是一家银行，财力雄厚，声名显赫。若能掌握像帝国钢铁这样成长期的公司控制权，当然对银行具有巨大的吸引力。最后这家银行向我开价，想把我所有的买入期权纳入囊中。对我来说，这可是一笔非常庞大的利润，于是我欣然接受了。但凡那种能让我赚到丰厚利润的卖出行为我都很乐意接受，我对这次操作所取得的成绩倍感满意！

在那 10 万股的买入期权脱手之前，我注意到这家银行请了一批专家，专门针对帝国钢铁进行了更彻底的评估。就是因为这些专家的报告，才促成了银行家收购我卖出期权的决定。因为我对这只股票已经充满信心，所以作为投资保留了几千股。

远航精解 股价上下波动幅度的加大，人气的激活，带来整体交易规模的逐步放大。因为整体交易规模放大后，其内部流动性才能足以支撑其最终脱手 10 万股股票的目的。就好比一个爆款的商品，有很大的需求量。同时关注度也很高，被大众茶余饭后所谈论。公众对其后期股价就具有很高的期望，因此，这就无形地助推了股价的上涨。流动性的增加，为后期脱手巨额股票打下扎实基础。

良好的操盘策略，正确的执行，在没有外部突发因素影响的条件下，往往会带来可控的预期结果。投资市场有很多机会，包括自己选对了投资品种，往往有意想不到的超预期表现。利弗莫尔自身利润体现的这部分买入期权，在标的物上涨后，就变成实值期权，具有了真正的价值。被银行看中，可以以合适的价格脱手，这是市场给他此次正确投资的一份丰厚的奖励。

21.7 操纵过程正当合法

在操纵帝国钢铁的整个过程中，我完全正当合法，没有采用任何不适宜的手法。只要我的买盘能够支撑股价上涨，我就知道一切尽在掌控之中。有时候一只股票的走势会举步维艰进入僵局，但帝国钢铁自始至终没有发生过这样的情形。如果你发现，股价并没有因为你的买进而出现应有的反应，那就是你应该卖出的时候了。要知道如果一只股票确实有投资价值，而且当时的市场整体趋势是向上的，那么即使它下跌了 20 个点，你也可以等它回档之后再把它拉起来。但在帝国钢铁这只股票上，我从来没有费过这样的心思。

基本的交易原则是我在操作股票时从来不敢忘记的，我反复地强调这一点，或许让你感到有些奇怪，为什么我反复强调永远不要与报价带争辩。在你的想象中，你一定会认为，那些从股票操作中赚了几百万美元，并且能在华尔街保持常胜的人，一定能做到不把情绪带入到操作之中，真的是这样吗？华尔街情况也许会让你吃惊。有一些成功的股票交易，看到市场的表现不符合他们的预期时，往往会表现出像一个焦虑的女人一般，这样的情形在华尔街屡见不鲜。他们似乎把预期违背市场的事情看作了自己的奇耻大辱，于是便失去了平常之心，以致造成了亏损和赔钱的后果。

远航精解 在投机市场上行走，**遵守当地、当时的法律法规是第一要素**。因为无论后期赚了多少利润，只要涉及违法，则后期迟早要还回去，而且往往以更加严厉的方式，不仅是资金，还会有牢狱之灾，实属最大的风险因素，建议任何投资者都要规避此类风险。

另一层面，**就是要遵守自己制定的交易规则**。有一套行之有效的交易规则，并且坚定地去执行，是投机市场能够取得成功，甚至持续成功的关键。也是从业余走向专业的标志。**最后就是心态的把控**，当市场走势不符合预期时，该如何正确地执行操作，是每位大作手和专业交易员需要日积月累、逐步磨炼的。

21.8 逆势操纵铩羽而归

临危受任

关于我和约翰·普兰迪斯不和，坊间有很多传闻。大家都认为这是一个有关股市操盘的传奇故事，由于违背判断导致最后的操作结果以失败而告终，由此我们损失了几百万美元。然而，这只是传闻，事实并非如此。

【译者注：约翰·普兰迪斯生于1875年，毕业于菲利普斯学院和哈佛大学，他是一家纽约经纪公司的资深合伙人。在1924年至1927年曾三次提供1000万美元协助亨利·福特取得福特汽车公司的控股权，因而名声大噪。在本书中，利弗莫尔讽刺普兰迪斯是一个天真的资金管理人，暗示着这位资深的交易者就像华尔街的菜鸟】

我和普兰迪斯多年来一直是要好的朋友，他给我的消息让我无数次获利，我也给过他一些很有价值的参考意见。但我的这些建议他或许采纳，或许根本就没有采纳过。如果他采纳了我的意见，那么肯定能为他节省一大笔钱。

他曾全力参与过石油产品公司的上市和资金募集工作。总体上来说，这只股票算是成功上市，但后来它的走势整体上变坏。这只股票并没有出现像普兰迪斯和他的伙伴们所期望的那么强劲的走势，等基本情势向好的方向转变之后，普兰迪斯决定开始积极操纵石油产品公司的股票，为此他还专门成立了一个资金集团。

关于他们的操作技巧，我不能妄下任何评论。因为他从来没有告知我他是如何操作的，我也从来没有过多地问询过。尽管他精明强干，拥有华尔街最丰富的经验，然而很显然，他们所做的一切都是徒劳无益的。他们的资金集团不久就发现，他们手中大量的股票根本无法脱手，而且我感觉所有可操作的方案他们一定都试过了，要不然他们不可能请一个外部人士过来代替他们的工作，那一定是这个资金集团认为自己已经无法完成或者不能胜任这份任务。作为一个交易人，要承认自己对操作无法胜任，那是一种非常难为情的事情。但不管怎样，普兰迪斯还是过来找我了。我们寒暄之后，他说想让我来主导此事，也就是说，资金集团所持有的石油产品公司的全部股票，他们要交由我来负责全部出脱，这批股票的总数 10 万股多一点，当时的股价是 102 美元到 103 美元。

普兰迪斯的提议让我深感困惑，我当即就婉言谢绝了。但他坚持一定要由我来接管，为了说服我，他甚至都搬出了我们之间的私人友情，无奈之下，最后我还是同意了。对那些没有十分把握的事情，我一向是不喜欢做的，但我又感觉到对友人要尽朋友之谊。我表示一定会尽力，但同时我也告诉他，对此事我并没有充分的把握，并对我们可能遇到的困难一一列举。但普兰迪斯说，他并不奢望我能为这个资金集团大赚几百万美元，但他相信只要我接管，一定能拿出一个结果让每个理性的人都能满意。

就这样，我在违背自己的意愿和判断之下卷入了此事。正如我之前所担心的，事情果然没那么简单。主要的问题是普兰迪斯在之前的操盘中犯下了大错，但目前对我来说，最大的困难是时间太过紧迫，因为那时我已经非常肯定市场整体正在接近多头上涨的末端。那时市场状况的略微改善让普兰迪斯为之振奋，但我非常清楚，这只是短暂的反弹行情而已，这一点一定很快就会得到证明的。让我最担心的是，还没等我将石油产品的股票全部卖出，市场就已经进入了真正的空头行情了。不过既然我已经答应了，接下来那就要尽己所能了。

等我开始拉抬股价之后，我发现效果并不理想。那时，我想能把股价拉升到 107 美元，就已经是一个很理想的价位了！

那时，我想在那个价位卖出一些股票，虽然出脱的数量并不是太多，但这已令我很高兴了，因为这样的结果是在没有增加持股总量的情况下所收获的。那些组织以外的很多人正想倒出他们的持股，正在等待着股价的反弹，对他们来说，正是我帮他们找到了倒货的好机会。那时，如果市场的整体情势能够再好一点的话，我一定能做得更好一些。可惜普兰迪斯让我接手的时间稍微晚了一些，错失了一个天赐良机。现在我要做的就是帮助资金集团出脱手里的所有持股，还要尽可能地减少他们因此出现的损失。

远航精解 这是利弗莫尔另一个股票操纵的案例。对利弗莫尔来讲，毫无隐瞒地说出一笔失败交易的痛苦和委屈，这是一个难得的经验。

利弗莫尔在此提到了两点：一方面，这只股票的基本面并没有前面帝国钢铁那般好，他只是碍于朋友的情面应允下来，帮忙挽回损失。另一方面，也就是关键，在于整体市场已经处于上涨末端。此时没有大背景的支持，此次操作的困难非常大，而且时间比较紧迫，因此，注定此次操作要蒙上一层阴霾。

操作思路与客户产生重大分歧

我指示别人找普兰迪斯去表达我的想法，但是他并不赞成。于是，我就为什么必须如此做法，对他进行解释。我告诉他说："普兰迪斯，我能清晰地感受市场的律动。市场上没有人愿意跟进你的股票，而我的操纵对投资大众带来什么样的反应，你可以看得清清楚楚。尽管你想尽了一切办法让石油产品的股票吸引大众的眼球，而且你也做好了随时资助的准备。但你也看到了，投资大众对此并不感兴趣，由此可以断定，一定是某个地方出现了重大问题。而我要说的是，问题不只在这只股票本身，还在于市场，逆势强推股价几乎不会收到什么效果，如果你一定要坚持这么做，那我告诉你，结局会以失败而告终。作为资金集团的管理人，买进自家的股票是应该的，但买进必须有一个条件——也就是说，当你买进的时候，必须有人跟进，但如果你是这个市场的唯一买家，那么我不得不说这种买进的动作纯属愚蠢之举。一般而言，如果我买进了5000股，那么投资大众也应该跟着买进5000股甚至更多。但是我说了，我绝对不能当市场的唯一买家，如果非要我这么做，那么我将被自己买进的那一大堆不愿持有的股票压垮，现在对于我们来说，唯一能做的就是要卖出。”

普兰迪斯有些疑惑地问道：“你是说我们要不惜一切代价卖出？”

“是的，”我说，但同时我也看出他就要反对我了，又强调说，“如果我们不能做到不计代价地卖出手中所有的持股，那请你做好心理准备，股价将会因此而跌破面值，而且——”

“喔，绝对不可以那样！”他几乎吼叫起来，你可以想象，当他听到我的提议时，就好像是听到了一个让他自杀的建议！

我接着对他说：“普兰迪斯，操纵股票的基本原则你是知道的，拉高股价是为了出货，但是你无法在上涨中将大部分的股票卖掉，只有在头部出现以后在下跌的过程中才能完成这个目标。我很想把你的股票价格推升到 125 美元至 130 美元，但实际情况是我们根本做不到。所以，我的建议是在目前的价位开始卖出。在我看来，整体情势大势已去，所有的股票都会下跌，石油产品也不能置身事外。既然所有股票的命运都面临着下跌，那么对于我们来说，最好的选择就是石油产品股价是因为我们的卖出而下跌，而不是因为我们犹豫不决等到下个月却因为别人的卖出而下跌了！”

我的这番话，是出于对实际情况的考量，而不得不做出的最佳选择。我觉得这没有什么让人太过伤心的，但是他的哀号之声好像传到了千里之外，我的话他根本听不进去。

他认为一旦这么做了，就会对这只股票留下不好的记录，就更不必说那些质押在银行作为贷款担保的股票了，接下来要面对的不知该是怎样的厄运了。

我再一次郑重地告诉他，根据我的判断，在这个世界上已经根本找不出什么办法能阻止石油产品下跌 15 点或者 20 点了，因为市场的整体都要面临下跌。我再次重申，如果试图幻想让这只股票成为市场里耀眼的黑马股，那是根本不可能的事情。但是我的这番苦口婆心对他没有丝毫的作用，他坚持让我必须支撑住这只股票的价格。

远航精解 事实证明，只有站在客观的角度才能做出更准确的判断。客户和作手之间的区别在于，客户一直是站在主观角度，考虑的是自己的成本和利益；而作手是站在客观角度，观察整体市场实际状态，凭借多年经验对接下来最有可能发生的情况做出判断，况且还有前期的一些试仓作为重要依据。

市场的作手才能真正判断市场的动向。这和在战场上打仗的战士对战局的判断比在训练场上的教官所分析的情况更贴近实际情况一样。

但客户毕竟放不下自己的成本，不想承认目前的失败，还想殊死一搏，后面更大的灾难也将随之而来。钻牛角尖是交易员的大忌。无法坦然接受既定的损失，顺应市场去调整自己，很容易在茫茫大海中被淹没，很难通向成功的彼岸。

客户一意孤行招致严重亏损

面前的这个人，是当时华尔街最成功的股票作手，他精明强干，做过无数次的操纵工作，也赚到过几百万美元，况且他比一般人更加了解股票的投机游戏，但他居然要我在空头市场展开的时候买进股票。尽管这股票是他自己的，但这样的做法也未免太愚蠢了！目前，我们的意见完全相左，我还试图说服他，但是毫无意义，他非要坚持让我一定用买单来支撑起石油产品的股价。

接下来发生的事情，正如我的预料。在市场整体转入跌势行情之后，石油产品的股价跟随其他股票一同崩跌。而我不但不能卖出，反而还要按照普兰迪斯的安排，持续地买进股票。

在我看来，普兰迪斯坚持让我买进股票唯一能够解释通的原因，那就是他判断市场并没有进入空头，而我的判断则是多头市场已经结束。我的这个判断不仅在石油产品上得到了检验，而且我也在其他股票上同时测试过，测试的结果完全符合我最初的判断。那时还没等空头市场完全展开的时候，我已经开始做空了，当然，我做空的是其他的股票，至于石油产品，我一股也不曾卖空过。

不出我所料，石油产品资金集团坚守着他们手中的持股，并且为尽力维护和拉升股价还不断地买进股票。但是在整体大势面前，这些做法于事无补，最后他们还是迫不得已出清了所持股票，但是卖出的价格比我当初建议卖出的时候低了不少。

得到这样的结果是必然的，但普兰迪斯最终都坚持他自己是正确的。我知道他此话的隐含意义。他固执地认为，当时的市场整体还会向上，而我之所以给他那样的建议，是因为我已经做空了其他股票。他的言外之意是说，如果资金集团一开始就不计代价地卖出股票，石油产品就会因此而崩盘，而这将对我在其他股票上的空头持仓大有好处。

在我看来，这岂止是无稽之谈，简直是以小人之心度君子之腹。我对后市看空是基于我对整体情势的评判，并不是因为我有空头持仓。况且我的放空完全是建立在自己对后市空头的判断上，一旦方向错了，再努力也不会有什么好结果，至少在股市中是这样的。一开始就建议资金集团卖出股票是我基于20年的经验给他们提出的策略，并且我的判断是当时唯一可行的正确做法。作为经验丰富的交易者，普兰迪斯和我一样明了，在那样的市况下，任何垂死挣扎的努力都为时已晚。

远航精解 凭借多年经验对市场背景将要转势的判断，利弗莫尔能够在自己做空的股票上取得应有的利润，体现其专业性，也是市场给予的回报。而对于普兰迪斯这类大作手，一个是自己此前的成功会给他带来固执、自负等负面情绪，尤其是在遭受重仓时，不愿承认自己的失败。最后，当灾难如约而至时，还将责任怪罪于别人身上，显示其内心不够强大，没有责任心去承担自己造成的后果。

这类反面案例，告诉**人们没有保持对市场走势高度的敏感度，不听取别人建议，以及没有责任感的交易者，在市场上最终会走向失败。**

健全交易原则是操纵成功的基础

和成千上万的外部人士一样，普兰迪斯在认知上犯了一个想当然的错误，他错误地以为市场的操纵者无所不能，而事实并非如此，任何操纵者都没有这样的能力。吉恩杰出的成就，是他在1900年春天成功地操纵了美国钢铁的普通股和特别股。他能够取得成功的主要原因，并非是他精明强干，或者财力雄厚，也不是因为他背后有全美最富有的人所组成的集团支持他，其实最主要的原因是，市场的整体趋势和高涨的大众投资热情的相互配合。

任何人违背经验、法则以及常识，都不会有好结果。在华尔街，愚蠢的傻瓜并非专指外部人士，以普兰迪斯当时对我的建议置之不理的态度来看，那就是一种地地道道的傻瓜行为。因为我违背了自己的布局操作而听从了他的安排，最终给他带来了难以承受的后果。

如果说操纵的最终目的是大量卖出股票，那么只要在操作中没有那种恶意地扭曲事实，操纵的本身也就没有什么神秘感，也不存在所谓的不正当或者邪恶。健全的交易原则，是操纵取得成功的基础。

一提到操纵，人们想到的往往是洗盘之类的老调手法，但我向你保证，在整个操纵过程中，那种纯粹的欺骗手法是微不足道的一小部分而已。市场操纵与场外销售股票及债券的区别，关键不在于手法，而在于客户的不同。摩根公司卖给投资大众债券，被称之为向投资者发行债券；而一个股票作手将大量的股票卖给投资大众，被称为投机者或者是市场操纵者。投资者追求的是来自于本金的稳定获利，而投机者追求的则是快速获取高额利润。

市场操纵者，寻找的客户必须以投机客为主，投机客是为了获得高额的回报，所以他们愿意承担高于一般水平的风险。我本人从来不相信盲目的下注，我可以大手笔地操作，也可以只买 100 股。但无论是大手笔的操作还是 100 股，都必须有充分的理由，我才会去做。

远航精解 利弗莫尔对此次失败案例做了客观的总结。有普兰迪斯自身的原因，当然也提到他违背自己意愿，给普兰迪斯提供帮助，也是失败的原因之一。体现了利弗莫尔勇于承担责任的表现，也是对一件事情的一次复盘。汲取成功经验，总结失败教训，是每一位想要成功的交易员必备的能力。

其中提到人不可能战胜市场，对市场自身走势判断的正确与否以及是否能顺势而为，是投机能取得成功的最重要因素。

21.9 初进操纵市场

至今我都很清晰地记得，我是如何进入操纵市场的——也就是为别人大量卖出股票。每当我回忆起此事，都有一种愉悦的感觉，因为这里充分展现了华尔街的专业人士对股市操作所必须呈现的正确态度。操纵市场这件事，是从我东山再起之后开始的，也就是 1915 年我在伯利恒钢铁股票上大获成功恢复财力之后才开始的。

我的操作非常稳健，而且运气也不错。我从来都不希望出现在报纸上，但也不去刻意地隐藏自己。一旦某个作手表现很活跃，无论他是成功还是失败，都会被华尔街的专家们无限夸大，而那些报纸也竭力地打听他的传闻并加以刊登。那时候一些人在传谣我曾经破产多次，而另一批则在传说我赚了很多钱。好奇，是我对这些报道的反应，我很想知道，这些传闻他们是从哪里得来的，是怎么出现的？而且我更惊讶于这些传闻越传越夸张。我的那些经纪人朋友也不断地来告诉我这些被传闻的故事，每一次都有一些改变，内容会被不断更新，而且越来越详尽。

我啰唆了这么多，就是要告诉你，我是怎样开始替别人操纵股票的。我当年如何还清几百万美元的债务这件事，归根到底都要感谢报纸的报道，我的操作和获利被报纸狂吹一番，以至于我被华尔街纷纷议论。

那时一个作手下 20 万的交易单就能控制市场的局面已经不复存在了，但是你也很清楚，好奇的大众总想找一个更厉害的接班人。作为一个卓越的股票作手，吉恩先生为自己赚取了数百万美元的利润，这样的事情引来股票承销商或者银行请求他帮助他们出脱巨量的股票。简单地说，就是因为他过去操作时期的那些辉煌成就在华尔街得以传播，才使得他受到如此的欢迎。

然而，如今吉恩已经故去了，他到天堂去了。他曾经说，如果不是席桑比在天堂等他的话，他压根儿就不愿意去那个地方。在他之后，曾经有两三个人，在股市一度呼风唤雨，但没有多久他们就销声匿迹了。

那几个人就是来自西部的投机客，他们是 1901 年来到华尔街的，他们在美国钢铁这只股票上赚到了数千万美元，之后就继续留在了华尔街，从事他们的操作。与其说他们与吉恩是同一类型的作手，倒不如称他们为超级承销商更贴切一些。他们很能干，也很富有，而且在操作他们自己或者朋友控制的股票上大获成功，虽然他们称不上像吉恩或者佛劳沃尔州长那样的伟大作手，但是他们曾经的成功经历已经成了华尔街热议的话题。并且他们还拥有一批像专业人士和激进券商那样的追随者。等他们的交易变得不那么活跃之后，华尔街就很少再有他们的踪迹了，至少报纸上鲜有关于他们的报道了。

远航精解 替人操纵股票，是利弗莫尔在又一次破产之后，积累本金的一项重要手段。任何交易员在成长途中都会遭遇失败，甚至走向人生低谷。但有能力和信念的人，会不断从失败中总结教训，并且变得更强大，往往能迅速从低谷走出来。无论是通过什么方式，是自己利用自己本金逐步积累也好，还是替别人操盘也好，是金子总会发光。

交易场上时刻都需要英雄，但也不缺英雄。华尔街如此，国内市场也是如此。一些私募大佬，曾经的辉煌，很多都在一次错误的布局当中，损失殆尽。徐翔是当时涨停敢死队总舵主，触犯法律而身陷囹圄；戴志康等大佬在股市和楼市取得巨大辉煌后，最后栽在了P2P上。这些案例提示我们无论自己曾经取得过多大的成功，都已成为过去。**未来对于任何风险投资者来说都是未知的。要正视自己所处的位置，对自己从事的投机事业保持足够的敬畏心。**

21.10 一战带来的大繁荣

你一定还记得，1915年关闭的证券交易所得以恢复之后，市场展开了一场超级大多头行情。随着市场规模的不断壮大，协约国对美国高达数十亿美元的采购，使得美国经济进入了大繁荣时期。此时战争所带来的繁荣景象，根本用不着操纵，也可以说不费吹灰之力就能创造出一个规模非常巨大的市场。那时，许多人就是因为手里握有合约，甚至仅仅是合约承诺，就能因此赚上几百万美元。他们得到银行家的大力相助，或者将自家公司的股票拿到场外市场去交易，就能阴差阳错地一举成为成功的承销商，那时候只要敢于包装吹捧，不管什么东西都能引来大众的趋之若鹜。

然而，当大繁荣的高峰过去之后，一些承销商发现，如果缺少专家的协助，他们竟然没有办法将手中的股票卖出去。那时候，大家的手上已经堆满了各种各样的证券，有一些买进来的价格已经高得很离谱。所以，要想把那些没有经过市场检验的股票卖出去绝非一件容易的事。大繁荣的风头过去之后人们普遍认为，所有的东西都再也涨不上去了，大家的心态已经转变，悲观的情绪那时已经不需要价格下跌来催生了，只要市场沉闷一段时间，便可以造成这样的效果。

几乎每一次大繁荣都会催生一些公司，他们的主要目的或多或少都是奔着大众对各种股票的暴利幻想而来的。但也有一些错过了最佳发行时机的股票，出现这种状况的原因，是由于承销商犯了人性上的错误，他们非常不愿意承认大繁荣的时期已经过去，此外，他们还错误地认为，只要存在足够大的潜在利润，都值得试一下。一旦大家的双眼被过度的希望所迷惑，就会对即将到来的头部视而不见。对于一只 12 美元或者 14 美元的股票，一般人都少有关注，但如果它突然涨到了 30 美元，大众就会认为它已经到达最高点了。之后，如果它到了 50 美元、60 美元、70 美元甚至 75 美元的时候，这下总该到顶了吧！几周之前它还不到 15 美元呢，现在这么高，肯定涨不上去了。但结果往往出乎人的意料，之后它突破了 80 美元，来到了 85 美元。到了这样的时候，这只股票还有没有尽头的问题，一般人都不再考虑了。他们只关心价格，而不关注价值，而且他们操作的依据，不是市场的整体大势，而是基于贪念或者恐惧的驱使。这就是为什么那些非常聪明的外部人士虽然不一定在高档位买进，但却很少懂得在高价位获利卖出。一般来说，在股市的大繁荣时期，最先在股市上赚到大钱的，大多数是投资大众。然而，他们赚到的钱是体现在账面上，而且始终也仅仅停留在账面上而已。

远航精解 这里提到在一轮大牛市中，市场上几乎所有的参与者都是赚钱的。所谓会买的是徒弟，会卖的是师父，会空仓的则是祖师爷，其实道出了投机市场的本质，真正有能力的人实力在于后者。

在一轮上涨趋势当中，无论你在途中的哪一个节点进入，你都是市场暂时的成功者，无须过多的专业技巧。但每天看着账面利润的增加，人的心理就会逐渐发生变化，会变得贪婪。因为不需要任何付出，赚钱变得很容易，因此想要的会更多，即使达到了当初的目标位，也不愿出场，甚至相反会继续加仓。

炒股是一个低买和高卖的过程，股票的价格不可能永无止境地上涨，上涨过后必然会有一波下跌的过程。如果此时你没有在你当初买入点更高的地方卖出，则在这段时期的持股过程中，一直处于坐过山车的状态，看着自己账户变胖了，之后又迅速瘦了回来。此时心态反而会更糟，毕竟得到了再失去，比当初没有得到更让人痛苦。**因此作为专业的交易员，在实战当中需要顺着当前市场趋**

势启动阶段买入，同时要在市场进入到狂热阶段，提前出场锁定自己的既得利润，并且在漫漫下跌熊途过程中，保持空仓，不为那些盘中漂亮的反弹所吸引入场，才能成为最后的赢家。

第二十二章

操纵联合炉具
荣毁两说

22.1 无法拒绝的求助

有一天，我的经纪人，也是我的密友吉姆·巴恩斯来找我请我帮他一个大忙。吉姆从来没请我帮过忙，所以只要我能做到的，我一定会尽力帮他。他告诉我，他们公司大量持有某只股票，而事实上他们公司就是这只股票的主要承销商。而且这只股票绝大部分股份都被他们公司持有，现在因为公司出了一些问题，急需将这些大量的股票在市场上出脱掉。吉姆希望我能帮他们卖掉这批股票，而这只股票就是联合炉具。

其实能说出多种原因，都使得我不想和这家公司发生什么关系，但是谁让我欠吉姆人情呢？现在他又坚持请我帮他这个忙，单从这一点上说，我已经无法拒绝了。他是我的朋友，人又特别好。我感觉在这件事上，他们公司涉入颇深，所以最后我答应吉姆，一定会尽我所能帮助他。

我认为，就繁荣景象而言，由战争所引发的和其他因素引发的存在着明显的差异，那就是在股市上出现了年轻的银行家这个新的影响因素。这次的繁荣景象是属于自发性的，这种现象的起因是每个人所共知的。与此同时，由于来自美国最大的银行和信托公司的全力相助，使得承销商和军火制造商在一夜之间摇身一变成了百万富翁。那个时候发生了很多离谱的事情，比如只要你说你的朋友是协约国的军方人士，即使在没有签订合约的情况之下，执行合约所需要的资金一样能到你的账户上。那些不可思议的事情多了去了，小职员凭借信托公司的信任借钱给他摇身一变成了总裁，然后仅仅靠转让合约就能让他迅速发家。另外，欧洲的黄金源源不断地流入美国，为了让这些黄金留在美国，银行家们必须绞尽脑汁地想尽各种办法。

在老一辈的人看来，这种做生意的方法真的令人提心吊胆。但还好，这时候老前辈已经很少了。在和平年代，那些老一辈的银行家或许还能应对自如，但如今的年代压力沉重，舞台上的主角都转换成了年轻人。毋庸置疑，银行从中获得的利润已经大得惊人了！

远航精解 人类具有社会性，人与人之间的交往是生活的重要组成部分，人情世故在大多数人生活中占据较重要的位置。但在投机市场上是不适合讲人情的，尤其是对于专业交易员而言，会让自身在市场除了承担应有的压力之外，额外背负更重的包袱，而且容易做出与市场运行相悖的决策。因此，**在市场中操盘，如何做到客观地观察、判断与执行，是优秀交易员提升自我交易能力的重要课题。**此案例体现了利弗莫尔对人友善、讲信用、有人情味的一面，但在市场中感情用事却是大作手事业中的绊脚石。

当时处于战后恢复阶段，因此，军火商等就是风口。**每个时代都有每个时代对应赚钱的风口。实体和金融市场一样，选对时间，选对行业，大多数人都能赚钱。**而且其中有部分人赚钱的速度会超出以往大众的认知范围。就如中国的房地产行业，造就了大批世界顶级富豪。站在风口上，猪都能飞起来。后来的马云、马化腾等互联网大佬，都在国内互联网浪潮中脱颖而出，成为其中的佼佼者，甚至是一个时代的先驱。

22.2 巴恩斯参与整合联合炉具公司上市

吉姆·巴恩斯及其合伙人，他们与年轻的马歇尔国民银行总裁深有交情，而且深得这个年轻银行家的信任。于是他们决定将三家著名的炉具公司整合打包向公众发行新股。因为最近这种情况已持续几个月了，只要是新股，大家就会争相抢购。

然而，困难还是出现了。那时炉具业正值兴旺之际，三家公司都第一次发放了普通股的红利，而大股东们想拼命地抓住控股权。这三只股票在场外市场的交易中都表现得非常良好，那些大股东们愿意释放出来的股票早已被市场抢光，这令他们非常满意。然而，这三家公司的股本都不大，根本无法引发市场的巨幅波动。

在这样的情况之下，吉姆·巴恩斯的公司介入了。吉姆表示，整合后的公司一定能在证券交易所上市。很明显，从价值上来讲，新股优于旧股。其实这是华尔街一贯要用的伎俩，只要改变一下股票的颜色，就能让它变得更有价值。举例来说，当某只股票很难以面值出售时，那干脆就将这只股票一分为四，分割以后的股票就可以很容易地在市场上出售了。假设卖出去的价格是 30 美元或者 35 美元，而这就相当于旧股以 120 美元和 140 美元的水平被市场消化了，而分割之前的旧股以这种价格是绝难被市场接纳的。

当时，有几位重仓持有格瑞炉具公司股票的人，巴恩斯和他的合伙人说服了这几个人共同参与他们的整合行动，给他们的条件是用 1 股格瑞炉具换 4 股联合炉具的新股。接着另两家炉具公司米德兰公司和西部公司也紧随格瑞炉具的步伐加入到整合行列，这两家加入的条件是 1 股换 1 股，当时这两只股票的场外交易价格在 25 美元至 30 美元，而格瑞炉具因为当时有较高的知名度，企业又按时分配股利，因此它当时的股价高达 125 美元。

为了购买那些欲套现的持股人的股票，也为了给承销业务提供更多的营运资金，巴恩斯他们必须筹集几百万美元的资金，于是他们去拜访了马歇尔国民银行的总裁。很幸运，总裁慷慨地借给了他们 350 万美元，条件是以 10 万股新公司的股票作为质押。据我所知，该银行得到承销集团的承诺——股票的最终价格将不会低于 50 美元，对银行来说，这笔交易相当划算，其中隐含的利润相当庞大。

对于承销团队来说，他们所犯的第一个错误，那就是生不逢时。新股发行时市场几近饱和，这一点他们应该能看得到。

但接下来，他们却犯了第二个错误，他们试图效法其他承销商获取巨额利润，但是他们似乎忘记了别的承销商的巨额利润是在市场最紧俏的时候获得的，不然的话，或许他们也能获得不少利润。

然而，万不可认为吉姆·巴恩斯和他的合伙人是一群蠢货，或者是一帮毫无经验的毛头小伙。而事实上，他们聪明绝顶，熟知华尔街的各种操作手法，他们中还有几位是非常成功的股票作手。如果说他们有问题，也就是他们高估了大众的购买能力，而市场的购买力，只有在实际的操作过程中通过测试才能够了解。

然而，对他们来说，更严重的错误则是对多头市场持续时间的严重误判。我认为他们之所以会犯下这样的错误，就在于这些人在之前都太过成功，而且都能在快速的操作中成功获利，以至于他们对自己太过自信，认为在多头市场结束之前，完全能够做成这笔交易。这些人个个名声在外，他们的很多追随者都是专业的交易者和券商。

远航精解 此案例中新瓶装旧酒的伎俩在很多市场上普遍存在（包括在A股市场）。通常分两类手段，一类是借壳、更换名字等，以新的面孔出现，则更容易引起公众的关注而接盘。另一类就是有时上市公司股价较高，通过除权、高送转等把股份稀释，让股票价格降下来。公众大多数由于资金量的限制，无法买价格在千元以上的贵州茅台（最低申购100手需要10万元以上资金），一般更倾向于买价格相对便宜的股票。

这种类似于A股市场的大宗交易，一般比二级市场的股价折价20%。另一方面还有大股东的股票质押，一般以流通股价格的六折质押给券商等机构，付以利息，以换取现金流。但此类交易在牛市阶段，对于接手方来讲是一笔划算的买卖，但如果处在熊市中，则有很大风险，因为熊市中股价下跌速度比较快，极端情况下会击穿平仓线。如果遇到上市公司（实控人违法、财务造假、业绩地雷、重组失败等）黑天鹅事件，由于A股市场的跌停板限制，无法在第一时间平仓，将面临较大亏损。

和其他失败的案例一样。无论是个人操盘还是上市公司股票承销，对市场大背景的判断都非常重要。如果判断错误，预期过高，则可能埋下失败的种子。过度自信就等于自大，在专业的投机市场，被名声所累导致失败的屡见不鲜。

22.3 发行价超涨，配额不足

他们的宣传也做得很好，报纸对他们进行了连篇累牍的报道。报上说这三家公司在美国的炉具行业都是知名品牌，其产品也行销全球各地。这次的整合纯属爱国行动。各大日报都在鼓吹新公司将怎样征服世界市场，并且亚洲、非洲和南美洲的市场都已尽在掌控之中。

对财经报纸的大众读者来说，新公司董事会的所有成员皆是耳熟能详的人物。在宣传工作上，他们也干得十分漂亮，而且很多不愿意透露姓名的内部人士也在帮助他们传播消息。他们向公众保证股价将如何发展，这使得大众对新股票的需求迅速猛增，最后，这只股票的发行价格达到了 50 美元，并且认购量超额了 25%。

你想，对于承销团队而言，按照他们的预期，这是他们想要达到的最好的结果。这只在整合之前仅 25 美元至 30 美元的股票，经过几个星期的宣传，当股价能达到 75 美元或者更高一些便能将平均股价拉过 50 美元。如果以这样的价位释股，那就等于说合并前的旧股票价格大约翻了一倍。

这是一个非常严重的超涨信号，应该能引起他们的警示，但遗憾的是，他们并没有那样做。其实每个行业都有特定的专业考量，一般人所见毕竟比不上专业眼光，承销团队被超额的认购状况冲昏了头脑，他们认定，不管价格有多高量有多大，投资大众都会以任何价格买进任何多的新股。而他们也确实太蠢，他们居然没有足额的预定释股给投资大众配售，承销团队一心贪婪的同时，至少也应该做得明智一些。

对他们而言，明智的做法应该是全额配售股票，但这帮家伙并没有那样做。如果他们真的那样做了，在足额配发股票之后，那短缺的 25% 的股票，在之后有可能成为潜在的买盘力道，这些力量将对股价形成强有力的支撑。这样一来，他们可以在不费什么气力的情况下，就可以占据十分有利的位置，而这样的优势正是我在操作股票时所努力寻求的。

他们原本有能力有时机阻止股价下跌，也有优势让大众对股价的稳定性产生信心。他们应该明白，将股票卖给投资大众，只是工作的一部分，后续的工作还远远没有结束。

糟糕的是，他们自认为很成功。但是没过多久，他们之前两大错误的后果就陆续地得以显现。由于市场整体走势出现回档，投资大众停止了买进新股的步伐，而内部人士为了避险也已经缩手缩脚，不能对联合炉具的股价给予有力的支撑。在市场下行的走势中，如果连内部人士都不买自家的股票了，那么还有谁会买进呢？一只股票一旦缺少了内部人士的买盘，一般来说，会被认为是明确的利空信号。

根本用不着详尽的统计数据来说明了，与市场上的其他股票一样，联合炉具的股价一直在起伏中波动着。上市之后它的最高价也就略高于50美元，而之后，他们以前所设定的那个价格再也没有出现过，到最后不得已，巴恩斯和他的朋友们被迫进场护盘，他们努力把股价维持在了40美元附近。非常令人惋惜，这只股票在上市之初，便失去了支撑力道。但是更为糟糕的是，他们并没有按照大众的认购数量足额售发。

但最终这只股票还是在纽约证券交易所上市了。上市之后，股价一路下跌，直到37美元才勉强稳定下来。它之所以能在37美元稳定，那是因为这个价格已经接近了巴恩斯和他的合伙人必须维持的价格底线，之前他们已将10万股的股票作为质押品向银行贷款，约定的价格是每股35美元。如果银行在这个价位清算回收贷款，那么，由此引起的股价下跌，不知道哪儿才是个底呢！刚开始以50美元发行的时候，大家都在争相抢购，而现在跌到了37美元的时候反而没人买了，甚至就算跌到27美元也不一定有人买进。

随着时间的推移，信用过度扩张滥用的问题开始引起广泛的关注，属于年轻激进银行家的时代已经过去了。在银行业濒临危机之际，保守主义者在瞬间重新回到舞台中央，往昔那些银行家的亲密战友们被强令清还贷款，刹那间他们成了陌路，好像从来没一起打过高尔夫球一样。

从表面上看，债权人无须对债务人做出威胁之举，而债务人也用不着求他们宽限时日。而实际上，大家的日子都很难过，比如和我的朋友吉姆·巴恩斯往来密切的那家银行虽然表面上大家还保持着一团和气，而实际上他们的态度却是这样的："请务必尽快还清贷款，不然的话谁都不好过，大家全都会陷入万劫不复之境！"

现在对于吉姆·巴恩斯来说，他已身置困境，并且面临着随时都可能爆发的危机。迫不得已，他前来找我帮忙将他那10万股股票卖掉，用于偿还借贷银行的那350万美元。目前对于吉姆来说，不要说是赚钱了，如果承销团队能少赔一点，他感觉就已经是烧高香了！

这个任务看起来几乎没有完成的可能。虽然市场的整体行情也会有涨势偶尔出现，似乎多头市场即将卷土重来，给大家带来一丝希望。但是明眼人一看便知，这样的涨势丝毫没有强劲之势，更谈不上活跃了。

我对巴恩斯说，等我研究一下情况之后再告诉他我会以什么样的条件接受这个任务。随后，我马不停蹄地做了一些研究。至于公司的最新年报，我根本没有去关注，市场正处于哪一个阶段才是我真正要研究的，我准备在公开的市场上将这批股票卖出，而不是靠鼓吹公司的经营盈余和发展前景推升股价来消化。我断定对他们来讲，重点是怎么逃命，而不是设法把股价炒高。而对我而言，考虑的重心在于影响我完成任务的因素中，哪些是妨碍我的，而哪些又是能助推我的。

我发现一件事特别不妙，令人寝食难安。少数人集中控制着公司的很大一部分股票，也就是说，这些人的持有量过多，这会对此次任务的完成造成重大的安全隐患，联合炉具的股票有 20 万股被三位华尔街的专业老手持有并控制着。

其中 7 万股被克里夫顿·凯恩公司持有，这家公司的身份是银行家兼经纪商，还是纽约证券交易所的会员，同时也是巴恩斯的生意盟友。他们在炉具股票上有多年的老到经验，在整个合并案中影响巨大，也让他们的客户从中获益颇丰。

另外 7 万股被前参议员塞穆尔 · 戈登持有，他是戈登兄弟公司（他侄子的公司）的特别合伙人。

还有 6 万股被大名鼎鼎的约庶亚 · 沃尔夫所持有。

这三个人可都是专业老手，什么时候该卖出股票，根本不需要别人指手画脚。

你已经看出来了，如果我操纵这只股票，试图让这只股票活跃起来，本意是要引诱投资大众买进，但不幸的是，你会看到我这样做就会为那三个人提供良好的卖出时机。关键是这三个人持有量巨大，如果他们手中所持有的 20 万股涌入市场，那冲击力绝对不亚于尼亚加拉大瀑布，只要想一想，就会让人有不寒而栗之感。

请别忘了一个关键点，此时，多头市场的高峰已成过往，不管我采用多么高明的操作方法，也万难创造出一个强大而活跃的需求市场。为了尽量保证我的操作顺畅，巴恩斯选择了谦逊的回避，对此项任务他已不抱什么希望。他给我出了一道大难题，在多头市场即将陷入颓废之际，把那一堆卖不出去的股票扔给了我，让我帮忙出脱。当然，那时候的报纸还不会刊登多头市场即将转势的言论，这一点我和巴恩斯都清楚，毋庸置疑，银行也心知肚明。

远航精解 贪婪是人的本性，尤其是在市场情况对其有利的情况下，会令操盘者失去对市场的客观判断。因此，专业投资者要审时度势，做好市场的每一层面的调研。不能期望将市场上的每一分钱都赚足。尤其是大资金，流动性决定生死，贪婪会使此前费尽心机积累的优势损失殆尽。

大众都是视觉动物，买涨不买跌。看到股票涨，再高也会奋不顾身冲进去；但看到价格下跌或没有人气时，价格再低，公众也只会持观望态度。股票作手们如果不能制造出持续上涨的态势，那么，很难吸引到公众进来接盘。

人性贪婪、自大、对趋势判断失误等多重因素积累，失败已经成为必然。无论再怎么挣扎，都无法力挽狂澜。

利弗莫尔接下了任务，详细调研了此股的基本面，即发现要把这些股票卖出似乎是不可能完成的任务。因此，根据当时市场的情势调降了预期。目的不是将其股价炒高，而是优化止损策略，尽可能减少损失，是对当时市场客观判断的表现。尤其是详细调查此次任务的关键风险点所在，后期对其进行攻关。

22.4 从了解公司背景入手

然而，既然我已经许诺了巴恩斯，就会想尽一切办法尽其所能地去完成。于是，我派人去找那三个重仓持有者凯恩、戈登还有沃尔夫去商谈。他们手上所持有的那 20 万股仿佛高悬在达摩克利斯头上的那把利剑随时都可能要掉下来。

对我来说，戴上钢盔才是比较明智和安稳的。最好的办法就是与他们达成某种互惠的协议。如果能取得他们的配合，当我把那 10 万股的银行质押品卖出时，如果他们能够保持克制不积极出货，我就会理所当然地协助他们创造出一个能够保证大家顺利出场的共同市场。当时如果他们将持股的十分之一卖出，都会造成联合炉具的股票大跌，关于这一点，他们都非常清楚，这也就是他们还不敢尝试的原因。

我对他们提出的要求是，希望他们选择在适当的时机才会卖出持股，而不是为了一己私利破坏了大家应该共有的好事。无论是在华尔街和其他的任何地方，自私自利的人都不会受到欢迎的。我希望告诉他们的是，我们的时间已经不多了，大家的整体出货计划不要因为某个人的思虑不周或操之过急地抛售而受到严重伤害。

我盼望着自己的提议能够让他们心动，反正他们对联合炉具已经失去任何幻想，况且他们都是华尔街经验丰富的老手了。

那个持有联合炉具 7 万股的克里夫顿·凯恩，拥有一家大型的经纪公司，并且开设有 11 家分公司，客户遍布全国各地，他的公司曾多次担任过多家资金集团的管理人。

前参议员戈登拥有 7 万股，他非常富有，是纽约大都会报纸读者们心中响当当的人物。因为一位 16 岁修甲女技师曾控告他违背诚信，这位修甲女技师拥有一件价值不菲的貂皮大衣，要值 5000 美元。同时，她的手里还握有被告给她写的 132 封信。戈登为他的侄子提供了创业基金，使得他的侄子成立了经纪公司，他本人也理所当然地成为公司的特别合伙人。他也曾多次参与过多个资金集团的运作管理。他是因为继承了一大笔米德兰炉具公司的股票，才换得了 10 万股联合炉具公司的新股票。他的持股量实在是太大了，所以他才对吉姆·巴恩斯的利多消息不管不顾，坚持在市场买盘需求消失殆尽之前将所持的 10 万股之中的 3 万股一股脑地卖出去了。后来他对他的一位朋友说，如果不是几位密友大股东前来恳求他，他会卖出去更多的股票。不过据我的推断，他是当时实在找不出消化他卖单的市场才停手的。

握有 6 万股联合炉具的是约庶亚·沃尔夫，在所有的交易员当中，他是最出名的一位，他以投机闻名于场内交易市场，20 年来一直如此。对他来说，两三万股和两三百万股没有什么不同，任意拉高或者打压任何股价都是手到擒来之事，与他作对都没有什么好下场。他的大名是我在来纽约之前就听说了的，当时他正参与一个赌博小集团，那个小集团可是无限下注的，他们下注的标的从跑马到股票无所不包。

大家都说他是个十足的赌徒，然而他是有真才实学的，在投机领域独具天赋。同时，这个人特立独行，从不附庸风雅，所以他也就成了无数奇闻逸事里的常客。有一则关于他的趣事被广泛流传着。一次，他受邀参加一个上流社会的晚宴，但女主人怠慢和疏忽了他，无聊的宾客开始谈论起文学的话题。

有个女孩，就坐在约庶亚的旁边，发现他只顾吃东西而一言不发，于是便好奇地想听听这位大金融家的意见。她问道："沃尔夫先生，请问您对巴尔扎克有什么看法？"

约庶亚非常礼貌地停止了咀嚼和下咽，回答那位女孩："对那些场外交易的股票，我是从来不沾手的。"

此处的几位大咖背景介绍，对于读者来说可以多一分了解。这三位都是投资市场的大人物，也是利弗莫尔所称的老手。代表着市场的资本一方。资本是逐利的，而且是欲壑难填的。在此，却成了困兽，等待着救援。

对于实体企业投资来说，研究背景就是对整个市场进行调研。在市场交易，背景的研究除了基本情势的研究外，最重要的就是对市场多空背景的研究，此方向对于中小投资者来说至关重要。中小投资者的资本金相对较小，信息、优质资源获取受限，无法参与上市公司投资的整体进程。**因此，中小投资者来到市场中参与市场的短期博弈，获取差额利润最为实际。实战中更应关注股票市场多空力量谁更强，谁在主控市场。顺着市场背景体现的方向去操作，则站在更高的盈利面上。这是入市投资者尤其是专业交易员的基本功，也是必备的技能。**

22.5 达成互惠协议，组成资金集团

以上这三位就是联合炉具持股最多的大户。当他们前来见我时，我告诉他们，如果他们能够出资组成一个资金集团，并且给我执行价格略高于市值的买入期权，我就会全力为他们造势。我话刚一说完，他们就立刻问我需要多少资金。

我告诉他们："这只股票你们都持有很长时间了，但至今都无法将股票脱手。你们三个人持股总量已经达到了 20 万股，你们自己心里也很明白，如果没人帮你们造势，你们绝难有机会将股票脱手，只有将市场激发到相当大，才能消化你们的巨量持股。为此就需要足够量的资金，在开始造势之初，就买进足够量的股票，以便将市场上的浮筹锁住。等买进动作展开之后，如果中途因为资金不足而停顿下来，那样得到的结果将是前功尽弃。因此我建议你们快速筹集 600 万美元的现金，组建一个资金管理集团，并且将你们那 20 万股作为买入期权以 40 美元

的执行价格交付给第三方信托管理。我想如果顺利的话，你们就可以将手中了无希望的股票全部出脱，而资金集团也能从中赚些利润。”

之前我告诉过你，市场上有许多我的传闻，大多数都是说我如何在股市上大获全胜的。我感觉这样的传闻对我很有利，因为成功的经验比任何其他的理由都更令人信服。所以对他们我根本不用费什么口舌。他们本身都很清楚，单打独斗会得到什么样的结果。他们都一致认为我的计划比较完美，并表示马上成立资金集团。

他们行动果然迅速，很快将很多朋友聚集在他们的行列。我想他们对资金集团保证的获利肯定远高于我告诉他们的那个数。据说他们对此确实深信无疑，所以就不能说他们是昧着良心忽悠人了。

不管怎么说，资金集团在几天内就成立了。凯恩、戈登和沃尔夫，将那 20 万股的买入期权交给了我，约定的执行价格为 40 美元，而且完全在我的监督之下，他们把股票交给了第三方托管。这样一来，等我拉高股价之后，这些股票就不会到市场上来搅局了。我必须对自己做好稳妥的保护，因为有时候，那些看似笃定成功的操纵，最终会因为资金集团的互不信任而功亏一篑，这样的案子在华尔街屡见不鲜，那些狗咬狗的自相残杀都已是家常便饭了。比如，当年美国钢铁与电信公司第二次上市的时候，尽管约翰·盖茨阵营及塞里格曼家族和他们的银行同业之间，事先就信誓旦旦地约定了君子协定，但最后还是发生了内部人士相互指责对方违信、试图争相卖出的难堪局面。

在经纪人的办公室里，我曾听到有人背诵过一首诗，据说那首诗出自盖茨之手：

毒蜘蛛爬上蜈蚣背
欣喜恶毒口吐狂吠
定要毒死这老家伙
生死一线你死我活

请不要误会，我的意思并不是说华尔街的朋友们都在交易中相互暗算，但道理很简单，在大原则上，为任何的突发事件做好预防准备，总是没错的。

得知沃尔夫、凯恩和戈登他们组织的资金集团成立之后，我就心急地等待着那 600 万现金的到账。因为资金落实之前，我确实无事可做。鉴于时间太过紧迫，以致我不停地催促他们。但他们筹集的速度还是非常缓慢，那 600 万美元的资金分四五次进账最终还是未能如数凑齐。

我甚至一度对他们三个人发出了紧急求救的信号，但具体原因我已经记不清了，但不管怎么说，肯定是急不可耐了。

就在那天下午，几张大额支票就摆在面前，显然 400 万美元已经到位，他们承诺余额会在一两天内补齐。这样看来，在多头市场结束之前，他们的这个资金集团终于可以有所作为了。但是即使做了这样的充分准备，也不能保证一定能成功，所以必须尽早动手。对于一只沉闷的股票初期出现的新异动，并不能提起大众的兴趣。但当你手里握有 400 万现金的时候那就不同了，你完全有能力在很多事情上激发大众对这只股票的兴趣。由于时间对我们来说太紧张了，所以我们决定不必等到 200 万美元到账就开始行动。对这个资金集团来说，股价越早日回到 50 美元也就越有利，这是显而易见的事情。

远航精解 沟通成为关键，将潜在对手转化为命运共同体，这是最明智的选择。毕竟这几方股东的目的都是一样的，需要在合适的价格出脱自己手中的股票，从而获利。

不战而屈人之兵，将潜在的危险化解于无形，这是高明的战术，执行过程中耗损的成本也更低。他们三方与利弗莫尔目标一致，而且他制定的行动细节详尽。尤其是他们对利弗莫尔能力的信任，分工和利益的划分也十分明确，一切准备工作得以高效进行。

做任何事情首先考虑的是风险，这是投机大师开始操作的前提。把一部分意外风险在起始阶段排除，做到有备无患，尽可能使事情在可控的范围中，增加成功概率。

兵马未动，粮草先行。资金集团成立后，股票第三方托管是风险防范的第一步，更重要的当然是启动资金。有了流动资金，则在稳住股价的同时，能够通过买卖激发此股的活跃度，为后续倾销该股造势。

22.6 市场异动的神秘力量

但令我非常吃惊的是，第二天早晨刚刚开盘，联合炉具的交易就出现了异常的活跃局面。之前我交代过，这只股票已经沉寂许久，已经有好几个月它一直像具僵尸一样停在 37 美元纹丝不动。吉姆·巴恩斯他们非常小心，因为他们清楚银行贷款的成本就在 35 美元，所以他们会死守住这个底线，不让它下跌。但是若想看到联合炉具的股价在报价带上显示上涨，那就是太不可能的事了，那就好比直布罗陀海峡的巨石横穿海峡一样不可思议。

那天早上，这只股票表现十分强劲，价格很快冲到了 39 美元。开盘仅仅一小时，交易量已经超过了过去半年交易量的总和，这使它成了当天市场上最令人关注的焦点。多头的气息弥盖了整个市场，听说联合炉具那天成了经纪商交易厅里大家所讨论的唯一话题。

当时我并不知道这样的异常表现对我们究竟意味着什么，但有一点是肯定的，我不会因为它的如此活跃担心。通常来说，任何一只股票出现异常波动，我都不必费心地去打听，因为我时时刻刻与我的经纪人和场内交易员们保持着联系，有什么重要信息或者小道消息，他们就会立刻打电话告诉我。那天他们告诉我，确实有内部人士在不断买进联合炉具，而且完全是货真价实的买盘，没有显示出任何洗盘的投机行为。就在那天，37 美元至 39 美元所有的卖单被一扫而空。买方被请求说明买进的理由时，内部人士一律拒绝，并没有给他们任何消息。这不得不让那些经验丰富且善于观察的交易者大胆猜度，接下来肯定有大事就要发生。当内部人士大力买进而促发股票上涨却不鼓动其他人跟进时，就会让那些研读报价带的交易者们联想，说不定什么时候就会有重大消息发布。

出现这样的局面，让我非常好奇，同时也让我纳闷。但是对我来说，最好的对策就是仅仅仔细观察而什么也不必做。然而，第二天买盘不仅没有减少，而且数量更大、更猛。几个月以来，那些委托在 37 美元由专业人士持有的卖单一直无法刺激成交，但如今却被秋风扫落叶一样地轻易吃光，而且那些新涌进的卖单对当时的涨势似乎产生不了什么有效的阻力。当然，对于一只势头正劲的股票，这样的情形并没有什么奇怪的。很快，联合炉具就突破了 40 美元，来到了 42 美元的关口。

等联合炉具的股价到达 42 美元的时候，我突然产生了一个决定，我觉得那批作为银行质押品的股票应该在这个价位开始卖出了。当然，我也非常清楚，这样一个数量不少的卖单会引起股价的下跌。但另一方面，我也清醒地知道，只要我卖出的平均价格超过 37 美元，就算大功告成了。

这只股票的股性我之前已经说过，在它经历了几个月死气沉沉的状态之后，已经有了几分可以把它卖掉的胜算。为了能让投资大众顺利承接这些股票，我小心谨慎，等 3 万股的股票出手之后，我欣慰地发现，并没有对股票的涨势造成任何明显的压力。

就在那天下午，有人把这只股票神秘涨势的原因告诉了我。也就是在前一天收盘之后的晚上，或者第二天早上开盘之前，有人向场内的营业员散布小道消息，说我莱文斯顿极为看好联合炉具，说我有备而来，而且按照我的操作习惯会一口气地把股价拉升 15 点到 20 点，而中途都不带喘息的。

他们这里所说的我的操作习惯，实际上是那些从来都没研究过我交易记录的人的信口开河。这个消息的散布者，其实就是那位声名显赫的约庶亚·沃尔夫本人。而前一天猛烈的涨势就是因为他的大力买进所致。他的那一些场内交易员密友们，也是毫不怠慢地跟他买进。因为他们相信沃尔夫完全知道内情，而且依他那样的社会地位，不可能对自己的追随者提供假的内幕消息。

事实上，我所担心的卖压并没有在市场上现身。你想，已经有 30 万股筹码被我锁住。这样一看，你就会明了我原来的担心不无道理了。从现在的市场表现来看，拉升它的股价，其实比我原来预估的要容易得多。我觉得还是弗劳沃尔州长说得对，每当有人指责他帮助客户（比如芝加哥燃气公司、联邦钢铁公司）操纵股票时，他总是那样说："据我所知，不停地大量买进是让股票上涨的唯一办法。"

次日早餐之前，早报上看到了一则消息——拉瑞·莱文斯顿即将大举做多联合炉具股票。已经见报的消息就说明，成千上万的人已经看到，而且不用说，这个消息已经被券商通过电报传达到了几百家分公司和郊区的办公室里了。各家报纸对这个消息的报道大同小异。其中有一家说，我组织了一个内部人士的资金集团，对那些无知的做空者将发动凌厉的攻势；有一家报纸透露，联合炉具不久就会公布红利分配的利好消息；有一则消息则这样提醒全世界的交易人，列举我过去看好的每一只股票通常都是如何操作的；不过这其中也有一些乍看负面的利好消息，他们对联合炉具公司大加指责，说他们隐瞒资产状况，好让内部人士大量囤积。总之，所有的消息都表明这只股票的涨势仅仅是个开头而已。

那天开盘前在办公室查阅信件时，我注意到立刻买进联合炉具的消息已经弥漫了整个华尔街。那天早上我们办公室的电话铃声不断，接听电话的工作人员反复听到问询的都是同一问题——是不是联合炉具的股票真的要上涨了？我不得不说约庶亚·沃尔夫、凯恩、戈登甚至还包括巴恩斯，他们传播小道消息的能耐真的令人佩服！

在此之前，我真的不知道自己竟然还有那么多的追随者，因为那天早上来自全国各地的买单蜂拥而至，数以千计，而这些买单的标的就是三天前连股价都乏人问津的联合炉具。请别忘了，这些买单都是冲着我而来的，就这一点而言，我要感谢那些想象力丰富的记者们，是他们在报端上大肆渲染了我成功大赌徒的名声。

远航精解 前期计划已经制订，目前遇到情况向好的局面，利弗莫尔并没有被突然的涨势冲昏头脑，而是依照此前的计划严格执行。而且在操作过程中关注很多细节，操作手法细腻。他先用 3 万股对市场进行测试，这体现了其大作手的专业性。

实战中，很多投资者会被突如其来的大幅盈利冲昏头脑。得来的太容易，容易不去珍惜。更有甚者，立马大幅调高盈利预期，这是头脑过热的表现。因为，市场对你突如其来的优待，同时也存在意料之外的惩罚。**保持合理的心理预期和仓位，处变不惊，坦然面对市场的波动，是优秀操盘手应具备的重要心理素质。**

名声是一剂兴奋剂。利弗莫尔在华尔街积累的名声，能够让这些公众为之兴奋。尤其是报纸等媒体的宣传，使得利好消息自动、广泛地传播开了。当然，联合炉具的活跃和股价的推高要归功于三位市场老手的助推。此时，成功也将成为必然。

22.7 成功完成使命

事情的发展，远出乎我的意料。在联河炉具上涨第三天，我就开始卖出股票，接下来的第四天和第五天，我一直都在连续抛售。这时我才突然发现，巴恩斯为换取 350 万美元贷款而质押给国民银行的那 10 万股至此已经全部卖光了。如果把以最小的代价达成所希望的最终目标定义为成功的操纵，那么显而易见，联合炉具应该是我华尔街生涯中最成功的一次操纵。在操纵的全过程之中，自始至终我没有买进任何股票，也没有像之前那样为后续抛售而在开始的时候就先买进股票。在这次的操纵过程中，我根本不需要先尽可能把股价拉高然后再卖出，也不用等到价格在高点开始下跌时才开始卖出，恰恰相反，这一次是在价格逐步走高的过程中一路抛售出去的。我感觉就像做了一场美梦，正在为寻觅下家而发愁的时候，毫不费力就找到了可以消化大量卖单的市场。

弗劳沃尔州长曾经讲过这样一个故事，曾经有一位杰出的多头作手为某个资金集团操纵 B.R.T 股票，当该集团高于成本价抛售 5 万股的时候，弗劳沃尔的公司竟然从中赚取了 25 万股的交易佣金，汉密尔顿也曾说过，当年为了出脱 22 万股的联合铜业，在整个操纵过程中，詹姆斯·吉恩至少交易了 70 万股才得以达成目标。想一下，那佣金的数目已经大得不得了。对比一下这些杰出的操纵，此次我为吉姆他们抛售的那 10 万股省去了大量的佣金，实实在在地为他节省了一大笔费用。

当我把吉姆他们的 10 万股都已经全部卖出之后，资金集团答应给我的资金都还没有完全到位，不过我觉得既然股票都已经全部卖出了，就没必要再买回来了。如果说再眼巴巴地等待着后续的发展，我觉得莫不如先找个地方度假休息。联合炉具其后走势的细节我已经记不清了，但有一点我记得，在我不理会这只股票之后不久，行情就步入了下跌态势。有一天，当市场整体上表现相当疲软时，一位多头持股者在失望的情形下想快速将手中的联合炉具脱手，由此给市场带来的卖压使股价跌破了 40 美元买入期权的执行价格，而且当时市场上并没有人愿意承接这样的卖单。我曾经说过，对当时的整体情势我并不看好，这使得我对这个从未奢望过的奇迹更加心存感激。在那些消息灵通人士善意的预言之后，使得那 10 万股的股票原本必须把股价拉升二三十点才得以出脱的难题，仅仅用了一周就全部解决了。

由于在此之后联合炉具的股价缺乏买入支撑而一路走低，直到有一天它暴跌到了32美元，这是这只股票的历史新低。你一定还记得，吉姆·巴恩斯的承销团队一直把股价维持在37美元以上，以躲避银行把那10万股的质押品拿到市场去抛售抵贷。

远航精解 意外的收获，但利弗莫尔还是一直坚守他执行的首要任务，就是帮朋友把10万股出脱。如今圆满完成任务，而且消耗的成本很低。这是资金集团联盟中的一些行为，对其形成意外的帮助，也是他善于利用公众对消息依赖的体现。

实战中，止盈的技巧对于整体盈利率非常关键。市场中，失败的概率会超过盈利的次数。每10笔交易中，有可能7笔交易是小幅亏损的，2笔持平或小赚，只有1笔是大赚，这笔大赚的盈利要去抹平7笔试仓时的止损额。我们需要控制这7笔止损的幅度，同时在最后1笔大赚中，保护自己既有的利润不再大幅回撤显得至关重要。

毕竟，在经历了大量时间的等待，叠加多次止损后，部分投资者会身心俱疲，好不容易等来了一笔大赚的交易，就想一步登天，风险来临时却不舍得出局，结局往往会回到解放前。**造成盈利大幅回撤的情形主要有以下几个方面：**第一，预期过高，错失最佳出场点；第二，出场后看到股价还在涨，继续追高买入；第三，中途出场后，立即做空，在后期趋势惯性上冲过程中，损失大笔利润；第四，在震荡整理行情中，频繁交易，频繁止损。以上是初学者甚至是所谓操盘高手常犯的操作错误，只有首先意识到，才能在后续实战中改进。

22.8 揭穿沃尔夫的自私用心

一天，我正在办公室研究报价带数据，有人报告说约庶亚·沃尔夫来访。我刚一请他，他就急匆匆地进来了。他身材并不怎么魁梧，一进门我就发现他因怒气正旺而涨得满脸通红。

那时我正在报价带的旁边，他冲我怒吼："你说究竟是怎么一回事？"

"沃尔夫先生，您请坐。"我客气地说，同时自己先坐了下来，试图平静他的情绪。

他咆哮起来："我坐不下！我只想知道你到底要做什么？"

"你什么意思，我还没弄明白。"

"你究竟在那上面做了什么？"

"请问你指的是什么？我还没搞懂。"

"就是那只股票。"

"你说的是哪一只股票？"

他吼叫着："你说你在联合炉具上做了什么？"

"我什么也没做，真的，就是这样。"

这时，他突然不动了，紧紧地盯着我足足有五秒钟的时间，突然冲着我大喊："你看看股价！你看看！"

看到他气急败坏的样子，我往报价单看了一下。

"它目前的价格是 31 1/4 美元。"

"是的，它现在就是 31 1/4 美元，而我手上还有一大堆！"

"你有 6 万股，这我知道，而且你已经持有很长时间了。当初你买进格瑞炉具时——"

还没等我说完，他就截住我的话说："可我后来又买了一大堆，有一些还是 40 美元时买的，它们现在还在我的手上！"

他显然对我充满了敌意，于是我安慰他说："可是我并没有要求你买进啊！"

"你说什么？"

"我并没有告诉你要买进啊！"

"我想说的，不是你让我买了，但你说你要拉升股价的！"

这时，我急忙打断他的话："我为什么要拉抬股价？"

他看着我气不打一处来，终于又开口说："你说过要拉升股价的，你有那么多钱，所以才跟着你买进了。"

"没错，我是说过拉升股价，但我一股都没买。"

我这么一说，令他崩溃了。

“你居然一股都没买！你手握 400 万美元的现金，你却说一股都没买！”

我又重复着说了一遍：“是的，我确实一股都没买。”

这时，我心里清楚，他在心底里已经给我扣上了各种罪名的帽子，从他愤怒的目光里，我已经读出了那一长串罪名的清单。我对他说：“沃尔夫先生，你是不是就想问我，为什么我没在50美元以上的价格买进你40美元以下扫进来的货，你说是不是这样的？”

“你说得没错，就是这样的。你手持 40 美元执行价格的买入期权，同时还掌控着 400 万美元的现金，你完全有理由拉抬股价。”

“对，你说得没错，但是那笔钱我根本没有用上，而且我的操作也没有给集团带来一分钱的损失！”

“莱文斯顿，你听我说。”他的语气缓和下来了。

但我还是截断了他的话，没让他继续说下去。

“沃尔夫先生，请听我说。你和戈登、凯恩持有的 20 万股已经被锁仓冻结了。当我拉抬股价的时候，市场上可买进的浮筹已经不多了。况且我面临着两个艰巨任务，首先要为联合炉具造势，其次就是要保证执行价格为 40 美元的买入期权要产生利润。而你对自己已经持有的 6 万股在 40 美元的价位卖出还不满足，同时对这个集团带给你的利润也不满足，是你自己擅作主张大量买进那些 40 美元以下的股票，然后你就盘算着，当我用集团资金拉抬股价的时候再把这些股票倒给我。因为你非常清楚，这笔资金就是为我拉升股价用的，你就是要试图打个时间差和价差，在我还没动手的时候呢，先行大量买进，然后等我要动手的时候，你再卖给我。在你整个精明、周密的计划之中，我就成了你要倒货的那个倒霉蛋。我猜想你一定确信，我会把股价拉到 60 美元，同时你一定也确信能把所买进的持股全部倒给我，因为你算计好了我会先拉高股价。我想那时候你可能买进了一万股，而为了保证你这笔交易万无一失，你还把消息散布到美国、加拿大和墨西哥，完全没有顾及你的行为会极大地增加我的操作困难。你的那些朋友也知道我一定会怎么做，因此你就会在我和他们都同时买进的时候趁机获利出货。对了，还有一点，你的那些亲密战友收到了你的消息之后，在他们自己买进的同时，又把消息告诉他们的朋友。第三手消息的这批又把消息传给了第四手、第五手甚至第六手，这些人全都成了你圈套中的冤大头。等到最后轮到我出场卖出股票的时候就会发现，那些精明的投机客正成千上万地排队等着要把手里的股票卖给我呢！你当时根本无法想象我有多么惊讶，在我还没有动手之前，联合炉具的股票居然已经开始上涨了。这我要感谢你沃尔夫，是你帮了我一个大忙。你想不到我该有多感谢你，质押在银行的那 10 万股联合炉具居然能在 40 美元的价格全部出脱了。滑稽的是，买家正是那些打算以 50 美元或 60 美元的价格把股票卖给我的人。你们没想到的是，你和其他的这一干人马全部都把我看成了冤大头，而我手中虽然握有 400 万美元的现金，但是我竟然没有动一分来帮你们赚钱。现在已经证明，我并没有钻进你们布局的那个冤大头的口袋。当初那笔资金本就是用来拉升股价的，但也只有在我认为非常必要的时候才会动它们。而事实上，我觉得根本没有必要再动用他们了。"

约庶亚是华尔街的老江湖了，他不会让他愤怒的情绪左右了他最终的目的。听完我这一顿牢骚之后，他开始冷静下来，口气和善地对我说："拉瑞兄弟，你说接下来我们该怎么办？"

"你们想怎么办就怎么办，与我无关！"

"请你原谅，看在老朋友的分上，如果你处在我的位置，该怎么办？"

我严肃地对他说："如果我是你，你知道我会怎么做吗？"

"会怎样？"

"我会把它们全部都卖掉！"

他站在那里看我好长一段时间，一言不发，然后就转身离开了。从那以后，我的办公室他再也没有光顾过了。

这事过后不久，参议员戈登也来了，同样，他也愤怒地指责我给他们造成了巨大的麻烦。随后凯恩也来了，反正他们全是来兴师问罪的。

他们一个个全都忘记了，为什么当初要组建资金集团，就是因为当初根本无法将他们大量的股票卖出去，即使认赔也无人问津。在他们的记忆里，仅仅记得当股价涨到 44 美元依然很活跃的时候，我手中所握有数百万美元，却没有将他们信托的股票给卖出去。而现在的股价已经跌到了 30 美元，而且死气沉沉，已经搅不起大的波幅。依照他们的想法，我应该早早地把股票全部卖光，这样他们就可以获得巨额利润了。

过了一段时间，他们都冷静下来了，资金集团没有因为股价的暴跌而损失一分钱。但是那个主要的问题依然存在着，那就是要帮助他们出清手里的存货。过了一两天，他们又找上来了，请求我将他们手中的股票出清。尤其是戈登，坚持要我帮他卖掉股票。最后，我们达成一致协议，以 25 1/2 美元的价格，帮他们全部出清存货。卖出价格高于 25 1/2 美元的部分，他们将拿出 50% 作为我的报酬。当时最新的股价是在 30 美元上下。

就这样，我又帮他们出清了他们手中的持股。从当时的市场整体状况，特别是联合炉具的市场表现来看，股票卖出去的唯一方法，只能是在下跌中一路卖出，而绝不能试图拉升股价。如果选择拉升股价的方式，那就不得不继续买进，那么手里堆积的股票将会越来越多。如果选择在一路下跌中卖出，这可能被一些买家买进。而这些买家的理由是，他们自认为一只股票从高点上狂跌了 15 个点到 20 个点，已经到达了一个比较便宜的价位。特别是这只股票之前还创了新高曾经到达了 44 美元，而现在还不到 30 美元，这让他们感觉到联合炉具必然即将出现反弹，而这只股票也就成了他们眼中值得买进的好股票了。

远航精解 所谓知人知面不知心，投资市场中没有永远的朋友，只有永远的利益。虽然是利益同盟，但就是这些利欲熏心的人，不满足眼前的盈利。其实目的就是最后抢在利弗莫尔 50 美元卖出之前卖掉。但他们错误估计了利弗莫尔的手法，以为利弗莫尔会为了 40 美元的期权将股价拉高，但他的第一目的就是帮朋友，而把自身利益放在了次要位置，甚至最后放弃了，体现了利弗莫尔审时度势且为人重义的大格局。当然，也侧面印证了当初利弗莫尔将他们股票锁定起来，是一个非常及时且重要的手段，以防止这些合作者为一己私利而损害团队整体的事。

聪明反被聪明误。三个绝顶聪明的老手，搬起石头砸了自己的脚，反而把问题怪罪于他人。在这个市场上，如果只想着如何去算计别人，那么最后尝恶果的很可能是自己。因为，**投机市场上会把人性的弱点和丑陋面无限放大，就算偶尔耍一下小聪明，赚了一些小钱，但最终市场会加倍惩罚这些耍小聪明者，连本带利全部收走。**

现在情势变化，此前已经宣传过一遍，再利用利弗莫尔的名声制造热度的伎俩不可能使公众第二次上当。目前，也只能死马当活马医，策略就得适时而变。

拉高出货不可行，那么利用公众捡便宜的心态低位出货便成为合适的选择。

22.9 大空头行情的出货方法

这样的出货方法，在过去一直被有效地应用着。股价深跌之后，买盘的大量涌入让我把他们的持股全部出清了。但你觉得沃尔夫、戈登还有凯恩他们会对我心存感激吗？丝毫都没有！相反，他们依旧对我心怀抱怨，这是他们的朋友告诉我的。他们总是对人说，我对他们做出的事情不够朋友，因而他们并不打算原谅我，因为我并没有按他们期望的那样尽力去拉升股价。

而事实上，我没有拉升股价事出有因，如果不是沃尔夫他们竭尽全力地散布小道消息，我也根本不会将质押给银行的那10万股卖掉。那样的话，我就会按照正常的逻辑形式，也就是用我惯用的操作办法，在保证不赔钱的前提下，我会以合适的价格在市场上卖光所有的股票。

因为那时整体情势正处在一个下跌的空头市场，在那样的情况之下，唯一正确的方法，就是不顾一切以任何价格卖出股票。除此之外，我们再找不出其他可行的方法。但是我认为他们对此全然不能理解，我能感觉到他们依然怒气冲天，但我对此并不生气。因为生气并不会给你带来任何利益，一个不能控制自己情绪的人，是做不成什么大事的。令人欣慰的是，他们的愤怒并没有带来实质性的不良后果。

远航精解 利弗莫尔对整个事情的复盘，他只是依据市场的实际情况，做了该做的事。而另外三位老手，操之过急，而且贪婪成性，所以最后注定失败。还好利弗莫尔帮他们进行止损，并且卖出全部股票，要不然在他们手里无法换来现金流。

把所有的责任推脱到他人身上，也体现了这三位的小人格局。虽然这三位是上市公司股东，手握重金，但其思想、对市场的认知，所做的行为和普通冤大头无异。如若没有大作手利弗莫尔去解开这个局，他们无疑将以失败收场。市场具有风险，这种风险更大程度在于市场的投资主体对市场认知缺失的风险。这是造成大大小小投资者，九成以上都是以失败而告终的重要原因。**对市场的客观认知加上对自身的主观认知相结合，才有可能在市场中盈利。**

22.10 痛心于听信小道消息被套

接下来，我要说的是另一件有趣的事。

有一天，我的夫人在别人热情的推荐下去了一间裁缝店，该店的女裁缝个性随和、礼貌、能干。夫人去了几趟之后，一来二往成了那里的熟客。

后来女裁缝告诉她："真盼望莱文斯顿先生能够尽快地把联合炉具的股价拉起来。我们当时因为听信了别人的消息也买进了一些这只股票。并且我们听说他以往的操作向来都是百战百胜的！"

说实话，每当我听到那些无辜的人听信小道消息而亏钱的时候，我心里就非常难过。也许现在你就能理解我从来不给别人小道消息的原因了。

那位女裁缝师的经历让我感觉到，如果说在这次操作的过程中有什么不满的话，那我真的要说我确实对沃尔夫散布小道消息的行为深感遗憾！

远航精解 虽然利弗莫尔对小道消息有天然的免疫，甚至能利用小道消息获利，但神仙打架，百姓遭殃。出脱股票的对手盘，就是没有任何专业技能却愿意听小道消息的无知公众来接盘。虽然利弗莫尔于心不忍，但这就是投机市场的潜在规则。零和游戏中，大部分人是亏钱的，只有少部分人能赚钱。

任何人在市场上投资，都要为自己的行为承担后果，不能责怪他人。公众之所以在公众的队伍里，因为他们还脱离不了公众的思维和行为模式。

第二十三章

股票大涨大落
实则是忽悠公众的过程

23.1 投机冒险是人的天性使然

我想股票投机者是很难消失的，况且消失了也未必是件好事。

我并不认为某个所谓权威人士的什么话语就能打消人们去不懂的游戏中冒险。无论你多有能力，经验多么丰富，都会在这个游戏中犯错，因为无论你的计划设计得多么专业和精心，都会被那些突如其来无法预测的意外给搅乱。

这种意外有可能来自不可抗的大自然或者气候天气，也可能来自于自身的贪婪或者虚荣，或者来自于难以抑制的恐惧或希望，此外也可能来自投机者不得不防的那些缺乏商业道德行为的明枪暗箭。

从事股票投机的人多如牛毛，但是真正能赚钱的人寥寥无几。大众投资人，甚至一刻都舍不得离开市场，所以他们总是在赔钱。对投资者而言，贪婪、无知、恐惧和希望，是他们最致命的敌人，任凭世界上再完善的法律规章和交易规则，都无法将这些人性的弱点从人类这种动物身上剥离出去。即使再完美的计划，面对突如其来的意外都无法不乱阵脚，经济学家的冷静和慈善家的热心，都无法对此进行有效的预防。

远航精解 投机市场是一个风险与机遇并存的市场，高风险可能获得高回报。人们往往对其能在短时间内产生巨额利润兴奋不已，因此乐于参与其中。人类的赌性非常高，进入视觉的往往是盈利的快感，而忘却或忽视了其中暗藏着各种风险和杀机。

面对市场众多的不确定性和变化，以“赌”的心态去投资，其行为与飞蛾扑火无异。其实只是人类自恃过高，在击鼓传花游戏当中总认为自己不会是最后倒霉的那个。其实个人投资者在市场的投资蓝海里不过是一叶小舟，不掌握足够的航海知识和经验，一个浪打过来就会翻，能够存活下来都很难，更别说到达胜利的彼岸。

在市场中，如何把“赌”变成积聚研判能力、执行力、风险控制、心态把控等全方位技巧的“博”，是每一位投资者从业余走向专业，达到稳定盈利的大道。

23.2 规则趋严，投机赚钱越来越难

想想 25 年之前的那些操作办法，那时我刚来华尔街。我不得不说，现在已经做了很多改变，而且变得越来越好了。旧式的对赌行已经不复存在，但对赌经纪商依然游走于江湖，吸引着那些沉迷于快速致富游戏的大众。对赌经纪商的欺诈行为已被证券交易所明令禁止，其成员也被要求严格遵守规则。现在已经出台了很多保护投资人的法令和规章，但在我看来依然还有改善的空间。华尔街的一些保守习性根深蒂固，这才导致某些弊端长期以来无法根除，其实这和道德沦丧没有什么关系。

指望在投机上赚钱，历来都是一件困难的事儿，而如今的难度更是日复一日地增加。就在不久之前，那些在市场上真正交易的人们，还能对每一只股票了如指掌。摩根在 1901 年成立的美国钢铁公司，是由几家小公司整合而来的。这些小公司成立的时间大都不超过两年。那时，在证券交易所上市的股票只有 275 家，非上市股票也就 100 家。而且这其中的很多股票都是小股票，几乎没有什么波动，根本用不着去了解。它们也许是那种保证股票，所以很少有人过问它们，而事实上这些股票常年都没有什么交易记录。

而现如今，符合上市规定的股票已经达到了 900 只，其中交易稍微活跃的有 600 只。另外，过去的板块股票数量少市值又小，收集资料也不用那么费劲，所以追踪起来也比较容易。而到了现在，几乎每一个品种都有人在交易，几乎所有的行业都已经有了上市公司，因此要关注一家公司的最新进展，就会花费更多的时间和更多的精力，单从这一点上讲，投机股票也变得越来越难了。

远航精解 时过境迁，以往相对容易的投机方法，随着规则的完善，以前比较

容易获利的方法变得不那么容易实现。其中，利弗莫尔也提到，随着上市公司的数量越来越多，行业的细分，通过研究所有公司的基本面去选股，变得越来越难。

此时，市场发生了变化，就需要随着市场的变化去调整。包括操盘思维、策略。而此时的利弗莫尔已不再是当年那个意气风发的少年，拥有对市场的憧憬和顽强的意志力。随着后期找不到合适的盈利方法，以及家庭的原因，造成他身心俱疲，无法找回当年的交易状态。这是利弗莫尔后期盈利率下降，甚至最后再次破产的原因。最终打垮他的还是交易自信。此时，他已到了迟暮之年，已无当年的勇气和决心再东山再起。

市场是脑力的比拼，很大程度上也是投资者身体状态的比拼。敏锐的观察力，对市场行情的敏感度，需要头脑保持绝对清醒，需要身体保持最佳状态。生理年龄因素是一个相对的，就像运动员，35 岁之前可以保持很好的运动状态，但之后状态就会下滑，无法达到巅峰的竞技状态而选择退役。对于做短线的交易员而言，在大脑搜索处理大量数据，高速地多空切换，对身体状态的要求较高。因此，超过50 岁年长的投资者大多数会放弃小周期的短线操作，改为日线为主的中长线操作；此外，**平时身体的锻炼，健康的作息，是保持最佳操盘状态的基础，选择散步、游泳、瑜伽等有规律的运动，来维持或调整自己身体状态是非常有必要的。**

此外，对于很多人要忙于应酬而喝酒，**建议在操盘阶段如果手上有单子，或者空仓正在等待操作时机的到来，最好不要饮酒。**因为酒精会让大脑放松，降低神经的敏感度。不仅容易错过重要的投资机会，而且还会对风险视而不见。在 2017 年的商品期货市场，“双 11” 的那个周五，在国内期货市场上发生了血腥的一幕。此前由于大幅上涨，很多品种当天下午收盘时都封涨停，大部分人做多，都赚得盆满钵满。当天有人就开始呼朋唤友晚上聚餐喝酒庆祝胜利。但晚上 9 点开盘后，各品种短暂冲高后急转直下，很多品种从涨停位置打开后直接下跌至封死跌停。很多在餐桌上推杯换盏的投资者忽然打开自己的手机，准备迎接又一个涨停时，结果却发现所有品种封死跌停板，想平仓却为时已晚，大量投资者利用手机客户端平仓，造成软件系统崩溃，无法登录，只能眼睁睁看着自己重仓的账户由大幅盈利变成巨亏，甚至爆仓。当这种系统性风险出现时，也只有保持清醒的人，在电脑上操作，在第一时间发现风险，还是可以止盈或止损出来的。但对于放松警惕、对市场没有敬畏心的人来说，却是一场无可挽回的灾难，市场给其上了深刻的一课。

23.3 提防“重要人物发布的消息”

大众赔钱的另一个原因，是因为小道消息满天飞，这种消息都是经过粉饰过的，因而具有更大的危险性和欺骗性。

按照消息或者传闻进行操作是外部人士的一贯做法。这些消息和传闻有的来自口头相传，有的来自报端；有的直接表达，有的则是采取暗示的方式。这些小道消息往往为人们防不胜防。比如，你的好朋友就希望你能百分之百地赚钱，他告诉你买哪只股票，他本是出于好心让你赚钱，但问题出在消息上，你说这该怎么办？

一样的道理，对于专业人士或者骗子提供的小道消息，大众也很难防备，就像我们一般的购买者无法识别假酒和假金砖一样。对于那些流传市面的小道消息，投资大众得不到任何保护，更无从得到赔偿。股票市场强者的一方，比如承销商、操纵者、内部资金集团和交易大户，他们各有各的神通和手法，都在极力运用他们在市场的优势，以最高的价格出脱手中的持股。而无论是从报纸还是从报价带所传出来的利多消息，很多都是致命且难以防范的。

只要拿来任何一天的财经新闻翻译一下，你都会发现很多消息，而这些消息大多都是以暗示和半官方的方式发布的，同时也都是出于某个“重要董事”或者“重要内部人士”之口，抑或是“某高层”“某权威”之口。其实大家很容易被这种“莫须有的人物”所欺骗和蒙蔽。这是今天的财经新闻，我随便挑一段念给你听：“据某个重量级的银行家透露，如果现在就看空市场，为时尚早。”

这位重量级的银行家真的就存在吗？如果他真的存在，为什么要如此含糊其词？为什么看不到他的真名字呢？他们这样做，是不是担心大家认为这个消息是他公布的而找他算账呢？

你看这里还有一则新闻，是有关本周交易活跃股公司的。你来看，上面说消息来源于“重要董事”。现在的问题是，该公司有 12 名董事，那么，这个透露内线消息的董事会是他们中的哪一个呢？很明显，他们让这个消息的提供者处于匿名状态，其原因就是一旦这个消息给任何人造成了损失，也找不出任何人对此负责。

对于任何一个教育者来说，仅仅关注于研究各种投机技巧是远远不够的，他必须关注与华尔街投机游戏相关的其他事实，也必须时刻清醒如何避免亏钱，也就是说，知道该做什么和不该做什么同等重要。所以请你一定要记住，真的存在这么一种重要的操作方式——在市场上所有的股票都在上行时进行操作。这种涨势的发动者一定是来自内部人士，他们之所以这样做，就是为了让股票在最能赚钱的时候卖出去。但是那些经纪公司里的一般客户都认为，对于股票上涨的原因，只要能持续地追踪并加以了解，就能避免上当受骗。为了有利于他们出货，股票的操纵者自然会对上涨的原因，做出某种合情合理的解释。我认为，只要报纸禁止匿名人士刊登利好言论，就能大幅减少投资大众蒙受的损失，我这里所说的利好言论是指那些为了让投资者买进或者坚定持有而故意放出的利多消息。

远航精解 听消息炒股是懒人思维，看似是最不用花时间精力的捷径。但在投机市场上，却是一道道坎，一个个坑，等着那些没有分辨力的公众去跳入。

此处的专家、大咖、重要股东等上市公司内部人士，他们的言论可以对公众形成正确的引导，但也成为帮助主力抢夺公众财富的帮凶。在A股市场，时不时会有一些名人、大V发表一些评论。但这些观点，只代表个人的看法，任何人据此操作，都可能置身于风险当中。因此，**专业投资者对于这些信息、言论，要有清晰的识别力，最后做交易决策时，要依据自身的判断，而非耳朵听到的就直接执行。**

23.4 “内部人士”的言论往往是诱骗陷阱

媒体上所刊登的那些不署名的董事们或者内部人士关于看好公司前景的文章，其实都是在传播误导甚至诱骗投资大众的消息。公众错误地以为这些半官方式的消息值得信任，因而才白白损失了大把的美元。

比如说，某一公司由于经营业绩陷入低迷而导致股票沉闷。其股票的价格显示着市场对它的真实看法，如果它的股价过低，就会引起别人的注意而开始买进，这样就会导致股价上涨；而如果股价过高，也会被别人开始卖出，股价也就随之下跌。除非发生以上两种情况，不然的话，它不会引起别人的关注和买卖行动。

如果从某个时候开始，这家公司的经营业绩开始向好转变。那么第一个知道的会是谁呢？是公司的内部人士还是投资大众？很显然，不可能是公众。那么，接下来的事情将怎样进展呢？如果公司经营不断改善，业绩得到持续上升，公司发放股息的能力得以恢复。如果这家公司以前都在正常发放股息，那么现在就可能会发生增发股息的状况，也就是说，公司未来的价值将得以大幅提升。

我们假设这个公司的业务得到持续的发展，业绩持续向好。这样的消息，管理层会让公众知道吗？董事会是否会告诉他的股东？在这样的情形之下，你能期盼着董事会出于一片善心通过财经报道向公众发布一个署名的消息吗？请你想一下，此时会不会有哪个内部人士跳出来就公司未来光明的前景发一则匿名的消息呢？一般情况下，想都不用想，绝不可能，绝不会有人向市场透露半点消息，报价带和报纸也不会显示任何消息。

对这种公司价值增值的消息，为了不让公众知晓，一般来说都会被内部人士封锁起来，同时那些缄默的内部人士也都正忙于进场，尽可能多地买进那些便宜的股票。由于这些人悄悄地持续买进，而会让股价一路走高。而此时，那些财经记者们也开始向内部人士打听股价上涨的原因，而所有的内部人士都会以匿名的方式宣称，他们并没有得到任何相关的信息，关于股价上涨的真实动力他们并不清楚。况且他们有时会搪塞说，他们并没有怎么关注股价的异动以及投机者的行动。

随着股价的继续攀升，终于等到了令人振奋的一天。这时，那些深知内情的人，手中已经有了理想的持股数量，公司的利多消息开始充斥整个华尔街。这些消息都来自新闻报道，由权威人士告知投资公众的，公司的经营状况已经走出谷底而彻底翻身。而之前保持谦虚对公司股票上涨动力一无所知的那位董事，现在突然跳出来大放厥词，声称公司的董事们有充分的理由确信，前景一派光明。他们有时候还会觉得这样的表达有些太过保守了！

接下来，该公司的利好消息像大潮一般涌入市场。于是，大众在这样的利多消息的幻惑之下买进股票，大众的买盘将股价推向更高。没过多久，那些匿名董事们的语言果然应验，股息得以重新发放，并且有所提高。接下来流向市场的利好消息已令公众应接不暇，俨然一派盛世！

这时正巧，有一位公司的重要董事被采访，他特别向世界宣告，公司的经营状况得到极大的改善，而且未来的成长空间无限广阔。又有一位重量级的内部人士也在记者的追问之下说出了实情，公司获得了惊人的发展。这时候某个与公司密切往来的银行家也出面了，当被记者一再追问之后，他表示公司的销售业绩得到了大幅度的扩展，获得的订单数量即使接下来的几个月没有新的订单出来，现有的订单也要连续加班加点几个月才能完成。某一位重量级的财务人员也在一篇报道中说，他对公众之于股票的涨势迅猛感到惊讶有些不解，其实公众对股票价格的如此反应才令他难以理解，如果此时股票的涨势放缓脚步，那才是真正令他惊讶的事情："只要大家认真地读一读公司新发布的财务年报，就能轻易地算出目前公司的市值还远远低于公司的真正账面价值。"然而以上这些人的发言有一个共同之处，那就是你永远看不到这些所谓的重要人物的真实姓名。

只要公司业绩持续增长，只要公司保持目前的景气，那些内部人士就会继续持有用极低的价格买来的股票。在没有实质性的利空消息导致股价下跌之前他们怎么能够卖出呢？

远航精解 任何真正有价值的消息对外都是绝对保密的，只有董事会成员、重要股东等少数人知道，公司的运营情况首席财务官知道得一清二楚。如果公司经营业绩持续向好，或者有重要业绩提升的事件发生，会迎来股价爆发式增长。但在此之前，会有一波先知先觉的资金通过调研或内部战略投资者率先进入。上市公司会封锁消息，资金就会在此时不动声色地逐步建仓，逐步收集市场上流通的筹码，尤其是公众手中的股票，公众看到持续低迷的股价会丧失耐心，从而抛出。更有甚者，在建仓阶段发布利空消息，辅以股价短期急速下跌的手法，将公众在底部区域震出去。

当主力或内部人士建仓后，万事俱备只欠东风，这个消息就是所说的东风。东风一来，整个市场对该股票的关注呈现燎原之势，迅速聚集人气，公众帮主力推高股价，增强流动性，使其在高位能够得以成功派发。最终，上市公司的产品——股票，得以成功销售出去，而期待低买高卖赚取差价的投资者的美好梦想，很可能最终成为噩梦。

23.5 重要人物掩护“内部人士”撤退

但是另一方面，让我们来看看，一旦公司的业绩开始下滑，接下来又会发生什么样的状况呢？我们看他们会不会及时跳出来说明事情或者对公众发出警示呢？我想那是几乎不可能的事情。就如同之前公司的业绩转好时，他们也保持缄默，悄悄地买进，一声不响。如果公司的经营业绩进一步变坏，他们就会悄悄地卖出，正如他们当初悄悄地买进。

当然，随着内部人士不断地抛出股票，股价就会理所当然地下跌。这个时候，投资大众就能听到他们针对股价下跌的“合理解释”。此时，某一位重量级的内部人士跳出来强调说，公司的经营状况一如既往地良好，股价的下跌可能是由于某些投机客的故意卖空行为所致。

经过一段时间的下跌，进入盘整之后，股价又突然出现了剧烈的下挫。这时公众要求对此做出说明和解释的呼声会越来越高，如果他们的内部人士再不出来给予解释，就会让公众认为接下来将会发生更糟的事情。于是，媒体上开始刊登出消息称：“根据我们的要求和公司的重要董事对股价的下跌做出如下解释——他说今天股票下跌的唯一原因就是空头的袭击。公司的整个运营状况并没有发生转变，而且从公司的业绩来看也是空前的好。如果没有发生重大意外的话，下一次股东大会肯定会进一步提高股息。目前市场的空头显然有些嚣张过头，他们如此打压股价显然是为了诱空公众卖出持股。”这样的新闻稿用于安慰那些意志薄弱的交易人，而且免不了还会加上一句说，消息来源非常可靠，而且还会说当天股价下跌时，内部人士已经承接了大部分的股票，而空头力量已衰竭，提前抛出筹码的人，就会发现自己落入了他们的圈套，终有一日他们会为此付出代价。

在整个过程中，投资大众一方面会因为受利多消息蒙骗买进股票遭受损失；另一方面则会因为被阻止卖出而蒙受更大的损失。那些内部人士最妙的一招莫过于诱使投资大众接手他们想要卖出的股票，同时还尽力劝说公众不要将这些内部人士根本不想持有和囤积的股票卖出。看到他们那些董事的声明之后，投资公众会相信吗？一般外部人士会怎么想这个问题？我想他们大概一般会这样想——股票在此本不该出现下跌的，下跌完全是由空头们的袭击所造成，等空头撑不住了，内部人士肯定会发动一场报复性的拉升，到时候空头们就不得不在高位平仓了。对这样的想法，大众肯定是深信无疑。如果股票的下跌真的是由空头打压所致，那么接下来的发展也就理所当然地与他们的想象不谋而合了。

然而，接下来这只股票并没有发生公众所希望的反弹。尽管他们承诺说要把那些过度做空的空头们一网打尽，但是股价还是一如既往地下跌。股价之所以如此下跌，是因为内部人士不断释放出来的大量卖单超过了市场的消化能力，而将股价一路打压下跌。`

另外，那些重要董事和重要的内部人士所卖出的股票，正在成为专业交易者之间相互推托的烫手山芋。股价正在持续下跌，似乎深不见底，内部人士很清楚这点。不管怎么说，股票的全面下跌，必然会对公司未来的获利状态造成严重影响。所以，在公司的业绩没有得到根本好转之前他们不会再买进的，而一旦公司的业务有了根本的转变，他们又会重复之前的游戏悄悄买进了。

远航精解 综上所述，公开发布的消息，大多数是主力或内部人士用来诱骗公众的工具而已。以上部分是上市公司内部人士在股价吸筹、上涨、派发等不同阶段扮演的角色。包括吸筹阶段上市公司对真正利好消息的封锁，在上涨过程中的助推以及派发阶段密集发布利好消息掩护撤退。最终的目的就是让公众低位把筹码抛出，在相对高位鼓动公众接盘，最终的完成财富转移，这就是投机市场中各类消息的本质。

而投资者在这些案例中，所获得的经验，在实战中有什么启示？在了解了股票市场的参与的不同角色，运行的基本套路，内在逻辑，首先可以避免自己不会在市场上盲目亏钱。尽可能地少掉入主力陷阱，实现少亏或不亏，已经进入前30%投资者的行列。接下来就是研究主力的拉升节点前，多次向下砸盘，诱空无果时，能够通过测试单，头寸等资金匹配，执行入场的问题。这个需要较长时间的观察，总结，练习才能够逐渐领悟市场的节奏。做到更准确的执行，更敏感的风险控制和更合理的仓位管理。随着自己操作正确率提高，除了验证自身策略有效性之外，自己的执行力得到提升，市场给予的正反馈，又能促进自己交易信心的积累，坚定果敢地去执行既定策略。此后，才能逐步扩大自己投入的本金量，以及所能驾驭的仓位。

23.6 股价下跌并非“空头打压”

多年以来，我一直都热爱和从事着股票交易，因而对这个市场非常熟悉和了解。我可以这样告诉你，市场上任何一只股票的下跌，都不是因为空头打压所致。

通常所谓的空头打压，只不过是他们出于对真实情况的了解而顺势做出的卖出行为，但是另一方面股票的下跌是因为内部人士不积极买进或者卖出所致。因为任何交易人的卖出行为都会导致下跌过程的加速，如果每个人都在积极地卖出而少有买进，那么，股票的价格也就会发生一泻千里的下跌了。

有一点，请投资公众一定要牢记，一只股票长期下跌的真正原因，并不是来自于空头的打压。当你看到一只股票持续下跌时，你完全可以断定这只股票一定有问题。而这个问题可能来自市场，也有可能来自公司本身。如果一只股票发生没有道理的下跌，你会发现它很快就会跌到其真实价值的位置，而此后就会招致买盘的涌进，其跌势也就自然得到了阻止。

远航精解 此处说明下跌的真正动力来自于股票内部，而不是空头打压。公司内部出现了问题是诱因，内部人士和主力肯定第一时间了解情况。之后开启卖出动作，大量地集中供应才能使股票价格产生大幅变化。毕竟公众的力量较小，并且是分散的，不能形成合力。而供应的力量远大于需求，买盘越来越少，市场流动性的缺乏，会加剧股价下跌。

当股价下跌到价值区域，甚至大幅低于其内在价值时，内部人士或主力资金就会开始低吸，刺激需求进入，促使股价稳定的同时，随着公司内部经营情况的转好，更多需求进入，股价才会继续上升。

实战中，此处很多人犯的错误是，在所谓的价值区域就开始抄底买入，比如这都跌破前期底部或主力吸筹的区域了，应该很安全了吧？或者这个商品价格都已经到了其开采成本价了，可以大胆抄底了吧？殊不知，极端行情往往会突破人们过往认知的价值底线，更是众多高手或大咖的葬身之所。其实，在所谓的价值区域买入对于机构大资金来说是很合理的操作。但对于个人投资者而言，如果行情只是跌势暂时停止，而非真正的需求进入。则此时内在风险也非常大。后期如果主力借利空继续向下急速打压，中小投资者可承受的下探距离非常短，短期内亏损幅度很大，是很难拿得住仓位，或者需要非常长的时间才能解套。**因此，从风险角度和资金利用率来讲，等到需求真正进入时再入场，短期上冲的惯性，很容易让头寸变成盈利状态。因此，虽然没买在最低点，但所承担的风险要小很多，而且入场即盈利的概率也很大。也是利弗莫尔所提出的在突破关键点后买入。**

23.7 股价过高才是空头赚大钱的唯一时机

从市场的实际出发，股价过高的时候才是空头赚大钱的唯一时机，一旦你发现那样的事情出现，就可以把资金全部押上，此时你大可放心，那些内部人士对于股价过高的这个事实是绝对不会向世人宣告的。

其中有一个最典型的例子，那就是纽海文铁路。当时它的内幕真实状况，只有极少数人才知道。1902 年，纽海文铁路成为新英格兰地区铁路行业数一数二的投资标的，它当时的股价一度达到了 255 美元。当时拥有这只股票的数量多寡，甚至成了衡量该地区居民是否受人尊敬或者社会地位高低的标准。这只股票在当时的社会几乎已经达到了绝对可信的程度，如果有人胆敢说这只股票的公司将来会发生破产，那么他虽然不会被投进监狱，但也非常可能被认为是神经病发作而被关进精神病医院。

直至摩根先生指派了一位激进派的先生做了新总裁之后，才让人们看到了灾难的开始。

这位新上任的总裁所实行的新策略产生的负面效应并没有在一开始就明显地显现出来，谁能想到这会导致公司的破产？当一笔接一笔的资产被联合铁路公司高价买进时，新总裁美伦的政策开始受到那些精明观察家的质疑。那时，公司竟然能以 1000 万美元购买价值仅 200 万美元的电车系统。那时还曾发生过一两位董事会成员因为大胆地批评管理层做事太过草率而被冠以大不敬的罪名。那些担心纽海文铁路经不起如此折腾的言论，就跟质疑直布罗陀海峡的力量一样愚蠢可笑。

远航精解 投资市场上任何标的物都是具有风险的，只不过风险程度不一样。其实投资就是要区分标的物的风险等级，再匹配相应的仓位。风险大的，就不下单；风险小，但却有一些收益的，可以下少量试仓单；而在相对低风险区域却有更大盈利空间的，则匹配更大的仓位。但提醒一点，人的认知和市场运行的最终结果一定存在或大或小的偏差。因此，**一定不要毕其功于一役，不能看到一个机会就满仓干**，此举无异于将刀架在脖子上骑马狂奔，路遇一个颠簸，马继续往前跑，而你早已被这把刀抹了脖子，死在了路上。

我们在此纠正两个概念：**基本面亮丽的白马股此时各方面都向好，但不代表它以后一直会保持。**市场在变化，个股内在的运营情况、行业的兴衰等因素的变化，都会导致个股内在发生潜移默化的变化。也会出现由量变到质变的变化。所以我们看待市场，尤其是单一标的物，不能一味地从公开的信息里判断。

白马股在市场中运行，熊市的时候整体市场的估值在缩减，因此白马股此时也会下跌。**所以我们在市场中要用辩证的思维去观察，时刻审视市场的变化，而不是人云亦云，最终受人摆布，做出错误投资决策。**

23.8 股票下跌被“内部权威人士”解释为空头恶意而为

当然，还是公司的内部人士最先看出了公司前景的不妙。他们非常了解公司的内情，意识到即将大难临头，所以开始卖出股票。由于这些人的悲观和卖出行为使得新英格兰地区最好的铁路股票开始下跌。当时有人质问公司并要求公司对此加以说明，接着那些为人们所常见的解释立刻就出现了。据那些重量级的内部人士讲，公司的经营和盈余并没有什么改变，股价的下跌纯属那些鲁莽的做空行为所致。

在得到合理的解释之后，那些新英格兰地区的投资者们便心安理得地把纽约—纽海文—哈特夫铁路公司的股票按在手心了。他们还有什么不放心的呢？内部人士不是说了吗，公司并没有什么问题，只是那些捣蛋的空头们在作祟。再说了，公司不是还继续发放股利吗？

但接下来，公司所承诺的轧空行为并没有发生，发生的却是股价出现了新低。那些内部人士已经顾不上许多了，他们的卖出越来越急切，而且在公众面前也越来越不加掩饰了。那时波斯顿一些正直的人，出于公心要求公司出面说明股票惨跌的原因，他们表示，新英格兰地区那些追求安全投资和稳定股利的人，都因此蒙受了不小的损失。然而就是这些正人君子，却被无端地指责为是出于投机客的贪心和煽动者的居心不良而搅局来了。

这只股票从最高时的 255 美元一路狂泻至 12 美元的新低，如果说这是空头打压的结果，你能相信吗？其实内部人士在一路卖出，而且卖出的价格一定是在他们说明真相之前的价格，无论是 250 美元、200 美元、150 美元、100 美元、50 美元还是 25 美元，这些价格肯定都远低于真相被说出之前的价格。那时只有内部人士心知肚明，投资公众却始终被蒙在鼓里。

投资公众应该记住的是，想要买进一只股票在它上面赚钱，首先就应该想到，这家公司的真实内情只有少数身居要职的人才明了。

远航精解 这些只是内部人士出货的借口，用以转移公众注意力。其实就是内部人士手里握有大量的股票，在迫不及待地出货套现，导致供应加大，而此时需求不足无以支撑股价。和A股市场类似，大小非这类限售股解禁后，通过大宗交易或者直接在二级市场上套现。都需要发布一些利好，或者隐藏一些内部经营不善之类的利空消息。

这些内部股东对公司的经营情况了如指掌。如果公司经营业绩稳定或持续向好，则他们是没有意愿套现离场的。因此，肯定是公司股价严重脱离了基本面，所以才有减持的意愿。而大规模减持势必会对股价造成剧烈波动。因此，为了制造更好的流动性，反而会发布一些战略重组、高送转、业绩预增等利好消息刺激股价，引发公众的关注度，利于他们暗中出货。

实战中，A股的上市公司若内部经营状况恶化，有一部分会表现在量价行为上，如在顶部连续放量滞涨，或走势明显弱于大盘等行为，要引起投资者的警惕。还有一部分是特殊原因的黑天鹅事件所导致，这部分普通投资者以至于一些大机构也无法规避。他们都是通过分散投资来降低单一风险事件对总资金的影响程度。而个人投资者的应对方式，除了此前提到控制风险投资资金占家庭财产的比例，留有备用金之外，还可以考虑市场上的一些公开的跟踪指数的基金。以上证50ETF为例，跟踪上证50成分股，投资者只需对大盘整体情势进行判断，将其视为一只普通股票进行买卖操作。不会有黑天鹅现象发生，单一机构很难对其进行操纵，当日涨停和跌停的概率极低，有很好的流动性，即任何时候都能买得到和卖得出，可有效分散个人的整体投资风险。

23.9“恶意打压股价”的空头只是替罪羊

在过去的20年里，任何股票的暴跌，全都不是因为空头打压所致。而那些亏损成千上万的投机客最容易接受的解释，便是空头打压，这样的解释使他们放弃了卖出手中走势变坏的持股。但是要知道他们总指望着股价在空头打压之后还能够再涨回来，不然的话，恐怕他们早就出了。过去，人们常常大骂吉恩（做空），而在他之前，大家骂得最多的是查理·伍利雪佛和艾迪森·科马克，再后来连我也成了大家亏钱的替罪羊。

山谷石油的例子，我至今还记忆犹新。当时它的股价被几个资金集团所拉升，其股价一路攀升的途中，不少买家也被吸引进来。当他们把价格拉升到50美元之后，开始了大量的卖出行为，而随之而来的便是股价的迅速下跌。随后，要求解释的声音与往常一样地出现在市场上，很多人都在疑惑山谷石油的下跌为什么如此凶猛，使得解释这个问题的说明也成了一个重要新闻。那时财经记者了解到经纪商对山谷石油上涨的内情了如指掌，所以对其下跌的原因也门清。财经记者打算把他们征询到的理由刊登在全国各地的报纸上。而这些经纪商大多都是多头资金集团的成员，你猜他们会怎么说呢？都是那个拉瑞·莱文斯顿打压市场。他们觉得这样说还不够劲，于是又加上了一句——资金集团正积蓄力量通过轧空给他好看！

显而易见，山谷石油背后的那个资金集团，从来也没有停止过卖出，当时的股价已经跌到了 12 美元，但他们可以以 10 美元或者更低的价格卖掉它，因为他们的平均卖价还远远高于他们的成本价。

对公司的内部人员来说，在跌势中一路卖出是明智的，但对那些成本在 35 美元到 40 美元的外部人士而言，这就另当别论了。这些人只是傻傻地看着报价的数据，满怀期待地抱守着他们的股票，期盼着资金集团收拾拉瑞·莱文斯顿。

在大多头市场中，特别是在涨势一开始拉开的时候就赚了钱的公众，为什么在后来的市场中又赔了个精光呢？原因就是他们在多头市场里待得太久了，而让他们坚持待下去的原因，正是来自于这些"空头打压"的言论。投资的人们应该高度警惕那些公开的解释，因为那些来自于匿名人士的解释只是为了让投资公众确信并越来越深地陷入他们设置的圈套。

远航精解 此处利弗莫尔描述的"空头打压"其实就是表示股票作手们通过短期打压进行吸筹，并不代表股票自身出了问题，短期下跌后还会继续上涨。这样找替罪羊的目的就是为内部人士的甩货举动做掩护。股票价格下跌最大的动力源自于供应远大于需求。而供应的主动性造成股价主动下跌，而需求不足，不足以阻挡下跌趋势。尤其是这些内部人士所持有的股票成本非常低廉，有的甚至是 1 美元成本。股价从 200 美元下跌至 10 美元，此时卖出，仍然是获利的。所以我们不能一概而论，而应分析股价下跌的原动力在哪儿，一旦形成了下跌趋势，且途中没有任何需求进入，则必须尽快止损出清股票，没看到真正需求进入时，不要再回补。

成也萧何，败也萧何。很多不明就里的公众，在牛市开启时听消息或者不假思索地在从众心理促使下买进了股票，享受了一波牛市。但没有在高位出掉股票，把它变成实际盈利。最后在股票下跌过程中也不止损，随后坐过山车。所以，盈亏同源，跟风炒股，用什么方式赚的钱，也会用同样的方式交还给市场。

第二十四章

警惕“内部人士”的任何言论都是陷阱

24.1 股票经纪人的“马后炮”

投资公众大都喜欢谈论是是非非，这点华尔街和其他任何地方没有区别。所以，打探和传播小道消息几乎成了一个全民接力赛。经纪人向他的客户提出投资建议本是很正常的事，他们往往是通过市场报告或者口头方式来传递的。但他们不该对市场的实际情况过分执着，因为市场的走势往往领先实际情况 6 个到 9 个月的时间，经纪人不该建议客户买进目前盈利的公司股票，除非他能保证在 6 个到 9 个月之后这家公司依然处于同样盈利状态。如果你把目光放眼未来，就会发现那时的情势实际上是开始于今日的酝酿，而那些现在看起来很便宜的股票到那时可能会面目全非。

交易人想要在市场获利，必须放眼未来。而经纪人需要的是眼下就要赚取佣金，所以他们的市场报告往往潜藏着难以避免的错误。经纪人必须靠佣金赚钱才能生存，他们以市场报告或者口头方式引诱大众买进某些股票，与此同时，那些内部人士或者操纵者的卖单也正掌握在他们的手中等待卖出。

有一幕，我们经常可以看到。某位重要的内部人士找到券商经理对他说：“我手中有 5 万股急需卖出，请你帮我造势。”券商会要求他们提供更详细的操作细节。假如这只股票目前的价位是 50 美元，那个重要的内部人士会对券商说：“为了你获得的报酬公平合理，我给您这 5 万股的买入期权，每 5000 股一个执行价位，从 45 美元开始执行，每 5000 股提高 1 美元，以此类推。另外，再给你执行价为当前价位 5 万股的买入期权。”

这样一来，券商就可以轻轻松松赚这笔钱了，唯一的前提条件，那就是要找出众多的追随者，而这也正是内部人士请求券商帮忙的条件。要知道一家券商在全国各地都设有分公司，而且他们彼此之间的联系相当通顺，对他们而言，找一大批追随者并不难。请记住，无论出现什么情况，券商都会万无一失，因为他们手里握有卖出期权。如果券商能够成功地鼓动大批的追随者买进股票，他们就能够成功地卖出所有的筹码，这不仅给他们带来了丰厚的佣金收入，还将因此获得巨额的利润。

远航精解 股票经纪在整个投机市场是不可或缺的一部分，在投资者与上市公司间起到信息沟通和操作买卖上市股票的中介作用。利弗莫尔时代的经纪商如同现代的券商角色，都是为上市公司和投资者之间起到桥梁作用，并提供相应的服务。当然，其最重要的盈利模式就是收取佣金。佣金是按比例收取的，只有提高投资者的操作频率和额度，才能使佣金扩大化。

无论投资者买入股票还是期权，券商并不参与对赌，只是收取佣金。有的佣金买入和卖出是双边收取。券商的角色在此是不用承担风险的。尤其在牛市中，公众参与度非常高，而且市场成交量非常大，这样券商的利润就有了充足的保障。

正如在赌场中可以看到骰宝、百家乐、老虎机、德州等很多种赌博方式，有很多专业的赌徒，有人一夜暴富，但更多的是赔光了家业家产，黯然离开。而最终只有开赌场才是最赚钱和稳定盈利的。

2020 年 5 月 26 日，98 岁高龄的澳门赌王何鸿燊去世，他是一代商业传奇，从小时候家道中落逃难到澳门，到一手建立博彩王国。并且他一生也做过很多公益事业，海外购入并向中国捐献圆明园猪首和马首铜像；1990 年成立的“何鸿燊航天科技人才培训基金会”，源源不断投入巨额资金为国家培养航天人才。虽然人们都称他为“赌王”，拥有 5000 亿的资产，但他却是一生从来没有下场参与过赌博。毕竟，他对这个“赌”看得非常通透。

24.2 内部人士操纵市场方法

谈到这里，让我想起了一位非常有名的内部人士所使用的获利方法。

通常情况下，他会去找一家大型券商的客户主管或者该券商较小的合伙人，然后对他说：“兄弟，非常感谢您为我所做的一切。为了表示我的诚意，我给你一个赚钱的机会。我们正在酝酿成立一家新公司，以吸收我们关系客户公司的资产。令人振奋的是，这家公司的股票将要有较大的涨幅，我打算将班塔姆商场这家公司 500 股的股票出让给你，转让价格是每股 65 美元，而它目前的价位可是 72 美元哟。”

当然，这个同样的故事，他会告诉更多券商的客户主管，而这些人因为接受了这个内部人士的好处，接下来会怎么做呢？他们当然会把这些股票兜售给他们所接触的每一个人，而这正是那个内部人士所希望的结果。那些券商客户主管们，一定会尽力帮他造势，好让他把股票高价卖给那些可怜的投资公众。

另外，内部人士出脱股票的方法还有很多，而这些方法都是法规所禁止的。比如说已经挂牌上市的股票是被禁止在场外交易的，而挂牌报价对任何股票都是具有约束力的，如果股票的发行人对大众提供场外交易，那么会因为这只股票已经参与自由市场，或者已经有差价这一事实，就会诱惑一般投资公众买进。

有一个很常见的销售手法，常常给那些不动脑筋的投资公众造成千百万美元的损失，但也不会让任何人卷入法律官司。因为这种简单的方法完全合法，这个方法就是基于市场需求的扩增资本，其操作的过程也十分简单，就是给股票披上合理的外衣即可。

他们玩的这个把戏我之前就说过，也就是将旧股分拆，然后再以 2 股、4 股或者 10 股的新股换 1 股老股，这样做很容易就可以把老股脱手。这就如同 1 磅盒装的商品卖 1 美元销路不好打开时，那就把它分拆成 4 盒包装，然后以每盒 25 美分的价格就很容易出手了，有时甚至可以卖到 27 美分或者 30 美分。

为什么人们对这种把股票拆分而轻易出售不太过问呢？这只是华尔街那些家伙们的操作伎俩。但对于一个比较明智的交易者来说，他应该提防那些携带礼物前来拜访的希腊人，这是一种很强的警示信号，但人们往往视而不见，由此才导致了每年上千万美元的损失。

远航精解 这里利弗莫尔介绍了内部人士兜售股票的一种方式。其实是给一部分好处，尤其是以让利的方式，给这些券商主管们一些好处。其实这种模式中，股票被视为一种商品，券商就相当于商场，商家请商场经理给公众宣讲促销，这个过程中肯定会夸大商品的功效，这里当然是指所推介的股价会涨得如何高一样。

拆分股票，是促销的一种有效手段。顾名思义，就是把大包装的商品分装，用更小的包装分销给顾客。东西是一样的，只不过有的伴以制作更精美的包装而已。并且售价乍看比原来便宜。但总量相加，其实总价比分拆前更高。

近年来，在A股市场中每逢年底都会炒一波高送转题材。高分红和配股，有10送10，甚至10送30的，其实际所持有的总股本没变，只是视觉上看股票被稀释了，数量增加，但票面价格降低，以吸引更多的投资者觉得便宜了，而争相买入。**其实此类只是题材的一种而已，公司基本面并不会因此而发生重大变化，专业投资者对此类题材要有清醒的认识。**

24.3 法律只惩戒利空谣言却放任利好谣言

不管是谁，如果因编造或者传播的谣言对个人或者公司的名誉造成伤害，进而导致公司股票的下跌以及公众的恐慌抛售，都会受到法律的严厉制裁。当初这条法律颁布的主要目的是惩戒那些公开质疑银行偿付能力的人，以降低公众对银行困难时期的恐慌情绪。这条法律也同样对投资大众起到了保护作用，这可以有效地避免大众在股票市价低于其真实价值时卖出股票，也就是说，这条法律是用来制止那些传播利空消息的人的。

那么问题来了，那些高于股票真实价值而买进的人应该得到怎样的保护呢？对那些散布莫须有利多消息的人，谁来惩戒他们呢？遗憾的是，没有人对这样的事情负责。但问题是，投资公众因受内部人士的忽悠而买进股价过高的股票所受的损失，远远超过听信利空消息而以低于真实价值卖出股票所受的损失。

如果有朝一日，能像惩罚那些空头骗子一样，对那些散布毫无根据利多消息的骗子施加惩罚的话，我相信投资公众可因此避免损失几百万美元。

当然，作为承销商、操纵者或者其他受益的匿名人士，他们会说，如果有人听信报纸上那些不署名的谣言或者讯息而在交易中亏钱，那只能说他是咎由自取。按照他们的逻辑，当有人被毒贩欺骗而吸毒成瘾，那也只能怪他自己了，与其他那些骗他的人也毫无关系！

按理说，证券交易所应该给予协助，因为他们的首要职责就是保证公平交易使投资公众免受伤害。当一个身居要职的人希望他所陈述的事实或者观点为大众所接受时，那他必须签署自己的真实姓名，为他们所发布的那些消息签名负责，即使不能保证这些消息果然成真，但至少能让那些内部人士和董事们说话更收敛一些。

远航精解 利弗莫尔所处的时代，当时法律只对虚假利空消息做惩戒，而对虚假利好消息不做约束，是有失公允的一种现象。当然，存在，就有其存在的道理，我们不能左右环境，但能控制好自己是否参与其中，我们可以让自己变得更有分辨力，决定自己是否要听信这些消息的鼓动而做买入决策。

在A股市场中，有很多投资者都非常依赖于政策。期盼国家发布利好政策促使股价大幅上涨。其实，这是一厢情愿的想法。国家的指导思想是促进企业融资，慢牛的姿态。而一旦刺激，A股则变成疯牛，股市短期上涨过后就是一地鸡毛。最后损失的还是普通投资者。

所以，投资者要在股市中博弈，要有自负盈亏的主体思维，提高自己适应任何环境的能力，而不是幻想着让环境适应自己。**在残酷的市场里，适者生存的丛林法则依然适用。谁能活得更久，活得更好，都是各凭本事。不能依赖于任何人，任何组织。**

24.4 莫问原因，莫信消息

关于股票交易的基本原则，值得大家永远牢记。当一只股票上涨时，你根本无须关注它上涨的原因。只要它被持续地买进，价格就会继续上涨。在一只股票的持续上涨过程中，偶尔也会小幅地自然回档，那时即使追高也是相对安全的。但是，如果一只股票经过长期的上涨转头向下时，而且下跌的过程只是偶尔出现小幅的反弹，那么就可以判断这只股票的最小阻力线已经由向上变为向下了。既然已经发生这样的事情，为什么还需要解释呢？股票下跌或许有其真正的原因，但这些原因只掌握在那些守口如瓶的少数人之手，然而他们却忽悠大家说，现在股票还很便宜。这就是投机游戏的本来面目，大家应该清醒地意识到，只有少数人才知道真相，而且他们一向都是守口如瓶的。

其实，那些所谓的内部人士或者官方的消息，很多时候都毫无事实依据。不管是署名的还是匿名的，那些内幕常常是内部人士根本不需要出来发布消息的时候而发布的，而他们发布言论都是别有用心的。

在股价上升的特定阶段，内部人士往往请来职业作手帮忙拉抬股价。虽然内部人士会告诉他们何时买进，但何时卖出他们绝不相告，如此一来，职业作手也会与投资公众处境相当。为了能够全身而退，他必须寻找一个足够大的市场，随之而来的是那些所谓的内幕消息就会前来误导他。

但是有一点必须记住，无论处在这场游戏的哪个阶段，只要是出自内部人士之口的话，最好都不要相信。

一般来说，他们的内部消息也会被大公司的高层所利用，以便在股票市场上采取相应的行动。而事实上他们也没有说谎，因为他们根本就没有说。他们非常清楚，有时候选择沉默也能变成真金白银。

远航精解 炒股就要关注其股价上涨和下跌的内在动力。在上涨秩序当中，我们可以观察到其上涨轻松，价格不断地创新高。而在回调节奏中，力度较弱幅度较小，说明供应很少，此时就放心持股。当价格进入一种不正常上涨，由缓速变成急速，上涨斜率加大，且伴有很大成交量时，就很有可能是主力的出货阶段。并且此时，无论多头再怎么努力，价格也很难像前期那么轻松地上涨，这时是主力的派发区间。当大部分筹码派发完毕，此时，价格没有主力的保护，则开启加速下跌的过程。

此处再次提到了听消息炒股的副作用。苍蝇不叮无缝的蛋，只要公众好这口，喜欢听消息炒股，那么这类消息就不会停止。只是要看市场上的参与者是选择信还是不信，信了就会掉进主力挖设的陷阱之中。

世上武功，唯快不破。**对行情的快速判断和策略的执行能力，尤其是在盘中快速的多空思维转换能力，快速应对行情变化自身的调整能力，对于优秀盘手至关重要。**入场快人一步，看准机会出手稳、准、狠；风险来临时，离场坚决也快人一步。虽然看似是一小步，但最终的盈亏结果却是天壤之别。这一步之遥，有时却要耗费操盘手一生去领悟和追寻。

24.5 听信消息操作无异于自掘坟墓

多年股票作手的经验让我明白，一个交易人只能在某个时候、某个阶段赚钱，而绝不可能在股市的任何阶段都击败市场。明白这一点非常重要，我已说过无数遍。一个交易者，不管他的经验多么丰富，都难免犯错，因为投机不可能百分之百的成功。

华尔街的专业人士都清楚，听信内幕消息操作，对一个人的毁灭速度，比饥饿、瘟疫、农作物欠收、政治动荡和其他任何意外都来得更快，他迟早会被击得粉碎。成功的道路从来都不是一帆风顺的，无论在华尔街还是其他任何行业、任何地方都是如此。在成长的道路上，所经历的考验已经够多了，那又何必再自掘坟墓呢？

远航精解 听消息炒股在投机市场操作是最简单粗暴的一种方式，效果不显著，盈利不确定，处于被动境地，同时把自己置身于极大风险当中。任何行业都需要专业性，投机市场更是专业的市场，不是赌场。在投机市场当然不会有百战百胜，而是以较少的风险，去博潜在更大的利润。市场给你钱赚，就收着并保护好。如果市场暂时不给你利润，则需要立刻止损，将试错的成本控制在较小范围内，不至于使你伤筋动骨，还有重来的机会。另外，**投资者需要最大限度地关注市场的风险，而不是只盯着可能的盈利。如果只盯着盈利，自身情绪很容易被股价的波动影响，迷失方向。**

在实战中，投资者要不断地学习，真正能在市场上立足的就是用正确的投资理念武装自己的头脑。在正确的投资理念之上，观察市场变化，以市场为老师，尤其是改善自己错误的交易习惯，不断完善，形成自身的交易系统——包括买卖模式、资金管理、风控系统，以及自身情绪管理系统等。持续优化，最终能够读懂市场语言，与之成为朋友，实现有效的沟通交流。市场最终会给予那些通过不断付出努力且遵守市场规律和自身原则的投资者以丰厚的奖励。

第二十五章

远航操盘理念与技巧

首先向读者朋友声明一下，笔者不是什么专家或大师，只是市场的一名老兵。从2001年进入股票市场至截稿之日2021年9月底已经二十年光阴，穿越A股、期货等市场多轮牛熊。不能说战绩辉煌，但仍然在市场枪林弹雨中活下来。虽无法和利弗莫尔的辉煌成就比肩，但成长经历中也有很多共通的地方。对市场机会和风险比较敏感，在多年的实战历练中逐步完善自身交易系统，从亏损走向稳定盈利。当然途中也经历很多失败，但所幸都能及时调整和修正，使自己不至于在错误的道路上迷失，并下功夫持续地深度研究市场，分析市场当下运行风格和主力最新的操盘方式，得出一些经验感悟和建议，归纳总结成此章节。旨在与有缘拿到此书的读者朋友们分享更多更有价值的实战理念和技巧。希望朋友们能够从中找到自己想要的部分，补充和完善自己的交易系统。其中的每一条都是笔者自己在战场上经过实战检验得出的经验。分享给初入市场的投资者并为在市场上交易多年，但仍没有取得理想成绩的投资者和交易员提供一个全新的操盘思路。

目前市场上投资操盘类的书籍种类繁多，涵盖了很多投资理论与操盘策略，让普通投资者无从下手。因为大多数书籍是对作者当时所处时代节点的归纳总结，有些成功案例也无法复制到当下时代。如何使读者尽快认识当下市场，做出符合自身资源条件的策略并执行，希望读者在阅读本章中有所收获。笔者在此书中尽可能将自己与实战相关，并且能实际用于实战的技巧分享给各位读者。笔者在实战交易中也走过不少弯路，向市场交了几百万学费，但好在最终都赚了回来，也取得了不错的正收益。如今将一些自己认为在市场中非常重要的理念和实战技巧提炼出来分享给更多读者朋友。虽不能确保每位读者拿去都能赚钱，但至少能为读者提供一些更接地气、贴近市场，且更容易用于实战的理念和操盘技巧；打开一些思路，大幅减少给市场交的学费；大幅降低时间成本，在通往成功交易员的路上少走一些弯路。当然，也不排除有些市场经验丰富的老手，能从中找到一些闪光点，打通任督二脉，达到更高盈利的目标和更轻松的投资境界。

和很多人初入市场时先学习各种理论，然后去验证不一样，笔者是先战而去吸收理论，再在市场上验证，回顾、提炼再固化，到目前相对游刃有余。笔者刚进入市场时是先拿几万元，在市场摸爬滚打，直接上战场得出的经验教训。走过很多弯路，也经历过套用一些系统操作导致大亏的尴尬。其实在市场并不需要花哨的动作，也没有所谓百试百灵的标准技巧。至今也是一直在战场上，体会目前市场的风格。其实学投资和学游泳类似，扔到水里，求生欲会迫使你想尽办法往上浮。但对于大多数没有浮上来的投资者而言，笔者是幸运的。能在市场中甄别一些有效用于实战的理论，剔除一些仅在历史有效，但在当今市场已经无效的理念，逐步形成自己的操盘理念与风格，并在市场上得到检验。

因此，为了有缘分读到此书的读者，愿意将此部分内容奉献给大家。由于篇幅受限，此书虽不能涵盖所有的交易技巧，且并不一定所有人都能体会出其中所有的精华。但可以预见的是，此书从利弗莫尔故事趣味性、解读的深度、操盘理念和技巧的实用性等三方面更为立体地呈现给读者。有缘分拿到此书的朋友，无论是初入市的投资者还是市场中的老手，都能从中得到一些感悟和启发，都会在交易上有不小改观和实质上的收获。

25.1 远航操盘理念

正确的投资和操盘理念是客观正视市场、有效看清市场、执行策略、摆正投资心态的重要前提，在此章节中并不追求大而全，而是提炼出本人认为重要性更为突出、有效性更强、更贴近实战、更值得投资者重视的内容在此进行阐述：

1. 市场才是真正的老师，应给予足够的尊重。当下操作的市场才是自己真正的老师，他会告诉你你的行为是正确还是错误。你要学会与他正确地沟通与交流。所谓大师、专家在某一领域或某一时期研究的理论和成果，并不能在所有市场所有时间都适用，更不能完全照搬，只能作为指导与提示，交易者要积累真正符合当下市场的实战经验。

2. 只有朝着正确的方向走，才有可能成功。天赋对于一个人学习进步的快慢很重要，但更重要的是朝着正确的方向走。天赋可以加速在此领域的进步速度，但每个参与者的资质不同，勤能补拙，只要掌握正确的理念，朝着正确的方向努力，哪怕每天、每月、每年比之前的自己进步一点，也是不小的成功。

3. 首先关注市场风险。来风险投资领域掘金，首先关注的应是风险，而非脑海里充满对潜在收益的幻想。开枪前先学会做好防护，在一个相对低风险区域和时间点进场，更能在市场上活得更久，走得更远。

4. 进入市场首先学会做好防守。投资投机市场残酷血腥程度不亚于战场。纵然短时间内可能产出巨额利润，下一秒可能被清零甚至爆仓。在战场上学会了如何躲子弹，比为了射杀敌人而将自己暴露在敌人的枪口下存活概率高得多。因此，在战场上穿防护服远比挑选进攻的武器要重要得多。我们首先要保证的就是自己不死，才有可能谈后续有多大的成绩。当你防守做成功了，滴水不漏，盈利的方向自然而然就显现出来了。

5. 投资操作应以大博小。大多数市场参与者都是以小博大，幻想以一笔小资金抓住一夜暴富的机会。殊不知，小资金对市场波动的承受力非常小。因此，以小博大的这种小概率事件发生之前，你可能已经在市场的无序波动中倒下，就算有后续的机会也与你无缘。其实投资市场真正活得更久，长期稳定盈利的人都是以大博小，以更大的确定性去赢取一笔一笔看似小的利润，积跬步以至千里。即使资金量不大，也应当拥有更大的格局，当拉长投资时间跨度以及加大对短期波动的容忍度，才有可能成为市场的赢家。

6. 改正错误的交易习惯。关注于自身交易错误习惯的改变，改正错误交易习惯。操盘者的行为习惯显著影响其行为结果。好的交易习惯一旦养成，会使人更容易在更短的时间内下意识地去执行正确的操作。尤其是在高速变化的市场中，赢得先机的同时，第一时间躲避风险。

7. 建立匹配适合自己时间、资金资源的有效交易系统。别人成功的系统是源于长时间对市场的理解与把握，尤其在于遇到困难时的解决方式。其他人不能完全照搬。犹如一本武功秘籍，光学会招式而没有领会其心法是无法发挥其效能的。因此，对市场本质的理念是有共通性的，但具体操作方法，需要根据自身的时间资源（长线还是短线）、资金规模（小资金的入场点需更慎重）、自身性格特点(是否有耐心、是否能承受住震仓)匹配相应的操作模式，并在实战中加以检验。

8. 通过少量盈利单的积累，逐步取得交易自信。取得成功最终不是靠一两笔单子，而是一笔笔盈利单子的逐步积累。这期间可能会遇到回撤，尤其是当遇到风险时执行正确的止损操作也同样是给自己积累宝贵的经验。

交易自信在整个交易过程中占据最重要的位置，它同样是通过一笔一笔正确执行的单子积累起来的。达到一定程度，对行情的入场、出场等每一个动作都有心理依据，心态会更平和与稳定，更有利于在战场中做出正确的决定。

9. 关注重点不是高收益，而是高风险。很多人眼里只看到利润，脑海里只想着赚多少钱。其实，专业操盘手在任何时候都是在评估市场风险。此外，很多人对风控的理解局限于入场后如何止损，这是狭义的风控。其实如果选错了品种，在错误的时机入场，最终还是会一次次折损本金，最终就是分几次死的问题。入场前的风控是广义的风控，是在入场前就已经做好的。等待一个低风险而更高潜在收益的点进场，就已经成功了一半。衡量即将入场机会的盈亏比，最好在潜在盈利与风险大于三比一时才入场，并匹配好对应的仓位。后面就是依据盘面的风险如何持仓和止盈止损的问题。

10. 和成功的人学习交流经验一次，胜过于和失败的人交流一百次。失败的人之所以失败，除了机遇没眷顾之外，大多数还没有具备成功的品质和操作习惯，更有可能带给你一些焦虑和负能量，延缓你走向成功的进度，折损你走向成功的信心；而成功的人之所以能成功，除了抓住了关键机遇之外，自身会有很多常人不具备的优秀品质和操盘习惯，会带给你很多正能量以及通往成功道路上的启示。尤其在交易领域，也许一个提示就很可能使你豁然开朗，达到不一样的境界。

11. 以主力第一人称思考。人的脑海里潜意识认为自己是什么角色，在现实生活中很可能就扮演什么角色，在交易场上你也就是什么角色，这就是交易者的宿命。如果你觉得自己是羊，那么再怎么努力，充其量也只是那只最后被薅羊毛的羊而已。学会以主力的思维去思考，判断主力现在的动作背后隐含的深意，具体市场表现是否符合此前的判断，在躲避诱骗的同时，第一时间跟随，分一杯羹。

12. 保持低调。在市场中，要么你就是绝对巨额大资金作为绝对主力，要么就使自己低入尘埃。中小投资者资金量控制在主力成交量的 1/10000 以内是最安全的，可以提高胜率。自负的操盘手，或高调宣扬自己具体操盘策略的，以及一些带盘者，其此前成功的策略很容易失效，被主力狙杀。如同在池塘的同一区域钓鱼，人越少，干扰就越少。一旦人多了环境嘈杂，鱼自然就跑了。

13. 为灾难做准备，保留备用金。市场是无常的，时刻都在发生变化，有时是非理性的。在市场上行走，交易人生中总会遇到一次或几次突破你自己目前认知的灾难。因此，无论是小股民或是市场大作手，任何市场参与者都有爆仓一到几次的潜在风险。因此，永远要记住留住一部分压箱底的资金，不能把所有家当都用来做风险投资，保留一份备用金不仅能让自己平时操作时更加“心安”，更重要的是在遇到极端灾难后能够东山再起。抑或是像极少数高手一样，能够在盈利达到一定体量之时，选择激流勇退，完全退出市场。这样才是真正的立于不败之地。

14. 散户最容易巨亏的地方。市场上亏钱最快的方式，其实不在于你追高被套，而是在于抄底摸顶，它会以更极端的方式让你继续亏。因为那里聚集了大量散户的筹码，羊群遍布，这是主力最容易找到对手盘，最佳的得手位置。因此，经常会看到，视觉上很漂亮的顶部，但就是跌不下来，反而以更快的速度上冲，打爆空头。反之在底部也是同样手法，在底部急速下砸，打爆多头。

15. 盈利心态——置之死地而后生。主力通常会研究公众压力极限和崩溃点，只有能承受住主力的极限施压，才能最终走向盈利。因此，在市场上要想盈利，很多时候是要有把投入的本金扔出去而不心疼的心态。就当作这部分本金不存在，完全不看账户的涨跌。因此，整体仓位需可控，尤其注意不能满仓，才有可能承受住极限的大幅波动。

16. 要有逆向思维。在市场上能取得大幅盈利，往往是在你的视觉感到恐怖时公众不敢进入的时候进入，而在你感到放松愉悦的时候，此时却是最危险的。

17. 试仓的重要性，以实际走势为依据。可同时试仓三个品种，哪个品种盈利就加仓哪个，哪个亏损就马上止损。盈利最快的品种就是龙头品种。可以匹配的仓位更重。

18. 看到的，听到的都可能是骗人的，只有心灵感受到的，往往是真实的。当视觉上呈现要跌，但最后却没有跌，或回调幅度很小，则表明原趋势继续。反之，当看似要涨，但却迟迟不涨，或者走势犹犹豫豫，与大盘相比涨幅非常小，则很有可能之后跌幅会更深。

19. 耐心等待永远比频繁出击重要。静若处子动如脱兔，没有机会时学会忍耐，有机会时则立即出手。狮子虽是森林之王，但其追逐猎物本身能量消耗也大，自然界存活率并不高。要学会像鳄鱼一样忍耐，平时不动降低消耗，一旦猎物靠近伏击圈，立刻出击，完成猎杀动作。之后，依旧回归平静，等待下一次猎物的到来。

20. 思维转换要快。在市场中要合理合法地从别人口袋里拿到钱，这是交战双方脑力的角逐。世界武功唯快不破，在市场交易中比的是思维的快速转变能力，不要在错误道路上过分坚持，而是时刻审视运行状态，及时纠偏，回到符合当下市场运行的轨道中来。

21. 不要犯刻舟求剑的错误。市场运行原理亘古不变，但具体执行的策略必须随着时代的变化而改变，学会随着当前操作市场基本情势的变化，及时调整自己的作战策略。在实战当中，尤其是在关键点位拉锯时，有时前一分钟对市场的判断还是上涨，但市场走势大幅变化时，下一刻就得立即止损出局，规避风险。

22. 市场上老到的主力一定会研究散户的人性。勾勒出能够引诱散户入局的K线。但魔高一尺，你必须道高一丈，你的功力能否达到解读和破解主力的布阵，主要看个人的功力和造化了。这些更多来自于以前实战经验的积累，和对主力将要发生的几个动作的预判。

23. 从客观的角度看待市场并保持客观的心态审视自己。而不是从主观角度去猜测市场和麻痹自己。做不到客观，则没有一个好的评价标准，没有准绳就无法衡量自己操作的一致性。最后就会演变成完全凭感觉操作。导致巨亏，爆仓出局。

24. 市场上大部分时间是无序的。要在这无序的市场上找到有序的规则。而在这个无序的市场内，只有小部分时间内是有序的，抓住自己能够看得懂的这一小段足矣。不要试图去把市场上每一个细节都分析透，这是徒劳的。

25. 交易是门艺术，而不仅仅是一门技术。节奏感对于操盘手控制回撤和加大盈利幅度来说至关重要。

26. 交易同时又是一门语言。K线、价格等只是文字符号，属于表层信息。要学会看懂市场表层信息下所传达的更深层次含义。同时也要看懂各方参与者，尤其是公众的整体反应、他们的情绪，最终做出综合判断与制定策略并严格执行。

27. 股票市场比期货市场慢。市场很多效应都是逐步浮现，要多一点耐心，股票操作周期可以周线为主要大方向，看长线趋势。

28. 投资市场大部分时间是需要承受痛苦的。和人生一样，快乐的时光总是很短暂。交易过程中，有的是眼见损失却无能为力的痛苦，有的是得不到的痛苦，有的是错过的懊悔，有些甚至是市场极限施压带来的身心俱疲，等等。优秀交易员应做好迎接和承受各种痛苦的准备，甚至需要把这种痛苦当作一种常态去默默耕耘，这也是自己进步的最好阶梯。如果心理上还没准备好，那最好先不要进入这个市场。

29. 市场真正的风险永远是在公众放松警惕时悄然而至。有些机会却会在公众恐慌甚至绝望之时而产生。别人贪婪时我警醒，别人恐惧时我清醒。虽然是老生常谈，但却非常具有警示意义，会更容易使自己站在少部分盈利者的队伍里。

30. 在市场上要取得成功，能力、资源、机遇是不可或缺的。市场没有机会时，别硬找机会。能力没到位时，降低仓位。资源不匹配时，不宜做大区间范围的吸筹模式，而是要对机会和进入时机更加精挑细选。利弗莫尔弹尽粮绝后东山再起的故事无疑给了我们很好的启示。

31. 完全依赖基本面分析而不进行技术面分析，容易在进入的时间节点上出现大的误差，过早进入替别人站岗。而离开基本面情势的分析，完全依赖于技术面，无疑是舍本逐末。最好的方式是如书中利弗莫尔案例所阐述：对大势的客观判断、行业和个股的基本面判断，个股主力的操盘习性等综合分析，再辅以技术面分析一些股价波动细节。这些细节体现资金的参与运作程度和阶段，暴露出主力的操盘动向。能优化进入的时间点，减少进入后浮亏的风险，大幅减少时间耗损，提高资金利用率。

32. 在战场上就是狙击手等待机会，一旦进入伏击圈，给敌人一枪毙命。这需要多种维度的积累，操盘经验、情势判断、机会识别能力、市场敏感度、执行力、交易信心等综合体现。长期实战交易，复盘和交易总结，能加速这一积累的过程。建议此阶段要轻仓，可以大幅减少向市场所交的昂贵学费。

25.2 远航操盘技巧概览

上述操盘理念一旦形成，可以使自己的操盘朝着正确的方向前进。然而细节决定成败，落实到具体执行层面上，还有很多操盘技巧需要重点关注。尤其希望给有一定市场经验和功底的朋友一些提示和帮助。希望这些经验技巧能助力朋友们逐步形成正确的操作习惯，养成自己的操作风格，让各位在前进的道路上收获更多的胜利果实。

1.价格的运动主要受到主动买方和主动卖方两种推动力的合力作用影响。观察买卖双方的内在推动力，感受盘面买方和卖方谁占优势。当双方力量势均力敌之时，就是震荡市，此时可不参与，耐心等待时机。当一方力量足够强大足以占据主控局面，那么市场则会随着优势方产生一波趋势行情。此时跟随力量强的一方进入，则可获取相应的利润。一旦买卖力道发生了变化，则预示风险来临，需做好风控，提前出场锁定利润。

2. 找到合力产生的点，则为入场的关键点：爆破力。对市场进行仔细分析，找到对方力量耗尽的节点，发动己方力量果断出击。此时出击，对方对自己的潜在伤害风险降至最低，而己方发动攻势所遇到的阻碍将最小，所达到的成果也更显著；一旦趋势爆发，很多途中小的反作用力也会掉转枪头，顺势而为，加速了己方力量的延续，形成一股爆发力，短时间即能获利丰厚。

3. 不同周期的趋势力道又细分为短周期驱动力和长周期驱动力，找到短周期驱动力和长周期驱动力的同向合力。小周期作用力和大周期作用力相同时，会产生更大的效能，推动趋势更快运行。小周期作用力和大周期作用力不同时，虽然市场总体会按照大周期作用力方向运行，但由于小作用力的方向会产生抵消的效果，致使市场产生短期震荡甚至多次反复，无序等行情。操作难度大，收益较小，甚至产生浮亏。

4. 处于熊市当中的股票，类似地心引力，一直拉着它往下坠，除非有极强的外力（真正需求的买方进入），否则趋势不会扭转，不能盲目抄底。

5. 处于上升途中的股票，内在具有强大的推力，可以克服途中遇到的一切阻碍，直至推力耗尽，或中途遇到强大的外力（供应打压）才有可能变盘。因此，上升途中应坚定持有，不要轻易下车。

6.内在动力是不断变化的（小周期），在大周期的运行途中，有一些小周期的力量在不断转化中。在实战当中脑海里要有大格局的构图，在微观操作层面入场，但一定不要忘记大周期的方向，否则事倍功半，容易亏损。

7.在市场操作中有很多损耗和成本。滑点、手续费、止损，这些都是操盘者必须付出的成本，都需要考虑在内。当然可以通过选择流动性大的主力合约或股票、选择更低费率的券商或期货公司、降低操作频率等方式相对减少此项支出，综合利润也就相应增加。

8.市场发动大行情需要积蓄动能。平时都是小亏小赚，真正赚大钱的，就是一年当中抓住的一两次大趋势。但真正的大行情发动之前，都需要经过充分的蓄势。因此，动手前要识别主力蓄力的过程。

9.反弹力的强弱是判断原趋势是否改变的重要依据。观察股票下跌过程中的每次反弹，如果力度很弱的话，则不足以改变原熊市氛围；同理，做多节奏中的回调也是一种供应反弹的表现，如果力量不足的话，原牛市趋势继续保持。

10.操盘者对市场机会和风险的敏锐察觉力，情绪控制力，仓位控制力，这些虽然抽象，但却显著影响着操盘最终的结果。

11.逐步减少每次犯错时的交易成本，保护盈利，主动止损离场，会发现盈利随之而来。

12.测试单重要性。无论策略多么完整，考虑了众多的基本面因素，我们脑海里的预判也只是策略本身，无法准确知道场内多空力量的真实情况。在做一笔重仓交易之前，一定要用少量测试单去验证；即便后期加仓成本更高，但更多情况下，是为自己节省了更多的止损成本。更重要的是，测试单有助于我们对该笔交易的后续观察更为客观，以及后续持仓更有信心。

13.如何判断趋势。趋势的形成是从小趋势逐步自我强化后演变成大趋势的；实操当中，如果对大趋势把握不太确定，或者心态不稳，可以考虑用较轻仓位去拿住大趋势；如果操盘期货品种，则可另一账户开一两手空单去反向测试原趋势，如果反向单容易盈利，则原趋势存在扭转的风险；如果反向单容易亏损，则验证原趋势成立。

14.品种选择。挑选成交量大、当日振幅大、资金活跃的品种，资金参与度较高，盈利面则更大。

15. 周期选择。选择适合自己能力和时间资源匹配的周期，股票建议日线以上，期货 15 分钟级别以上，如周期做得太短，则不仅容易疲劳，而且很容易迷失在局部波动当中，从而无法在更大的格局上去把握大趋势行情。

16. 长短线的选择。其实是与资金匹配方面密切相关，大资金做中长线布局，但对于大多数普通中小投资者而言，资金体量小，无法承受深度震仓带来的损失。做得太长，往往容易坐过山车。在市场一轮牛市中，一只股票一波炒作基本半年结束，最长不超过一年。长时间持有大部分时候容易坐过山车。从一波领涨板块炒作结束后切换到另一板块，资金利用率更高。

17. 趋势反转的判断。当第一波上升开启后会迎来一波回调，之后再次向上突破，如果突破后与前高的距离缩短时，尤其是放巨量而无法前行时，多单要考虑离场。当下跌变得更容易，而上涨变得更艰难时，多空趋势力量已反转。尤其当媒体鼓吹牛市时，要十分警醒。当手机行情软件提示手中个股重大利好时，第一反应是要想着逐步兑现利润离场。

18. 识别机会入场。入场机会的判断，要和自己常年积累的实战经验相结合，正向匹配相关资金。可将机会分成若干等份：盘中短线、小的震荡则匹配少量资金；重大趋势机会来临时则分步加仓匹配为重仓持有，匹配多少根据投资者自身资金体量决定，要有计划并严格执行，不可一时冲动过早将手中子弹打完；因为行情往往会给你更优的成本和更好的机会。

19. 空仓耐心等待机会。没有机会或没有重大趋势性机会时，不要重仓参与博弈。大概率情况会折损本金。更重要的是在连续的止损后，容易丧失自己稳定的心态和信心，此阶段容易养成市场一震就跑的习惯，当真正大趋势行情启动时，很难及时调整并坚定入场跟随。因此，学会耐心等待，是投机市场操作的必修课。

20. 复盘和交易计划的执行。养成当日复盘的习惯，对当日市场消息面进行梳理，对大盘和手中参与个股的基本情势做一个判断；检验今日盘中走势与前一日交易计划的匹配程度和自己具体的执行情况；梳理出可能出现的机会、识别异常情况，做到心中有数。

技术面梳理：量价配合情况、换手率（人气）是增长还是下降、股票是否加速等等，最重要判断股票的多空强弱状态，是否依然维持在强势，如果转弱，则可减仓防范大幅回调的风险。

基本面和技术面一致时，可以匹配更高的仓位；相反，则降低仓位，甚至选择空仓休息。

a)资金和风险管理

1. 建议投入市场的风险投资资金只占自己总资产的 20% 以下，过高的仓位会让人产生巨大的精神压力，更重要的是如果时刻满仓，无异于将刀架在自己脖子上行走，遇到市场一个颠簸就使自己陷入绝境。

2. 用于投资的这 20% 资金，在操盘时也不是满仓操作，而是根据机会的大小匹配相应的仓位，个人投资者原则上单个品种仓位不要超过 30%，总仓位不要超过 60%，永远保留一份备用资金，甚至可以一直不用，但这恰是自己操盘的底气所在。

3. 盈亏比计算。当盈利面和止损预估大于 3：1 时，此种机会才值得入场；由于市场反复，在众多的试仓当中，很多时候会出现连续止损的情况，因此，大多数时候正确率都不会超过 50%。在市场中最终能否盈利，不是看操作成功的次数，更重要的是看成功的这几笔单子的盈利总量是否覆盖所有止损。

4. 试仓单测试。试仓单可以检验自己策略是否有效，不仅使自己后续的操作策略执行得更坚定还极大降低试错成本。当入场后变浮亏，建议只允许再小幅加仓一次，3~5 日后，仍然没有实现盈利状态，则放弃此操作策略，止损离场。

5. 开仓时机。底部的震仓后迅速收回，此时是首仓进入的第一位置，但也需要根据是否突破下降趋势、向下测试次数以及相对市场强弱等综合判断后匹配相应大小的仓位；底部上影线更大可能是主力测试市场的压力，清洗散户而雕刻而成，往往是好的开仓或加仓时机；不要被视觉所蒙蔽。要读透市场的深层次语言，识别主力诱骗散户做反向操作的手段。

震荡市操盘时最好是区间顶部假突破后开空单或区间底部向下多次测试无果后开多单。建议只开首仓，不要加第二笔仓位。

在趋势反转确认后，启动阶段确认强势后，顺势开仓是风险最小的开仓方式，此时动能已起，而且由于惯性会使价格脱离自己的开仓成本价，形成安全垫。注意一定要选择同板块最先启动的品种。最先启动而且速度快的品种代表该品种内部资金分歧很小，形成合力更大。很多投资者后知后觉，错过龙头后，选择后启动的品种，往往盈利率低，且回调风险更大。

股市千股跌停，股东质押爆仓，上市公司业绩地雷等利空消息满天飞，往往是场外公众不敢进场，场内散户纷纷割肉离场，此时就是大级别行情的酝酿阶段，也是大资金开始入场吸筹的阶段。

6. 加仓技巧。小级别行情首仓开好后，只能加一次仓或者不加仓。大级别行情，可回调加 1~2 次仓，每次加仓不能超过前期仓位的 50%；一直保持盈利垫，可以使自己持仓心态稳定，应对盘中的突然震仓。

倒金字塔加码法，虽然理论上能在短时间内可以取得辉煌的战果，但其只适合极端、连续、不回调的暴涨行情，这种行情发生的概率不足 1%，发生了能做到的也不足 1%。所以一将功成万骨枯，有人如果幻想自己成为那一将，但最终结局很可能是那万骨中的一具而已。

市场真正有效的开仓方式是金字塔式，在试仓验证正确后，首仓的仓位入场后，后面的加仓额度都不超过首仓的 50%，这样能保证每次加仓后的综合成本线与目前价位保持一定距离，这是非常有效的安全垫，使后续面对大幅波动时，持仓心态更稳定。

7. 减仓节点。遇到风险时，或者自身感觉盘中不对时，无论最终对与错，减一些仓位永远是正确的选择。当风险排除，可以在更高的位置加回来，不要纠结此时的加仓成本，而是应对自己在行进过程中减重，不至于一个坎就将车的底盘损毁，使车报废。

8. 平仓离场。市场步入急速上涨，上涨角度从 30 度到 45 度以上时，伴随着媒体的鼓吹牛市，大量散户狂热入场，则是专业交易员平仓离场的时机。

当市场走势达到当初进场的盈利目标时平仓离场，如果趋势还在，可以考虑用小部分利润继续持有，主要目的不是吃最后的鱼尾巴，而是确保你自己不会被后续的冲高诱惑，而将大部分资金返场而承担更大的风险。

顶部下跌过程中的下引线往往是“老乡别跑”，是最后的逃命时机。

b) 情绪管理

1. 客观看待市场、理性操作。在市场里，千万别把自己看得太重。市场也不会依据你的思维去运行。要做的就是观察其潮起潮落的节奏，及时去跟随。一定以市场发生的事实为依据，当自己的预判与市场实际走势不一致时，绝对以市场为准，尽快完成思维转换，以防出现更大风险。

2. 正确面对贪婪和恐惧。贪婪和恐惧是人类与生俱来的情绪表达，只能弱化和疏导，而非抑制和根除。在市场中，如果面对市场恐慌下跌，说自己一点担心都没有是自欺欺人。一味地去抑制，结果往往适得其反。更好的方式就是转移和找正确的方法去应对。当公众恐慌时，随着自己对市场的认识加深，会逐步弱化恐慌对自己的影响。并逐步正视它，采取相应的正确操作即可，如在底部建仓等。

3. 枯燥行情转移注意力。当市场成交量稀少，没有任何行情的时候，此时的枯燥行情尽量不要参与。投机市场有很多，跨市场的交易员可以选择把一部分资金转移至另一市场，如股票没有行情时，不要强行在熊市中逆趋势交易，可以考虑。当然，离场休息是最优选择。但资金离场并不是彻底离开市场，对市场不闻不问，要想抓住后续市场的机会，平日分析市场的功课还是得照做。

4. 耐心等待机会。到底怎样才算耐心，一天不操作就是很有耐心了吗？一年真正赚大钱的机会也就一两次，一年能做对两波行情，账户会有非常可观的收益。其他时候操作就是小亏小赚，甚至一不小心还会大亏。犹如陷入沼泽地，越努力则越会下陷。只有在开阔的赛道上踩足油门奔跑，才能奔向更远方。

5. 不要受困于遗憾。在市场中操作，绝大部分时候都是不完美，留有遗憾的。有经常操作失败的遗憾，有操作成功但没达到盈利最大化的遗憾等等，如果陷入其中而对自己的策略反复调整，甚至形成消极的与市场敌对的情绪，无疑是一场灾难。要尝试接受并适应它，并将注意力迅速转移至下一步该有的操作场景中。

6. 克服犹豫心理。从作出决策到操作那一刻，再到市场的实际走势。这期间，没有任何百分之百的必然。市场是运动着，所以也得承担相应的风险。任何人都要为自己之后的举动承担后果。有的人在下单之前，总会犹豫。在市场下跌到目标区域之后，依旧害怕，产生犹豫，害怕市场还会再下跌，因而产生犹豫。市场反弹之后，犹豫错失最佳入场机会，而变得更犹豫，不敢去追。

另一种，就是由于贪婪引起的犹豫行为，忽视市场即将来临的风险。当市场上涨见顶后回调，此时账户状态是从最高点大幅盈利转为盈利缩小状态。而此时市场已转势。但此时心中明明知道市场已经出现风险，但依旧恋恋不舍，期望市场再次能上涨一些后出场。而市场大多数情况下不会给你这个机会，由于犹豫很可能会造成盈利的最终损耗，甚至亏损本金，从而导致心态进一步崩塌。

7. 建立交易自信。对市场正确理念的学习，操作经验的不断积累，尤其是盈利单和正确止损单的不断正反馈，会逐步积累自身的交易自信，下单会变得更加坚定，行情的短期变化也不易动摇自己的操作策略。此外，远离那些亏损者、负能量的传播者，尽量少被这类人所污染。和失败者交流一百次不如和成功者交流一次。保持自己积极正能量的一面，市场会在合适的时期给予意外的奖励。

8. 多空思维快速切换。市场是运动的，风格和多空时刻都在变化，敏感度对机会和风险的敏感度，是最后能否取得胜利果实，以及果实大小有着天然之别。大部分人思维都是懒惰的，当看到了市场的表象信息，就不愿多思考一层。而看到了第二层，沾沾自喜就不愿多留个心眼，去防范市场的突然转向。

大部分散户甚至是很多操盘高手，在大幅盈利后，遇到行情转向时，最后依然黯然离场的原因就在于多空思维没有及时转换。在调整一段过后，依然坚信牛市而重仓，导致不仅利润还回市场，本金也折损大半。

无论在大的周期还是在小的周期，多空思维转换可以提高操盘者对市场的敏感度。当然，对于刚入市的投资者，需要一段时间实战经验的积累和体会。可能做不了赛车手级别的高速换挡动作，但踏实地开着普通轿车，常规速度稳稳地前进即可。

9. 反向验证。当操作正确时，面对账户的盈利，大多数人会沾沾自喜，再受到周围人群的影响会不断强化自己的固有思维。认为行情会继续，账户会再次大幅增长。忽略了，市场在任何时候都存在突然掉头的可能。要学会在审视当前行情，论证成功时，利用反向思维去验证此时正向思维的正确性。也就是，在做多的同时，思考此时如果做空，是否符合逻辑，市场是否具备做空的条件，是否有做空的信号出现。如果没有则反向证伪，多单继续坚定持有。如果有反向做空信号出现，则是给自己一个警告，根据实际情况执行相应风控策略，采取减仓或清仓的操作，保护既得利润。

10. 腹式呼吸。普通公众采用的是胸式呼吸，胸式呼吸容易在受到外界刺激的情况下，让自己的气息变得局促和不稳定，从而影响大脑对行情的判断和决策。尤其是在行情波动较大时，自己账户重仓而产生剧烈波动时尤为明显。可借鉴歌唱技巧中腹式呼吸法，平时有针对性地练习，更容易让自己情绪稳定，让大脑在高压状态下分析更为客观，决策更为稳妥。

c)健康管理

1. 锻炼身体。身体是革命的本钱，比本金更重要。且不论由于赚钱经常熬夜对身体的伤害，没有健康的身体的情况下能赚到钱，本身就是一个伪命题，根本无法持续。因此，积极关注自己的身体健康，加强运动。采用适合自己年龄和时间的运动方式，增强自己的体能体魄，在市场给予的各种打击面前，依然能屹立不倒。

2. 以饱满的精神应对高速转换的市场。饱满的精神状态，能够让自己的敏感度得到极大的提升。面对机会时更容易判断和执行；而当风险来临时也能更快地识别并采取相应的风控策略。

3. 注意休息。市场不需要天天盯盘，尤其是做日线及更大周期的中长线交易者，早盘开盘和尾盘收盘时扫一眼盘面即可，匹配较轻的仓位能应对不同的盘面走势。

每天时时刻刻盯盘，会极大地耗损自己的精力，每天脑子里和心理都被行情的无序波动给牵引。身心俱疲后，行情突然发动，身体和意识此时已僵化，会不断地怀疑当前市场的走势，心理会与之对抗，因此无法采取正确的决策和行动。劳逸结合比较好的方式，不需要频繁交易，尤其是当熊市时，暂时远离市场可以为自己节省一笔不小的止损开支。

4. 交易日绝不喝酒。交易场如战场残酷。不需要用酒精来壮胆，更不能用酒精麻醉自己。酒精会降低自身的敏感度，尤其是在工作日，周日到周五都不建议喝酒，会影响当日和第二日的交易状态。很多不经意间行情转向。

5. 生活规律，遵纪守法。生活是否规律，体现一个人在交易中是否能够按部就班，从容不迫地去思考和执行交易。

在生活中遵纪守法则体现交易者在交易中能否守纪律；市场会对交易者人性的弱点进行审视，并放大其缺点。尤其是不守纪律这点，会给予狠狠的教训，甚至是直接红牌罚出场。

d)注意事项

1.最大的亏损往往发生在对之前行情的习惯认知上，要紧盯市场风格的变化而相应的变化。

2.仓位要与操盘者的经验、能力、心态相匹配，如果驾驭不了，那么轻仓是最好的选择；留有余地。

3.进入品种的仓位，要根据品种的体量和流动性，进入量大容易被主力识别。主力不会给你抬轿子，在跟分盘多时甚至会反向打压。在期货上更要注意。尤其是在枯燥行情下，进入仓位不宜过多。

4.夜盘或中午收盘前突然反向打压，震仓的可能性比较大。

5.市场的钱是一波一波赚的，不能幻想一口吃成一个胖子，需懂得积少成多。

6.大盘呈现弱势，股票价格大幅下跌后，此时却在一个窄幅区域徘徊，一直下不去；此时如有该股仓位，发现账户资金损失较少，极有可能打压至最后阶段，做好抄底准备，等待多次向下测试无果后股价启动之时机。

7.巨量努力没有任何效果，则可能是反向的前兆。

8.顶部向上测试多次后，没有结果，那么反向的下跌空间越大，预期的下跌空间和向上测试次数成正比，和横盘时间成正比。

9.第一次下跌，盘面上短线跌幅大，但是会反抽，做好防守，部分了结。

10.持有空单至底部区域时，底部第一次上挑后，会有第二次上挑的延续，如空单有盈利，则此时可了结一半仓位；为了保住既得利润，且减轻仓位后，更有利于持仓心态的稳定。

11.大的急速上涨趋势持仓时，只看供应强度；大的下跌趋势只看需求的强度，以及持续性。

12.牛市极强势品种回调长上影线，但第二日没有续空跟随，可做多；反之，熊市极弱品种有下引线反弹，没有跟随，第二日可续空。

13.牛市中强势品种在顶部短暂停顿如呈吸收状态，且吸收过程中回调很浅，那么预示着后面上涨速度更快，高度会更高；反之，熊市中极弱势品种在底部吸收后，需求很弱，预示着后面还有深跌。

14.盘口分时图上价格一步一脚印缓慢地上台阶，不给供应打压的机会，是强吸收的表现，可以根据具体位置匹配相应的仓位。

15.同板块品种间的相对强弱是非常实用的盘面观察方式，体现品种内在博弈和短期主力态度，优先做多最强势品种，做空最弱势品种。

16.主力操盘策略有其内在模块化，也是语言模组，要一体来看，不能掉入一些小的波动里出不来。

17.极端行情是可以做短线的，短时间内可能快速获利，但一定注意把握好主控方为超强势，拒绝回调。还需强硬的心理素质和操控技巧。顺主趋势，通过控制总仓位把控总风险，快进快出。

18.任何时候，出现账户短时间内亏损10%的情况，立即离场观望。这是保命的习惯，当然投资者可以根据自身资金容忍度将这个尺度微调，但一旦设定则坚决执行。因为当意外状况发生时，资金还在市场里只有被动地祈求市场回到原轨道，但大多数时候却是事与愿违，跳出市场才能更清楚地看到市场发生了什么。

e)实战案例分享

市场是残酷的，也是最直接的，是最看重实际效果的。如果一些理论在市场上赚不到钱，一切都是白忙活。在不以营利为目的市场研究和操盘策略，都是在耍流氓。来到市场获得盈利和盈利后成功的自我价值认同感才是我们来市场的初心！

实战才是检验个人投资理念和能力的试金石。以下分享一些本人实战案例。大多数是长线单。如何开仓、持仓，大家可以初见端倪。与众多操盘书籍不同的是做到知行合一，案例图包含了操盘软件标注的成本线，真实地展现了开仓时间、持仓品种合约、开仓量、盈利额度等，还包括日线看背景，具体到分时线的入场点等，充分显示了这是依托具体数据的实战展示，而非纸上谈兵。但这些都是过往的成绩，旨在给各位读者一些提示和启发，不要简单地模仿。市场是在不断变化的，市场不可能存在完全相同的走势。交易依然行走在路上，以后的具体市场策略也会根据市场而变化。以后还会在一些分享会上更多地展示和更具体地精解。

注：由于本人每日都有复盘的习惯，平时会留存一些操盘截图作为数据留

档。随着时间的推移，操作软件版本会有更新，以及使用台式机电脑与笔记本电脑之间切换等因素，所以图中软件背景会略有区别。由于这些图片是实盘操作的实时截图，所以部分图片截取角度和质量并不十分完美匹配书籍印刷，请读者朋友们见谅！

在期货操作中看盘都是以竹节线为基础，配以成交量数据，而不需要任何其他的技术指标。而由于操作的是当时的主力合约，因此，成交量的显示并不会像指数合约一样连续，各位读者可以根据当时的时间节点，在电脑上参照对应品种指数合约来研读。以下给各位分享近两年来一些比较具有代表性的案例。

25.3 实战典型案例系列（一）

1. 铁矿长线空单

铁矿试仓单

铁矿经过长期上涨，国内商品很多已经在筑顶，有些品种已经开启下跌。铁矿经过前期大幅上涨，来到历史高位附近。市场情绪已经白热化，行情逼空上涨，空头被打爆，上涨角度也大于 45 度。本人的做空策略于 2019 年 7 月 4 日开始实施，当日铁矿 2001 合约，开 2 手空单试仓，如上图所示。

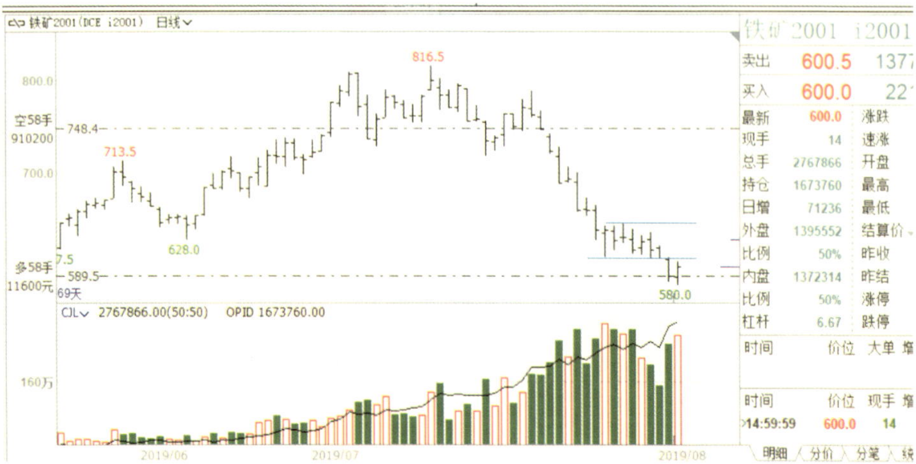

如上图所示，铁矿2001合约，开2手空单试仓后，从日线级别来观察，行情一直在一个区间内上下震荡。但整体观察多头几次向上测试都被空头打压下来，而且空头力量越来越强，对方多头力量越来越弱。于7月31日上挑无果后，于8月1日空头有个小的跟随，此时确认空头完全主控市场。于是在当日近收盘时间段分两笔开仓至58手空单。日线持有，至2018年8月22日对锁出场，拿到了自己能抓得住的利润。

此单开仓前经过了两周的试仓，经过了主力不断上挑，试图让空单下车，但经过几次努力后，空头仍然占上风，而且多头已经示弱，8月1日等到尾盘才定调，即空方占据了完全的主控。**这时虽然不是在最高点开仓，但确是一个风险非常小的开仓时间点。**很多投资者有摸顶的习惯，认为如果能把空单开到最顶部成本更优。殊不知，所谓的顶部是后面行情走出来才能确认的，我们在实战当中不可能马后炮地臆想自己能开在顶部。在多空双方博弈后定调，确认谁主控市场后再入场，不仅风险更低，还避免了一段激烈的震荡区间，减少了潜在行情反向的损失。同时也体现了我们一定要耐心等待，而不是着急去摸顶。之后日线持有，达到自己的目标位和观察到市场有需求进入时，果断止盈出场。

实战操作中，选择对锁出场还是直接平仓出场，要依据自身的习惯和对后市的判断。如已经确定行情则通常直接平仓离场，而有些情况是当时还不能确定情势反转，有后续趋势继续的可能性。因此，可采取先开对锁单锁定利润，如后续行情震荡后原趋势继续，则解锁，留下原趋势单继续持有。和直接平仓不同的是此时视觉上有大幅盈利垫，比重新开仓更容易坚定自己信心。而另一种情况，如后几日确定行情反转后，直接双解锁全部离场，此波大趋势单全部完结。

2. 区间交易多单——期指 IH1909 多单

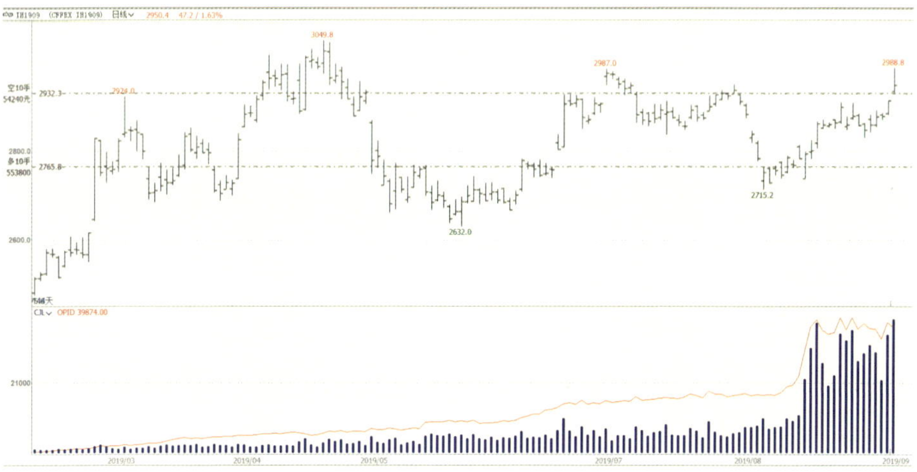

如上图所示，上证指数自 2019 年 4 月 8 日短期见顶后经历一波回调，之后股指处在区间震荡阶段，在 7 月 30 日至 8 月 6 日一波急速杀跌后，在区间底部连续几日小碎步形成一平台支撑，并于 8 月 15 日盘中急速下探后收起。此时出现一个区间底部开仓时机，盘中开仓 18 手，操作标的为 IH1909 合约，日线持有至 9 月 5 日，到达区间上沿，前期阶段高点区域，触发止盈，对锁离场。虽然后续震荡多日缓慢上涨的那一小段，不是自己想要的利润。操盘切记贪心或者马后炮看自己没拿到最后一点利润而后悔。拿到自己看得懂的利润，不能贪心，看不懂的行情或自信心没到位，宁可错过，别贸然进场，更没必要马后炮看行情后悔而影响后续操作。

3. 区间震荡行情——橡胶 2001 空单

如上图所示，橡胶从 2017 年 2 月见顶下跌至 2018 年 6 月之后，形成一个大范围的震荡区间。该品种当时一直是空头主控，每次多头尝试上攻，但很快被空

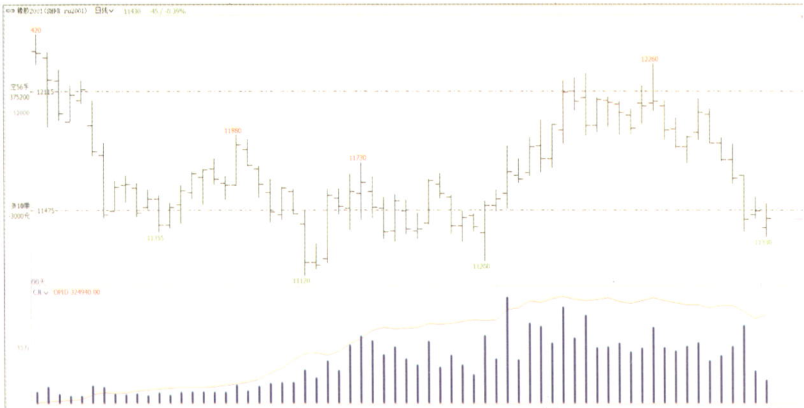

头打压下来，呈现急跌缓涨的习性。并且橡胶 2001 主力合约与橡胶指数相比更弱势，说明内部主力空单集聚，因此为做空的优选标的。在区间的上沿，盘中多次向上尝试突破，但都是假突破。于 2019 年 9 月 6 日首仓开空单，9 月 17 日上挑无果后加仓至 56 手，区间底部遇到需求，先对锁 10 手，后续直接全部平掉出场。

4. 顺主趋势极端行情——做多沪镍后涨停

上图为沪镍启动时期的日线图，在上升通道的下沿。此外，在视觉高位区

域形成类似头部的假象（主力经常制造类似假象，吸引散户和空头做空，但此时如果不下跌，则会有更快速度的上涨打爆空头，也是很多期民亏损的重要原因之一——仅凭视觉盲目摸顶或抄底）。但注意细节，每次打压后，价格没有下跌，反而在不断向上吸收，底部逐步抬高，此时脑海里要思考，主力在干什么？答案已很明显，在吸收供应！

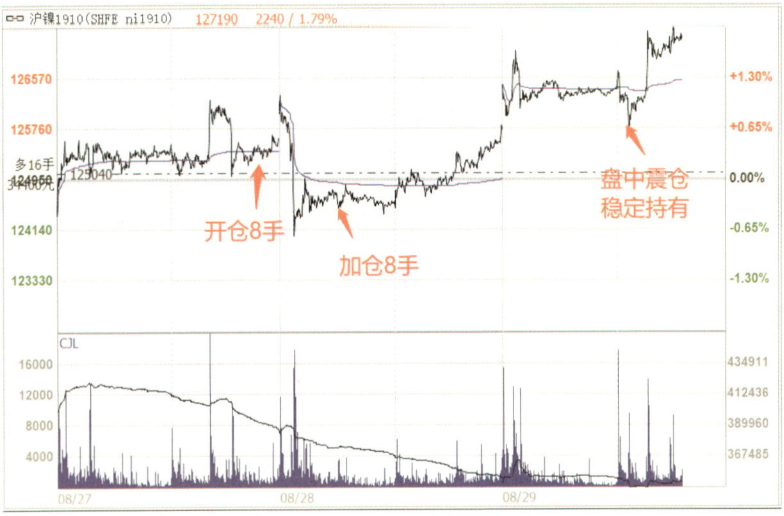

以上为沪镍1910合约连续3日分时图，更能直观展示开仓细节。2019年8月27日开仓8手，在次日盘中震仓形成一个分时平台后继续加仓8手（此时整体仓位并不重，且在第一笔浮亏的状况下，只允许加仓一次）。于29日盘中震仓，继续持有（由于有盈利垫，持仓心态会更稳定）。

持仓

下图为沪镍当时对应的国际伦镍品种走势图，与外盘联动的品种需要密切观察外盘动向。由于隔夜，所以有很多意外的跳空增大风险，建议相对降低仓位操作。

沪镍的国际对标品种为伦镍，沪镍下午收盘后，国际伦镍市场依旧在运行。

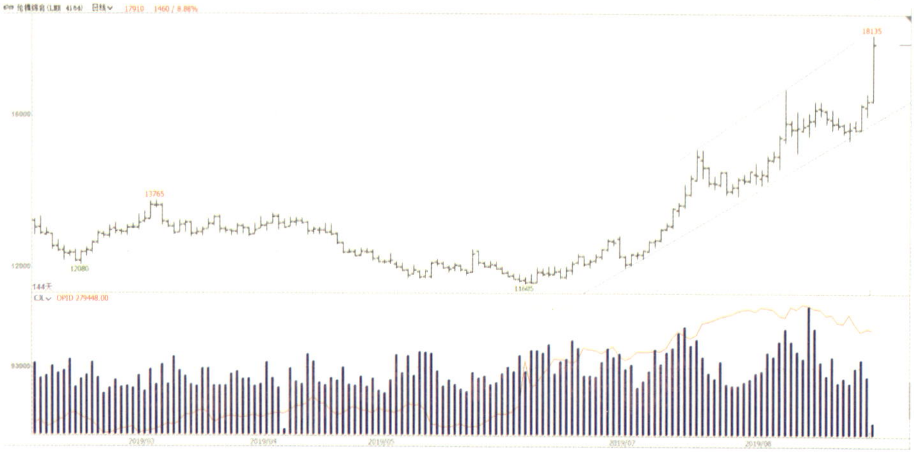

在下午 8 点左右，受镍减产消息影响，开启暴涨模式。而沪镍 1910 主力合约晚上 9 点开盘即封死涨停 13630 点，16 手多单当日浮盈已达到 185440。当日封单量达到 2 万手，整日成交量才不过几千手，但市场利好消息出来时，市场情绪疯狂时，却是专业交易员出场的好时机。所以决定次日再冲高卖出。

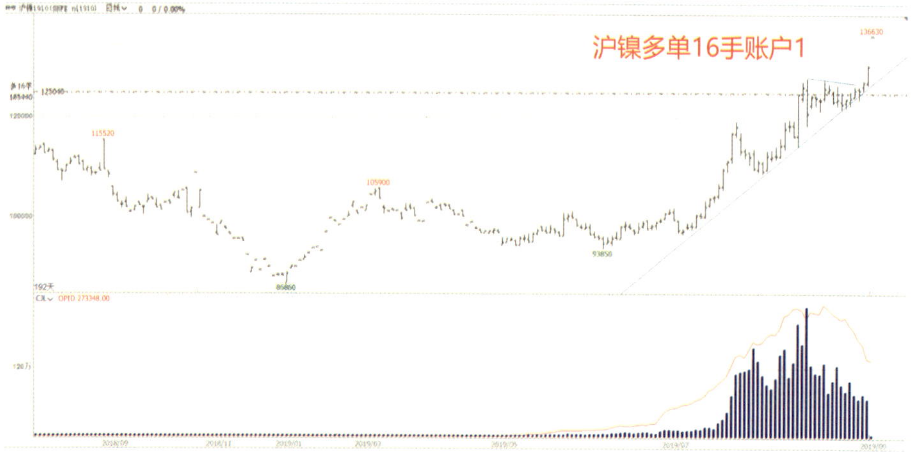

上图为沪镍 1910 合约涨停当日日线图（由于第二交易日晚 9 点开盘，直接下时间条件单在盘中第一时间平仓，所以只有次日截图）

平仓

沪镍前一日的涨停板限制为 6%，由于前一日涨停，次日扩板至 10%，但实战操盘中，无法预测次日高开的具体点位，高开后具体是上冲一段下来还是高开直接低走。因此，在具体操作中，采用两步走策略。时间条件单开盘即自动以市价卖出一半，实际走势是高开低走，之后手动将剩余一半仓位直接平仓，获利了结，完成本次操作。

这是一周短线操作翻 1.5 倍的案例。当然，并不是每次市场都能有利好消息配合，有时也会由于大势不好，品种转势立即止损的案例。因此，提醒读者朋友切勿简单模仿。

25.4 实战典型案例系列（二）

5. 棕榈长线多单

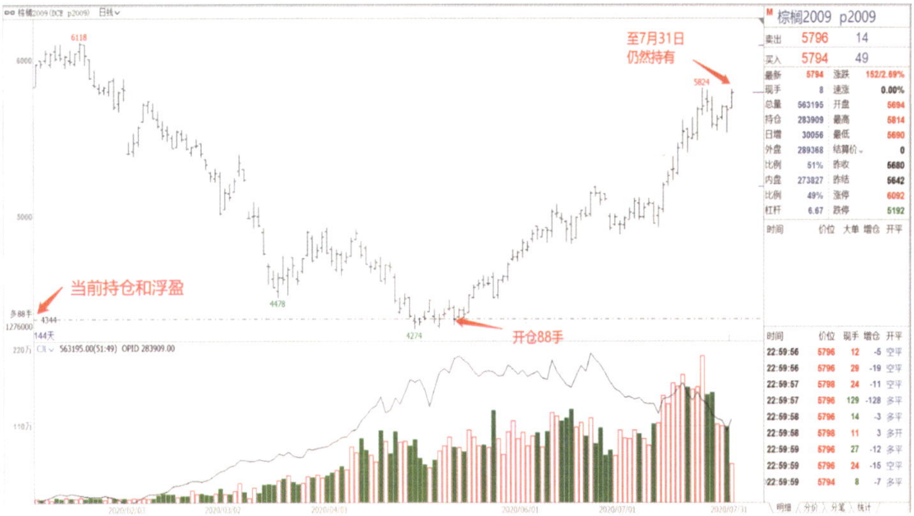

如上图所示，棕榈 2009 合约于 4 月 30 日见底之后，经过第二次和第三次向下打压测试，都未见新低，底部逐步抬高，说明供应已经枯竭，随着时间的推移也逐步走出下降趋势线的压制。此时，是一个相对风险较小的开仓点。2020 年 5

月 12 日开仓至今，日线级别持有，中途没有加仓。虽然前几日形成短期的小高点，但近几日供应被吸收，目前趋势未变，继续持有，后续将会创新高后，择机平仓了结。

日线长线趋势单最重要是底部开仓后，以日线为依据持有，观察时间以每日下午临近收盘前价格为准，切记不要被盘中的小波动震出局，或是有了小幅利润就有套现的冲动，这是趋势交易者的大敌。作战计划一旦实施，就要严格地执行。

6.股票操作——中信建投、光大证券

股票作为投资标的是刚入市的投资者最容易接触到的。一旦行情起来就成为大家热议的话题。提醒跃跃欲试的投资者需要正视股票市场的投资风险。股票看似操作简单，认为只需买和卖就行，但里面蕴含的门道确实极为复杂。利弗莫尔的故事已经说明股票的各种诱骗手段。需要非常专业的研判能力和心理素质才能驾驭的。股票的风险不亚于期货，期货是多空双方脑力的直接较量，由于带高杠杆，需要更为严格的资金和风险管理。而对于股票而言，股东质押暴雷、股东违法、财务造假、业绩变脸等戏码，无疑给股票的选择抬高了门槛。所以投资操作各板块指数ETF，买卖方式和个股一样，T+1 日，替代个股的买卖，可分散风险，相对降低了个人投资者选股和操作难度。

个人投资者如果没有专业的选股能力，建议选择专业的机构投资者公募私募进行操盘。需要对该产品的掌舵人的投资能力和风格具有辨识能力，选择正规的渠道和合法的方式进行合作。

股票赚钱的方式很多，本人不能大而全地把所有盈利方式植入此书中。对于机构而言，有更多的信息渠道和大资本的优势，可以更早地进入且承担短期大幅的波动。但对于个人投资者而言，由于信息渠道劣势和资金量限制，此种方式并不一定适合。本人从股票板块自身力量的角度来阐述，操盘获取自己看得懂，摸得着的利润。分享一个近期的股票实战操作案例：

当时上证指数经过国内疫情暴发和国际疫情暴发的两轮杀跌后，最低下探至 2646 点。之后国内疫情好转，并且美股在美联储大放水的背景下一轮走高。基本面上最坏的时期已过。技术面上，上证指数经过 3 个月的震荡，底部逐渐抬高。从基本面来看，市场一旦启动，指数需要冲关，券商板块必定是龙头能够带领人气。

6 月 22 日买入中信建投试仓，6 月 30 日该股出现疲态，说明该股并非龙头，于是小幅盈利后卖出。此时，券商板块中龙头是光大证券。并且于当日涨停打开后再次封板。下午 14:26 分涨停价追板买入。

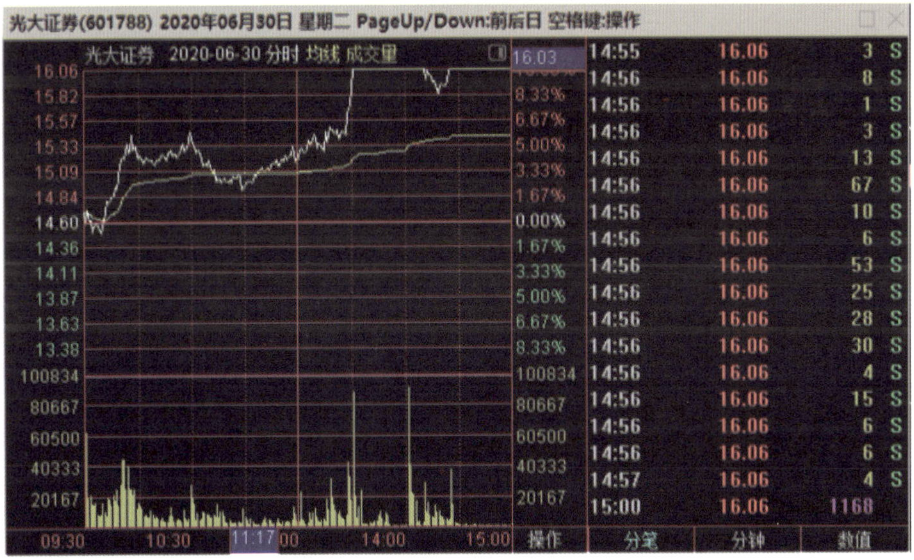

（上图为光大证券买入当日分时图）

（当日操作实时数据）

当日涨停后，同板块的其他股票也大幅上涨，这是对龙头股票的加持。况且前两日已经有一波调整，但依托五日线继续吸收供应，直接封板，说明主力志在高远，后续上升动力和内在实力可见一斑。

买入后几日，光大证券开启大幅上涨，甚至连续涨停模式。值得一提的是，买入第二个交易日（7 月 1 日）上午开始震荡，直至上午收盘前才开始随着大盘上涨，且当日并没有涨停，而是涨 8.24%。如果有不坚定的投资者早盘就被震荡出局或者尾盘获利了结，这样无疑错过了后面大幅拉升阶段的利润。

在券商板块带领下，大盘大幅拉升后，此时有大量媒体报道牛市的号角似乎已吹响，再不上车将错过牛市终身遗憾等等。但不应人云亦云，不要有过高预期，需边走边看。7 月 7 日时，大盘开始有调整迹象，券商板块中其他个股已经显露疲态，且持有光大证券的短期盈利已超过 50%，达到预期。于是决定当日卖出，获利了结。毕竟入场时的作战计划是短线操作，后边的利润不是自己能驾驭的。虽然后面还有冲高，但不能马后炮观察后去后悔否定自己的操作。后续调整一段时间过后，也用小仓位去试仓，结果市场风格改变，并没有产生利润。因此，选择暂时离场，等待合适的时机再考虑进场。

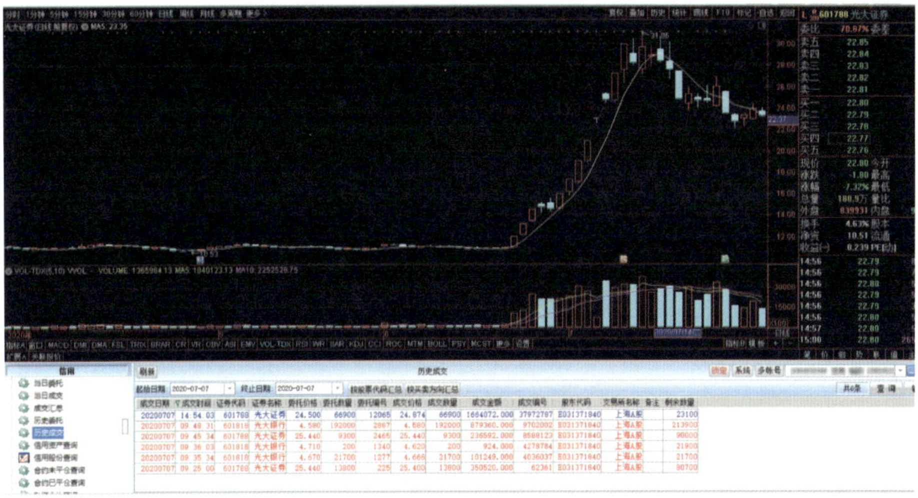

此种操盘的几点重要提示：

a.有基本面支撑，可以使持仓更坚定，盈利预期更高；

b.板块大资金进入，不会短期偃旗息鼓；

c.做龙头股票，龙头股票的溢价比普通股票更高，上涨速度一旦启动，不会轻易停下，虽然盘中会遇到打压，但很快会被资金顶上去，所以整体回调风险和幅度其实反而更小，盈亏比更高；

d.观察板块其他品种的跟随情况，如果同板块涨停数量多，则龙头持有更安全，反之，降低盈利预期，快进快出；

e.涨停追入只能在大行情启动时才采用，控制好总仓位10%以内，一旦短期回调还有其他资金能够再买一笔，如果仓位过重，盘中开板和第二日的低开会造成短期浮亏较多，没有回旋余地；

f.当市场其他板块龙头品种的封板率降低，或经常炸板时，放弃这种买入方式；

g.龙头个股的急速拉升大部分利润存在于第一波，很多人会认为等一波调整下来再买，其实涨10倍打五折后，离主力成本价还是有五倍的涨幅，主力不会当善人，短期上冲后，更多的是给个套而已。此时切忌贪便宜去追入，这也是市场中一些老手时常中招的地方。

7.期权实战

在国内市场，期权也是近几年兴起的一种博弈工具。目前市场可交易的品种有上证 50ETF 和沪深 300ETF 期权。分为认购、认沽两类，而其中又分为权力方（买方）和义务方（卖方）。对于此工具的背景介绍可参考官方网站，有很多视频教学内容，不在此赘述。对于有一定期权基础的交易者应该比较容易弄懂这段内容。

作为机构大资金，可以容忍市场更大的波动，作为无论是认购还是认沽，更适合作为义务方。而个人投资者由于资金体量有限，更倾向于做买方。期权也是非常有力的工具。这是本人近期做的一笔比较有代表性的短线单。

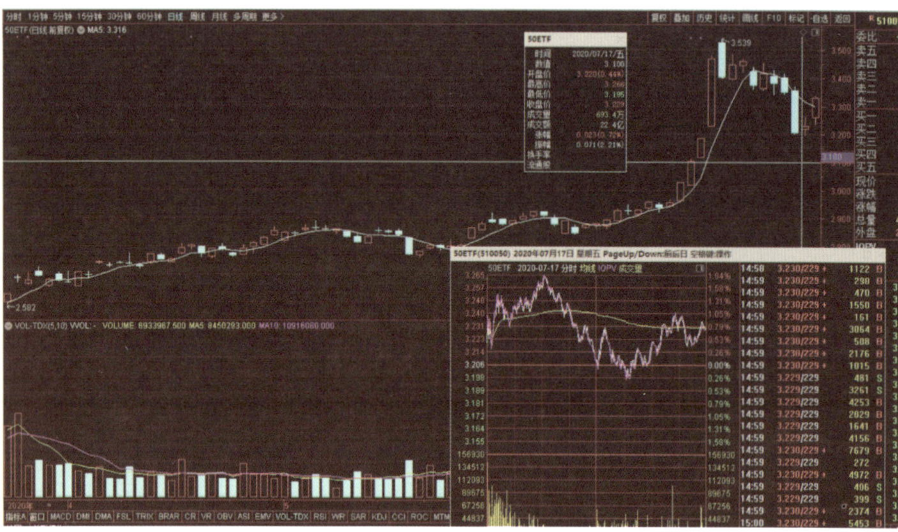

上图为 2020 年 7 月 20 日（周一）日线图，右下方为 7 月 17 日（周五）上证指数的分时走势图。整体为上涨趋势。顺主趋势回调的节奏找切入点。7 月 16 日大幅下跌后，17 日收一个十字星，供应短期衰竭。

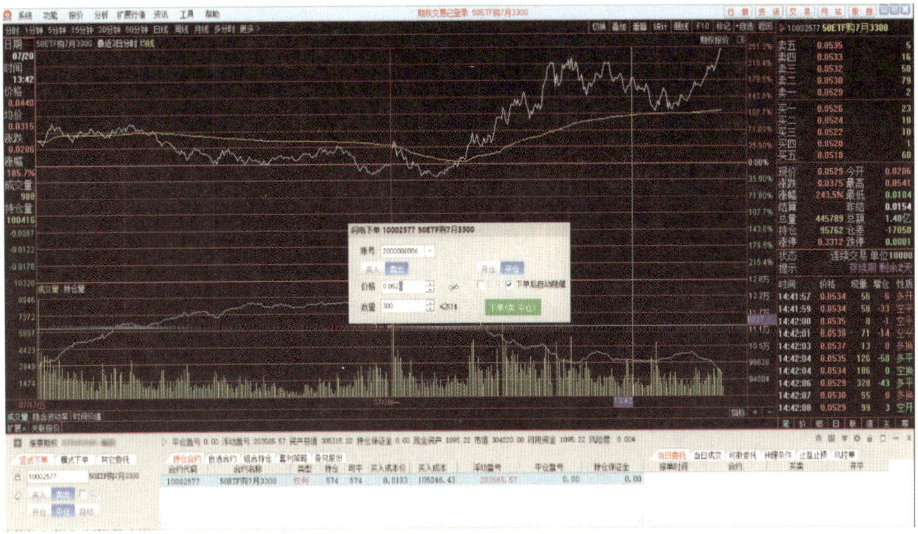

上图为 50ETF 认购 3300 合约，为两日连续的分时图，7 月 17 日（周五）开仓及手续费的综合成本为 0.0183 每张，10 万余元全部开仓 574 手。至下一交易日（7 月 20 日周一）尾盘冲高后卖出，账户资金翻两倍。

25.5 期权交易的注意事项和建议

首先，建议转入期权账户资金为总体交易资金的 1% 以下。此种方式的优点：强制自己控制仓位；控制总风险，做错最大风险也就是账户里的这些资金。其次，期权合约不建议长期持有。因为期权有时值概念，内在价值随着时间的推移而损耗。因此，只能在波动率高的潜在爆破时间节点上买入（认购做多或认沽做空），才能够有潜在盈利。而在波动率较低的震荡行情中，则是多空双杀，此时是对手义务方最赚钱的时间段。另外，切忌频繁操作，除了潜在时间价值的损失，由于期权手续费是双向收取，而且占比较高，尤其是临近交割日和虚值合约。最后，如果做错产生亏损，不要随意转入资金补仓，大概率会使自己的亏损继续扩大，相当于放弃了期权对自己风险控制的功能。

25.6 股票期货实战资金曲线

单个品种的实战操盘案例，是对操盘手把握当时单一机会的能力体现。而衡量一位操盘手真正能力的则是其资金曲线。只有真正的实战数据才是佐证其知行合一的最好证明。资金曲线反映的是对操盘手操盘状态的一种连续的观察，也是客观的评价。是否为该阶段市场的赢家，则一目了然。通过资金曲线观察其收益率是一方面，但更重要的是观察其遇到风险的处理能力，即其对本金回撤和盈利回撤的控制。

此书于 2020 年 8 月，绝大部分内容已经完成。随后经出版社提交国家出版总局申请书号和CIP 号（书籍有此双身份证才能正式出版），之后于 2021 年 8 月得到出版总局正式批复。在此等待的一年期间，本人的操作还在继续，更进一步，设立一个样本账户，使读者能更直观地了解实战。本人操盘角色为个人投资者，所扮演的角色不是机构，也不是羊群，而是跟随主力及市场趋势的“聪明资金”。因此股票和期货操盘账户资金分别设置为 100 万，时间跨度从 2020 年 9 月

股票账户资金曲线

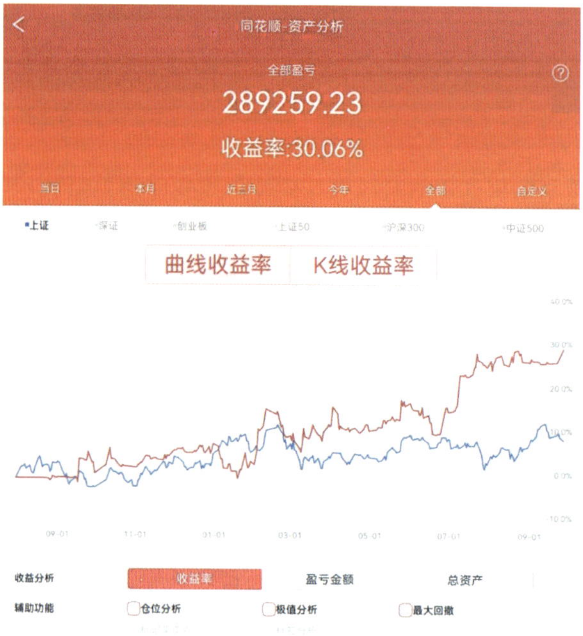

至 2021 年 9 月。此实战资金曲线呈现给各位有缘拿到此书的读者，同样也是回馈多等待一年的老朋友们。因此，本书正式出版前最后定稿为 2021 年 9 月 30 日。此样本账户目的不是盈利的最大化，而是做到稳定，控仓，以稳定的心态去面对市场变化，实现稳定盈利。

如上图所示，从2020年9月起至2021年9月30日，红色线代表账户资金曲线，蓝色线代表同期上证指数。上证指数经过一年的震荡，基本回到了原点，而此账户资金经过缓慢上涨，到加大角度上涨的过程。这期间，此 100 万账户总收益率 29%，本金回撤控制在 4% 以内，盈利最大回撤 8%，属于相对稳健且收益率相对不错的水平。其中起始阶段，2~3 成的仓位，开仓后仅仅回调一日即开始上涨，积累了一定盈利垫之后增加 1 成仓位，2021 年 1 月，经历了短暂回到原点的过程，但在成本线上止住了跌势。因为当时持有的股票强势回调震仓，随后又继续缓慢而顽强地上涨，直至后面积累了一定盈利垫后，开始加速。2021 年 1 月、2 月和 6 月都经历过盈利回撤，但都控制在一定幅度内，之后又能继续再创新高。

此书定稿后，此账户并不会结束。本人会继续花一部分精力将此账户之后的资金曲线继续做下去。对自身是一面镜子，同时也会在后续的分享会中给大家作为一项参考与提示。

期货资金曲线介绍

此图为期货交易软件文华财经的账户数据分析功能，汇总本人账户实战交易

数据所形成的账户收益率曲线。如上图所示，从 2020 年 9 月 1 日起至 2021 年 9 月 30 日，此 100 万资金账户的总体收益率为 130%，本金最大回撤 5%，盈利最大回撤为 80%。由于期货市场与股票市场具有显著区别的一点在于期货保证金是拥有近10倍杠杆（依据各品种及期货公司对不同投资者具体保证金政策而定），100 万保证金可以交易相当于近千万权益的合约。账户资金的波动巨大，会放大人性的贪婪与恐惧。尤其对于新手，在市场上爆仓是常事。因此，期货操盘更需要进行有效的仓位管理，以及心态的控制。

从此资金曲线可以看出，账户运行起始期间对本金风险控制很好。由于前期开仓控制在 1~2 成仓位，并且敏锐地抓住了几个机会，因此，在较短的时间内积累了 30% 利润的盈利垫。随后于 11 月初仓位加大至 2~3 成，在经历加速上涨后遇到较大回撤，感受到市场风险后立即降低仓位，有效稳住了资金回撤。随后经过 2 个月的小仓位运行，于 2021 年 1 月底继续加速上行。随后遇到部分回撤后又创新高的过程。今年 5 月底创新高之后开始回撤，在感受市场风格并不明朗，很多品种都是无需状态之后，觉得自身能力有限，无法把握，因此，一直保持低至 1~2 成的仓位运行。但为了保持对市场风险与机会的敏感度，并没有完全离开市场，而是用一些试仓单去感受市场的运行状态与风格。

心得与感悟：

以上资金曲线的展示，是自己实战能力的部分体现，但并不为了说明自己的操盘水平有多高，山外有山，而只是想给读者一些提示。本人数年前也尝试过短线重仓操盘取得不错收益，例如于 2017 年 9 月至 2018 年 3 月期间，达到半年 5 倍的可观收益。但这种操盘需要长期盯盘做短线，早晚盯盘是以透支生命为代价，得不偿失，这种状况并不可能一直持续。并且这种短线方式所承载的资金量有限，据本人经验保证金在 50 万以内才能维持高胜率，不易被主力发现，因此，不适合稍大资金体量的投资者。

以下本人对此一年的操盘回顾与心得最重要的部分和读者朋友们分享一下：

操盘心得：

a. 股票前期仓位 2~3 成以下，期货则 1~2 成，有盈利垫后才能再加 1~2 成。

b.开仓只需 2~3 个品种，尤其对于新手，在观察品种和相应板块及大盘的走势细节时，品种太多照顾不过来。

c.往往盈利幅度大的是长线单，轻仓才能拿住长线单。

d.要想盈利，慢即是快，不能着急。尤其是前期没有盈利垫的时候，只能用少量仓位，期货只开 1~2 手单。

e.在大幅回撤的时候及时止损，尤其不能越跌越抄底，而是降低仓位，甚至清仓退出，经过休整后，再小仓位尝试继续，正如上述资金曲线上涨后，回调至成本价时，那种失望懊悔情绪不能占据大脑，不能和市场对抗，能及时跳出来客观地去看待市场尤为关键；要有大不了重来的勇气。

f.无须每日盯盘，看不懂的行情不做，需耐得住寂寞。可将注意力转移至读书、运动等别的积极向上的社会活动中。

g.上涨过程大多数是进三退二，进二退一的过程，有较小的概率会遭遇突发事件，在遭遇时，无论已有多大损失，切记不能再补仓摊低成本，而是要尽快降低仓位在 1 成以下或完全抽离出来，等待后续更好的机会。

注意事项：

a.不要以盈利多少为目标，不要对行情满怀期望，大部分时候都不可能顺着自己的剧本演绎，而是以控制风险为关注点。

b.只做趋势向上的股票，不做趋势向下的股票，可将周线作为参考。

c.永远不要满仓，心理压力会非常大，个人投资者很难抗住短期震仓回调，有备用金才是底气所在。

d.首仓盈利的情况下才能加仓，控制加仓幅度，加仓后综合成本最好离现价有 10% 的距离，并且加仓最好只加一次；行情往往上冲三波后即开始大幅回调，意味着第三次所加的仓位会遇到回撤的风险，降低前两批仓位的盈利。

e.开仓时可以分批开，单止盈止损时决不能犹豫，可以一刀斩断，立即抽离出市场。

f.不要把账户盈利数字，看作生活的开支，更不要许下愿望通过交易来实现，这样会被市场的魔爪所控制，冷静看待账户中数字的涨跌，集中精力做正确的操作。

25.7 总结

以上操盘理念、操盘技巧以及实战案例和资金曲线等，是从本人记录下来的成功交易中优选一些有代表性的案例，同时是本人想要重点和读者朋友们分享的，但还有很多仓位管理及情绪控制等理念和技巧在本书主体内容中也有多处体现，大家可以在重温的过程中有更多感悟。当然，后续的行情不会和过去简单的重复，需要读者朋友们因时制宜，随当下行情作出正确的决策。宝剑锋从磨砺出，梅花香自苦寒来，投资交易这个事业需要下苦功夫研究和不断的自我提升。希望这些成功的案例能给正在从事交易或将要从事交易的读者朋友们提供一些参考和新的思路。尤其是一些注意事项能给初入市场的朋友避免做反方向而带来的大幅亏损。

此部是本人的试水之作，也倾注了大量心血，希望给予读到此书的朋友以帮助。由于书籍的篇幅有限，有限案例也无法更翔实地展现，很多技术细节都还没展开论述，也包括一些重要的止损案例，如后续有机会在线上、线下和朋友们更直观地分享与交流。如果有幸得到读者朋友们的认可或有更多期待，本人会继续把更新的市场实战案例、技巧和经验进行分享。

携手

喻远航

理学博士，资深投资人，兼顾理论研究与实战型投资者，拥有二十年国内股权、股票、期货、期权等跨市场成功投资经验，具备扎实的理论研究和输出功底。对市场风险高度敏感且善于把握当下市场机会，在深度研究当下主力操盘逻辑和手法、感知公众情绪的同时，紧随市场情势而行。受券商、出版界、财经评论界人士邀请于北京、上海、深圳、天津、惠州等地举办多场线上、线下投资分享会并现场给投资者答疑解惑，其投资理念和实战经验使有缘的朋友们受益颇丰。

投资市场的血腥残酷程度宛如战场。首先强调一下，本人不是什么大师、专家等。只是在市场上征战二十年，侥幸存活下来的老兵。拥有丰富的在战场观察有利地形、有效自身防护、各种武器选择与使用、最佳作战时机选择、最终一击毙敌的经验。如今更愿意与有缘分读到此书的朋友们分享战场上如何躲避子弹与杀敌的经验。在本人早期的成长过程中，也研习过很多大师的著作，给自己的感受是很多书籍都有其一定的作用，相对完整，甚至有很多非常复杂的指标及系统。但详细研读之后感觉很多是高屋建瓴，不接地气。很多书籍中的理论和技巧更适用于当时那个年代的市场，但运用于当下市场，则很容易造成困惑甚至巨亏。包括本书中利弗莫尔的一些章节里描述的操盘手法，如果没有识别力的新手依葫芦画瓢直接重仓去做，结局也同样如此。因此，本人通过回顾大师的经典，在取其精华之时，不是照搬去模仿，而是弄清楚其内在的含义，对于其中不能应用于当下市场的技巧重点提醒。

市场上的翻译版本众多，这些真正能读懂和拆解这些深层次含义的作者，没有多年的实战经验，那也只能作为一个好的译者，很难触及到更深层次的洞察主力操盘痕迹和分析主力思维，更别提能够与当下市场实战进行联结。这也是本人有意愿尝试去做，市场上没人去做，但又亟待解决的事情，才变得更有意义。

利弗莫尔的投资生涯最富传奇色彩，其成就也是前无古人后无来者。**最重要的是其理论涵盖面最广，成长经历丰富且细化，客观而不固化，尤其是能够顺应市场调整的操盘理念。也是在实战中最有效的理念。**

为了有别于市场的大量同类书籍，更好地呈现利弗莫尔贴近市场的投资理念，本书主要包括以下几个部分：重新翻译，力求用更符合中国人的语言习惯，让读者能够读起来更加顺畅；在精细解读部分，希望加入更多符合当下市场的投资理念，尤其是和当前市场实战能够结合的理念，**更多地提醒初入市场的投资者少踩雷，形成正确的风险投资市场的投资观；**实战分享部分是本人在平日实战中链接到一些操盘经验立刻通过手机输入至记事本中，在总结的大量实战经验条目中挑选大家经常遇到且最为重要的部分梳理而成，最终呈现给大家一部完整的作品，希望能给读者更多层次更立体地了解市场并逐步驾驭自己的资金，在投资市场中找到适合自己的操作方向。

在决定创作此书之前，由于本人实战操盘业绩，受投资圈、出版界和券商的多位挚友邀请，在北京、上海、深圳、香港等地做线下分享会，以及做过一些线上分享。每次都认真地准备分享内容，包括操盘理念、技巧和当时的实战案例。到场的朋友们听得很认真，提问非常积极，每次都得到很好的反馈。也感知了这些朋友有更多的期待。在分享过程中，自己也有很大收获。自己的一些投资理念更加系统化，一些符合当下市场的优势盈利策略也更清晰。

由于每次分享会受场地、人员的限制，时间和空间的限制，每次原定两三个小时的时间被延长至四五个小时，依旧还有很多朋友意犹未尽，依然提出很多市场的疑惑需要解答；还有很多外地的朋友无法到场，而本人每次也只能分享操盘系统和实战案例中的一部分。由于近期受到疫情影响，线下大范围面对面的交流机会可能更少。一些投资圈出版界的朋友建议，将自己的操盘经验和感悟能更多地梳理和系统化，能将一些在国内市场使用的一些理念和技巧出版成书，能与更多有缘的朋友分享，让朋友们能够更有效地学习，更早地摆脱交易困境，确实是一种幸事。于是本人开始下决心起草本书。

由于本人平时大部分时间精力在操盘上，除了每日阅读大量的财经信息，盘中观察盘面的变化，还包括收盘后的复盘和总结，写交易计划等，并非全职写作。但既然写书目标已明确，创作此书也变得同等重要，就得负重前行。多个在工作室挑灯夜战的日子里，一个字一个字地敲打键盘，是本人交易人生中的另一份体验。每多敲一个字，心中感觉离目标距离就更近一步，这和我们想要在市场获得成功，不正和靠坚定的信念和一点一滴的积累异曲同工吗？这一路走来，和一些铁杆粉丝和亲密挚友的支持和鼓励是分不开的。当然，也牺牲了部分陪家人和孩子的时间，但作为一名称职的父亲为孩子树立一个榜样也同样成为创作的源动力之一，也得到了家人和孩子的理解与支持。

在解读利弗莫尔原著过程中，又发现了很多之前没有关注到的方面，尤其是一些以前犯的错误也更加深刻地印在自己脑海里，作为前车之鉴。因此，目前随着书稿一遍又一遍修订完善的过程中，使自己实战中的看盘方式和盈利率有了再一次的提升。这其实印证了越奉献，格局越大，市场越会给你奖励。

本人今年 40，不惑之年。印证了在什么时间段做什么事。一切都是刚刚好。褪去了少年的稚嫩，有近 20 年的实战积淀。有高等学府磨砺后的逻辑思维能力和文字输出功底。目前依然保持在市场上征战的充沛精力，有了一定财富积累之后操盘手法和心态更稳定。试想再过十年出此书，届时无论精力和体力，以及对市场的敏感度都会下降，何谈实战，估计只能出回忆录了，而不是实战系列了。

此书是天时地利人和的一个体现。有朋友们的期待、各方好友的支持与助力，也有近期隐约市场牛市的加持。希望此书能助力读者朋友们在市场乘风破浪，创造出跟自己能力\资源相匹配的财富。由于此书的篇幅限制，很多案例包括一些关键点上的止损案例不能在此完全展示，只能挑选本人认为最重要的一些方面进行阐述。而且市场是在不断变化的，后续还会不断出新的风格，主力也会有新的玩法。届时我们也会紧跟市场，制定出新的策略去匹配。日后如朋友们有更多需求，会以线上线下分享会或以第二本书的形式梳理出更详细的案例与大家分享，此书的出版，到您手上，证明咱们彼此有缘分，希望和有缘的朋友们能共同从市场上获得正向回报，有缘再会！

虽然书籍面世时间比原定时间晚了一年，但我相信，好的作品虽会迟到，但不会缺席。推迟的这段时间，经过更好的打磨，只为更好地呈现给朋友们。可以预见的是，此书从利弗莫尔故事趣味性、解读的深度、操盘理念和技巧的实用性等三方面更为立体地呈现给读者。有缘分拿到此书的朋友，无论是初入市的投资者还是市场中的老手，都能从中得到一些感悟和启发，都会在交易上有不小改观和收获。**与此同时，衷心感谢各位读者朋友们对本人和此部作品的信任与支持。感谢出版社、发行方以及朋友们的大力支持与帮助！咱们不忘初心，携手共进，在投资市场乘风破浪，扬帆远航！**

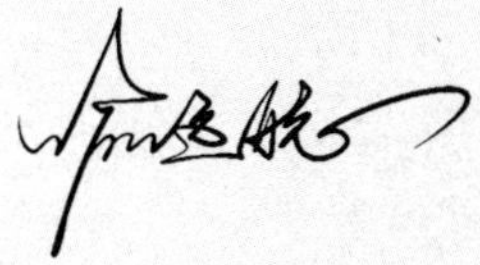

2021 年 9 月于北京